GUIA COMPLETO DE

TRIATLO

CB032962

GUIA COMPLETO DE

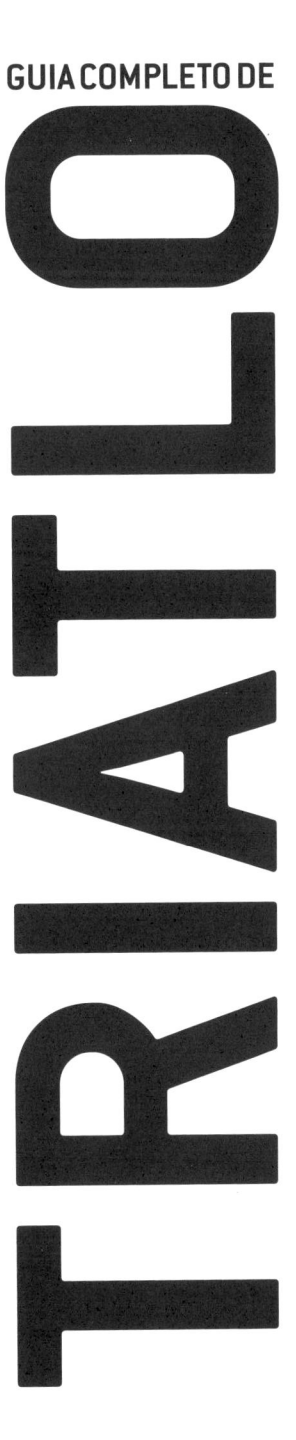

Organizado pelo
Triathlon's National Governing Body

Tradução:
M10 Editorial

Revisão científica:
Roberto Simão

Phorte
editora
São Paulo, 2017

Título do original em inglês:
Complete triathlon guide
Copyright © 2012 by USA Triathlon
Guia completo de triatlo
Copyright © 2017 by Phorte Editora

Rua Rui Barbosa, 408
Bela Vista – São Paulo – SP
CEP: 01326-010
Tel./fax: (11) 3141-1033
Site: www.phorte.com.br
E-mail: phorte@phorte.com.br

CIP-BRASIL. CATALOGAÇÃO NA PUBLICAÇÃO
SINDICATO NACIONAL DOS EDITORES DE LIVROS, RJ

G971

Guia completo de triatlo / USA Triathlon ; tradução M10 Editorial ; revisão científica Roberto Simão. - 1. ed. - São Paulo : Phorte, 2017.
     416 p. : il. ; 24 cm.

     Tradução de: Complete triathlon guide
     Inclui bibliografia
     ISBN 978-85-7655-615-2

     1. Triatlo - Treinamento. I. Simão, Roberto. II. Título.

16-34485   CDD: 796.42
             CDU: 796.42

ph2359.1

Este livro foi avaliado e aprovado pelo Conselho Editorial da Phorte Editora.

Impresso no Brasil
Printed in Brazil

Apresentação

Bem-vindo ao *Guia completo de triatlo*. O triatlo cresce em ritmo acelerado à medida que um número cada vez maior de pessoas participa das competições da modalidade com o objetivo de manter boas condições de saúde, melhorar o condicionamento físico e divertir-se. Os triatletas são indivíduos altamente motivados, que desejam aprender o que puderem sobre o esporte, para se tornarem melhores atletas. Treinar para um triatlo é um desafio, em razão do peculiar equilíbrio necessário entre natação, ciclismo e corrida para se alcançar o sucesso. Este livro oferece as melhores informações sobre treinamento e estratégias de corrida disponíveis a atletas e treinadores de todos os níveis de qualificação e experiência. Trata-se de um recurso indispensável para treinadores e atletas que levam a sério a questão da melhora do desempenho ou para aqueles que querem aprender mais sobre o esporte. O *Guia completo de triatlo* está repleto de dicas e informações de treinamento, fornecidas pelos maiores especialistas no campo do triatlo.

Quando começamos a discutir a possibilidade de compilar este livro, vibramos diante da perspectiva de poder contar com a colaboração de técnicos, treinadores e corredores de triatlo dispostos a escrever um capítulo sobre um assunto pelo qual eles mais são conhecidos. Cada um desses autores tem conhecimento e qualificação suficientes para escrever um livro inteiro, e muitos, de fato, já o fizeram, e nós somos gratos a eles por compartilharem um pouco de seus conhecimentos neste livro.

A Parte I, *Treinamento*, contém os Capítulos de 1 a 10. O Capítulo 1 trata do desenvolvimento do seu plano sazonal de treinamento e do entendimento da periodização. O Capítulo 2 mostra como customizar o treinamento para grupos especiais, como iniciantes, jovens, veteranos e mulheres. O Capítulo 3 apresenta ao leitor o ioga, tratando de seus benefícios e dos tipos de aulas existentes, ilustrando várias posições que podem ser praticadas em casa. O Capítulo 4 ajuda você a entender como adotar o treinamento de força dos triatletas, abordando os conceitos desse tipo de treinamento, elaborando um programa de treinamento de força para competições de triatlo e explicando exercícios de treinamento de força capazes de melhorar o condicionamento físico e o desempenho de um triatleta.

No Capítulo 5, começamos a explorar o treinamento específico para cada modalidade, tratando dos exercícios realizados na piscina para natação em águas abertas, como aquecimento, exploração das técnicas, série principal e desaquecimento. O Capítulo 6 discute o treinamento de ciclismo para o triatlo, e o Capítulo 7 aborda os aspectos específicos do treinamento de corrida do esporte. O Capítulo 8 tem por finalidade ajudar o leitor a entender as questões relacionadas ao *overtraining* e à recuperação, como equilibrar estresse e recuperação, e como prever e evitar o *overtraining*. O Capítulo 9 estabelece as bases do livro à medida que discute a fisiologia do exercício, abordando tópicos como os sistemas energético, muscular e cardiorrespiratório, e mostra como a manipulação das cargas de treinamento afeta as adaptações fisiológicas. O Capítulo 10 ensina vários pontos-chave em relação à desaceleração do ritmo de treinamento (*tapering*), entre os quais está o gerenciamento da carga de treinamento durante a desaceleração, a otimização da recuperação durante a desaceleração, o controle da nutrição e da hidratação durante a desaceleração, e outros detalhes relacionados à desaceleração do ritmo de treinamento.

A Parte II, *Técnica*, abrange os Capítulos de 11 a 15. O Capítulo 11 trata de ajuste e posicionamento do ciclista na bicicleta, das habilidades práticas essenciais e das habilidades para disputa de prova. O Capítulo 12 mostra como ajustar, melhorar, manusear, manter e treinar a sua bicicleta e as cadências de corrida. O Capítulo 13 aborda os conceitos essenciais de como avaliar a sua forma de correr, incluindo a posição da cabeça, do pescoço e dos olhos, a respiração e a posição geral do corpo, da cabeça aos pés. O Capítulo 14 explica a importância do escalonamento correto das suas transições, como passar rapidamente da natação para a bicicleta e da bicicleta para a corrida, e como fazer uma ótima largada na natação. O Capítulo 15 mostra como reduzir o arrasto e gerar propulsão na água usando a posição do corpo e uma braçada eficiente na natação.

A Parte III, *Estratégia competitiva*, inclui os Capítulos de 16 a 20. O Capítulo 16 mostra tudo o que você precisa saber sobre treinamento em águas abertas, aspectos táticos da prova, regras, aquecimento antes da prova e táticas específicas de natação. O Capítulo 17 ajuda você a distinguir uma prova de ciclismo sem vácuo de uma prova com vácuo, bem como as habilidades necessárias em cada uma delas. O Capítulo 18 mostra como é importante você conhecer os seus limites quando se trata de treinamento e disputa de provas para triatlos, e como trabalhar os seus pontos fracos, aumentar os seus pontos fortes e individualizar o seu treinamento. O Capítulo 19 tem por objetivo preparar você mentalmente para o dia da prova, avaliando as suas habilidades mentais, descrevendo estratégias de habilidade mental e ensinando-lhe a praticar as suas habilidades mentais. O Capítulo 20 ajuda você a se preparar para o deslocamento até o local do evento, ensinando-lhe como acondicionar a sua bicicleta e os seus equipamentos de competição, como viajar com conforto e como chegar ao seu destino descansado e pronto para a prova.

A Parte IV, *O estilo de vida do triatlo*, compreende os Capítulos de 21 a 29. O Capítulo 21 apresenta estratégias que o ajudarão a incorporar as sessões de treinamento à sua programação diária e a conciliar a vida profissional com a vida pessoal, utilizando habilidades de gestão do tempo e construindo uma rede de apoio. O Capítulo 22 é uma abrangente discussão sobre os marcos tecnológicos essenciais para o desenvolvimento do triatlo e sobre como escolher os melhores equipamentos de natação, ciclismo e corrida adequados ao seu nível de habilidade. O Capítulo 23 discute as qualidades que você deve procurar em um treinador, do nível de formação e experiência à filosofia e programas de trabalho, e como um treinador pode ajudar você com habilidades físicas e mentais, avaliações de condicionamento físico, e gestão de testes e do tempo.

O Capítulo 24 ajuda você a promover a prática esportiva nas crianças que fazem parte da sua vida, como iniciar as crianças na prática do triatlo e como criar campeões no esporte e na vida. O Capítulo 25 apresenta as lesões mais comuns sofridas pelos atletas, inclusive aquelas específicas da prática da natação, do ciclismo e da corrida, e explica como tratar tais condições e quando buscar orientação médica. O Capítulo 26 explica como utilizar o conceito da periodização da nutrição e como se alimentar de acordo com a sua atividade física e a etapa de treinamento que você está cumprindo. O Capítulo 27 aborda a função fisiológica da água e da hidratação e as necessidades específicas de líquido para os atletas antes, no decorrer e depois do treinamento e a competição. Além disso, o capítulo discute os efeitos adversos relacionados à hidratação para a saúde. O Capítulo 28 trata de outras atividades multiesportivas além do triatlo, como o duatlo, o triatlo *off-road*, o triatlo de inverno e a corrida de aventura. O Capítulo 29 mostra como avaliar a sua longevidade atlética e a profundidade do seu condicionamento físico, e como ser um triatleta durante toda a vida com o auxílio de um treinamento seguro e eficaz.

Grande parte do treinamento de natação de um triatleta é realizada em uma piscina. Em nível internacional, tanto as piscinas semiolímpicas quanto as olímpicas são medidas em metros, e a tendência nos Estados Unidos é as piscinas passarem a seguir esse padrão. Por essa razão, escolhemos o metro como unidade para medir as distâncias nas piscinas. Entretanto, imaginamos que alguns leitores treinarão em piscinas medidas em jardas. Nesse caso, esses leitores podem nadar o mesmo número de jardas que o número de metros especificado.

Este livro é um guia e um recurso básico para o desenvolvimento seguro e eficaz de um programa abrangente de treinamento e provas de triatlo. Trata-se de um recurso absolutamente indispensável para treinadores e atletas interessados em participar de seu primeiro triatlo ou que estejam disputando a sua 50ª prova. A obra está repleta de informações valiosas sobre treinamento que os especialistas participantes deste trabalho levaram anos para desenvolver. Os autores esperam que atletas, treinadores e entusiastas do triatlo apreciem e passem a compreender melhor o que é necessário para treinar e participar de uma competição de triatlo. Esperamos que você aproveite este livro!

Sumário

PARTE I

Treinamento

CAPÍTULO 1

Elaboração do seu plano anual de treinamento

Sharone Aharon

Como qualquer projeto que fazemos na vida, seja um plano de viagem, a construção de uma casa no topo de uma árvore ou a criação de uma empresa, um planejamento criterioso é uma etapa fundamental que provavelmente fará a diferença entre o sucesso e o fracasso. O desempenho esportivo, e, neste caso, o treinamento para uma competição de triatlo, não é diferente. A elaboração de um plano de treinamento é uma etapa crucial para a maximização do desempenho de todo atleta. Seguindo corretamente esse procedimento, você poderá identificar metas claras, conhecer o seu nível atual de aptidão e estabelecer um regime de treinamento preciso. O plano anual deve ser o seu roteiro para treinar, o instrumento que orienta o treinamento e facilita o aprimoramento das capacidades técnicas, fisiológicas e psicológicas. O planejamento é, sem comparação, a ferramenta mais importante que você pode ter, independentemente de seu nível de conhecimento e de sua experiência. O processo de planejamento exige que você examine frequentemente a sua posição atual durante a temporada e obtenha novas informações para decidir como treinar.

O objetivo de todo programa de treinamento consiste em garantir o desempenho máximo em uma determinada data. Essa é uma tarefa desafiadora, geralmente, difícil de ser realizada. Por exemplo, é possível que a falta de descanso suficiente previsto no plano de treinamento leve o atleta a alcançar o nível máximo de desempenho antes da data da competição desejada. No entanto, a falta de treinamento suficiente provavelmente fará o nível máximo de desempenho ocorrer após a data da prova desejada. Conhecimento, abordagem sistemática e experiência são os principais fatores na elaboração desse plano. Um mau planejamento levará a um desempenho máximo impreciso e a uma queda de motivação, podendo aumentar drasticamente as chances de lesão e de *overtraining*.

A periodização é a regra de ouro do desenvolvimento de um plano anual de treinamento. Conhecer os seus objetivos e o seu nível atual de condicionamento físico é o primeiro passo para um plano bem-sucedido. Embora o conceito de periodização e o desenvolvimento de um plano anual variem um pouco de um esporte para o outro, e, até mesmo, entre treinadores de determinado esporte, os princípios básicos continuam sendo os mesmos. Tentaremos transmiti-los neste capítulo.

A periodização

O termo *periodização* provém de *período* e significa dividir determinado intervalo de tempo, nesse caso, o ano de treinamento, em etapas menores e mais fáceis de gerenciar. O conceito de periodização não é novo e era utilizado de diversas formas à época dos Jogos Olímpicos da Antiguidade. Muitos treinadores, de diversos esportes, usam o conceito de periodização, embora os nomes, o número e a duração das etapas dos planos possam ser ligeiramente diferentes. A periodização mais comum diz respeito a três segmentos de tempo que se repetem e diferem em extensão: macrociclo, mesociclo e microciclo.

Macrociclo

O macrociclo é um longo segmento de treinamento que visa à realização de um grande e importante objetivo geral ou de uma competição. Por exemplo, se o Triatlo de Chicago é a sua competição mais importante da temporada, o tempo decorrido do primeiro dia de treinamento no início da temporada até o dia do evento é considerado o seu macrociclo. Um macrociclo, portanto, consiste em uma série de diferentes etapas de curta e média duração, cobrindo um período de algumas semanas a 11 meses.

No caso da maioria dos atletas, especialmente os iniciantes, um macrociclo abrange toda a temporada de competições, tendo por objetivo a grande competição do ano e o desenvolvimento de habilidades físicas e técnicas básicas. Os atletas mais avançados e de elite cumprem de dois a três macrociclos por temporada; os atletas de elite disputam várias provas importantes a cada temporada, porque precisam acumular pontos ou se classificar para a disputa de um campeonato. O número de macrociclos depende, sobretudo, do número de vezes que esses atletas precisam alcançar o nível máximo de desempenho durante determinada temporada de competições. Quando estão se preparando para uma competição olímpica, os atletas de elite geralmente usam os macrociclos para representar um ciclo de 4 anos, planejando metas diferentes ou progressivas para cada intervalo de 4 anos.

Mesociclo

O mesociclo pode ser um conceito confuso na medida em que sua definição pode variar de um treinador para outro. Em geral, o mesociclo é um bloco mais curto de treinamento dentro do macrociclo e que visa à realização de determinada meta. Um mesociclo normalmente abrange de 3 a 16 semanas, repetindo-se algumas vezes no decorrer de um macrociclo, cada vez com um objetivo ou uma meta diferente. Existem três mesociclos, ou fases, que os treinadores geralmente utilizam no plano anual de treinamento: preparação, competição e transição. Essas fases podem ser (e, na maioria das vezes, são) divididas em subfases mais curtas e mais específicas, em virtude dos diferentes objetivos de treinamento para cada uma.

A fase de preparação é o período que estabelece a base física, técnica e psicológica a partir da qual a próxima fase, a de competição, é desenvolvida. É dividida em subfases de preparação geral e específica. A subfase geral visa ao desenvolvimento de um condicionamento de alto nível para suportar as demandas tanto do treinamento quanto da competição. Já a subfase específica tem o objetivo de desenvolver a capacidade funcional atlética específica das demandas da competição em questão. Alguns treinadores chamam essas subfases de "preparação" e "formação". A fase seguinte, a de competição, é dividida nas subfases de pré-competição e competição. O objetivo aqui é aperfeiçoar todos os fatores de treinamento, a fim de garantir uma competição bem-sucedida. A subfase de pré-competição usa a disputa da prova para testar a sua capacidade. Trata-se de um *feedback* objetivo sobre o seu treinamento e nível de preparação. A subfase de competição tem por objetivo maximizar o seu condicionamento físico para obter o máximo de desempenho. Por fim, a terceira fase, denominada fase de transição, corresponde ao período de descanso e recuperação entre os ciclos ou as temporadas de treinamento.

A extensão de cada mesociclo, ou fase, é variável e tem relação, sobretudo, com o objetivo do treinamento para aquela determinada fase e a sua posição no cronograma de competições. Na fase de preparação, o propósito é desenvolver a técnica, a resistência e uma base de condicionamento geral. É preciso muito tempo para desenvolver esses elementos, razão pela qual a fase de preparação é a mais longa do seu plano anual de treinamento. A fase de competição é mais curta, por ter como foco a prova propriamente dita, o que é muito estressante e, por essa razão, o tempo que se suporta permanecer nesta fase sem sofrer efeitos nocivos para o corpo é limitado. Mais adiante neste capítulo, você verá o processo de implementação das fases de treinamento de forma mais detalhada, na seção que trata da divisão da sua temporada em períodos de treinamento.

Tenha em mente que o nível do atleta também influencia a duração de cada fase. Por exemplo, um iniciante provavelmente terá uma fase de preparação muito longa, de até 22 semanas, se necessário, para desenvolver uma base sólida que lhe permita suportar a carga de treinamento progressiva e mais avançada. Por sua vez, um atleta avançado que esteja treinando há alguns anos já desenvolveu uma base sólida e talvez precise apenas de 12 a 16 de semanas para chegar lá; em consequência, esse atleta pode passar mais rapidamente à fase de competição do treinamento.

O Quadro 1.1 apresenta algumas diretrizes gerais sobre como dividir a temporada de treinamento (macrociclo) em mesociclos e mostra a duração, a intensidade e o volume de cada fase. O Quadro 1.2 fornece algumas diretrizes gerais, indicando qual deve ser o objetivo do treinamento em cada mesociclo. Embora o propósito de cada uma dessas fases seja, na maioria das vezes, o mesmo para todo atleta, a duração, a intensidade e o tempo de recuperação de cada período varia de acordo com os objetivos e a experiência do atleta e o tempo de que ele necessita para se adaptar ao estresse do treinamento.

Quadro 1.1 – Divisão do plano anual de treinamento em fases e ciclos de treinamento

Fase	Subfase	Duração em semanas*	Intensidade	Volume de treinamento
Preparação	Preparação geral (preparação e de base)	12 a 20	Muito pouca	Baixo
	Preparação específica (formação)	4 a 12	Moderada	Moderado a alto
Competição	Pré-competição (pico ou desaceleração)	3 a 8	Pesada	Moderado
	Competição (disputa de prova)	1 a 3	Muito pesada	Baixo
Transição		Alguns dias a 6 semanas	Muito pouca	Baixo

*22 a 49 semanas, no total.

Quadro 1.2 – Diretrizes gerais de orientação de treinamento para cada mesociclo

Fase	Subfase	Foco do treinamento
Preparação	Preparação geral	O treinamento visa ao desenvolvimento de uma base sólida: resistência aeróbia em geral, força muscular e técnica em todos os esportes. A progressão ocorre principalmente com o aumento do volume da intensidade aeróbia. Essa fase começa no início do plano anual de treinamento e tem duração de 12 a 20 semanas. No caso de mais de um período de competições, essa fase pode repetir-se após a primeira competição, mas com menor duração, para reconstrução da base de condicionamento físico.
	Preparação específica	Visa à continuidade da fase de preparação geral e aos sistemas especificamente necessários para a competição em questão: resistência muscular, resistência anaeróbia e potência. Esse período tem uma duração de 4 a 12 semanas, e, dependendo do número de vezes que o atleta precisa alcançar o desempenho máximo, pode se repetir mais tarde durante a temporada.
Competição	Pré-competição	O objetivo é o condicionamento físico em ritmo de competição, a estratégia de competição, as habilidades específicas da prova e a demanda geral do período de competição. A intensidade, a frequência e a duração do treinamento são manipuladas, para que os objetivos da fase sejam alcançados. A metodologia comum de treinamento nesta fase consiste em reduzir a frequência e a duração do treinamento, mantendo ou, até mesmo, aumentando a intensidade do treinamento, o que resulta na recuperação fisiológica e psicológica, e permite que se alcance um nível de condicionamento mais elevado. Esse período pode durar de 3 a 8 semanas, repetindo-se toda vez que o atleta precisa alcançar um nível máximo de desempenho.

Continua

Continuação

Fase	Subfase	Foco do treinamento
	Competição	O foco é manter o condicionamento físico em ritmo de competição e promover a completa aptidão física e mental. Esse período é determinado pelo cronograma da competição principal e tem duração de 1 a 3 semanas, baseado na necessidade de o atleta alcançar desempenho máximo em uma prova ou em várias provas no decorrer de algumas semanas consecutivas. Durante essa fase e antes da grande competição, treinadores e atletas devem ter dois grandes pontos de foco. O primeiro é a redução da carga ou desaceleração do ritmo de treinamento, geralmente marcado por volumes e intensidades reduzidos. Essa etapa permite que o corpo se recupere e promove um efeito de supercompensação. O segundo ponto de foco está na preparação especial para a competição, durante a qual são desenvolvidas as capacidades técnicas específicas da prova.
Transição		Esta fase tem por objetivo o descanso e a recuperação dos sistemas físicos e mentais. Esse período de recuperação ativa é caracterizado por uma baixa carga de trabalho e por um pouco de treinamento não organizado. No fim desse período e no início de um novo ciclo de treinamento, o atleta pode retornar à fase de preparação geral ou específica. A fase de transição tem duração de alguns dias a 6 semanas, dependendo do fato de estar situada no meio da temporada após uma competição e antes do ciclo de treinamento seguinte ou no final da temporada.

Microciclo

Um microciclo é a fase de treinamento básico que se repete no plano anual. O microciclo, o menor período de treinamento previsto no plano, é estruturado de acordo com os objetivos, o volume e a intensidade de cada mesociclo. Provavelmente, é a mais importante e funcional unidade de treinamento, uma vez que sua estrutura e seu conteúdo determinam a qualidade do processo do próprio treinamento. Um microciclo pode durar de 3 a 10 dias, mas, na maioria dos casos, corresponde ao cronograma de treinamento semanal. A progressão dos microciclos dentro de um mesociclo deve levar em consideração o importante equilíbrio entre trabalho e descanso. Trabalho em excesso, sem o descanso adequado, resulta em *overtraining* e lesões. Contudo, trabalho de menos, com excesso de descanso, leva a um desempenho insatisfatório. As proporções comuns entre trabalho e descanso em um microciclo são de 3:1 ou 2:1. Entretanto, em alguns casos extremos de semanas de carga pesada (o estresse para o corpo produzido pela combinação do volume com a intensidade de treinamento), é utilizada uma relação trabalho-descanso de 1:1. Os ciclos de trabalho e descanso são chamados blocos de treinamento.

Você deve planejar primeiro cada microciclo, e não os exercícios individuais, e começar levando em consideração a adaptação fisiológica almejada durante determinada fase do treinamento. Por exemplo, na fase de preparação, os seus microciclos terão por objetivo o desenvolvimento da resistência; consequentemente, os principais exercícios dessas semanas deverão ser longos e ter a intensidade adequada, para promover a resistência desejada. Na fase de competição, o seu objetivo é desenvolver a velocidade; portanto, os exercícios devem ser mais curtos e com intensidade mais alta. Dessa maneira, a ordem das sessões de treinamento realizadas durante a semana promove o efeito desejado no treinamento da semana e é relevante para o objetivo do treinamento. Na fase de preparação, você deve planejar exercícios curtos de alta intensidade antes dos exercícios longos e estáveis, com um dia de recuperação entre esses dias. Entretanto, durante a fase de pré-competição, você pode mudar um pouco o cronograma da semana: em vez de ter um dia de recuperação entre dois dias puxados, planeje a semana com um dia de exercícios de alta intensidade seguido de um dia de exercícios de longa duração e, depois, programe um dia de recuperação. Essa condição aumenta o estresse fisiológico e psicológico sobre o corpo e desenvolve um nível mais elevado de condicionamento físico, adequado para esse período do plano anual. Você verá mais adiante neste capítulo como elaborar o seu cronograma semanal.

A estrutura do microciclo também deve ser baseada nos princípios do treinamento (ou seja, o desenvolvimento do condicionamento geral antes do condicionamento específico; a progressão da carga específica para o nível do atleta; e um período de recuperação para reduzir a fadiga, energizar o corpo e permitir tempo para a adaptação do condicionamento), levando em consideração, ao mesmo tempo, a sua capacidade, o histórico do seu progresso no treinamento e os recursos de treinamento e instalações. Nunca desenvolva mais de três ou quatro microciclos detalhados de cada vez, uma vez que a progressão nem sempre é linear como você pode prever. Além disso, avalie o progresso com frequência, visto que a progressão e o efeito do treinamento são altamente individuais e diferem muito de atleta para atleta.

Além disso, as sessões de treinamento programadas dentro do microciclo devem mudar de uma fase para outra de acordo com a demanda desejada, bem como para garantir o progresso. As demandas fisiológicas e psicológicas sobre o corpo devem mudar a cada 4 a 6 semanas para garantir o desenvolvimento contínuo do condicionamento. Você pode fazer isso simplesmente remanejando o seu cronograma semanal: antecipe um dia os exercícios de natação e adie um dia os exercícios de corrida, troque o seu longo dia de exercícios de bicicleta por um longo dia de corrida, levante pesos no início – não no fim – do dia, ou, simplesmente, mude o seu dia de descanso. Essas pequenas alterações podem ter grande efeito no estímulo para o treinamento. Além disso, como dissemos anteriormente, pense no delicado equilíbrio de que você necessita entre o trabalho realizado e o descanso necessário à obtenção dessas adaptações durante uma semana de treinamento.

Elaboração de um plano anual de treinamento

Agora que você já tem um conhecimento conceitual dos componentes do plano anual, pode começar a planejar a sua temporada de competições utilizando conceitos de periodização e elaborar individualmente o seu plano anual de treinamento. Aplicar os conceitos de periodização ao processo de elaboração de um plano anual de treinamento simplesmente significa desenvolver um plano com blocos de treinamento em que cada bloco prepara o atleta para a fase seguinte, mais avançada e específica, do período de treinamento. Seja paciente, e cuidado com a pressa no decorrer das fases. Um treinamento insuficiente na fase de preparação poderá resultar na incapacidade de maximizar o desempenho e produzir maior risco de lesões.

O melhor momento de se engajar na elaboração do plano anual é algumas semanas após o início da fase de transição, pouco antes do começo da nova temporada de treinamento. É essencial tirar algumas semanas de folga após a última grande competição, para ter certeza de que você está mental e emocionalmente recuperado, e pode ser objetivo no seu processo de planejamento. Embora seja tentador encontrar soluções imediatas para os contratempos do ano anterior, a paciência produzirá um plano melhor.

A elaboração do plano anual envolve duas etapas importantes. A primeira consiste em analisar o histórico do desempenho e estabelecer metas e objetivos de treinamento para a temporada que se aproxima. Trata-se de um aspecto muito importante que pode ser facilmente negligenciado. Ao final dessa etapa, você deve ter bom entendimento de seus verdadeiros pontos fortes e fracos, clareza em relação aos seus objetivos para as competições da temporada e, por fim, saber o que precisa fazer para alcançar esses objetivos.

Feito isso, a segunda etapa consiste em estabelecer as suas metas e objetivos e definir os seus blocos de treinamento. Ao final dessa etapa, você terá uma clara ideia do seu calendário de competições e saberá quais são os seus blocos de treinamento e a duração de cada um, bem como quando serão os seus testes de referência (abordaremos o tópico com mais detalhes mais adiante neste livro), e, por fim, você conhecerá estrutura do seu cronograma semanal de treinamento.

Analise seu histórico de desempenho

A fim de se planejar para obter nível máximo de desempenho no ano seguinte, é essencial analisar e entender o seu desempenho no ano anterior ou nos dois anos anteriores. A análise do histórico de desempenho deve levar em consideração as provas anteriores, os testes de referência e a relação desses fatores com o plano de treinamento. O que deu certo? E o que não deu? Com que constância você seguiu o plano e que efeito as fases de treinamento tiveram no seu desempenho? O cumprimento dessa etapa o ajudará a identificar os seus pontos fortes e fracos no triatlo e, depois, fazer os respectivos ajustes no seu novo programa de desempenho. Se, por exemplo, o seu segmento de ciclismo no dia da prova for o mais lento da sua competição, talvez você precise acrescentar mais alguns blocos de treinamento específicos de ciclismo na fase de preparação da temporada seguinte. Entretanto, se você dedicou um tempo significativo ao treinamento de ciclismo na última temporada e, ainda assim, não progrediu muito, é possível que você tenha de modificar os seus protocolos e a sua progressão de exercícios ou mudar a sua posição na bicicleta – ou até a própria bicicleta.

Preste atenção sobretudo ao teste de referência do ano anterior. Você progrediu de um teste para o outro? O teste de referência previu consistentemente o seu resultado na prova ou não teve nenhuma relevância para o seu resultado nas suas principais provas? Se, por exemplo, você conseguiu demonstrar progresso de um teste para o outro, mas não melhorou o seu desempenho no dia da prova, é possível que esteja utilizando o teste errado ou precise acrescentar exercícios específicos para a prova, a fim de converter o seu condicionamento físico de exercício em condicionamento de competição. Além disso, você poderá achar que precisa mudar totalmente os seus protocolos de teste por eles talvez não terem relevância para o condicionamento que está desenvolvendo. Esse processo é fundamental e constituirá um fator importante nos objetivos de treinamento da temporada em questão.

Estabeleça metas e objetivos de treinamento

As metas e os objetivos de treinamento são correlatos, mas representam duas coisas diferentes. A meta é o seu destino (por exemplo, a sua prova principal, quando você irá realizar essa prova e qual será o tempo de realização ou a colocação final desejada nessa prova). Os objetivos são os marcos referenciais que você precisa alcançar para realizar a sua meta; são metas menores derivadas da sua meta principal, e, alcançando-os, você aumenta as suas chances de alcançar a sua meta principal.

O estabelecimento de metas pode ser uma tarefa complicada, e deve ser feito mantendo-se o equilíbrio adequado entre as suas emoções e a realidade. Por um lado, a sua meta deve estar de acordo com a sua atual condição atlética, bem como com o tempo e os recursos de que você dispõe para treinar, mas, por outro, tem de exigir que você se desdobre. Uma meta realista, porém demasiadamente fácil de alcançar, não lhe servirá de motivação para treinar; uma meta não realista, que não condiz em nada com a sua atual capacidade atlética, pode ser desestimulante, podendo causar um grande estresse. Pela mesma razão, a sua meta deve ser atingível. Você precisa saber que é capaz de alcançar a meta para adquirir a energia necessária para buscá-la. Sem acreditar na sua meta, você não fará o esforço de treinar para alcançá-la. O estabelecimento de metas insatisfatórias pode provocar ansiedade e estresse; o estabelecimento de boas metas, contudo, proporciona sensação de satisfação, confiança e calma – grandes vantagens quando você está prestes a se engajar em um treinamento de resistência e em um treinamento de triatlo particularmente longo e rigoroso. É preciso muita coragem e muito autocontrole para escolher as metas certas. Eis dois princípios que poderão lhe servir de orientação para estabelecer boas metas:

1. *Estabeleça uma meta específica e mensurável.* Por exemplo, você pode ter como meta terminar o Triatlo de Chicago com um tempo de 2:05:00 ou melhor. Essa meta lhe fornece todos os detalhes de que você necessita. Você agora sabe o que deseja fazer e quando.

2. *Estabeleça uma meta extensível e atingível.* Por exemplo, o tempo de 2:05:00 para cumprir o Triatlo de Chicago deve ser um tempo que você jamais alcançou. Entretanto, empenhando-se e melhorando determinados fatores em relação à sua aptidão, você sabe que tem condições de alcançá-lo.

Depois de estabelecer as suas metas, você precisa fixar os objetivos para o seu plano de treinamento. Como já vimos, os objetivos são marcos referenciais ou metas menores que você precisa alcançar para viabilizar a sua meta principal. Tomando como exemplo o tempo de 2:05:00 do Triatlo de Chicago, essas submetas devem ser produto da análise do seu desempenho passado e determinar as suas necessidades com base nos seus pontos fortes e fracos. Por fim, os seus objetivos orientarão o treinamento de que necessita para melhorar os seus pontos fracos e explorar os seus pontos fortes. Assim como as metas, os objetivos de treinamento precisam ser específicos, mensuráveis, extensíveis e atingíveis, bem como redigidos da mesma maneira. O Quadro 1.3 apresenta um exemplo de como podem ser as suas metas e objetivos.

Quadro 1.3 – Amostra de metas e objetivos para o plano de treinamento

Metas	Objetivos
Melhorar em 1:20 o meu tempo nos 1.500 m da natação	• Fazer um curso de técnicas de natação até 30 de abril. • Concluir até 31 de maio três blocos de treinamento de natação.
Melhorar a resistência muscular na bicicleta	• Aumentar o meu limite de potência funcional para 250 W até 30 de abril. • Concluir até 15 de junho uma prova contrarrelógio de 40 km em 1 h na bicicleta.
Correr 10 km a pé em menos de 38:30	• Correr até maio 8 km ou mais em esforço com ritmo de prova de 30 min. • Correr os 10 km do Lincoln Park Zoo em 35:50 ou menos em 26 de junho.

O Quadro 1.4 é um modelo em branco que você pode utilizar para definir suas metas e seus objetivos. Como se pode ver, você escreve primeiro as suas três metas principais, e, dentro de cada uma dessas três metas, relaciona três objetivos correlatos que o ajudarão a alcançar essa meta geral.

Quadro 1.4 – Modelo de metas e objetivos

Metas		Objetivos	
1		A	
		B	
		C	
2		A	
		B	
		C	
3		A	
		B	
		C	

Fonte: USAT, 2012, *Complete triathlon guide* (Champaign, IL: Human Kinetics).

Elaboração do seu calendário de provas

O calendário de competições é o que norteia o plano anual de treinamento. As provas que você opta por disputar devem, acima de tudo, estar de acordo com as suas necessidades, o seu nível de desenvolvimento, o seu condicionamento e a sua aptidão psicológica. Antes de começar, observe que incluímos um modelo em branco de plano de treinamento no final deste capítulo (*vide* Quadro 1.5 na página 27).

As suas principais provas (vamos chamá-las de provas A) são o fator principal e o elemento de maior influência na sua periodização. Insira primeiro as suas provas principais no modelo do plano anual de treinamento. As suas provas secundárias e de treinamento (vamos chamá-las de provas B e C, respectivamente) produzirão um efeito menor na sua periodização, embora desempenhando um papel importante na sua preparação para a competição e no desenvolvimento do seu condicionamento físico para as próximas provas principais. Essas provas serão distribuídas principalmente ao longo da fase de competição em horários estratégicos constantes no modelo do plano de treinamento, abrangendo o final de um bloco de treinamento (de 3 a 8 microciclos) e uma ou duas semanas antes da competição principal.

As provas não devem ser programadas no início da fase de preparação porque o foco do treinamento, a essa altura, está voltado para o desenvolvimento de níveis básicos de condicionamento e habilidades. Além disso, as provas impõem uma carga extrema ao corpo e podem causar lesões, se realizadas logo no início da fase de preparação. As provas secundárias devem ser programadas no plano anual de forma a refletir a progressão da carga de treinamento visando à prova-alvo. Por exemplo, se a corrida representar uma grande limitação e você quiser disputar uma meia-maratona como prova B, esta deve ser programada bem mais adiante durante a fase de preparação do plano de treinamento, permitindo tempo suficiente para um treinamento adequado. O número programado de provas B e C deve ser determinado pelo seu nível de condicionamento físico e pela sua capacidade de recuperação e retorno ao treinamento após cada prova. Um número excessivo de provas no seu cronograma resultará na interrupção do seu treinamento, levando prematuramente ao nível máximo de desempenho. Um número insuficiente de provas, contudo, levará a um desempenho insatisfatório na sua prova principal e mais importante. Além disso, a redução da carga de treinamento e a recuperação adequadas devem fazer parte do plano de treinamento, especialmente após as provas B e C que levarão à prova A. O Capítulo 8 contém mais informações sobre recuperação, e o Capítulo 10 aborda a questão da redução da carga de treinamento. É recomendável que os iniciantes e menos experientes alcancem o nível máximo de desempenho uma vez em sua primeira – e, até mesmo, segunda – temporada, dedicando a maior parte do seu tempo de treinamento ao desenvolvimento dos níveis básicos de resistência, força e habilidades. Os mais avançados e experientes podem alcançar o nível máximo de desempenho com mais frequência.

Definido o calendário de provas, procure não alterá-lo, porque todo o plano de treinamento é baseado nesse cronograma. Caso seja necessário alterar o seu calendário, é possível que você tenha de reprogramar as suas fases de treinamento. Se você quiser saltar ou acrescentar uma prova B ou C, um pequeno ajuste no seu plano pode ser suficiente. Entretanto, se for uma prova A, você, provavelmente, terá de reavaliar todo o plano, mas permaneça fiel às suas metas e aos seus objetivos de treinamento.

Divida a sua temporada em períodos de treinamento

A organização período de treinamento e da curva de progressão de um período para outro é a tarefa mais importante na elaboração do seu plano anual. O Quadro 1.5, da página 27, deverá ajudá-lo a definir as suas fases de treinamento e o número de semanas que você programar para cada fase. Os períodos de treinamento devem ser determinados com base no seu calendário de provas e no número de vezes que deseja alcançar o desempenho máximo na temporada que se aproxima.

Utilizando novamente o Quadro 1.5, o modelo do seu plano anual de treinamento, divida a temporada em fases, aplicando o plano, primeiro, ao ano em curso. Na coluna das datas dos dias da semana, coloque a data de cada segunda-feira para o ano inteiro, começando pela primeira segunda-feira do seu plano de treinamento. Em seguida, acrescente o mês na coluna dos meses localizada à esquerda da primeira segunda-feira desse mês. Agora, você está pronto para usar o modelo para o ano em curso. Insira as suas provas no calendário, com a opção de usar cores diferentes para diferenciar a importância de cada uma das provas (por exemplo, prova A, B ou C). Recuando a partir da sua prova principal (ou, no caso de mais de uma marca de desempenho máximo, a partir da sua primeira marca de desempenho máximo), comece a preencher a coluna semanal. No caso da fase de competição, comece estipulando 2 ou 3 semanas para o período de provas, depois de 3 a 8 semanas para a fase de pré-competição.

Para a fase de preparação, sugerimos começar no início da temporada de treinamento com 3 a 5 semanas de aclimatação, desenvolvendo a sua carga de treinamento com base no seu nível de condicionamento da fase de transição. Em seguida, comece a marcar os seus blocos de treinamento compostos por ciclos de três ou quatro semanas, até chegar à fase de pré-competição do seu plano. No início da temporada, você poderá suportar um ciclo de treinamento de 4 semanas, porque a carga de cada semana é um tanto baixa. Mais adiante, no entanto, à medida que a demanda de cada semana de treinamento aumentar, é possível que tenha de aderir a um ciclo de treinamento de 3 semanas. Você poderá precisar, também, ajustar o número de semanas no último bloco de treinamento, pois talvez não seja possível dividir o ano de treinamento exatamente de acordo com os seus ciclos. Quando terminar de se planejar para a sua primeira prova A, você deve fazer o mesmo a partir da segunda prova A. Continue dividindo a temporada até alcançar o nível do microciclo.

A sua próxima etapa envolve avaliação das suas capacidades iniciais. Você pode fazer isso com base em três perguntas:

1. Atualmente, qual distância consigo nadar?

2. Por quanto tempo consigo manter confortavelmente o ritmo na bicicleta?

3. Por quanto tempo consigo manter confortavelmente o ritmo na corrida?

Essas capacidades iniciais servirão para lhe dar uma ideia da duração necessária de cada exercício nas primeiras semanas. A minha sugestão é que você comece com um volume abaixo da sua capacidade atual; o efeito combinado de uma rotina nova e completa de treinamento pode aumentar muito a carga e, em consequência, uma corrida isolada de 60 minutos pode parecer muito mais pesada como parte de um programa completo de treinamento.

Em seguida, você deve montar o seu cronograma semanal. Comece escolhendo o seu dia de folga, e, depois, programe os seus dias de natação, os dias de ciclismo, os dias de corrida e os dias de levantamento de peso. Na maioria dos casos, você deve intercalar um dia para recuperação rápida entre os dias de treinamento de alta intensidade. Entretanto, conforme mencionado anteriormente, isso pode mudar à medida que você progride para as fases mais avançadas do plano.

Por fim, indique os mesociclos à esquerda da coluna dos meses, baseado nas descrições que você inserir no ciclo semanal para cada semana e bloco de treinamento. Como pode ver, o planejamento da sua temporada e o foco de cada bloco de treinamento começam de trás para a frente e são determinados pela prova A, pelos seus objetivos de treinamento e pelo seu nível de condicionamento físico e experiência.

Como dissemos anteriormente, a curva de progressão normalmente é formada por ciclos de 3 ou 4 semanas, mas, dependendo da fase de treinamento, pode ser utilizado um ciclo de duas semanas também. No início da fase de preparação, a primeira semana de um ciclo de três semanas envolve um volume de treinamento de, aproximadamente, 30% a 40% da sua carga máxima. Na segunda semana, o volume aumenta em 10% a 20%, e na terceira semana, cai cerca de 6% a 7%. Continue elevando progressivamente o nível de treinamento dessa maneira durante a fase de preparação, maximizando o seu volume de treinamento até o fim da fase de preparação geral e o início da fase de preparação específica, e mantendo-se assim por um período de 1 a 3 ciclos. Nesse ponto, o volume começa a cair cerca de 5% a 10% por ciclo, mantendo-se em torno de 75% a 80% durante a fase de competição. Durante o período de redução da carga de treinamento, o volume cai para cerca de 50% da carga máxima.

Entretanto, a intensidade segue o volume ao longo de todo o plano anual, iniciando com cerca de 25% da carga máxima e permanecendo em torno desse nível durante 3 a 4 semanas. Depois disso, a intensidade aumenta cerca de 15% a cada 2 ou 3 ciclos de treinamento, da mesma forma que o volume de treinamento aumenta e alcança seus níveis mais elevados ao final da fase de preparação específica. Nesse ponto, os níveis de intensidade são um pouco inferiores aos níveis de volume, podendo, em alguns casos, igualá-los. Durante as fases de pré-competição e competição, a intensidade se mantém aproximadamente no mesmo nível, com uma ligeira variação para permitir ciclos de recuperação e simulação de provas de alta intensidade. Ao final da fase de competição, a intensidade do treinamento deve cair para cerca de 60%.

A meta suprema de todo atleta é alcançar o desempenho máximo nas provas principais durante a temporada. Você alcançará essa meta por meio de um planejamento criterioso e uma progressão adequada dos ciclos de treinamento do seu plano anual. No início da temporada, durante as fases de preparação e competição, você constrói a sua base técnica, fisiológica e mental. No final da fase de competição, você inicia o seu processo de aceleração. A aceleração, ou a desaceleração, é alcançada mediante a manipulação do volume, da frequência e da intensidade durante o último período de 1 a 4 microciclos, a fim de reduzir a carga geral de treinamento e maximizar a adaptação. É possível alcançar a desaceleração adequada do ritmo de treinamento reduzindo sistematicamente a fadiga fisiológica e psicológica e mantendo, ao mesmo tempo, o nível de condicionamento específico exigido pelo esporte em questão. A desaceleração deve durar de 1 a 4 semanas, dependendo do atleta, da carga pré-desaceleração e da distância percorrida durante a prova. Na maioria dos casos, a redução da carga de um Ironman dura de 3 a 4 semanas, ao passo que a desaceleração para um triatlo de distância olímpica que leve a uma competição importante tem uma duração de uma ou duas semanas. Durante a redução da carga, você deve manter a intensidade do treinamento para evitar ficar destreinado, reduzir o volume de treinamento para 40% a 60% do volume anterior à desaceleração e manter a frequência das suas sessões de treinamento em torno de 80% da frequência pré-desaceleração. A redução adequada da carga de treinamento deve levar a uma melhora de desempenho de cerca de 3%.

Configuração dos testes de referência

Os testes constituem uma parte integrante fundamental do plano anual de treinamento e devem ser realizados de forma sistemática e regular durante toda a temporada. Os principais objetivos dos testes consistem em determinar os pontos fortes e fracos do atleta; monitorar o seu progresso; e produzir dados que lhe permitam calcular as zonas, o ritmo e a carga de treinamento. Os resultados dos testes devem nortear o programa de treinamento e manter o atleta focado na realização de suas metas. Devem ser realizados testes basais em cada modalidade no espaço de 3 a 5 semanas a partir do início do programa. Após esse período, devem ser programados testes de acompanhamento a cada 3 a 10 semanas.

Para que os testes produzam resultados significativos, você deve testar o que treina ou procurar obter por meio dos testes dados que lhe possam ser úteis para treinamentos futuros – para calcular a faixa ou o ritmo da frequência cardíaca de treinamento e as zonas de potência. Não faça treinamento aeróbio com o intuito de progredir em níveis de resistência anaeróbia. Além disso, certifique-se de que os seus objetivos de treinamento são compatíveis com a sua meta. Existem muitos testes de laboratório e de campo que lhe permitem comparar o seu desempenho com os níveis-padrão, para verificar a sua situação. Entretanto, não hesite em utilizar um de seus exercícios favoritos como teste; determinado circuito de bicicleta ou certo exercício de natação que sempre proporciona uma boa sensação pode ser uma ótima medida do nível de progresso.

A escolha do tempo dos testes é fundamental para produzir resultados precisos. A maioria dos seus testes deve ser realizada na fase de preparação, para que o seu treinamento produza a adaptação que você almeja. Durante a fase de competição, é muito mais difícil encontrar o momento certo para executar os testes e produzir resultados precisos. A melhor ocasião é ao final ou logo depois da semana de recuperação de um determinado bloco de treinamento.

Crie o seu cronograma semanal de treinamento

Como visto, o microciclo, ou, em outras palavras, o cronograma semanal de treinamento, é o período mais importante do programa de treinamento. O seu formato e o seu conteúdo são a pedra angular do plano anual de treinamento. Você deve considerar o cronograma semanal como um programa de treinamento de 7 dias (poderia ser de 3 a 10 dias, mas 7 dias é o mais comum) para alcançar o nível previsto de adaptação ao treinamento. Com base nas metas e nos objetivos que você estabelece para a temporada, o seu cronograma semanal deve mudar de uma fase de treinamento para outra, a fim de promover diferentes cargas de treinamento. Outro fator importante na programação dos seus exercícios é o equilíbrio entre trabalho e ritmo de recuperação. Uma carga excessiva com pouco descanso resultará em lesões e em *overtraining*. No entanto uma carga insuficiente com excesso de descanso retardará drasticamente o seu progresso, impedindo que você alcance o nível máximo de desempenho.

Existem muitas abordagens para o desenvolvimento de um plano anual de treinamento. Procure ou crie aquela que lhe for mais adequada. Não ter um plano anual de treinamento seria como caminhar no escuro e não entender por que você não consegue enxergar nada. Sem um plano de treinamento, não haverá nenhuma direção e isso acabará produzindo resultados insatisfatórios ou, na melhor das hipóteses, imprevisíveis. Você deve reservar um tempo no início do ano para reunir as informações adequadas, estabelecer metas, fixar objetivos e elaborar um plano de treinamento detalhado para o ano inteiro.

Modelo de plano anual de treinamento

O modelo de um plano anual de treinamento lhe serve de auxílio para registrar e organizar as informações coletadas, bem como a planejar as fases de treinamento em nível de sessão de treinamento. O Quadro 1.5 apresenta o modelo que eu desenvolvi e que melhor atende às minhas necessidades. O modelo, que contém o calendário anual dividido por semana, permite que você planeje o ano de acordo com a programação de cada semana e os seus exercícios individuais e altere o plano de uma fase para outra, acrescentando quaisquer informações de que possa necessitar para elaborar um plano anual completo.

Quadro 1.5 – Modelo de plano anual de treinamento

Nome: _____ Ano: _____

Programação semanal

	S	T	Q	Q	S	S	D
Natação							
Ciclismo							
Corrida							
Treinamento de força							

	Capacidade de treinamento no início da sessão (iniciante, intermediário, avançado)	Nível de força (excelente, bom, razoável, insatisfatório)
Natação		
Ciclismo		
Corrida		

Fase	Mês	Data do dia da semana	Sessões de natação	Sessões de ciclismo	Sessões de corrida	Treinamento de força	Foco da semana	Nome e data da prova

Códigos dos exercícios

A	Aeróbio	ST	Sessão de técnicas	— _____
T	Tempo	T1	Sessão de natação/ciclismo	— _____
L	Limite	T2	Sessão de ciclismo/corrida	— _____
VO	VO₂máx (consumo máximo de oxigênio)	SC	Sessão de corrida	— _____
EM	Esforço máximo	NAA	Natação em águas abertas	— _____
F	*Fartlek*			
R	Recuperação			

Fonte: USAT, 2012, *Complete triathlon guide* (Champaign, IL: Human Kinetics).

CAPÍTULO 2

Adaptação do treinamento para grupos específicos

Christine Palmquist

Ante o desafio de solucionar o enigma do treinamento de cada atleta, o bom treinador logo aprende sobre individualidade e exige um programa de treinamento específico compatível com os pontos fortes e as limitações de cada atleta. Já o treinador excelente só prescreve treinamento específico adequado aos atletas que acompanha. Além das diferenças individuais observadas em cada triatleta, no entanto, o bom treinador precisa considerar, também, as características especiais encontradas em algumas populações de triatletas – como iniciantes, crianças e adolescentes, e mulheres ou veteranos. Um sólido conhecimento das possíveis diferenças entre esses atletas especiais e o atleta comum adulto do sexo masculino pode ajudar o treinador a evitar eventuais problemas.

Embora os triatletas de todas as populações tenham em comum muito mais semelhanças do que diferenças, o treinador deve considerar cada atleta como um indivíduo. Este capítulo aborda as possíveis diferenças e semelhanças entre alguns grupos e apresenta exemplos de como ajudar os atletas em geral a serem bem-sucedidos em suas metas de treinamento.

Treinamento de iniciantes

Para um treinador, não há nada como conduzir um iniciante à linha de chegada em seu primeiro triatlo. Um treinador de iniciantes tem o privilégio de ser parceiro e testemunha de um evento verdadeiramente capaz de mudar a vida de um novo triatleta. A experiência pode ser tão compensadora quanto a oportunidade de treinar um atleta de elite para conquistar uma posição no pódio. Pode ser também uma missão igualmente desafiadora.

O ponto de foco para os iniciantes

O triatlo é um esporte próspero, que está crescendo. Nos nove primeiros meses de 2011, a USAT (USA Triathlon) credenciou 57.555 novos membros e sancionou 641 novas provas (de um total de 2.353). Nesse contexto em que há mais pessoas interessadas em tal esporte, o treinamento de um iniciante deve se concentrar primeiro no desenvolvimento das habilidades e da resistência necessárias ao cumprimento seguro e gratificante do evento-alvo. A trajetória de treinos e de competições do iniciante deve ajudá-lo a criar amor pelo esporte e o desejo de continuar participando de futuras competições.

Em resumo, as chaves do sucesso para os iniciantes são as seguintes:

- Permitir que eles apresentem suas sugestões e contribuições para o desenvolvimento do cronograma de treinamento.
- Ministrar sessões de treinamento curtas e suficientemente fáceis de serem concluídas.
- As primeiras semanas consistem, principalmente, em ensinar a treinar, não em desenvolver o condicionamento físico, portanto, tenha paciência.
- Evitar metas baseadas no ritmo e no tempo das provas.
- Concentrar-se na tarefa de ensinar as habilidades e desenvolver o condicionamento físico necessários para a realização de uma prova com segurança.

Permitir sugestões e contribuições para o cronograma de treinamento

É possível que os iniciantes nunca tenham experimentado um treinamento estruturado antes. Lembre-se de que esses indivíduos são adultos independentes, acostumados a fazer suas próprias programações e que, a princípio, podem sentir-se incomodados com a perda desse controle. É importante manter uma comunicação frequente com eles, para sentirem os efeitos do treinamento em suas vidas. Procure ouvir o que eles têm a dizer e conceda-lhes um pouco de controle sobre os dias e as semanas de treinamento. Permita que os seus iniciantes lhe digam quais são os melhores horários para treinar a cada dia da semana, dando-lhes a chance de atualizar essa informação sempre que necessário. Desse modo, você poderá prescrever sessões de treinamento compatíveis com a programação deles, e eles, por sua vez, terão mais probabilidade de concluir a maior parte de seus treinos, encarando-os com confiança e positividade. Tenha consciência de que eles mudarão de ideia com frequência à medida que forem se inteirando melhor do papel das piscinas, das bicicletas e dos sapatos de corrida em suas vidas profissionais e pessoais. Trabalhe uma semana de cada vez nas primeiras semanas e seja extremamente flexível.

Ministrar sessões de treinamento viáveis

Qualquer treinador que tenha passado temporadas recentes com triatletas veteranos tende a superestimar a carga de treinamento a ser dada a um iniciante. Embora uma sessão de treinamento leve para um triatleta experiente possa significar 1 hora de natação, ciclismo ou corrida, um iniciante talvez precise começar com sessões extremamente curtas, que mal justifiquem um banho. Um corredor iniciante, por exemplo, pode concluir apenas 10 minutos de corrida em uma sessão de treinamento no início da temporada, da mesma forma que, para um iniciante, um treino de natação pode significar uma aula técnica com apenas 200 a 300 metros de nado efetivamente. Embora os seus iniciantes possam expressar o entusiasmo de progredir no início, elabore sessões de treinamento que eles consigam concluir com sucesso e desejo de fazer mais no dia seguinte. Aos poucos, comece a introduzi-los na fase de transição para a rotina de um triatleta. Permita-lhes passar parte do tempo dos primeiros treinos investigando a piscina, aprendendo a preparar uma bicicleta para o treino, buscando o ajuste adequado à bicicleta e um selim confortável, e adquirindo roupas e calçados adequados para cada temporada. Prefira pecar por treinar de menos a derrotá-los logo de cara. Faça que eles sintam o sabor do sucesso desde o início de sua trajetória nessa primeira competição.

Ensinar a treinar

Os iniciantes encaram o seu primeiro triatlo como uma envolvente mistura de emoções. Eles têm de adquirir e aprender a usar uma montanha de equipamentos. É possível que o treinador precise ensinar técnicas de natação e ajudar os atletas a superar temores muito reais em relação ao esporte. Os triatletas iniciantes são, em sua maioria, ciclistas hesitantes ou novatos que necessitam de uma orientação minuciosa sobre onde e como utilizar suas bicicletas (geralmente novas). Treinar esses atletas para trilhar o segmento das corridas significa ensinar-lhes estratégias adequadas de nutrição, hidratação e modulação do ritmo das passadas que os ajudem a manter as forças até a linha de chegada. A estratégia mais importante para treinar iniciantes é pressupor que eles não têm nenhum conhecimento nem experiência em qualquer modalidade do triatlo. Comece do zero e forneça instruções claras e detalhadas, prevendo os mal-entendidos. Esse é um momento em que conversar pessoalmente em uma sessão de treinamento ou pelo telefone pode tirar todas as dúvidas de um atleta melhor do que por *e-mail*.

Evitar metas baseadas no ritmo das provas

Os resultados das provas e as metas baseadas no ritmo e no tempo das provas devem ser deixados de lado, porque a maior meta dos iniciantes é adquirir as habilidades e a força necessárias para terminar a prova com segurança. Um iniciante deve preocupar-se em cruzar a linha de chegada sentindo-se forte, e não em manter uma determinada velocidade na bicicleta ou durante a corrida. Constituem exemplos de boas metas para as primeiras provas: manter a calma durante a prova de natação; beber uma garrafa de água durante a prova de ciclismo; manter um ritmo moderado nos primeiros 1.600 metros da corrida. O iniciante tem controle sobre a sua capacidade de alcançar metas como essas e, consequentemente, mais chance de se sair melhor na competição de um modo geral.

Ensinar as habilidades necessárias

Os iniciantes serão bem-sucedidos nas primeiras provas se tiverem as habilidades necessárias para competir com segurança e resistência, a fim de alcançar a linha de chegada. A velocidade está longe de ter tal importância no estágio inicial de desenvolvimento. Em vez disso, faça que os atletas passem o tempo de treinamento praticando como montar uma área de transição. Eles devem praticar transições eficientes com frequência nas semanas que antecederem suas provas. Devem aprender também a trocar um pneu furado e ter conhecimentos básicos para fazer a manutenção de suas bicicletas. Os iniciantes precisam ter experiência em águas abertas sob condições supervisionadas e seguras. Você terá que lhes ensinar sobre roupas e equipamentos específicos para triatlo e como usá-los. Os treinadores devem ajudar os novos atletas a aprenderem a beber líquido e se alimentarem antes, no decorrer e depois dos treinos e das provas. As sessões de treinamento devem trabalhar as habilidades mentais, as estratégias de modulação do ritmo das passadas e os princípios básicos da linguagem e das zonas de treinamento. Treinar um iniciante é um desafio maravilhoso. Cruzar essa primeira linha de chegada é gratificante tanto para o treinador quanto para o atleta.

Considerações sobre o treinamento para iniciantes

Prescrever treinamento para iniciantes significa elaborar exercícios curtos de baixa intensidade com o objetivo de apresentar cada modo de treinamento aos novos atletas. Os primeiros treinos de natação devem consistir em aulas de natação. Os primeiros treinos de ciclismo devem envolver o ajuste da bicicleta às características do ciclista e a verificação dos equipamentos. Os primeiros treinos de corrida para corredores iniciantes devem alternar padrões de corrida e caminhada com base na experiência e no condicionamento físico dos atletas. O tempo total de treinamento para as primeiras semanas pode ser de 6 a 9 sessões, cada uma com cerca de 30 a 60 minutos de duração, para um total de 3 a 7 horas. A primeira semana de um iniciante pode ser tão simples quanto o plano semanal ilustrado no Quadro 2.1.

Caso o seu atleta iniciante consiga vencer essas primeiras semanas, ele terá a confiança e o entusiasmo necessários para prosseguir e, então, preparar-se para as distâncias de competição. Depois de algumas semanas, o atleta estará pronto para progredir para treinos que começam a lembrar a prova para a qual ele está treinando. Esses exercícios continuarão a aprimorar as habilidades do atleta para o triatlo e a desenvolver a sua capacidade de resistir a sessões mais longas de natação, ciclismo e corrida. Na água, o atleta deve trabalhar a capacidade de nadar a distância da prova sem interrupção na piscina e em águas abertas. Se a natação for um ponto fraco, o treinador deve aumentar a frequência das sessões de nado – talvez 4 ou 5 sessões por semana, para um desenvolvimento mais rápido da capacidade de resistência do atleta. O treinamento deve trabalhar progressivamente o atleta, de modo a preparâ-lo para percorrer distâncias de prova na bicicleta. E, nas sessões de treinamento de corrida, ele deve prolongar as suas corridas contínuas e praticar o padrão alternado de corrida e caminhada (se necessário) que ele utilizará para concluir a distância de prova.

Quadro 2.1 – Exemplo de plano de treinamento de 1-3 semanas para iniciantes

	Segunda	Terça	Quarta	Quinta	Sexta	Sábado	Domingo
Natação	Aula de natação (30 min)	–	–	Aula de natação (30 min)	–	–	Dia de folga
Ciclismo	–	Treino leve; verificação da bicicleta (30 min)	–	–	Treino leve; habilidades de manejo (30 min)	–	
Corrida	–	–	Corrida e caminhada alternadas (30 min)	–	–	Corrida e caminhada alternadas (30 min)	

O número de sessões de treinamento por semana permanecerá mais ou menos igual ao das primeiras semanas (6 a 9 sessões por semana). Entretanto, muitas sessões podem ser ligeiramente mais longas – a maioria com duração de 30 a 90 minutos. O tempo total de treinamento para uma semana normal será na faixa de 5 a 10 horas para a maioria dos iniciantes. O Quadro 2.2 mostra como pode ser um plano de treinamento para iniciantes durante essas semanas.

Quadro 2.2 – Exemplo de plano de treinamento para iniciantes para as semanas 4-12

	Segunda	Terça	Quarta	Quinta	Sexta	Sábado	Domingo
Natação	3 × 400 com nível de esforço moderado; praticar visão focal, uma vez por volta (45 min)	–	Nado contínuo durante 20 min; praticar visão focal, uma vez por volta (45 min)	–	Prática de natação em águas abertas com um companheiro; praticar visão focal (30 min)	–	Dia de folga
Ciclismo	–	Bicicleta em ladeira; pedalar vigorosamente nas subidas (45 min)	–	Percurso suave, cadência rápida; procurar manter uma cadência de 90 rpm durante a maior parte do percurso (45 min)	–	Corrida longa de 75-90 min a um ritmo constante; adotar o hábito de se hidratar durante a corrida (90 min)	
Corrida	Padrão alternado de corrida e caminhada leves (intervalos de 4,5 min de corrida e 30 s de caminhada); hidratar-se durante as pausas de caminhada (45 min)	–	4 × 60 s de repetições em aclive com passo vigoroso; descer caminhando após cada série para fins de recuperação (45 min)	–	Corrida leve e contínua, com intervalos (até quatro) de 30 s de caminhada, quando necessário (45 min)	Corrida leve de transição imediatamente após o percurso de bicicleta; acostumar-se a fazer a transição (10 min)	

A 3 ou 4 semanas do dia da prova (no final da fase de competição do treinamento), o atleta deve estar apto a realizar sessões independentes de nado, ciclismo e corrida equivalentes à distância das provas. Ele precisa completar, também, alguns "blocos" de exercícios combinados – natação-ciclismo e ciclismo-corrida – que se aproximem da distância das provas. O termo *bloco de exercícios combinados* designa a execução de exercícios de duas ou mais modalidades do triatlo em uma mesma sessão de treinamento. O atleta pode fazer uma sessão de natação em ritmo de prova seguida de uma sessão de treinamento de ciclismo, com uma transição muito curta entre os dois exercícios. Os blocos de exercícios combinados são muito importantes para mostrar ao novo atleta a sensação de correr com as pernas já fadigadas depois do ciclismo. O treinador deve ensinar práticas nutricionais e de modulação de passadas adequadas a serem adotadas no dia da prova e fazer que o atleta as pratique durante os blocos de simulação de provas. Três semanas antes da competição, o treinamento do iniciante poderá estar semelhante ao plano semanal apresentado no Quadro 2.3.

Quadro 2.3 – Exemplo de plano de treinamento para iniciantes 3 semanas antes da competição

	Segunda	Terça	Quarta	Quinta	Sexta	Sábado (bloco de exercícios combinados específicos para as provas)	Domingo
Natação	4 × 200 m, esforço em ritmo constante (45 min)	–	–	3 × 500 m, esforço em ritmo constante (60 min)	Dia de folga	Nado contínuo, distância de prova (30 min)	–
Ciclismo	–	Percurso suave (30 min)	–	–		Percurso moderado (30 min)	Percurso em ritmo constante (60 min)
Corrida	Corrida-caminhada alternadas (30 min)	–	Corrida-caminhada alternadas (30 min)	–		Corrida-caminhada alternadas (30 min)	–

As duas últimas semanas de redução da carga de treinamento serão reservadas para o atleta descansar, praticar as transições, reunir e preparar os equipamentos, e concluir as discussões sobre nutrição e ritmo de passadas. O treinador deve se preparar para passar um tempo extra ao telefone ou pessoalmente na semana de provas, a fim de esclarecer cada etapa da competição. É importante ajudar o atleta a visualizar os bons e os maus momentos de uma prova normal e como reagir de forma adequada. Por fim, certifique-se de que ele tem ciência de que você torce por ele e está orgulhoso de seus esforços. Depois saia de cena e observe a alegria estampada no rosto dele ao término da competição.

Treinando crianças e adolescentes

O triatlo para crianças e adolescentes é um esporte em rápida expansão. A USAT contava com 42.626 crianças e adolescentes entre seus membros em 2011; aproximadamente 29,07 % dos membros da associação estão na faixa entre 7 a 19 anos.

Os diretores de provas estão oferecendo mais competições do esporte para a garotada, com percursos seguros e distâncias adequadas à faixa etária de crianças que estão no ensino fundamental. As equipes de crianças e adolescentes triatletas estão se desenvolvendo nos Estados Unidos, oferecendo oportunidades para que esses indivíduos treinem juntos e façam parte de uma equipe liderada por um treinador. Lembre-se, porém, de que crianças e adolescentes não são miniaturas de adultos. São muitas as diferenças a serem consideradas quando se trata de criar sessões de treinamento para esses triatletas especiais. Observe que o Capítulo 24 aborda de forma mais detalhada a questão do treinamento de crianças e adolescentes.

Cuidados para crianças e adolescentes

Entre as peculiaridades a serem consideradas em relação ao treinamento de crianças e adolescentes estão fatores como a segurança, o medo, a coordenação motora, a maturidade, a capacidade de concentração, as reações físicas às condições climáticas, os temores dos pais, as questões de crescimento, as questões nutricionais, a concorrência com outros esportes, as dinâmicas de grupo, a formação de equipe, a construção da confiança, a aptidão desenvolvimental e as habilidades básicas para as três modalidades e suas respectivas transições. Um treinador de crianças e adolescentes não deve ser um treinador iniciante. Esse grupo exige um treinador experiente, com os devidos conhecimentos de como treinar adequadamente jovens e que esteja presente em todas as sessões de treinamento. Qualquer treinador disposto a assumir o treinamento desses triatletas mais jovens e extremamente especiais logo perceberá que provavelmente se trata do grupo mais desafiador e compensador que ele poderá orientar. Feitas todas essas considerações, no entanto, a maior prioridade para quem pretende treinar crianças e adolescentes é nutrir um novo amor pelo esporte. Se o jovem triatleta gostar de triatlo, ele demonstrará amor pela prática desse esporte e pelo aprendizado envolvido nos treinos. Resumindo, as chaves do sucesso para os jovens são as seguintes:

- Desenvolver as habilidades e a velocidade necessárias.
- Garantir a segurança.
- Tornar o treinamento uma experiência lúdica.
- Manter uma comunicação aberta.
- Fornecer orientações sobre as práticas nutricionais adequadas.

Desenvolver as habilidades e a velocidade necessárias

A primeira prioridade de um treinador com crianças e adolescentes é ajudá-los a desenvolver suas habilidades. Todas as sessões de prática com crianças e adolescentes no ensino fundamental e no médio devem conter exercícios de habilidades. Os exercícios de corrida para desenvolver a forma adequada, os exercícios de ciclismo para melhorar as habilidades de manejo da bicicleta e os exercícios de natação para desenvolver as técnicas adequadas de braçadas devem servir de base para cada treino. As crianças e os adolescentes são preparados fisiologicamente para aprender mais rapidamente as habilidades ensinadas durante esses anos.

Os treinadores devem perceber que os padrões motores são assimilados com mais facilidade em idades mais jovens. Uma vez aprendidos, esses padrões são armazenados no sistema nervoso central. Um jovem que treine e aprenda a adquirir velocidade será um atleta mais veloz quando tiver mais idade. Além disso, a infância e a adolescência são as fases ideais para desenvolver determinados tipos de fibras musculares, especialmente as de contração rápida, e os padrões neuromusculares necessários para ser veloz. Portanto, os jovens devem passar grande parte de seu tempo de treino praticando corrida de velocidade, para desenvolver a agilidade e a economia de movimentos.

Lembre-se, também, de que, à medida que as crianças e adolescentes crescem, seus ossos crescem primeiro, seguidos, por fim, pelos tecidos moles circundantes (músculos e ligamentos), que, por conseguinte, podem se enfraquecer e sofrer sobrecarga. Os treinadores devem estar atentos aos estirões de crescimento de seus atletas e reduzir a carga de treinamento durante esses períodos. E, durante esses estirões, os adolescentes, os pais e os treinadores devem esperar uma regressão dos atletas em termos de treinamento e velocidade. O treinador deve, também, reconhecer e respeitar o fato de que uns se desenvolvem mais cedo do que outros e ter o cuidado de não dar mais atenção e reconhecimento àqueles que se desenvolvem mais rápido. Os jovens que levam mais tempo para se desenvolver geralmente são os que se revelam os atletas mais talentosos com a assistência paciente e motivadora.

Crianças e adolescentes têm muito mais dificuldade para manter um esforço vigoroso por vários minutos do que os adultos, em razão da sua pouca economia de movimentos, incapacidade de liberar calor do corpo e baixa capacidade de armazenamento e utilização do glicogênio muscular. As crianças e os adolescentes têm um débito cardíaco e um $\dot{V}O_2$máx mais baixos do que os adultos. A frequência cardíaca dos jovens é muito alta durante o repouso e em atividade. Todos esses aspectos começam a melhorar à medida que eles alcançam e ultrapassam a puberdade, mas, para pré-adolescentes, os treinos e as provas de resistência aplicados aos adultos não são adequados. É importante optar por distâncias de prova adequadas à faixa etária desses atletas e concentrar-se mais na ludicidade e nas corridas de velocidade do que ministrar extenuantes segmentos durante os treinos do triatlo.

Garantir a segurança

Ao treinar crianças e adolescentes, o treinador deve levar em consideração toda possibilidade de risco à segurança. Os jovens devem passar por uma triagem de natação e nadar regularmente. Fazer parte de uma equipe de natação é um grande começo para os triatletas mais jovens, na medida em que eles recebem instrução sobre as técnicas da modalidade, a prática da natação em situações de competição, a prática da natação em raias congestionadas e muito treino. Mesmo com experiência de participação em equipes, qualquer nadador pode entrar em pânico por ocasião de sua primeira prova de natação em águas abertas. Portanto, os treinos de natação em águas abertas são cruciais, e o treinador deve conduzi-os regularmente em um ambiente que zele pela segurança, com a supervisão de salva-vidas e adultos em número suficiente para observar cuidadosamente e prestar assistência a cada nadador.

O ciclismo é o outro esporte potencialmente perigoso. A maioria dos jovens acabará sofrendo algum tipo de acidente. Portanto, é recomendável ter um bom *kit* de primeiros socorros e um plano de emergência. As crianças e os adolescentes devem pedalar em área totalmente protegida do tráfego e longe de ladeiras que estejam além de suas capacidades de manejo da bicicleta. Se os ciclistas estiverem em uma trilha, o treinador precisará ensinar-lhes a ultrapassar os pedestres com cortesia e segurança. Ao pedalar em grupos, o treinador terá de agrupar ciclistas com capacidades similares e considerar quem precisa pedalar sozinho ou com mais espaço à sua volta para ter segurança. Ciclistas adultos devem acompanhar cada pequeno grupo de jovens. Ao treinar jovens ciclistas, o treinador precisa ensinar a cada atleta como frear com segurança, quando e como trocar as marchas, como fazer curvas e contornar cones, como aproveitar o vácuo, como falar com os outros ciclistas sobre parar e reduzir a velocidade, e como usar corretamente o capacete.

Um treinamento seguro de corrida para jovens exige um circuito seguro. Certifique-se de que o piso é bom, e procure um local de treinamento que ofereça diversas superfícies de corrida (trilhas, grama, asfalto, ladeiras). O circuito deve ser protegido do tráfego e facilmente monitorado pelo treinador. Os corredores devem se fazer acompanhar de um ou mais companheiros em suas corridas.

Um bom treinador deve também estar preparado para modificar o treinamento de acordo com todo tipo de condição meteorológica. Ele deve ter um plano de mau tempo e estar pronto a utilizá-lo ao primeiro sinal de raios. Os jovens não suam com tanta eficiência quanto os adultos e são mais suscetíveis a doenças relacionadas aos efeitos do calor. Entretanto, eles são mais suscetíveis também a hipotermia. O treinador precisa ensiná-los a se ajustar às condições do tempo com opções adequadas de hidratação e vestuário.

Tornar o treinamento uma experiência lúdica

Um bom treinador de crianças e adolescentes incorpora jogos e desafios lúdicos a cada sessão de treinos. Os jogos são a melhor maneira de aumentar o número de corridas com alto nível de qualidade em um treino, pois fortalecem as equipes, ajudam a melhorar a baixa capacidade de concentração, desenvolvem as habilidades de velocidade e agilidade, e ajudam a nutrir pelo triatlo aquele amor tão importante para o desenvolvimento de um grande jovem triatleta.

As competições e as provas de treinamento são boas maneiras de motivar os jovens triatletas. Por exemplo, abra um mapa do Brasil[1] e calcule as distâncias que eles devem correr a cada semana para "atravessar o país"; promova semanalmente uma prova de corrida ou uma prova contrarrelógio, com a oferta de um picolé de frutas a todos aqueles que concluírem a prova; escolha o atleta da semana, e recompense-o com um pequeno prêmio; ou dê a cada jovem um apelido que reflita a personalidade do triatleta em questão e transmita a ideia de força, habilidade ou velocidade. E, acima de tudo, um bom treinador explora o tema da *equipe*. Os jogos de equipe, as cores da equipe, as canções da equipe e os gritos de guerra da equipe servem para lembrar a esses atletas que eles estão treinando e competindo para a sua equipe e para si próprios.

---

[1] Estados Unidos, no original [N.T.].

Manter uma comunicação aberta

A comunicação é fundamental para uma boa relação de trabalho entre o treinador, o atleta e os pais dele. O treinador deve se comunicar com o atleta e seus pais por telefone ou *e-mail* pelo menos uma vez por semana, para tratar das temporadas de treinamento futuras, dos cronogramas de competição e de quaisquer outros assuntos de interesse do grupo. O treinador que envia *e-mails* personalizados a cada atleta, ressaltando as metas e as realizações desses jovens, faz que eles se sintam especiais e participantes de seu crescimento como triatletas.

Fornecer orientações sobre as práticas nutricionais adequadas

Os treinadores devem orientar os jovens sobre como alimentar adequadamente seus treinamentos e competições. Sem uma boa nutrição, todo o treinamento se perderá e os atletas poderão sofrer problemas de saúde. Um bom treinador fornece aos jovens as informações de que eles necessitam para escolher alimentos saudáveis e repletos de energia que lhes proporcionem força e boas condições de saúde. Os competidores mais jovens e seus pais talvez não entendam a importância da hidratação e da alimentação antes, no decorrer e depois dos exercícios. Os jovens tendem a escolher os alimentos com base no sabor, na aparência e na disponibilidade, por isso, é importante ensiná-los a planejar seus cafés da manhã e fazer lanches saudáveis. Os jovens não apresentam sinais sensíveis de sede que os alerte para a necessidade de ingerir líquidos. Hidratação é fundamental. Por isso, o treinador pode distribuir garrafas de água transparentes marcadas com graduações de 60 ml, a fim de ajudar os jovens a assimilar o conceito de volume de hidratação e adquirir o hábito de beber líquidos regularmente.

A orientação nutricional passa a ser uma questão ainda mais complexa quando os atletas entram na adolescência. As meninas naturalmente crescem e ganham gordura corporal durante a adolescência, e cada uma pode ter consciência de suas novas curvas e da perda de velocidade em virtude do ganho de peso. O treinador precisa enfatizar que isso é normal e orientar as atletas durante esse período com uma base de como se manter devidamente alimentado. Os meninos podem passar por uma fase semelhante em que eles ganham peso antes de crescer. Um comentário insensível do treinador sobre "ficar grande" ou "necessidade de perder peso" pode levar um jovem a entrar em uma longa onda de distúrbios alimentares. O treinador, como figura com autoridade respeitada, pode fazer uma diferença positiva com boas informações e bons conselhos durante essa época de desajustes.

Considerações sobre o treinamento para crianças e adolescentes

Os exercícios de início de temporada (fase preparatória) devem introduzir uma rotina de treinamento que se mantenha regular durante toda a temporada. As sessões de treinamento devem começar pontualmente, mas com uma atividade "extra" que permita que os retardatários (normalmente, não por culpa dos jovens) se juntem ao grupo sem maiores transtornos. As rotinas de dinâmica funcional de aquecimento e alongamento são uma boa prática para os primeiros 10 a 15 minutos de treino. Depois que as equipes aprendem a rotina, os atletas mais velhos podem se revezar no comando dos exercícios de aquecimento, enquanto o treinador cumprimenta cada atleta e explica os exercícios do dia.

No início da temporada, o treinamento deve ter caráter preparatório, começando com exercícios fáceis e progredindo de acordo com as capacidades e habilidades dos jovens. É melhor pecar pelo conservadorismo no treinamento do que arriscar levar esses novos atletas à exaustão ou a sofrer lesões. Os treinadores devem se certificar de que os seus jovens estejam se recuperando bem e mantêm uma atitude positiva em relação à sua participação nos treinos. Caso contrário, trata-se de claros indícios de que o treinamento deve ser reduzido para permitir maiores períodos de descanso.

Um treinador de crianças e adolescentes deve lembrar-se de que seus atletas conseguem adquirir condicionamento físico com muita rapidez. Ele pode reservar os exercícios mais difíceis para a fase de competição e passar os meses iniciais de pré-competição trabalhando os atletas para que eles adquiram habilidades, hábitos seguros, velocidade, força e confiança. O tempo adequado de treinamento varia de 4 a 8,5 horas de treino por semana para atletas até 12 anos, e até 16 horas para atletas acima de 12 anos. Os jovens devem passar cerca da metade do seu tempo de treinamento nadando, uma vez que as habilidades de natação exigem muito treino, e a natureza de esporte sem impacto da natação propicia a construção da resistência. Os exercícios típicos de uma equipe de natação normalmente são adequados à idade dos nadadores e excelentes para jovens triatletas.

Crianças e adolescentes devem treinar com frequência blocos de exercícios combinados que se aproximem de suas distâncias de prova e lhes permita treinar duas ou mais modalidades do triatlo em uma mesma sessão de treinamento. Isso lhes dá a chance de praticar a habilidade de transição da natação para o ciclismo e, depois, do ciclismo para a corrida. Além disso, calçar os sapatos e colocar os capacetes, bem como subir e descer de uma bicicleta, podem ser habilidades difíceis para esses jovens, de modo que a prática da transição os ajuda a adquirir uma experiência valiosa. E, por fim, mesmo os triatletas mais jovens necessitam de um treinamento de força. Entretanto, este deve ser ministrado em forma de exercícios que ajudem os jovens a carregar o peso do próprio corpo com um nível satisfatório de força e equilíbrio. Os exercícios dinâmicos de aquecimento para corrida, pular corda, exercícios pliométricos simples como pular e saltar, e repetições de subida e descida de ladeiras são boas práticas para adquirir força.

Uma semana de treinamento de início de temporada para atletas até 12 anos oferece-lhes a oportunidade de nadar, pedalar, correr, praticar transições e fazer exercícios de aquisição de força três vezes por semana em cada modalidade. A semana pode ser organizada de forma semelhante ao plano ilustrado no Quadro 2.4, ao passo que uma semana de treinamento de início de temporada para atletas pode se assemelhar mais ao plano apresentado no Quadro 2.5. À medida que os jovens triatletas fazem a transição para o treinamento aplicado a maiores de 12 anos, seja paciente porque é possível que alguns dos membros mais jovens desse grupo etário ainda se saiam melhor com a programação mais leve aplicada aos atletas abaixo de 12 anos. Os triatletas que se encontram devidamente preparados podem cumprir 4 sessões de natação, ciclismo e corrida por semana, com três sessões funcionais de força por semana e treinos curtos de transição, conforme necessário.

Quadro 2.4 – Exemplo de plano de treinamento para atletas até 12 anos para uma semana de início de temporada

	Segunda	Terça	Quarta	Quinta	Sexta	Sábado	Domingo
Natação	Treino normal da equipe de natação para trabalhar braçadas, exercícios, velocidade e resistência (60-90 min)	–	Treino normal da equipe de natação para trabalhar braçadas, exercícios, velocidade e resistência (60-90 min)	–	Treino normal da equipe de natação para trabalhar braçadas, exercícios, velocidade e resistência (60-90 min)	–	Dia de folga
Ciclismo	–	Habilidades e velocidade (35 min)	–	Habilidades e resistência (35 min)	–	Exercícios combinados ciclismo-corrida (30 min)	
Corrida	–	Habilidades e resistência (30 min)	–	Habilidades e velocidade (30 min)	–	Exercícios combinados ciclismo-corrida e habilidades (30 min)	
Transições	–	10 min	–	10 min	–	15 min	
Força	–	15 min	–	15 min	–	10 min	

Quadro 2.5 – Exemplo de plano de treinamento para atletas acima de 12 anos para uma semana de início de temporada

	Segunda	Terça	Quarta	Quinta	Sexta	Sábado	Domingo
Natação	Resistência (60 min)	Velocidade (60 min)	–	Força (60 min)	Velocidade (60 min)	–	Dia de folga
Ciclismo	–	Habilidades (60 min)	Velocidade (45 min)	Força (60 min)	–	Velocidade (60 min)	
Corrida	Tempo (45 min)	–	Tempo (50 min)	–	Leve (45 min)	Velocidade (45 min)	
Transições	–	–	10 min	–	–	15 min	
Força	15 min	–	15 min	–	15 min	–	

Durante a fase de competição, esses atletas devem fazer dois ou três exercícios semanais específicos para as provas. Esses exercícios oferecem a eles a chance de treinar, na prática, o ritmo e as distâncias das provas. Nesses exercícios, o treinador deve frequentemente moldar os atletas para atuarem em ritmo de realização de metas de competição. Eventualmente, os exercícios podem ser substituídos por competições, mas cuidado para não competir com frequência excessiva (as competições são física e mentalmente extenuantes). O volume geral de treinamento deve diminuir durante a fase de competição para permitir que os atletas tenham mais tempo para descansar e se recuperar desses exercícios importantes.

Uma semana de treinamento da fase de competição para jovens atletas até 12 anos contém treinos mais fáceis, a fim de permitir que eles se recuperem para as competições propriamente ditas ou para os treinos de simulação de competição do fim de semana, como mostra o Quadro 2.6. Na fase de competição, uma semana de treinamento para triatletas acima de 12 anos é estruturada com base na mesma filosofia de provas reais ou simuladas mais difíceis, seguidas de treinos mais fáceis e da oportunidade de recuperação, como mostra o Quadro 2.7.

Para os fins deste livro, esses exemplos das semanas de treinamento são muito genéricos. Na realidade, o treinador precisa adaptar o treinamento às habilidades e deficiências de cada atleta e monitorar cuidadosamente os seus níveis de energia, promovendo o equilíbrio entre a escola, a família, o lazer e o treinamento. Um atleta feliz é um atleta forte.

Quadro 2.6 – Exemplo de plano de treinamento para atletas até 12 anos para uma semana da fase de competição

	Segunda	Terça	Quarta	Quinta	Sexta	Sábado*	Domingo
Natação	Velocidade e habilidades (60 min)	–	Resistência e habilidades (60 min)	–	Força e habilidades (60 min)	Competição ou exercício de simulação de competição (30-60 min)	Dia de folga
Ciclismo	–	Blocos de exercícios combinados e habilidades (35 min)	–	Resistência e velocidade (35 min)	–	Competição ou exercício de simulação de competição (30-60 min)	
Corrida	–	Blocos de exercícios combinados e habilidades (30 min)	–	Velocidade e habilidades (30 min)	–	Competição ou exercício de simulação de competição (30-60 min)	
Transições	–	15 min	–	15 min	–	15 min	
Força	–	5 min	–	5 min	–	5 min	

*O treinamento programado para esse dia pode ser substituído por uma competição formal.

Quadro 2.7 – Exemplo de plano de treinamento para atletas acima de 12 anos para uma semana da fase de competição

	Segunda	Terça	Quarta	Quinta	Sexta	Sábado*	Domingo
Natação	Velocidade (60 min)	Resistência e habilidades (60 min)	–	Força e habilidades (60 min)	–	Competição ou exercício de simulação de competição (30-60 min)	Dia de folga
Ciclismo	–	Percurso em grupo com tiros curtos e esforço em ritmo de competição (60 min)	Percurso suave; habilidades (45 min)	Resistência e habilidades (60 min)	–	Competição ou exercício de simulação de competição (30-60 min)	
Corrida	Velocidade e habilidades (45 min)	–	Corrida em ritmo de competição; habilidades (50 min)	–	Corrida leve (45 min)	Competição ou exercício de simulação de competição (30-60 min)	
Transições	–	–	10 min	–	–	15 min	
Força	5 min	–	5 min	–	5 min	–	

*O treinamento programado para esse dia pode ser substituído por uma competição formal.

Treinamento de veteranos

No triatlo, veterano é aquele com 40 anos ou mais. No final de 2011, 39% dos membros anuais da USAT atendiam a esse critério. Na realidade, o maior grupo etário tanto de membros masculinos quanto femininos está compreendido na faixa de 40 a 44 anos. Os veteranos possivelmente têm maior disponibilidade de tempo e renda para competir do que os mais novos. Entretanto, por mais que tentemos nos manter jovens, a idade traz determinadas mudanças fisiológicas inegáveis em nosso corpo. A vantagem é que um treinamento adequado pode ajudar a retardar ou diminuir essas alterações.

Cuidados para veteranos

O treinamento de um veterano deve visar à qualidade de cada sessão de treinamento combinada à oportunidade de recuperação e descanso adequados antes da sessão seguinte. Os veteranos devem passar menos tempo fazendo exercícios de resistência longos e lentos e mais tempo preservando sua capacidade de velocidade com um treinamento e níveis de esforço de competição mais puxados. Em geral, os triatletas acima de 40 anos têm longa experiência em competições e treinamento, e são capazes de utilizar esses conhecimentos para competir e treinar com mais sucesso.

Os treinadores podem pedir aos veteranos que falem de suas competições passadas para descobrir o que deu certo e aprender com os erros. Os veteranos podem, também, ter a maturidade necessária para abordar o treinamento e as competições de maneira saudável e equilibrada, bem como mais tempo e dinheiro para se dedicarem às suas paixões esportivas. Essas vantagens significam que alguns veteranos das provas de resistência ainda são capazes de estabelecer novos recordes pessoais com mais de 50 anos. Em suma, as chaves do sucesso para eles são as seguintes:

- Fazer treinos de força regularmente.
- Planejar o nível de recuperação adequado.
- Ter consciência do potencial para lesões.

Treinamento de força

Em algum momento aos 20 e tantos anos, todo adulto começa a perder massa muscular. Essa perda degenerativa anual de 0,5% a 1% de músculo esquelético é denominada sarcopenia. Felizmente, o exercício e o treinamento de força já demonstraram retardar a taxa de degeneração (Taaffe, 2006). Essas informações são fundamentais para a elaboração de um plano de treinamento adequado para esse grupo especial de atletas. Os veteranos devem incorporar treinos de força regularmente aos seus programas de treinamento. Duas ou três sessões de treino de força por semana os ajudarão a manter a força, o equilíbrio e a velocidade.

Intervalo de recuperação

Os veteranos precisam de mais tempo para se recuperarem das sessões de treinamento. Os atletas acima de 40 anos têm de adicionar mais dias e semanas de descanso em seus planos de treinamento. Ao passo que aqueles na faixa dos 30 anos conseguem cumprir 3 semanas consecutivas de treinamento sem precisar de uma semana de descanso, é possível que os veteranos necessitem de 1 semana de descanso após 1 semana de treinos. Dada essa maior necessidade de recuperação, os veteranos devem reduzir os dias de treinamento (por causa do seu alto impacto) ao mínimo possível – em geral, para apenas 3 dias por semana, visando ao equilíbrio entre a adaptação e a recuperação.

Risco de lesões

Um atleta na faixa dos 40 anos provavelmente já sofreu os mais diversos tipos de lesões resultantes das práticas de treinamento e competição. Com a idade, algumas dessas lesões podem se tornar crônicas por degeneração ou fraqueza em longo prazo. O treinador precisa prescrever sessões semanais de treinamento de força e alongamento recomendadas pelos especialistas em reabilitação, a fim de corrigir problemas de desequilíbrio e rigidez muscular. Deve, também, otimizar o volume de treinamento de modo a permitir que o veterano descanse o suficiente para uma recuperação adequada entre as puxadas sessões de treinamento. O veterano geralmente se sai melhor com um volume reduzido de treinamento, com mais tempo dedicado aos treinos de alta intensidade ou de potência e força.

Existem, também, algumas vantagens em relação aos veteranos e o potencial para lesões: eles tendem a lidar com as lesões de forma mais sábia, por exemplo. Como já sofreram bastante com elas, sabem quando interromper uma sessão de treinamento, tirar um dia de descanso ou reduzir o ritmo de um exercício para evitar lesões. Quando se machucam, provavelmente, sabem como se recuperar melhor e contam com um confiável acervo de recursos aos quais podem recorrer. Além disso, é comum muitos veteranos se manterem menos sujeitos a lesões em uma idade mais avançada do que quando mais jovens.

Considerações sobre o treinamento para veteranos

Os veteranos geralmente acumulam ampla experiência de treinamento de resistência. Ao longo de vários anos, eles se adaptaram fisiologicamente com a prática constante do ciclismo, da natação e da corrida e construíram uma base para si. Consequentemente, a tendência é de que eles necessitem de menos tempo para construir uma base do que os atletas mais jovens ou menos experientes.

Se o atleta quiser manter a sua capacidade de competir vigorosamente em distâncias mais curtas, deve manter a prática de exercícios e provas de alta intensidade. Os fatores que mais contribuem para a perda de desempenho decorrente da idade são a perda de capacidade aeróbia ($\dot{V}O_2$máx) e a perda de velocidade e potência no limiar láctico. Embora não existam muitas pesquisas disponíveis sobre o assunto, parece que os veteranos conseguem manter a sua capacidade aeróbia, a sua capacidade láctica e os seus níveis de economia de energia até a faixa dos 50 anos, *se* continuarem treinando de forma objetiva e competindo em um nível elevado (Trappe et al., 1996).

Um estudo que acompanhou na elite do esporte 27 atletas de resistência durante 15 anos constatou que os mais ativos (aqueles que competiam regularmente em distâncias mais curtas) conseguiram manter ou, até mesmo, melhorar a sua capacidade aeróbia ao longos desses 15 anos (Marti e Howald, 1990). No entanto, os atletas recreacionais tendiam a perder capacidade aeróbia em uma proporção média de 1% ao ano. Aqueles que se tornavam sedentários perdiam 1,6% de sua capacidade aeróbia por ano. Desse modo, parece que a prática frequente de esforço em nível de competição (limiar anaeróbio) nos treinos e disputas de provas ajuda a manter a capacidade aeróbia à medida que envelhecemos. Outro estudo controlou a queda de desempenho de triatletas de alto rendimento em grupos etários mais velhos nos Campeonatos Mundiais de Triatlo de 2006 e 2007 (Lepers et al., 2010). Nesse contexto, a parte do ciclismo demonstrou o menor nível de declínio à medida que os grupos etários envelheciam. A parte da natação veio logo em seguida, e a da corrida foi a modalidade que apresentou a maior queda de desempenho. Contudo, a constatação mais importante foi a de que os atletas que competiam em curtas distâncias foram os que demonstraram o menor nível de redução da capacidade aeróbia, ou $\dot{V}O_2$máx. Os atletas que competiam na modalidade de distância Ironman demonstraram os maiores níveis de declínio. Essa constatação parece indicar que os veteranos devem incluir treinamentos de alta intensidade e provas de curta distância em seus regimes como forma de combater a tendência natural de diminuição da capacidade aeróbia em razão da idade.

Um exemplo de treinamento de alta intensidade específico para veteranos é começar com uma série de intervalos de 1 a 3 meses desenvolvida no nível do limiar láctico ou um pouco abaixo, elevando o tempo total dos intervalos por exercício para 20 a 40 minutos. Por exemplo, poderia ser ministrada uma sessão inicial de intervalos de 3 × 3:00 em ritmo de prova de 1 hora. A cada semana, os intervalos aumentariam de volume. A última sessão de intervalos, por sua vez, poderia ser de 4 × 10:00 em ritmo de prova de 1 hora. Esses intervalos poderiam ser traduzidos em exercícios de natação, ciclismo ou corrida – um para cada modalidade a cada semana. Se o veterano completar essas séries sem nenhum problema, ele está pronto para uma série de intervalos de treinamento de capacidade aeróbia ($\dot{V}O_2$máx). O Quadro 2.8 ilustra o exemplo de uma semana de treinamento de capacidade aeróbia para a última fase de treinos – a fase de competição – juntamente com alguns exercícios de treinamento de força. Após essa fase de exercícios de resistência aeróbia e força, o atleta deve fazer uma quantidade cada vez maior de exercícios de simulação de competição até alcançar as distâncias efetivas de competição. Por exemplo, os veteranos podem fazer um percurso de bicicleta de 1 hora com intervalos no ritmo da meta estabelecida, seguido de uma rápida transição para uma corrida também no ritmo da meta.

Os atletas são capazes de alcançar seus melhores níveis de rendimento em provas de competição após os 40 anos. O seu treinamento precisa trabalhar a manutenção da força e da velocidade, em vez de envolver apenas exercícios leves de resistência. Os veteranos podem usar sua experiência para aproveitar ao máximo a sua jornada de treinamento. Um plano bem-sucedido de treinamento resultará em atletas fortes e saudáveis capazes de manter seus níveis de desempenho ou reduzir seus níveis de declínio bem depois dos 50 anos.

Quadro 2.8 – Exemplo de plano de treinamento de capacidade aeróbia para um veterano

	Segunda	Terça	Quarta	Quinta	Sexta	Sábado	Domingo
Natação	Resistência (60 min)	–	–	6 × 300 m de natação em ritmo acelerado, com 100 m em ritmo leve após cada série para fins de recuperação (60 min)	–	Força e resistência (60 min)	Dia de folga
Ciclismo	–	5 × 5:00 em $\dot{V}O_2$máx, com 5:00 de pedalagem leve após cada série para fins de recuperação (90 min)	–	Ladeiras (60 min)	–	Resistência (120 min)	
Corrida	–	Corrida leve de transição imediatamente após completar o percurso de bicicleta (15 min)	Resistência (75 min)	–	3 × 3:00 em $\dot{V}O_2$máx, com 3:00 de trote suave após cada série para fins de recuperação (45 min)	–	
Força	Desequilíbrios musculares (30 min)	–	Potências, baixas repetições (30 min)	–	Tronco (*core*) (20 min)	–	

Treinamento de mulheres

Em 2011, 38,46% dos membros anuais da USAT eram mulheres (56.404). Se você conversar com os treinadores mais experientes, eles lhe dirão que poucas são as características associadas exclusivamente a um gênero ou outro (além da gravidez e questões correlatas), de modo que não existe um plano de treinamento específico para "atletas do sexo feminino". Ao contrário, os treinadores devem observar as atletas individualmente, levando em consideração seus pontos fortes e fracos bem como suas metas – não o sexo – ao orientá-las. Porém, existem algumas diferenças básicas de natureza fisiológica, nutricional e médica entre os sexos que os treinadores devem levar em consideração ao treinar mulheres. Além disso, psicologicamente, as atletas do sexo feminino abordam o treinamento e as competições de maneira diferente.

Aspectos fisiológicos das mulheres

As mulheres têm menos massa muscular do que a maioria dos homens. Elas devem fazer treinos de força regulares, para ajudar a retardar a perda de massa muscular advinda da idade e preservar aquela menor quantidade inicial de músculos. Os exercícios que estabilizam a pelve, os ombros, os joelhos e o tronco são muito importantes para as mulheres, porque trabalham os efeitos dos quadris mais largos e os ângulos mais acentuados entre quadris e joelhos na média das mulheres. As mulheres que têm a força necessária para manter a estabilidade de suas articulações durante uma corrida são muito menos suscetíveis a lesões. A estabilidade das articulações pode, também, maior eficiência na corrida, no ciclismo e na natação.

Ademais, as atletas precisam ter acesso a um especialista qualificado em técnicas de ajuste ciclista-bicicleta. As mulheres, às vezes, não se ajustam bem às bicicletas projetadas de acordo com o comprimento do tronco e das pernas masculinos. Os fabricantes de bicicletas estão começando a perceber isso e já oferecem bicicletas projetadas para mulheres; um bom ajuste entre o ciclista e a bicicleta é o componente mais importante para a otimização do desempenho nesse caso.

Aspectos nutricionais das mulheres

Todo atleta de alto rendimento está sujeito a sofrer um *deficit* calórico durante blocos de treinamento de alto volume ou alta intensidade e pode ter propensão a distúrbios alimentares, embora essa seja uma condição mais prevalente entre atletas do sexo feminino. Nas mulheres, tanto os distúrbios alimentares quanto a nutrição acidentalmente inadequada podem levar à tríade da mulher atleta, uma condição médica exclusiva do gênero que pode ter sérias implicações de saúde. A tríade começa com uma nutrição inadequada, distúrbios alimentares ou ambos, evoluindo para a amenorreia (ausência de menstruação) e, posteriormente, para a osteoporose. É uma situação difícil para um treinador resolver. As atletas podem não ser sinceras ao abordar algo altamente pessoal com um treinador. E, quando o são, a maioria dos treinadores não está qualificada para lidar com isso. Esse é o momento certo para encaminhar essas atletas a um especialista de sua confiança, e, depois, trabalhar em conjunto com esse mesmo especialista, a fim de coordenar o treinamento com as metas nutricionais. Obviamente, os treinadores nunca devem promover a magreza como objetivo do treinamento. Em vez disso, devem fornecer às atletas orientações sólidas, gerais e comprovadas de como elas devem encarar seu treinamento e suas competições.

Aspectos médicos das mulheres

As mulheres corredoras tendem a ser mais suscetíveis a lesões durante os treinamentos. As razões normalmente reportadas para tais ocorrências incluem a estrutura do corpo feminino, com a sua pelve mais larga e, em consequência, um ângulo mais acentuado entre o joelho e a região pélvica. Isso pode levar a um maior risco de lesões patelofemorais e síndrome da banda iliotibial. Além disso, as mulheres tendem a ter ligamentos soltos – provavelmente, em virtude do impacto do estrogênio. Ter ligamentos soltos significa apresentar hipermobilidade das articulações, que também não são sustentadas pelas conexões dos tecidos moles, o que pode resultar, ainda, em maiores chances de lesões. A maioria dessas lesões pode ser resolvida e evitada com o treinamento de força específico destinado a fortalecer os músculos mais fracos que proporcionam estabilidade a quadris e joelhos.

As mulheres são mais propensas às fraturas de estresse e à anemia do que os homens. Por isso, lembre a todas as atletas de consumirem uma dieta rica em cálcio, ferro e vitamina D, e incentivá-las a fazer exames anuais de sangue para verificação de sinais de anemia. A suplementação de ferro deve ser administrada *somente* sob supervisão médica, uma vez que, em excesso, pode ser prejudicial. As fraturas de estresse geralmente são decorrentes de uma nutrição inadequada ou da tríade da mulher atleta.

Se a atleta engravidar, ela deve consultar o seu médico e buscar orientação sobre os efeitos da gestação sobre a sua atividade. A gravidez afeta cada atleta de uma forma diferente. Com orientação médica, algumas mulheres conseguem correr, pedalar e nadar até quase o final do período gestacional. Outras acham que realmente precisam se afastar dos treinos durante a maior parte de sua gestação. Toda mulher deve levar em consideração a segurança de cada atividade durante a gravidez e a maneira como a atividade contribui para a saúde e o bem-estar dela e do bebê.

Aspectos psicológicos das mulheres

"Descobri que as mulheres são muito melhores para seguir o plano de competições – às vezes, são boas até demais. Mesmo que tenham condições de ser mais rápidas no dia da prova, elas geralmente se contêm e seguem o plano", diz Joe Friel, treinador e autor de vários livros sobre treinamento de resistência. "Os homens, entretanto, começam com a noção de que são capazes de 'superar' o plano". Portanto, um bom treinamento pode significar convencer as atletas a correr riscos justificáveis, quando necessário. Determine que elas assumam um risco específico em uma prova B ou C. (Por exemplo, oriente-as a se esforçar além do normal no segmento de ciclismo para ver de que maneira essa tática afeta a corrida. Convença-as de que a meta para essa competição é o *aprendizado*, não o tempo total de realização das provas. Permita-lhes falhar ao assumir um risco calculado.)

Ao treinar uma mulher, leve em consideração também o perfil e as experiências dela como atleta. Ela teve oportunidades como atleta, ou houve vezes em que não obteve apoio em seus esforços no esporte? Muitas mulheres nunca foram incentivadas para se verem como atletas. Às vezes, o principal objetivo do treinador com essas mulheres é fazê-las chegar a esse ponto – de ousar descrever-se como "atletas". Conseguindo chegar lá, as possibilidades são infinitas. Contudo, até lá, como uma mulher pode competir à altura de seu potencial se ela ainda não tiver essa convicção fundamental de que pertence à competição em questão?

Além disso, as mulheres atletas geralmente lutam para conciliar a vida profissional com a vida pessoal e o treinamento – assim como os homens atletas. Sem esse equilíbrio, uma atleta jamais alcançará o seu potencial. Os treinadores devem prever dias de descanso, férias, longas semanas de trabalho e tempo para os filhos e cônjuges em dias, semanas, temporadas e planos anuais de treinamento de todas as atletas. A carreira delas deve girar em torno da total ausência de arrependimentos. Quando estiverem aposentadas das competições e rememorando essa época de suas vidas, o que lhes parecerá importante depois de todos esses anos? O tempo na companhia de seus entes queridos, o pleno envolvimento com seus filhos, a energia despendida em outras atividades que proporcionam equilíbrio emocional, espiritual e social às suas vidas – tudo isso deve trazer boas lembranças, juntamente com os treinamentos e as competições.

Cada triatleta é uma pessoa única com habilidades, deficiências, agendas, níveis de energia, metas e circunstâncias de vida próprios. Um bom treinador tem a capacidade de entender cada atleta e prescrever o treinamento que o ajude a alcançar o seu potencial.

CAPÍTULO 3

Ioga e flexibilidade para triatletas

Sage Rountree

À medida que o ioga se torna cada vez mais acessível a atletas ocidentais, cresce o número de pessoas que o utilizam como uma parte importante do treinamento. Os benefícios do ioga incluem o aumento da força, da flexibilidade e da concentração, tanto em nível físico quanto mental. Embora a prática física do ioga seja o ponto de entrada para a maioria dos iniciantes, o sistema do ioga inclui outras práticas, como meditação e exercícios respiratórios, que beneficiam diretamente os atletas. Para uma introdução sobre a aplicação da filosofia do ioga aos esportes de resistência e às competições, consulte o meu livro *The athlete's guide to yoga: an integrated approach to strength, flexibility, and focus* (2008).

Os benefícios do ioga

O ioga traz ao seu sistema o equilíbrio, e este se dá em diversas frentes. No nível físico, o ioga pode aprimorar o seu senso de equilíbrio, mantendo-o aprumado se a sua bicicleta oscila ou se você pisa em falso durante uma corrida. Ele pode também manter o equilíbrio entre grupos musculares opostos, trabalhando para fortalecer os músculos mais fracos e alongando os mais encurtados. Esse equilíbrio muscular é essencial para a prevenção de lesões ocasionadas por uso excessivo, as quais ocorrem quando o sistema está desequilibrado, seja porque a demanda física imposta ao sistema foi além da possibilidade de compensação no tempo reservado à recuperação, seja porque um grupo de músculos era mais forte ou estava mais encurtado do que o outro.

A prática do ioga confere um senso de equilíbrio também entre o corpo e a mente, uma vez que permite que os atletas vejam como é a relação entre corpo e mente e, em particular, como interagem com a respiração. Por ser um processo, ao mesmo tempo, voluntário e involuntário, a respiração estabelece uma forte conexão entre as necessidades do corpo físico (entrada de oxigênio e saída de dióxido de carbono) e as habilidades da mente (a respiração profunda é relaxante; pode-se controlar a respiração, de modo a ajustá-la a diversos ritmos na natação, no ciclismo e na corrida). Quando nos concentramos na respiração, podemos perceber o estado do corpo e começar a nos inteirar de nossas necessidades. Eventualmente, a resposta sugere mais trabalho, mas, em geral, implica mais descanso. Essa autoconsciência é uma parte importante do treinamento. Os atletas geralmente se apegam a um plano de treinamento predefinido, ainda que esse plano não esteja funcionando para eles, em detrimento de sua recuperação e, consequentemente, de seu desempenho em exercícios e competições.

Tipos de ioga

Quer você esteja praticando o ioga em um ambiente de aula, quer sozinho em casa, é preciso ter certeza de que o exercício está complementando o seu treinamento, e não apenas atuando como uma extensão dele. Provavelmente, você está se dedicando bastante aos seus treinos de natação, ciclismo e corrida. Entretanto, tome cuidado para que a prática do ioga não sabote o seu treinamento, mas, sim, o apoie. Isso significa escolher as aulas com sabedoria e modificá-las quando necessário. Embora o aluno comum com objetivos gerais de condicionamento físico possa ir às aulas para se exercitar, o atleta em treinamento tem necessidades distintas: busca uma oportunidade de relaxar e recuperar-se do treinamento e de reforçar o trabalho em áreas frágeis do corpo que não tenham sido trabalhadas na sala de musculação ou durante a fisioterapia. Transpirar e exceder os limites pode não servir aos objetivos da temporada ou da semana; portanto, cuidado para não se deixar levar pela mentalidade de que "mais é mais".

Ao escolher uma aula ou uma sequência de exercícios para ser praticada em casa, tenha em mente que o ioga deve ter uma periodização inversa à intensidade de seu treinamento. Isto é, quando o seu treinamento for menos intenso e mais simples, durante as fases de transição e preparação, você pode incluir uma prática mais vigorosa de desenvolvimento de força. Na realidade, nessa época do ano, o ioga pode atuar como um complemento direto ou, até mesmo, um substituto dos exercícios de força. À medida que você começa a intensificar os trabalhos visando às suas principais competições, no entanto, a intensidade dos treinos deve diminuir. Durante esse período, você deve ter por objetivo manter a flexibilidade e recuperar-se entre os exercícios essenciais. E, ao atingir o auge do seu desempenho físico na fase de competição, a intensidade da prática do ioga deve ser ainda mais baixa. Essa é uma boa hora para participar de aulas de ioga como forma de recuperação ou concentrar-se em si mesmo, praticando exercícios de respiração e de meditação. Esses exercícios irão reforçar o trabalho de treinamento mental e a preparação para a prova em questão.

Aqui vai um conselho sobre como escolher as aulas e a prática domiciliar do ioga que melhor apoiarão os seus objetivos de triatlo e de vida: lembre-se de que o ioga não é um esporte de competição; use-o como um intervalo de tempo para equilibrar o trabalho ativo e descansar na simples condição de ser.

Aulas de ioga

As aulas são o melhor lugar para aprender ioga, pois, nelas, você tem o *feedback* de um professor sobre o seu alinhamento e se mantém distante das distrações domésticas. Hoje, até nas cidades pequenas existem estúdios de ioga, podendo-se encontrar, também, academias de ginástica que ministram boas aulas de ioga. Não existe um sistema universal para identificar e descrever as aulas, de modo que você precisará considerar uma margem de tentativas e erros até encontrar a aula certa para suas necessidades. Como atleta, você deve buscar uma aula que complemente o seu treinamento. Isso significa que, embora possa desfrutar de uma aula acolhedora, vigorosa e dinâmica fora da sua temporada, é preciso reduzir essa prática à medida que o período de pico de suas competições se aproxima. Para um atleta competitivo, pode ser difícil controlar a intensidade e conter-se na aula, mesmo quando essa é a melhor opção. Ele geralmente acredita que deve tentar todas as opções destinadas a aumentar a carga de exercícios ou alongar uma postura, mas essa não é a melhor abordagem, uma vez que pode levar a um superalongamento ou interferir na sua recuperação.

Observe agora os seguintes termos que são comuns num estúdio de ioga:

- *anusara*: é uma abordagem de alinhamento desenvolvida pelo americano John Friend, que concentra-se nos "abridores de coração", especificamente, nas curvaturas para trás, as quais, em suas formas mais suaves, podem ser úteis aos atletas, em especial, aos triatletas que passam horas a cada semana pedalando apoiados em barras aerodinâmicas ou sentados a mesas;

- *ashtanga*: geralmente ensinado em séries primárias ou aulas ao estilo *mysore* (sem orientação prévia), essa abordagem rigorosa conduz os atletas por uma sequência de posturas ligadas por *vinyasa*, ou movimentos fluidos. Por ser uma prática baseada na força, o *ashtanga* é mais indicado para épocas fora da temporada ou para um *yogi* experiente;

- *bikram*: estilo franqueado do chamado "*hot yoga*" (*vide* boxe), inclui 26 posturas específicas em uma sala aquecida a mais de 38 °C;

- *hatha*: embora já tenha sido usado para designar qualquer prática de ioga *asana*, ou posturas, o termo, atualmente, tem o sentido de aula em ritmo mais lento com posturas estáticas;

- *Iyengar*: aqui, as aulas enfatizam o alinhamento preciso, utilizando acessórios para atender às necessidades de cada praticante. Professores certificados em *Iyengar* têm conhecimentos detalhados de anatomia e podem ser um recurso importante para atletas;

- *restauradora*: prática suave com o auxílio de acessórios, mais preocupada com o relaxamento do sistema nervoso do que com o alongamento. É uma ótima opção para um dia de descanso ou para o período competitivo do treinamento;

- *vinyasa*: frequentemente associada a fluxo e força, envolve movimentos dinâmicos por uma sequência de posturas, geralmente conjugados à respiração. Dependendo do professor e do nível, a aula é conduzida em um ritmo mais intenso e costuma ser mais adequada aos períodos de preparação e transição ou para aqueles com mais experiência em mesclar ioga e treinamento.

> ### ▶ *Hot yoga*
>
> Dependendo de sua região geográfica, você poderá constatar que parte ou pratica-mente todo o ioga ministrado é o do tipo "*hot yoga*", praticado em uma sala aquecida. Fãs do *hot yoga*, que amam a intensidade do calor e o seu desafio, argumentam que esse calor estimula a flexibilidade. Para um atleta engajado em um treinamento sério, o *hot yoga* gera algumas preocupações e deveria ser abordado com cautela.
>
> Ao optar pela prática de *hot yoga*, preste atenção especialmente à sua hidrata-ção antes, no decorrer e depois da aula. Muitos atletas apresentam um estado de desidratação desde o início, e a ação do calor pode exacerbar essa condição. Tenha cuidado também com a falsa sensação de flexibilidade. No calor, pode ser que você force o alongamento a limites que, na verdade, estão bem além da sua amplitude natural de movimento. Atenção para não se machucar.
>
> Por fim – e este é um bom conselho para qualquer aula – confie no seu corpo. A linguagem de algumas aulas de *hot yoga* é extrema, sempre incentivando o praticante a forçar, a fazer mais, a ir além de seus limites de flexibilidade. Não faça isso! Ajuste suas intenções a uma prática segura, deixando de fora coisas que pareçam inadequadas ao seu corpo e ao seu estágio no ciclo de treinamento. E permaneça fiel a essas intenções.

Prática domiciliar

A prática em casa pode fazer parte do seu treinamento, e a regularidade dessa prática terá um efeito positivo direto sobre o seu desempenho no triatlo, assim como a re-gularidade de outros elementos do seu treinamento. A prática domiciliar lhe permite tempo para personalizar a atividade, trabalhar os seus pontos fracos e conhecer o seu corpo. A persistência é a chave para a obtenção dos benefícios. As suas sessões de exercício em casa podem consistir em uma rotina de 5 minutos ou de 50 minutos: com o tempo, você verá o que lhe é mais adequado e o que atende às suas necessi-dades. Tente posturas, meditações e exercícios respiratórios que lhe pareçam difíceis, em vez de se manter dentro dos seus limites. Trabalhando os seus pontos fracos em casa, você se tornará um atleta – e um ser humano – mais completo.

Caso se sinta perdido ao iniciar a prática domiciliar, há muitos recursos aos quais você poderá recorrer. As posturas descritas neste capítulo podem ser um ponto de partida, bem como aulas em DVD e *online* (minhas aulas semanais de ioga para atletas estão disponí-veis em < YogaVibes.com >, por exemplo). Livros também podem ajudar: *The athlete's pocket guide to yoga* (2009), de minha autoria, tem encadernação espiral para que possa ficar totalmente aberto e contém 50 rotinas de uso específico para atletas de resistência.

Da mesma forma que é preciso tomar cuidado nas aulas, você deve estar atento também aos seus limites durante a prática domiciliar. Observe a sua respiração e deixe-se orientar por ela. Uma respiração agitada ou um impulso de conter a respi-ração é um sinal de exagero.

Posturas de ioga

Esta seção contém algumas posturas que você verá em aula e poderá utilizar na sua prática domiciliar, com explicações breves sobre a razão e o modo de praticá-las. Essas posturas podem ser praticadas isoladamente ou em conjunto, de modo a criar uma rotina de corpo inteiro para ser seguida após uma sessão de treinamento nos períodos básico e de desenvolvimento (e, também, de modo mais suave, durante os períodos de pico). Para ideias sobre sequências específicas, como já citado na seção anterior, consulte o meu livro *The athlete's pocket guide to yoga* ou as minhas aulas *online* em < YogaVibes.com >.

Montanha

Considerada a base de todas as outras posturas do ioga, essa postura também promove o alinhamento ideal para o equilíbrio na água e na estrada. Aprenda bem a postura e verifique-a no espelho, solicitando *feedback* ao professor. Durante a prática e o treinamento, volte periodicamente ao seu melhor alinhamento na postura da montanha, que lhe permitirá encontrar maneiras de usar a sua energia com mais eficiência e economia, aumentando, assim, a sua resistência.

Para assumir a postura da montanha (Figura 3.1), fique em pé, com os pés alinhados com os quadris. Isso fará seus pés ficarem cerca de um punho de distância um do outro, a posição na qual eles parariam, em relação a seus quadris, se você estivesse correndo. As laterais dos quadris, os joelhos e os pés devem estar alinhados perpendicularmente ao solo. Equilibre a pelve em uma posição neutra, eliminando qualquer inclinação para a frente ou para trás. Deixe a coluna alongar-se, relaxe os ombros e deixe o queixo pender ligeiramente para baixo. Você deverá sentir-se estável e forte.

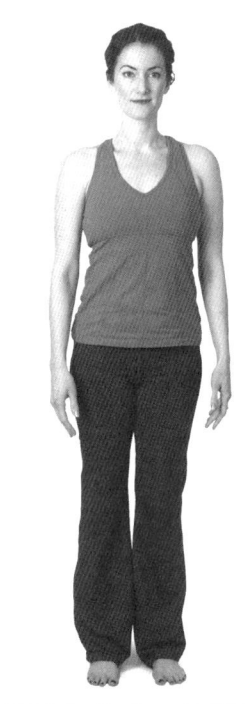

FIGURA 3.1 – **Postura da montanha.**

Curvaturas para trás

As curvaturas para trás expandem a parte frontal do corpo, que fica tensionada enquanto estamos sentados dentro de um carro, sobre uma bicicleta e a uma mesa de trabalho, fortalecendo, ao mesmo tempo, os músculos das costas, submetidos a um alongamento excessivo quando nos recurvamos para a frente. As curvaturas para trás feitas com a pessoa em decúbito ventral (deitada com a barriga para baixo) enfatizam a capacidade de fortalecimento do movimento e são um precedente necessário para outras curvaturas para trás mais pronunciadas.

Para a postura do gafanhoto (Figura 3.2), apoie-se sobre o abdome e assuma o alinhamento da postura da montanha, mantendo a pelve em uma posição neutra, para proteger a porção inferior da coluna. Inspire, erga as pernas diretamente para trás e use os músculos das costas para elevar a parte superior do corpo, tirando-a do solo. As mãos podem ficar posicionadas ao longo dos quadris, pairando abaixo dos ombros ou estendidas no chão à frente da cabeça. Mantenha as omoplatas para baixo enquanto respira. Para a postura do arco (Figura 3.3), apoie-se sobre o abdome e alcance com as mãos os pés ou os tornozelos. Inspire, empurre os pés contra as mãos e erga o corpo em uma curvatura para trás. A pelve deve permanecer voltada para baixo e alinhada de modo neutro; erga o peito do solo. Mantenha o pescoço relaxado enquanto respira nessa posição.

FIGURA 3.2 – **Gafanhoto.**

FIGURA 3.3 – **Arco.**

Pranchas

As pranchas estimulam a força do tronco ao desafiar o corpo a manter o alinhamento da postura da montanha em uma relação diferente com a gravidade. É possível fazer uma prancha com o corpo apoiado sobre as mãos ou os antebraços, bem como com a parte frontal do corpo voltada para baixo (prancha frontal), para o lado (prancha lateral) ou mesmo para cima (prancha invertida).

Para a prancha frontal (Figura 3.4), posicione as mãos ou os cotovelos sob os ombros e, com a parte dianteira dos pés em contato com o solo, alinhe o corpo inteiro na posição da montanha. Não deixe seus quadris se arquearem nem eleve demais os ombros.

Para a prancha lateral (Figura 3.5), gire para um dos lados, flexionando os pés. Você pode colocar o pé da perna de cima à frente da perna de baixo, apoiado sobre ela ou apoiado no solo, à frente ou atrás do joelho da perna de baixo. Esse procedimento pode ser executado apoiando-se sobre as palmas das mãos, ou para conferir maior estabilidade aos ombros, sobre os cotovelos e os antebraços.

FIGURA 3.4 – **Prancha frontal.**

FIGURA 3.5 – **Prancha lateral.**

Para a prancha invertida (Figura 3.6), posicione as mãos debaixo dos ombros. Mantenha as pontas dos dedos apontadas para a frente e o abdome voltado para cima, e erga os quadris do solo. Para reduzir a intensidade, mantenha os joelhos flexionados; para aumentá-la, estenda as pernas, tocando o solo com os dedos dos pés.

FIGURA 3.6 – **Prancha invertida.**

Posição corredor

A posição corredor equilibra a musculatura dos quadris. Mantendo a posição que por mais tempo, você aumenta a flexibilidade dos extensores dos quadris e dos tendões, ao passo que a repetição do movimento fortalece os glúteos e os estabilizadores dos quadris, ao mesmo tempo que melhora o equilíbrio.

Faça a postura da posição corredor com abertura de perna. O joelho da perna que está à frente deve ser posicionado alinhado com o pé, de modo que a tíbia fique perpendicular ao solo. Você pode manter-se apoiado na ponta do pé da perna que está atrás (Figura 3.7) ou abaixar o joelho dessa perna até o chão, com as mãos apoiadas no chão, no joelho, ou para cima. Mantenha os quadris e os ombros nivelados e projetados para a frente.

FIGURA 3.7 – **Posição corredor.**

Curvaturas para a frente

As curvaturas para a frente alongam a parte posterior do corpo, desde as panturrilhas e os tendões até os músculos das costas e do pescoço. Elas formam um belo complemento e contraposição às curvaturas para trás.

Em todas as curvaturas para a frente, a ação deve começar pela pelve, que se inclina à frente, para que a curvatura não alcance a coluna lombar com muita profundidade. Esteja você executando uma curvatura para a frente em pé (Figura 3.8) ou sentado (Figura 3.9), você deve sentir as laterais dos quadris movendo-se para a frente, acompanhando o sentido da postura, e não apenas pendendo à frente a partir da linha da cintura. Se tiver a sensação de que a curvatura para a frente está intensa demais, flexione os joelhos, para proteger os tendões.

FIGURA 3.8 – **Curvatura para a frente em pé.**

FIGURA 3.9 – **Curvatura para a frente sentado.**

Torções

As torções giram a coluna, mantendo a amplitude rotacional do movimento e alongando o peito e os quadris, que delimitam o topo e o final da coluna. Quando feitas até que deixem o corpo totalmente alongado, elas equilibram o corpo, que se sente mais confortável girando para uma direção do que para outra, o que facilita ações específicas do triatlo, como a respiração bilateral na natação.

Uma torção reclinada (Figura 3.10) é uma forma suave e prazerosa de alongar os quadris, a coluna e o peito. Deitado de costas, flexione os joelhos e deixe-os pender para um lado. Para maior intensidade, mantenha uma perna sobre a outra e em atividade, conservando, ao mesmo tempo, os ombros apoiados no solo. Para menor intensidade, deixe as pernas relaxadas. Você pode deslizá-las para longe dos ombros. Algumas variações consistem em estender a perna de baixo e manter apenas a perna de cima com o joelho flexionado, ou envolver o joelho da perna que está abaixo com o joelho da perna que se encontra acima.

FIGURA 3.10 – **Torção reclinada.**

Inversões

As inversões alteram a relação do corpo com a gravidade, oferecendo uma nova perspectiva e ajudando a acalmar o sistema nervoso. Além disso, elas auxiliam a drenar o excesso de fluidos das pernas, o que é útil na recuperação.

Inversões como a parada de cabeça e a parada de ombros são mais bem assimiladas sob a supervisão de um professor experiente, pois podem submeter o pescoço a esforço indevido, se praticadas incorretamente. Uma alternativa segura é a postura bebê feliz (Figura 3.11), um agachamento de cabeça para baixo. Apoiado sobre as costas, afaste os joelhos e abaixe-os em direção às axilas enquanto segura, com as mãos, os tendões, as panturrilhas, os tornozelos ou os pés. O cóccix e a cabeça devem permanecer em contato com o solo. Uma inversão mais profunda, mas também segura, consiste em assumir uma posição com as pernas para cima contra a parede (Figura 3.12) ou as panturrilhas apoiadas em uma cadeira, almofada de assento ou mesa de apoio (Figura 3.13). Em qualquer um dos casos, mova-se em direção ao apoio, até que os seus joelhos estejam alinhados acima dos quadris, e coloque os braços em uma posição confortável, de modo a proporcionar um suave relaxamento do tórax.

FIGURA 3.11 – **Bebê feliz.**

FIGURA 3.12 – **Pernas contra a parede.**

FIGURA 3.13 – **Pernas sobre uma cadeira.**

Descanso

É durante o descanso que os benefícios do exercício se fazem sentir, quando o corpo se restabelece e passa por uma supercompensação, fortalecendo-se antes de se submeter a uma carga de trabalho mais intensa. Sem descanso, você não se desenvolverá como atleta. O descanso ao final de uma rotina de ioga, ou como uma prática isolada, contribui para uma recuperação mais rápida e completa, proporcionando equilíbrio ao seu sistema nervoso e à sua vida.

Para a postura do cadáver (Figura 3.14), deite-se em decúbito dorsal, com coluna neutra e braços e pernas afastados. Relaxe por completo, enquanto descansa e respira. Se perceber tensões ou a interferência de pensamentos, relaxe e liberte-se deles.

FIGURA 3.14 – **Cadáver.**

Além dos benefícios físicos da prática, o ioga pode ensinar serenidade e como manter o senso de equilíbrio mesmo diante da mudança de circunstâncias, algo extremamente útil tanto no triatlo como na vida. Alguns desses benefícios se manifestam no plano orgânico por meio da prática física; outros provêm do estudo de exercícios de respiração e meditação. Procure recursos locais conversando com os proprietários dos estúdios de ioga existentes na sua região. A prática regular do ioga trará longevidade, apreço e equilíbrio ao seu treinamento, melhorando a sua qualidade de vida.

CAPÍTULO 4

Treinamento de força para triatletas

George M. Dallam, ph.D.

Existe um longo e constante debate entre cientistas esportivos, treinadores e atletas em relação ao valor do treinamento de força para os atletas de resistência. De pouco adiantaram as primeiras tentativas científicas de examinar o tema a fim de resolver essa discussão, uma vez que estudos realizados encontraram, ao mesmo tempo, benefícios potenciais e um valor desprezível. Entretanto, pesquisas mais recentes e eficazes respaldam a ideia de que o treinamento de força é um componente essencial de um programa de treinamento global para esportes de resistência, especialmente quando realizado utilizando os exercícios certos, a resistência adequada e em combinação com o treinamento mais característico do triatlo. O benefício para o triatleta que se torna mais forte na natação, no ciclismo e na corrida se traduz em uma maior economia de movimentos – o que, basicamente, significa conseguir mover-se com mais facilidade e despendendo menos energia ao demonstrar mais eficácia em um determinado padrão de movimento.

Contudo, para melhorar efetivamente a força e a economia de movimentos, adultos bem treinados têm mais chance de sucesso com exercícios que envolvam altos níveis de resistência e de gasto energético. Estudos realizados sobre os programas que combinam treinamento de força e corrida de resistência demonstram que o aumento da força proporciona uma oportunidade significativa para o aperfeiçoamento da corrida – comparados aos programas de treinamento que utilizam apenas a corrida. Os exercícios mais comuns utilizados nesses estudos envolvem variações do agachamento básico, levantamentos olímpicos e vários movimentos pliométricos e saltos, que trabalham padrões de movimento similares aos da própria corrida, um conceito que os cientistas esportivos chamam de especificidade do movimento. A aplicação da resistência a esses tipos de movimento aumenta tanto a força quanto a funcionalidade, em comparação com movimentos tradicionais realizados com o auxílio de equipamentos. O maior nível de funcionalidade contrabalança as perdas naturais da capacidade de movimento que, em geral, ocorrem ao se fazer apenas o treinamento repetitivo do triatlo. Naturalmente, essa perda de mobilidade será ainda pior se você permanecer sentado por longos períodos diariamente.

Alguns estudos recentes sobre a prática do ciclismo que utilizaram exercícios semelhantes também ilustram os possíveis benefícios do treinamento de força de alta intensidade para esse esporte. Um pequeno número de pesquisas demonstrou, também, uma relação positiva entre exercícios de força específicos para natação e desempenho na prática do esporte, embora vários estudos que utilizaram exercícios de treinamento de força mais convencionais tenham demonstrado pouco ou nenhum efeito no desempenho nessa modalidade. Os estudos bem-sucedidos tenderam a usar padrões de movimento similares àqueles criados por bancos de nado biocinético, como o *Vasa Trainer*, que enfatizam a posição de "pegada" com o cotovelo elevado, tão importante para uma natação eficaz, assim como uma variedade de movimentos funcionais que se concentram na mobilidade geral do centro e da parte superior do corpo. Além disso, alguns estudos aplicaram dispositivos de resistência na água diretamente à natação. Dois elementos-chave dos estudos que demonstraram uma transferência bem-sucedida do aumento da força para um melhor desempenho de resistência são: (1) a especificidade dos movimentos utilizados no treinamento; e (2) a análise do desempenho de resistência em si como resultado, em vez dos resultados fisiológicos normalmente considerados, como o aumento do $\dot{V}O_2$máx e do limiar de lactato. Uma conclusão plausível para o triatleta competitivo é a de que o treinamento de força que utiliza os exercícios funcionais e de movimentos específicos mais apropriados, com uma carga adequada, pode beneficiar mais o desempenho na natação, no ciclismo e na corrida do que aquele que utiliza apenas os métodos convencionais de treinamento de força.

Este capítulo enfatiza as principais metodologias de treinamento e os exercícios específicos mais úteis à realização do duplo objetivo de melhorar o desempenho e reduzir a incidência de lesões no treinamento de triatletas.

Componentes do treinamento de força

Os triatletas e os técnicos procuram, acima de tudo, utilizar um processo de treinamento como forma de melhorar o desempenho. Para aplicar efetivamente o treinamento de força com esse objetivo, atletas e técnicos devem considerar os seguintes componentes ao elaborar um programa de treinamento de força.

Especificidade

Para que o aumento de força e potência se transfira ao máximo à capacidade de nadar, pedalar e correr a velocidades mais elevadas em distâncias de competição, é necessário treinar o movimento propriamente dito, e não apenas os músculos envolvidos. Esse conceito é conhecido como especificidade do movimento. Para garantir o treinamento da especificidade de determinado movimento em um treinamento de força, devem ser considerados os seguintes fatores: o padrão de movimento do corpo inteiro; a gama de movimentos utilizada durante a aplicação da força e a recuperação; a velocidade com a qual o padrão de movimentos é executado; a natureza das contrações musculares envolvidas; a natureza do padrão de movimento (ou seja, simultâneo *versus* sequencial); a relação do padrão de movimento com a gravidade e o solo, a água ou a bicicleta; e, por fim, a natureza do impulso de força gerado a cada repetição do padrão de movimento que resulta em movimento para a frente.

Na corrida, por exemplo, o padrão de movimento deve ser executado com o corpo caído para a frente e cada passo absorvendo eficientemente a força da gravidade, com uma postura de corpo inteiro, quando o pé atinge o solo, e devolvendo, em seguida, a força absorvida por meio de um recuo elástico quando o pé se ergue do solo e o centro de massa se desloca para o lado oposto do corpo. O impulso de aplicação da força ocorre em microssegundos por meio de um conjunto bastante restrito de movimentos, mas, apesar disso, envolve a musculatura de todo o corpo, que se contrai excentricamente, para absorver a força, ou isometricamente, para manter a estabilidade. No ponto de aplicação da força (golpe do pé contra o solo), o movimento é totalmente simultâneo em sua natureza, o que significa que todas as articulações movem-se juntas e ao mesmo tempo. A maioria desses fatores está presente quando você faz um agachamento, particularmente quando feito com uma só perna. Esse padrão de movimento simula a posição do corpo durante a fase de apoio da corrida, na qual ocorrem contrações musculares excêntricas (extensoras) para sustentar o corpo e são necessárias ativações musculares simultâneas por cauda do acréscimo de um grau significativo de resistência. Os fatores podem se fazer mais especificamente presentes quando você executa um salto sobre caixa, exercício que requer uma velocidade de movimento relativamente alta, semelhante à que ocorre durante o apoio na corrida, e daí o alto nível do efeito positivo no desempenho da corrida quando um exercício como esse é utilizado no treinamento de força.

Entretanto, deve-se levar em conta, também, o seguinte provérbio latino ao empregar a especificidade de movimentos a padrões altamente repetitivos e com amplitude limitada, como a natação, o ciclismo e a corrida: "O que me alimenta também me destrói". Isso pode ser interpretado como querendo dizer que, embora aumentando a velocidade em um primeiro momento, o excesso de especificidade de movimentos no treinamento de força pode também criar condições que acabam por alterar os padrões de movimento e produzir lesões.

Equilíbrio muscular

Quando o corpo humano funciona da melhor forma possível, cada articulação é controlada por uma relação adequada de *force-couple* entre os grupos musculares opostos que se movem e estabilizam a articulação. Infelizmente, movimentos altamente repetitivos favorecem o desenvolvimento de um lado no par de forças (o lado que nos impele para a frente) em detrimento do outro lado (o que faz cada articulação retornar à sua posição original). O resultado é uma alteração no posicionamento básico da articulação ao longo do tempo e que acaba culminando com a perda de sua capacidade de movimento. Esse fenômeno ocorre também ao se manter posturas corporais pouco usuais tanto durante a prática da atividade atlética (pense na posição de seus ombros na barra aerodinâmica) quanto de suas atividades diárias (é o caso da sua posição sentado diante do computador). Em consequência, ao identificar movimentos de treinamento de força para o triatlo, deve-se levar em conta também o aspecto da recuperação de cada movimento, bem como as posturas corporais repetitivas empregadas. Obviamente, o efeito dos padrões de movimentos repetitivos e das posturas corporais também pode ser observado examinando-se a postura do corpo em descanso ao sentar-se ou ficar de pé.

Continuando com o exemplo corrida da seção anterior, embora bastante específico para o aspecto de produção de força para essa modalidade, o agachamento não é nada específico para o movimento de recuperação, uma vez que a perna não se ergue do solo. Na corrida, você aplica a gravidade como força propulsora para a posição seguinte da perna de apoio, deslocando, da perna de apoio anterior, o centro de massa e o peso do seu corpo ao retirar o pé do solo. Essa combinação de deslocamento de peso e levantamento do pé deve, portanto, tornar-se o seu próprio exercício específico em um programa de treinamento de força com movimentos específicos para corrida. Consequentemente, os exercícios de saltos e de retração de tornozelos são bastante específicos para esse aspecto do movimento e devem ser combinados com os exercícios de produção de força. Desse modo, um programa de treinamento de força eficaz inclui agachamentos e impulsões verticais, assim como impulsões horizontais unilaterais e extensão de pernas (*leg pulls*), a fim de desenvolver ou manter uma força equilibrada tanto em termos de apoio quanto de recuperação da técnica de corrida. A próxima seção descreve de forma mais detalhada a importância do desenvolvimento de força equilibrado.

Funcionalidade

Durante a execução de movimentos na natação, no ciclismo e na corrida, você regula e integra toda a musculatura corporal de maneira que envolve complexas tarefas de sequenciamento, sincronismo e disparo de grupos musculares, resultando no melhor funcionamento possível de todas as suas articulações. Quando uma ou mais articulações e *force-couples* musculares associadas não funcionam corretamente, outros músculos e articulações acabam tendo de desempenhar um papel mais proeminente. É o que se chama de movimento compensatório. Forçado a usar padrões de movimento compensatório, você não consegue atingir o nível necessário de controle, amplitude de movimento e aplicação da força ideal para produzir movimentos elegantes de natação, ciclismo e corrida, o que afeta o seu desempenho. Pior ainda, os padrões de movimento alterados geralmente sobrecarregam as articulações e os músculos compensatórios, causando os tipos de lesões crônicas que acabam encerrando carreiras no triatlo ou resultando em intervenções cirúrgicas. Um exemplo clássico é a perda da força de estabilização necessária para manter as laterais da pelve em uma posição aprumada quando o atleta absorve força ao sentar cada pé no chão durante a corrida. O resultado é uma pelve que pende e gira durante o período de apoio no solo, o que dissipa força que poderia ser absorvida e leva as articulações dos quadris, dos joelhos e dos tornozelos a adotar outros movimentos compensatórios para impulsionar o corpo à frente. Em geral, o atleta perde a atividade muscular necessária – nesse exemplo, no glúteo médio – por permanecer sentado por tanto tempo a ponto de o músculo tornar-se inativo.

Contudo, uma vez identificados os padrões de movimento compensatório mais comuns que se desenvolvem com a natação, o ciclismo e a corrida, corrigi-los com a aplicação dos exercícios adequados de treinamento funcional – a base dos conceitos modernos de fisioterapia – é uma medida relativamente eficaz. Além disso, é lógico que, embora ainda sem provas científicas, o uso proativo de tais exercícios pode não só prevenir o desenvolvimento de lesões, mas, também, melhorar o desempenho e a técnica daqueles que não as têm.

Força e potência

A força física de uma pessoa em um padrão de movimentos é definida pela capacidade de produzir força contra uma resistência à produção de movimento, independentemente do tempo necessário. Esse conceito define a capacidade de realizar trabalho utilizando a seguinte equação:

$$Trabalho = força \times distância$$

Entretanto, cada aplicação de força durante a prática eficiente de natação, ciclismo e corrida deve ocorrer de forma muito rápida em um curto período de tempo, razão pela qual a taxa de aplicação de força também é fundamental. Isso é conhecido como potência (a taxa de trabalho) e definido pela seguinte equação:

$$Potência = força \times distância/tempo$$

Por conseguinte, tanto a capacidade quanto a taxa de aplicação de força são importantes para produzir mais velocidade na natação, no ciclismo e na corrida. Entretanto, as melhores condições de treinamento para o desenvolvimento de força e potência variam um pouco. O ideal é que o treinamento de força seja realizado com um alto nível de resistência, o que requer movimentos mais lentos. A aplicação rápida de força, ou potência, é mais bem treinada com resistências reduzidas que possam ser movidas a velocidades comparáveis às do movimento em si. Ambos os aspectos do processo – força e velocidade do movimento – podem, no entanto, ser treinados de forma independente, razão pela qual ambas as abordagens podem e devem ser utilizadas em um programa de treinamento. O processo como um todo pode ser visto da seguinte maneira: primeiro, procura-se aumentar a força física acrescentando resistência aos seus movimentos, mas em detrimento da velocidade do movimento, que é sacrificada. Porém, à medida que a força física aumenta, pode-se restabelecer a velocidade para elevar a descarga de potência.

Esse conceito pode ser aplicado a um único exercício, como o agachamento, manipulando-se a resistência usada e a intenção do exercício. Podem-se variar as sessões de treinamento de agachamento utilizando-se tanto pesos maiores para desenvolver a força quanto pesos relativamente menores para desenvolver a potência (realizando os agachamentos de forma explosiva). Esse processo pode ser incrementado ainda com movimentos de salto semelhantes a agachamentos, o que permite trabalhar com velocidades de movimento equivalentes àquelas utilizadas durante a corrida ou o ciclismo.

Estabilização

No momento da aplicação da força na corrida, no ciclismo e na natação, vários músculos do corpo se contraem uns contra os outros, simplesmente para manter estáticas determinadas partes do sistema esquelético e permitir que outras partes do corpo possam exercer pressão contra elas. Esse é o conceito básico de estabilização em um sistema de alavanca. Quando uma alavanca do sistema é mantida no lugar, a alavanca que trabalha contra ela pode funcionar com mais eficiência. Costuma-se pensar que a maior parte da estabilização importante para a locomoção acontece no tronco, por vezes chamado de conjunto muscular central; entretanto, a estabilização na natação, no ciclismo e na corrida geralmente é uma função de corpo inteiro. O treinamento efetivo desse componente envolve o uso de movimentos funcionais que requerem estabilização dinâmica, como arremetidas alternadas com a parte superior do corpo aprumada.

Elaboração de um programa de treinamento de força para o triatlo

Use os três passos a seguir para elaborar um programa de treinamento de força que melhore o desempenho e previna lesões: (1) selecione um grupo de exercícios que produza maior força, potência de pico e funcionalidade na natação, no ciclismo e na corrida, com o mínimo de tempo de treinamento e o máximo de eficiência; (2) desenvolva um plano de treinamento cíclico capaz de gerar melhorias constantes em termos de força e potência, bem como de manter ou aumentar a funcionalidade no decorrer do tempo, programando os treinos para ampliar o seu treinamento básico de natação, ciclismo e corrida; e (3) determine um plano específico para orientar a intensidade e o volume do treinamento e maximizar a resposta adaptativa.

Selecione os exercícios de treinamento de força

Ao organizar um programa de treinamento de força, você deve selecionar um exercício de aplicação de força e recuperação para cada uma das atividades de natação, ciclismo e corrida, juntamente com três exercícios básicos de movimentos funcionais (os exercícios de treinamento de força encontram-se descritos a partir da página 70). Os exercícios de aplicação de força simulam o movimento de impulsão do corpo para a frente. Na corrida, isso acontece durante a fase de apoio, quando o peso do corpo em movimento descendente é absorvido; no ciclismo, acontece quando o pedal é projetado para baixo pelo deslocamento do peso do corpo; e no nado livre (ou *crawl*), quando do o peso do corpo é depositado sobre a "pegada", ou o apoio, do braço de ataque.

A recuperação é a fase na qual você retoma a postura corporal usada para a produção de força no lado oposto do corpo, para que o movimento possa ser realizado novamente. Na corrida, isso ocorre quando você ergue o pé de apoio e desloca o peso do corpo para a perna oposta e descendente; no ciclismo, acontece quando você tira o peso do pedal que está subindo, permitindo que o peso do corpo se desloque para o pedal oposto, que está descendo; e no nado livre, a recuperação acontece quando você ergue o braço de trás e o posiciona para descer na água à frente da cabeça, iniciando, assim, o movimento seguinte de rotação sucessiva do corpo.

Infelizmente, os padrões complexos de movimento, em particular na natação, nunca podem ser completamente duplicados utilizando-se apenas alguns exercícios. Além disso, a possível lista de padrões de movimento funcionais que podem beneficiar um triatleta está em constante expansão. Considerando-se o maior período de tempo e nível de comprometimento envolvidos, o passo seguinte consiste em acrescentar exercícios específicos de movimento conjugados (força e recuperação) para cada disciplina, juntamente com exercícios funcionais complementares destinados a trabalhar aspectos específicos de mobilidade do corpo que podem ser comprometidos durante o processo normal de treinamento do triatlo. À medida que você desenvolve a funcionalidade e aumenta a força, o acréscimo de exercícios pliométricos (por exemplo, saltos sobre a caixa e saltos longos) aumentará ainda mais o nível de melhorias na corrida, sobretudo em virtude da forma intrinsecamente distinta como a força é aplicada nesse padrão de movimento.

Inclua o treinamento de força ao plano de treinamento geral

Um erro comum é fazer o treinamento de força somente fora da temporada. A falha dessa abordagem é que, embora a força e a potência possam aumentar durante esse período relativamente curto, a perda de força que ocorre ao longo do período consideravelmente mais longo da temporada, se não houver nenhum estímulo significativo à força, resulta na total inexistência de mudanças ou, até mesmo, em perda de força ano a ano. Isso se dá porque o destreinamento acontece a uma taxa mais elevada do que o processo de adaptação associado ao treinamento. Se você aceitar a ciência atualmente consagrada segundo a qual a força específica do movimento é um componente vital do desempenho global de resistência, só faz sentido utilizar um processo de treinamento anual que permita aumentos de força de ano para ano.

A literatura científica existente que examina a melhor maneira de organizar o treinamento com pesos de acordo com uma abordagem geral da periodização é escassa; no entanto, ela sugere que uma abordagem ondulatória pode ser superior a uma abordagem linear. Em uma abordagem ondulatória, várias intensidades de treinamento são regularmente alternadas em ciclos de treinamento mais curtos, da mesma forma que os atletas de resistência bem-sucedidos alternam sessões de treinamento com foco ora na resistência, ora no ritmo da competição, ora na velocidade, em um ciclo regular. Em uma abordagem linear, cada área de ênfase é treinada isoladamente em extensos blocos de tempo.

Você pode também criar um plano de periodização cíclica em longo prazo ou um macrociclo com uma abordagem ondulatória, variando os exercícios utilizados nas fases, normalmente, passando de exercícios mais gerais, como o semiagachamento, a exercícios de movimentos mais específicos, como o agachamento unilateral parcial. Por fim, o plano de treinamento, quando executado ao longo de um ano inteiro de treinamento, deverá necessariamente incluir períodos de manutenção de força e potência *versus* progressão, de modo que você possa se adaptar melhor às progressões mais específicas do treinamento de natação, ciclismo e corrida. Isso é possível simplesmente mantendo-se o nível de estímulo atual (o peso e os ajustes que você atualmente está acostumado a executar sem fadiga indevida) e reduzindo a frequência das sessões, se necessário.

As áreas mais enfatizadas no treinamento de força dos esportes de resistência são o pico de força, o pico de potência e a resistência anaeróbia. A elas, pode-se acrescentar o conceito emergente de funcionalidade, embora também possa ser mais fácil e diretamente integrado a outras áreas de foco, dependendo das limitações de tempo e de equipamentos da pessoa.

Um exemplo de microciclo de treinamento de força executado por 7 dias poderia ser o seguinte:

- *Dia 1*: treinamento funcional e ênfase na força.
- *Dia 2*: treinamento funcional e ênfase na potência.
- *Dia 3*: treinamento funcional e ênfase na resistência anaeróbia.
- *Dia 4*: dia de folga.
- *Dia 5*: treinamento funcional e ênfase na força.
- *Dia 6*: treinamento funcional e ênfase na potência.
- *Dia 7*: treinamento funcional e ênfase na resistência anaeróbia.

Como se pode ver, essas sessões são separadas por um mínimo de um dia de recuperação, mas também podem ser eficazes quando realizadas com 2 ou 3 dias de intervalo, uma vez que o atleta se adapta a níveis de resistência relativamente elevados. Infelizmente, a melhor posição das sessões de treinamento de força em relação às sessões de treinamento de resistência no mesmo dia ainda não foi determinada. A experiência mostra que o desempenho no treinamento de força é menos influenciado pela fadiga criada por sessões prévias de treinamento de resistência do que o contrário, e que, portanto, o treinamento de força deve ser a última sessão do dia sempre que possível. Além disso, a reduzida intensidade metabólica mantida durante o treinamento de força permite um desaquecimento gradual quando essas sessões vêm imediatamente após o treinamento de resistência, não havendo necessidade de aquecimento para as sessões de treinamento de força. Por fim, deixando os movimentos de treinamento funcional por último, o atleta conclui o processo de treinamento tendo recuperado a mobilidade, em vez do contrário.

A intensidade mais elevada do treinamento de força pode ser utilizada, ainda, antes do treinamento de resistência para melhorar o desempenho. Isso funciona melhor quando o atleta está altamente adaptado ao treinamento de força e usa volumes reduzidos de treinamento para evitar níveis significativos de fadiga. Aparentemente, o estímulo neuromuscular de alto nível antes do treinamento de resistência resulta em um efeito estimulante agudo, aumentando a capacidade de nadar, pedalar ou correr em seguida.

Determine a intensidade das sessões do treinamento de força

Em geral, a intensidade do treinamento de força é baseada em percentuais do seu índice de uma repetição máxima (1 RM), que significa o peso que você consegue mover em um determinado exercício uma única vez. Normalmente, a força é desenvolvida usando-se pesos de mais de 85% de 1 RM, com 6 ou menos repetições. A potência de pico em curto prazo é desenvolvida usando-se pesos mais leves, na faixa de 30% a 70% de 1 RM, com 4 a 6 repetições feitas de modo tão explosivo quanto possível. A resistência anaeróbia curta pode ser desenvolvida usando-se pesos na faixa de 40% a 60% de 1 RM, completando repetições no tempo de 30 a 60 segundos, ou, normalmente, entre 10 e 20 repetições. Por fim, os exercícios funcionais são realizados com uma resistência mínima (em geral, iniciando apenas com o peso do corpo ou com bastões para extensão acima da cabeça), com ênfase quase total no equilíbrio e na técnica. Naturalmente, com o tempo, uma resistência significativa pode ser usada também nesses exercícios. A seguir, alguns exemplos de sessões de treinamento de agachamento com foco, respectivamente na força, na potência, na resistência anaeróbia e na funcionalidade.

A nomenclatura utilizada, como 1 × 10 repetições a 80% de 1 RM, refere-se ao número de conjuntos (1) e às repetições de cada conjunto (10) com a intensidade pretendida baseada no valor conhecido ou estimado de 1 RM do atleta naquele exercício. Como exemplo de intensidade, um atleta que consegue erguer 91 quilogramas uma vez, em determinado exercício, poderia utilizar 80% desse valor (73 quilogramas) em cada conjunto.

Sessão de força

Com um semiagachamento ou um agachamento unilateral parcial, execute o seguinte:

- 1 × 10 repetições a 70% de 1 RM;
- 1 × 10 repetições a 80% de 1 RM;
- 3 × 5 repetições a 85% de 1 RM.

Sessão de potência

Com um semiagachamento ou um agachamento unilateral parcial, execute o seguinte:

- 1 × 10 repetições a 70% de 1 RM;
- 1 × 10 repetições a 80% de 1 RM;
- 3 × 6 repetições a 50% de 1 RM (em velocidade máxima, utilizando conjuntos cronometrados).

Sessão de resistência anaeróbia

Com um semiagachamento ou um agachamento unilateral parcial, execute o seguinte:

- 1 × 10 repetições a 70% de 1 RM;
- 1 × 10 repetições a 80% de 1 RM;
- 1 × 20 repetições a 50% de 1 RM.

Sessão de treinamento funcional

Com um agachamento completo e os braços estendidos, execute o seguinte:

- 3 × 10 repetições, mantendo o bastão elevado acima da cabeça e o corpo no alinhamento adequado.

A abordagem para a criação dos objetivos de treinamento utilizados nos exemplos mencionados pressupõe que você complete apenas o número indicado de repetições com os pesos indicados e vá aumentando gradativamente o peso à medida que o valor de 1 RM aumenta no decorrer do tempo. Obviamente, outra abordagem tradicional consiste no uso de conjuntos de falhas, nos quais você levanta um determinado peso até que a última repetição não possa ser concluída com sucesso. Entretanto, algumas pesquisas sugerem que a resposta adaptativa a um treinamento mais controlado (usando menos repetições com níveis de peso menores do que o necessário para falhar) é superior, ou seja, os praticantes progridem mais com o tempo. Do ponto de vista prático, é muito provável que essa condição seja resultante da redução das dores por esforço, da menor fadiga pós-treinamento e de um grau maior de estímulo neuromuscular específico. O último comentário pode parecer contraditório; no entanto, conjuntos menores de treinamento com um determinado peso permitem a execução de um número maior de conjuntos e repetições do movimento com menos fadiga. Ainda que muitos associem a dor dos conjuntos de falhas a melhorias, o estímulo real para a adaptação neuromuscular está principalmente no trabalho total realizado e nas forças empregadas para a realização do trabalho, e não na dor e na acidez vivenciadas em cada conjunto.

Exercícios de treinamento de força

A seguir, alguns exercícios de treinamento para cada modalidade, classificados por especificidade de movimento *versus* funcionalidade. O objetivo é fornecer um grupo acessível de exercícios que possam ser utilizados em conjunto uns com os outros para a obtenção de um melhor desempenho no triatlo com eficiência de tempo.

Em geral, os dois princípios que serão apresentados devem ser colocados em prática durante a execução de quaisquer desses exercícios. Em primeiro lugar, você deve sempre manter a melhor postura possível durante cada exercício. Alguns pontos importantes consistem em retrair a pelve (ou o umbigo), ativando os músculos dos glúteos e achatando os músculos abdominais, de modo a manter a curvatura normal da coluna inferior; puxar os ombros para trás, juntos, ativando os músculos do meio das costas, a fim de manter a curvatura normal das vértebras torácicas; e elevar e alinhar a cabeça para manter a curvatura normal das vértebras cervicais. Desse modo, cada exercício ajuda também a desenvolver a melhor postura, em vez degradá-la ainda mais. Em segundo lugar, você deve sempre procurar alinhar as articulações com a direção pretendida da força em cada exercício. Um exemplo fundamental é o alinhamento dos quadris, de modo que cada joelho se movimente corretamente acima do respectivo pé enquanto sustenta o peso durante exercícios como agachamentos, afundos e saltos.

Exercícios de treinamento de força específicos para natação

Estes exercícios básicos desenvolvem tanto os aspectos de produção de força quanto de recuperação do nado livre, o estilo mais utilizado nas provas de natação dos triatlos.

Extensão de ombros em decúbito ventral no cabo

Este exercício desenvolve a pegada e a puxada no nado livre. Ele é mais bem executado sobre um banco deslizante, como o da Figura 4.1; no entanto, pode ser realizado também utilizando um equipamento com cabo. Para executar o exercício, deite-se em decúbito ventral no banco deslizante, com as mãos flexionadas como durante a natação e os cotovelos posicionados acima das mãos, mantendo-os elevados ou para a frente (Figura 4.1a). Em seguida, tente empurrar as mãos para baixo, com os cotovelos levantados (Figura 4.1b).

FIGURA 4.1 – **Extensão de ombros em decúbito ventral no cabo.**

Abdução completa de ombros

Este exercício desenvolve o padrão de movimento de recuperação do nado livre, que puxa as mãos a partir dos quadris para a posição estendida na água. Para realizá-lo, fique em pé, com os pés afastados na largura dos ombros e os joelhos levemente flexionados. Mantenha os braços na linha da cintura, com os cotovelos flexionados e um halter em cada mão (Figura 4.2a). Erga os braços simultaneamente até o nível dos ombros (Figura 4.2b) e, em seguida, até estendê-los totalmente sobre a cabeça (Figura 4.2c). Os cotovelos permanecem flexionados do início do levantamento até a transição para a extensão total sobre a cabeça, como durante a recuperação com o cotovelo elevado na natação.

FIGURA 4.2 – **Abdução completa de ombros.**

Exercícios de treinamento de força específicos para ciclismo

Os seguintes exercícios básicos desenvolvem tanto os aspectos de geração de força quanto de recuperação da pedalada no ciclismo sentado.

Agachamento

Este exercício treina eficazmente os movimentos de produção de força do ciclismo, utilizando uma série de movimentos para quadris e joelhos específicos do ciclismo e proporcionando um maior nível de estímulo da mobilidade geral e ativação dos músculos do corpo inteiro. Para realizá-lo, fique em pé, com os pés afastados na largura dos ombros e apontados para a frente, com uma barra apoiada nos ombros (Figura 4.3*a*). Abaixe os quadris, até que as coxas estejam alinhadas paralelamente – ou quase – ao solo, mantendo, ao mesmo tempo, a curvatura normal da coluna lombar, a cabeça ereta e o seu peso equilibrado uniformemente sobre os pés (Figura 4.3*b*). É importante manter alinhado o centro dos tornozelos, dos quadris, dos ombros e da cabeça. A partir do momento em que esse alinhamento se altera durante o movimento, você começa a compensar as limitações de força ou amplitude de movimento em uma ou mais articulações.

FIGURA 4.3 – **Agachamento**.

Flexão de joelho sentado na máquina

Este exercício relativamente simples treina eficazmente o movimento de recuperação do ciclismo. Para manter o equilíbrio muscular, o movimento emprega os pares de grupos musculares usados de forma conjugada com o agachamento paralelo descrito na seção anterior. Para realizá-lo, assuma uma posição sentada ereta no equipamento de flexão de pernas (Figura 4.4a) e, simplesmente, puxe os calcanhares em direção aos glúteos (Figura 4.4b). Deve-se tomar especial cuidado para manter um alinhamento neutro das patelas com os pés durante o movimento. Se o equipamento apropriado estiver disponível, é possível utilizar uma abordagem contralateral ou de lados alternados, para maior especificidade do movimento.

FIGURA 4.4 – **Flexão de joelho sentado na máquina.**

Exercícios de treinamento de força específicos para corrida

Os dois primeiros exercícios básicos de treinamento de força descritos desenvolvem a geração de força e a recuperação na corrida. Os exercícios pliométricos e de saltos desenvolvem ainda mais a habilidade de aplicação rápida de forças e o equilíbrio dinâmico, tão importante para uma corrida eficiente.

Agachamento unilateral parcial

Esta versão do agachamento é bastante específica para a fase de absorção da aplicação de força da corrida durante o apoio no solo. O exercício pode ser executado com pouco ou nenhum peso, para estimular um melhor controle pélvico, ou com muito peso, para estimular o fortalecimento, uma vez estabelecido o controle pélvico. Para a versão com peso, use uma máquina Smith ou um suporte semelhante para o agachamento e uma prancha ou uma caixa sobre a qual você possa ficar em pé (a prancha cria uma posição elevada para a pessoa ficar apoiada no antepé). Para realizar a versão com pesos deste exercício, fique de pé em uma só perna (como na corrida durante o apoio), com a pelve nivelada (Figura 4.5a). Abaixe os quadris, como em um agachamento com as duas pernas, mantendo a pelve, nivelada (Figura 4.5b), depois, impulsione o corpo de volta à posição inicial. O joelho da perna de apoio deve mover-se diretamente sobre o pé de apoio, com o peso do corpo depositado sobre o antepé, como no apoio da corrida. A perna que não está servindo de apoio deve ser mantida em uma posição fixa, como na recuperação durante a corrida. Abaixe-se aproximadamente metade da distância de um agachamento paralelo mais comum, de forma a simular os movimentos que ocorrem quando você pousa cada pé no solo durante a corrida. Repita com outra perna.

FIGURA 4.5 – **Agachamento unilateral parcial.**

Flexão de joelhos em pé

Este exercício treina o padrão de recuperação da perna durante a técnica efetiva de corrida. Para realizá-lo corretamente, utilize pesos nos tornozelos ou uma caixa e cabos pliométricos, com uma amplitude de movimento adequada a partir de um ponto próximo ao solo, de modo que o movimento do tornozelo seja o mais próximo possível da vertical. Para executar o exercício, fique de pé em uma só perna (como na corrida durante o apoio) com o joelho da perna de apoio flexionado, a pelve neutra e a cabeça e o tronco superior alinhados. Flexionando simultaneamente o joelho e o quadril, levante a perna que não está servindo de apoio até a parte inferior da pelve (Figura 4.6), e, depois, abaixe-a até o chão novamente, iniciando a repetição seguinte o mais rápido possível quando o pé tocar o solo. O tornozelo deve descrever uma trajetória quase vertical a cada repetição. Procure cobrir uma amplitude completa de movimento, com o tornozelo flexionado sob o glúteo no auge do movimento, como se observa na ação das pernas dos corredores durante o deslocamento em velocidade máxima. Repita o exercício usando a outra perna.

FIGURA 4.6 – **Flexão de joelhos em pé.**

Saltos bilaterais ou unilaterais sobre a caixa

Os saltos pliométricos profundos simulam as ações de corpo inteiro executadas durante o movimento descendente do corpo em direção ao solo a cada passada da corrida e a rápida movimentação dos pés buscando a recuperação. Esses exercícios aumentam a nossa capacidade de aplicar forças muito intensas com muita rapidez por meio do pré-alongamento dos músculos propulsores durante a descida ao solo. Essa movimentação ativa o reflexo extensor, que aumenta as forças de resposta da contração muscular quando você deixa o solo, pressupondo-se que o faça rapidamente.

Para realizar este exercício, fique em pé sobre uma caixa elevada, em uma posição de apoio específica de corrida que envolva ambas as pernas (a Figura 4.7a contém um exemplo dessa posição para o salto com as duas pernas), salte para o solo (a Figura 4.7b contém um exemplo dessa posição para o salto com as duas pernas) e, então, erga as pernas e os tornozelos o mais rápido possível no momento do contato com o solo para retornar à caixa. Pouse em uma posição "suave", com os joelhos flexionados, a pelve neutra e a cabeça e o tronco superior alinhados. A chave para um salto profundo eficaz está em retirar os pés do solo o mais rápido possível, em vez de pousar, fazer uma pausa e, então, saltar. À medida que você desenvolve um maior nível de coordenação no exercício, a carga pode ser aumentada acrescentando-se resistência (um colete com pesos é o mais adequado), aumentando-se a altura do salto ou ambos. Você poderá executar o exercício também com uma só perna a partir do momento em que tiver desenvolvido a força e o equilíbrio adequados, tornando-o ainda mais específico para corrida.

FIGURA 4.7 – **Salto bilateral sobre a caixa.**

Saltos horizontais bilaterais ou unilaterais

Os saltos horizontais repetitivos desenvolvem a coordenação do corpo inteiro, produzindo uma maior transferência às passadas da corrida. Obtém-se um efeito pliométrico também quando os saltos são executados em rápida sucessão. Os saltos sucessivos requerem, ainda, uma ação mais vertical do corpo, o que simula a mecânica da corrida. Para realizar este exercício, comece colocando-se de pé em uma posição de apoio específica de corrida. Inicie a sequência de saltos deixando que o corpo comece a se projetar para a frente, fazendo, ao mesmo tempo, um ligeiro agachamento (a Figura 4.8*a* apresenta um exemplo dessa posição em um salto com as duas pernas) e, em seguida, erguendo os pés do solo verticalmente como nos saltos profundos (a Figura 4.8*b* apresenta um exemplo dessa posição em um salto com as duas pernas). Pouse suavemente sobre o antepé a cada salto sucessivo e inicie o salto seguinte, levantando rapidamente os tornozelos.

A ênfase deve estar na rápida retirada vertical do pé a cada contato sucessivo com o solo, como nos saltos profundos, e também no equilíbrio *versus* distância máxima a cada salto. Você terá de se esforçar mais do que nos saltos profundos para manter o corpo aprumado a cada salto, ativando os seus músculos centrais com mais intensidade. Poderá executar o exercício também com uma só perna a partir do momento em que tiver desenvolvido a força e o equilíbrio adequados, tornando-o ainda mais específico para corrida.

FIGURA 4.8 – **Salto horizontal bilateral.**

Exercícios de treinamento funcional de força

Estes exercícios básicos desenvolvem a mobilidade geral, o equilíbrio e a força em padrões de movimentos geralmente prejudicados pelos extensos treinamentos de natação, ciclismo e corrida.

Agachamento completo com os braços estendidos

Esta variação do agachamento é o rei de todos os movimentos de treinamento funcional geral. Ela funciona tanto como técnica de avaliação para identificar padrões de movimentos compensatórios existentes quanto exercício de treinamento para corrigir deficiências. Para

realizar este exercício com sucesso, praticamente todas as articulações do plano sagital (para a frente e para trás) devem estar em perfeitas condições. A maioria dos triatletas experientes apresentará, em um primeiro momento, deficiências na mobilidade necessária de extensão dos quadris, tornozelos e ombros para completar o movimento com sucesso. Assim, a capacidade de agachar-se completamente até o solo sem dificuldade é uma habilidade evolutiva básica que a maioria das pessoas conseguiria realizar, mas que se perdeu graças ao mundo moderno das cadeiras. Uma vez recuperada essa capacidade, o desempenho na corrida, no ciclismo e na natação, bem como a resistência a lesões, em geral, melhoram muito.

Este exercício é utilizado por fisioterapeutas, técnicos e treinadores para testar a funcionalidade do corpo inteiro, e deveria ser usado também por triatletas com esse mesmo fim. Quando as limitações dos movimentos das articulações e os consequentes movimentos compensatórios são identificados, eles podem ser trabalhados com uma combinação de alongamento, fortalecimento muscular e técnicas de aquecimento dinâmico para mobilizar as articulações de maneira subótima. Quando o movimento de agachamento completo pode ser executado com sucesso, ele pode ser usado isoladamente para manter a função normal das articulações e aumentar, de modo gradativo, a força e o controle do corpo.

Para realizar este exercício, fique em pé na posição normal do início do agachamento, com os braços para o alto, segurando um bastão leve (Figura 4.9a). Segure o bastão um pouco além da largura dos ombros ou em uma largura em que se crie um ângulo de 90 graus quando o bastão

FIGURA 4.9 – **Agachamento completo com os braços estendidos.**

tocar o alto da sua cabeça. Com os braços erguidos atrás da cabeça, abaixe os quadris da mesma forma que nos agachamentos convencionais, alcançando a maior profundidade possível (Figura 4.9*b*), e, em seguida, impulsione o corpo de volta à posição inicial.

Agachamento frontal, lateral e para trás com os braços estendidos

Esta série de movimentos funcionais gerais para o corpo todo desenvolve a mobilidade completa dos quadris, bem como a estabilização e o equilíbrio da parte superior do corpo. Para realizar o exercício, assuma a posição inicial normal de agachamento, com os bra-

ços para cima, segurando um bastão leve, como no exercício anterior. Comece dando um passo à frente, com uma só perna, na posição de avanço (o joelho da perna de trás quase tocando o solo durante esse processo), mantendo a parte superior do corpo ereta e os braços estendidos (Figura 4.10*a*), e, então, impulsione o corpo de volta à posição inicial. Tente dar o passo em uma linha reta próxima ao centro do corpo, movendo o joelho diretamente acima do pé estendido. Repita o movimento com a outra perna. Em seguida, dê um passo para o lado, flexionando o joelho estendido e mantendo a pelve neutra (Figura 4.10*b*), e, então, impulsione o corpo de volta à posição inicial. Repita o movimento com a outra perna. Por fim, dê um passo para trás, flexionando a perna da frente (Figura 4.10*c*), e, então, impulsione o corpo de volta à posição inicial. Repita uma vez a série

FIGURA 4.10 – **Agachamento frontal (*a*), lateral (*b*) e para trás (*c*) com os braços estendidos.**

completa com a perna oposta. Pode-se aumentar o nível de dificuldade desses movimentos e o de coordenação de corpo inteiro acrescentando um desenvolvimento de ombros a cada passo e rotações do tronco aos agachamentos frontais e para trás.

Embora seja bem verdade que os triatletas iniciantes vivenciarão o maior progresso no esporte pela simples adaptação a níveis mais intensos de natação, de ciclismo e de corrida, a capacidade de aumentar a força em movimentos específicos e a resistência a lesões acaba abrindo caminho para melhores níveis de desempenho e uma participação prolongada no triatlo. A aplicação inteligente e contínua de um programa de treinamento de força com exercícios de movimentos específicos combinados a exercícios de treinamento funcional de prevenção a lesões pode levar os triatletas a um novo patamar de desempenho, além de garantir a sua capacidade de competir com sucesso durante várias décadas.

CAPÍTULO 5

Treinamento de natação para triatlo

Steve Tarpinian

Embora a parte da natação do triatlo seja realizada em mar aberto (à exceção dos triatlos em piscina), a natação em piscina é um ingrediente essencial à preparação para a natação em mar aberto, uma vez que a técnica é mais bem refinada na piscina, onde as condições não desviam o foco do atleta. Além disso, por mais bem-feita que seja a medição da distância em mar aberto, ela nunca é exata, razão pela qual a velocidade e a eficiência são mais bem quantificadas na piscina. O trabalho intervalado é uma parte essencial do treinamento de natação, desse modo, a piscina é melhor para o treinamento intervalado preciso e de qualidade. E, por fim, para a maioria dos atletas, a natação em mar aberto não é uma opção para um treinamento contínuo, em razão da geografia.

Elementos essenciais do treinamento em piscina

Todo treinamento em piscina deve conter os seguintes componentes, para maximizar sua eficácia:

- aquecimento;
- prática da técnica;
- série principal;
- desaquecimento.

Aquecimento

Um dos objetivos do aquecimento no treinamento de natação é aclimatar o atleta à temperatura da água. Por essa razão, quanto mais fria a piscina, maior o tempo de aquecimento. As outras razões para o aquecimento são as mesmas de outros esportes: elevar o ritmo cardíaco, aumentar o fluxo sanguíneo para os músculos e preparar-se mentalmente para a sessão de treinamento. Em geral, de 5 a 15 minutos são suficientes, o que pode ser feito totalmente com nado livre ou com uma combinação de nado livre e outros estilos (para mais informações, *vide* boxe *Quais são os outros estilos?*). Geralmente, você irá se concentrar na sua técnica na próxima parte do exercício; entretanto, o aquecimento também é um bom momento para trabalhar a respiração calma e natural, bem como para permanecer o mais relaxado possível para a prática da técnica, que virá em seguida.

▶ Lembretes de segurança na piscina

A natação ou o treinamento em piscina exigem sempre algumas precauções básicas de segurança. Eis alguns lembretes fundamentais:

- *Mergulho.* A maioria das piscinas permite o mergulho somente na parte funda e sob supervisão. Portanto, na dúvida, entre primeiro com os pés.

- *Uso das linhas e bandeiras das raias.* A maioria das piscinas exibe bandeiras de alerta a 5 m da parede para avisá-lo de que você está se aproximando dela. Além disso, as cores das linhas das raias mudam de cores alternadas para uma cor sólida nesse mesmo ponto, de modo que você possa se orientar olhando para o lado, sem precisar se virar para procurar a parede. Se a sua piscina tem esses recursos, você pode girar o corpo ao alcançar esse ponto e nadar em direção à parede. Caso a sua piscina não tenha tais indicadores, busque uma maneira de evitar bater a cabeça.

- *Compartilhamento de raias.* É comum compartilhar raias ao fazer voltas na piscina. Em geral, quando há apenas dois nadadores em uma raia, eles dividem a raia (cada um permanece em seu lado). Quando há mais de dois nadadores, a natação circular é o método a ser utilizado. Os nadadores sempre permanecem do lado direito da raia, de modo que, em cada parede, o nadador se desloca para nadar do lado oposto ao segmento anterior. Isso funciona bem quando a velocidade dos nadadores é semelhante. Se as velocidades forem variáveis, o nadador mais rápido terá que ultrapassar os mais lentos, o que pode ser feito de duas maneiras. A primeira: o nadador mais rápido pode tocar os pés do nadador que ele deseja ultrapassar, o qual pode lhe permitir ultrapassar na parede; a segunda: o nadador mais rápido pode nadar no meio da raia para contornar o nadador mais lento. O segundo método deve ser executado com cuidado, pois, se outro nadador estiver fazendo a mesma coisa vindo em sentido contrário, os dois podem se chocar de cabeça. Seja sempre cauteloso ao ultrapassar outros nadadores na piscina.

Prática da técnica

É a parte do treinamento de natação na qual o atleta se preocupa em aperfeiçoar ou refinar a sua técnica nesse esporte. A natação envolve mais técnica do que o ciclismo ou a corrida. Em última análise, o desempenho de um nadador é limitado pela sua técnica, não pelo seu treinamento. Além disso, a água tem um coeficiente de arrasto muito mais alto (em comparação ao ar durante o ciclismo ou a corrida), de modo que pequenas mudanças na posição e nos ângulos do corpo podem produzir grandes efeitos no desempenho. À medida que o nadador progride, parte do treinamento da técnica pode ser feito em um ritmo mais intenso, permitindo adaptações fisiológicas e benefícios técnicos. Por essas razões, faça o possível para não saltar exercícios; se tiver que saltar qualquer parte do trabalho, dispense a série principal.

▶ Quais são os outros estilos?

Todos os estilos de natação, além do nado *crawl* (nado livre), são coletivamente chamados de outros estilos. Eles incluem o nado costas, peito e borboleta. Se não for para impressionar os amigos, não é necessário dominar o estilo borboleta – o mais desgastante dos quatro estilos – para ser um bom nadador de triatlo. Entretanto, a capacidade de nadar bem o costas e o peito, às vezes, pode ser útil para fins de navegação no nado em mar aberto. O nado costas pode ajudar quando você está com o sol nos olhos e precisa ver de onde está vindo para saber para onde ir. Você pode utilizá-lo, também, para ajustar os óculos de natação ou fazer uma breve pausa na respiração ritmada, o que, para muitos iniciantes, é o maior desafio do nado livre. Já o nado peito pode ser usado quando a água está turbulenta e é necessário erguer mais a cabeça para conseguir enxergar por cima das ondas. Além disso, o nado peito é o menos desgastante dos quatro estilos e, como tal, permite uma intensidade moderada aos nadadores cansados.

Este capítulo descreve os exercícios dirigidos às áreas cujo aperfeiçoamento e domínio são mais necessários para um nado livre eficiente (o Capítulo 15 concentra-se na detecção e solução de problemas do nado livre). Lembre-se de que esses exercícios são genéricos e podem ser substituídos por um conjunto criado especificamente para determinado nadador, se esse atleta tiver a oportunidade de trabalhar com um técnico que possa elaborá-lo. Além disso, embora existam diversos equipamentos para auxiliar o treinamento de natação, muito poucos são tão essenciais quanto um traje de banho, uma touca de natação (se o seu cabelo for longo) e óculos de natação. Além desses itens óbvios, há apenas um item adicional que um nadador deve ter na bolsa: nadadeiras de lâmina curta. Esse tipo de nadadeira é muito útil para a prática de técnica e a correta execução dos exercícios. Elas proporcionam uma propulsão um pouco maior, o que ajuda a manter uma boa posição do corpo durante os exercícios. Além disso, as nadadeiras fazem você manter-se mais atento a seus pés e suas pernas, ajudando-o a mantê-los no fluxo de deslizamento do corpo sem bater as pernas com muita amplitude ou muito afastadas. O exercício

Punho (página 86) é o único em que não se deve usar nadadeiras, considerando que é preciso se esforçar um pouco para executar a puxada com os antebraços e, consequentemente, aprender a flexionar o cotovelo mais cedo.

Vale ressaltar, também, que há muitas outras ferramentas para a natação; algumas são úteis, se usadas de forma adequada, mas outras podem causar lesões. Um exemplo são os remos projetados para acrescentar resistência à puxada debaixo d'água, fortalecendo o nadador. Se a técnica do nadador é pobre (por exemplo, cruzada de braço por cima do corpo, o que é bastante comum), essa resistência adicional pode facilmente produzir uma lesão de ombro. Uma maneira mais segura de aumentar a potência na puxada e também trabalhar a técnica é fazer exercícios específicos com cordas de resistência fora d'água.

Veja a seguir onze exercícios de nado livre que todo nadador deve saber e praticar regularmente. Os cinco primeiros trabalham a posição e a rotação do corpo, a fim de melhorar a posição hidrodinâmica. A maioria consiste em exercícios de batida de pés, com pouco ou nenhum uso dos braços, pois é preciso aprender a usar a batida de pés e o centro do corpo para girar. Não se trata de bater os pés com força, mas com eficiência e da forma correta. Os seis últimos exercícios concentram-se no ciclo dos braços (frequentemente chamado de puxada ou braçada). Eles irão aumentar diretamente a sua propulsão. Há uma razão específica para a sequência – cada exercício se apoia no anterior, por isso, é melhor realizá-los na ordem sugerida.

Você deve procurar completar 10 conjuntos de 50 metros para cada um dos exercícios (exceto o exercício de batida de pés vertical, que é feito em posição estacionária durante um minuto), de modo a criar um segmento de trabalho de técnica abrangente. A precisão é fundamental. Descanse por 10 a 20 segundos a cada 50 metros, para que você não apenas possa se recuperar fisicamente como também lembrar-se de visualizar a parede antes de tocá-la de fato; o foco mental durante esses exercícios é crucial. A chave para o sucesso durante os exercícios é executá--los adequadamente para obter o efeito desejado. Os atletas geralmente fazem os exercícios com os mesmos erros de técnica que cometem na natação, razão pela qual não percebem nenhuma melhora.

Batida de pés vertical

Este exercício tem por objetivo tornar a sua batida de pés eficiente e melhorar a rotação no eixo longitudinal. Partindo de uma posição vertical, com os braços ao lado do corpo, use uma batida rápida de pés para manter a cabeça acima d'água. Essa é a parte do exercício em que você trabalha a sua batida. Você pode, inclusive, olhar para as suas pernas para ter certeza de que não está flexionando demais os joelhos ou projetando a cintura para a frente. Faça movimentos rápidos e curtos com os músculos superiores da perna. No início, isso pode ser difícil de fazer até mesmo por 30 segundos, mas tente progredir até chegar a 1 minuto.

Quando conseguir alcançar confortavelmente essa marca, você pode começar a trabalhar a sua rotação no eixo longitudinal. A partir da mesma posição vertical da batida de pés, gire 90 graus a cada 3 a 5 segundos, para trabalhar a rotação central e a batida. Gire o corpo todo como uma unidade, a partir da batida e dos quadris; 90 graus à direita antes de retornar ao centro; depois, 90 graus à esquerda antes de retornar novamente ao centro. Repita o movimento por mais 1 minuto, procurando iniciar a rotação pela batida e pelos quadris, não pela parte superior do corpo.

Saca-rolhas

Este exercício o ajuda a encontrar uma posição corporal equilibrada e confortável, bem como melhora a sua rotação no eixo longitudinal. A execução é como a do batida de pés vertical, mas, no saca-rolhas, você se move no plano horizontal à medida que progride na natação. Mantenha as mãos ao lado do corpo e procure girá-lo a partir das batidas de pés e dos quadris, não da cabeça e dos ombros. Neste exercício, gire o corpo 180 graus, de modo a ficar de bruços ou de costas. Mantenha a cabeça para trás e os quadris elevados, para obter uma posição alinhada do corpo quando estiver de costas. Na posição correta, você verá o teto (quando de costas) ou o fundo da piscina (quando de bruços). Leve o tempo que for necessário e expire quando estiver com a cabeça virada para baixo; quando estiver com a cabeça virada para cima, tente relaxar, e respire normalmente. Você pode ficar de costas ou de bruços o tempo que quiser, até que se sinta pronto para girar adequadamente. Lembre-se de tomar cuidado ao chegar ao fim da piscina.

Batida de pés lateral

Este é um excelente exercício para trabalhar o posicionamento do corpo. A posição de lado é uma das formas mais hidrodinâmicas que um ser humano pode assumir na água. O objetivo aqui é sentir-se confortável, com a cabeça apoiada no ombro, uma das lentes dos óculos dentro e a outra fora d'água. Essa é a posição ideal da cabeça para você respirar.

Para realizar o exercício, fique de lado, com o braço de baixo estendido e a orelha pressionando o ombro. Esse braço deve estar imediatamente abaixo da superfície da água, com a mão paralela ao fundo da piscina. O braço que está acima deve ficar ao seu lado. Faça uma batida rápida de pés, procurando manter uma lente dos óculos dentro e a outra fora da água. A tendência natural é de erguer a cabeça para tirar a boca da água e respirar. Na verdade, isso faz você afundar e ter mais trabalho. Se for difícil respirar e manter a cabeça bem posicionada ao mesmo tempo, gire a cabeça e olhe para cima, de modo que a boca e o nariz fiquem fora da água, e você possa respirar.

Batida de pé lateral com uma braçada

Este exercício trabalha o posicionamento e a rotação do corpo. Você está, mais uma vez, progredindo para o estilo nado livre. Neste exercício, você executa a batida de pés lateral, conforme descrito anteriormente, mas a cada 5 segundos, em média, faz uma recuperação com o braço que está atrás e puxa com o braço que se encontra à frente, enquanto gira para o outro lado. Você deve se preocupar em executar uma rotação suave e manter o corpo alinhado. A melhor maneira de fazer isso é iniciar a recuperação primeiro, mantendo-se de lado até que a sua mão passe pelo seu rosto, e, então, começar a flexionar o cotovelo do braço da frente; quando o braço em recuperação entrar na água, puxe com o outro braço e gire para o outro lado. Mantenha o pescoço alinhado à coluna vertebral (não levante a cabeça), como se o eixo longitudinal saísse do alto da sua cabeça. Repita para o outro lado. Vá com calma; no início, pode ser que você faça apenas uma rotação por segmento.

Batida de pés lateral com três braçadas

Este exercício também trabalha o posicionamento e a rotação do corpo, em mais um passo rumo ao nado livre. Ele é igual ao exercício anterior, de uma braçada de lado, porém, utilizando três braçadas para girar de um lado para o outro. Procure fazer uma rotação integrada a cada braçada, orientada pela batida de pés e pelos quadris, não pela cabeça e pelos ombros.

Emparelhamento

Este é um ótimo exercício para trabalhar a troca de um braço pelo outro à frente da cabeça, garantindo que um braço esteja sempre adiante da cabeça, para permitir o deslizamento. Esse movimento alonga o corpo, e, em geral, um corpo mais longo move-se mais rápido. Pense no projeto alongado do casco das lanchas de corrida. Além disso, o encontro das mãos à frente da cabeça é um ótimo lembrete para a execução da puxada e do giro. Se você respira para os dois lados, este exercício pode equilibrar a sua rotação. Você continua a deslizar com o braço à frente enquanto recupera o outro braço. Quando ambos os braços estão totalmente estendidos à frente da cabeça, você puxa com o braço oposto. Ao fazer este exercício pela primeira vez, convém manter os dois braços à frente da cabeça e bater os pés por um tempo antes de trocar a posição dos braços. Isso lhe dá tempo para visualizar um bom movimento de puxada, com uma flexão antecipada do cotovelo e uma boa rotação durante a fase de potência. Como em todos os exercícios, vá com calma. Quanto mais lenta e precisa a execução, melhor a assimilação quando você estiver nadando rápido.

Punho

Este exercício o ajudará especificamente a desenvolver a flexão antecipada do cotovelo no início da braçada. Muitos nadadores obtêm pouco ou nenhum benefício deste exercício porque lhes falta o conhecimento necessário para executá-lo corretamente. Ele deve ser realizado lentamente e com total consciência da sensação de pressão no antebraço ao iniciar a puxada. Esse *feedback* indica que você está, de fato, flexionando o cotovelo com antecipação suficiente para sentir a pressão no antebraço à medida que faz a puxada. Este exercício exclui a mão do movimento de puxada. De certa forma, isso força o nadador a dobrar o cotovelo e tentar "pegar" um pouco de água. Apressando as braçadas, você simplesmente irá cometer os mesmos erros que normalmente comete ao realizar movimentos na natação. Nunca faça um segmento inteiro com os punhos. A sensação dinâmica de abertura das mãos e da potência adicional proporcionada pelo cotovelo mais elevado é o *feedback* positivo que faz a mudança se transferir para a sua braçada habitual. Como é preciso fazer um pouco de força contra a água para sentir essa pressão no antebraço, é melhor executar o exercício sem nadadeiras, como mencionado anteriormente.

Palmateio (remadas curtas)

Trata-se de mais um exercício para trabalhar o início da sua puxada. O palmateio é o movimento de um membro do corpo de um lado para o outro, com a finalidade de gerar sustentação. É o movimento que se usa para boiar. Essa habilidade sutil pode ser útil para obter aquela "sensação" de fugacidade da água de que os nadadores falam. O objetivo é obter uma sensação de pressão em cada braço das pontas dos dedos até os cotovelos. Para isso, dê a partida e flexione ambos os cotovelos, girando os ombros medialmente de modo que as pontas dos dedos fiquem viradas para o fundo da piscina. Em seguida, como se o seu antebraço e a sua mão formassem um remo, articule o cotovelo e movimente repetidamente a mão e o antebraço em zigue-zague por 3 a 5 segundos. Na sequência, nade normalmente e respire algumas vezes; quando estiver pronto, repita o exercício. Durante o palmateio, mantenha o pescoço em uma posição neutra, respirando, portanto, somente durante as braçadas normais entre os palmateios.

Um só braço

Este exercício tem por objetivo fazer o nadador se concentrar em um braço por vez. Para realizá-lo, use somente o braço direito para nadar um segmento, e o esquerdo para nadar o próximo segmento. Este exercício é utilizado, também, para trabalhar as cinco fases do nado livre (para mais informações, *vide* boxe *As cinco fases do nado livre*). A tarefa pode ser complicada, porque muitos nadadores tentam trabalhar todas as fases de uma só vez, sem se concentrarem em nada especificamente, e o nadador pode acabar cometendo, durante o exercício, os mesmos erros que normalmente comete ao nadar. Entretanto, se você se concentrar em apenas um aspecto ou uma fase durante uma sequência completa de dois segmentos (um braço na ida e o outro na volta), os resultados são excepcionais. Na dúvida sobre em que fase se concentrar, a flexão antecipada do cotovelo no início da puxada é a melhor opção, uma vez que os problemas nessa fase são muito comuns e todo nadador se beneficia ao aperfeiçoá-la. Após a eventual análise do seu nado por vídeo, e caso você consiga visualizar mentalmente outras falhas a serem corrigidas, como uma entrada ou uma recuperação insatisfatória, execute mais uma sequência de dois segmentos, concentrando-se exclusivamente nessa fase.

Emparelhamento com raspada de polegar

Este exercício visa à finalização de cada braçada. Antes de iniciá-lo, estenda um braço ao longo da perna, esfregando a coxa com o polegar. Ao final de cada puxada, esfregue a coxa na mesma área. Este é o exercício perfeito para trabalhar a liberação do ombro ao final da braçada, uma vez que, com o toque, você é sensibilizado para aquele aspecto da execução da braçada.

▶ As cinco fases do nado livre

O nado livre consiste em cinco fases. Vamos examiná-las melhor:

1. *Entrada e extensão*. Nessa fase, cada mão entra na água e estende-se à frente um pouco abaixo da superfície, como se estivesse colocando uma luva comprida que paira paralelamente logo abaixo da superfície da água.

Continua

Continuação

2. *Flexão do cotovelo ou pegada.* Depois que um braço estiver totalmente estendido, a fase seguinte consiste na rotação interna do respectivo ombro e na flexão do respectivo cotovelo. Esse movimento prepara o respectivo antebraço para que ele seja usado como um remo para aplicar força para trás e impulsionar o nadador para a frente.

3. *Puxada.* É o momento em que se aplica força à água e o corpo se move para além de cada braço. Pode ser chamada também de fase de potência, já que é de onde provém a maior parte da força e propulsão na natação.

4. *Conclusão e liberação.* Quando a puxada é concluída, depois de usar um dos tríceps para estender o respectivo braço ao longo do corpo, é hora de executar uma rotação externa do respectivo ombro, o que libera a sua articulação e permite que o braço se mova livremente para executar a fase seguinte.

5. *Recuperação.* Depois que o ombro é liberado, o braço pode retornar à superfície da água, para reiniciar o ciclo com a fase de entrada e extensão.

Emparelhamento com arrasto de pontas de dedos

Trata-se de uma variação do exercício de emparelhamento que visa à recuperação e entrada da sua braçada. Para este exercício, deite-se em decúbito lateral e arraste as pontas dos dedos lentamente pela superfície da água enquanto se recupera. O ideal é que você veja a palma da mão passar a cerca de 20 a 30 centímetros da lateral da cabeça. As pontas dos dedos permanecem dentro d'água desde a fase de liberação da braçada até a entrada da mão na água. Depois da entrada, um braço se estende totalmente à frente do ombro e encontra o outro braço esticado.

▶ Séries mín/máx

As séries mín/máx são utilizadas para testar o progresso do atleta em termos de técnica e eficiência. É recomendado realizar séries mín/máx de 50 metros uma vez por mês para trabalhar a eficiência da sua braçada. Trata-se simplesmente de uma série de 50 metros na qual você conta as suas braçadas e marca o seu próprio tempo. Faça a soma do tempo com o número de braçadas. O total passa a ser a sua escala de eficiência. Reduza-a. Crie um RP (recorde pessoal) e varie a velocidade e a extensão da braçada, para ver até que ponto você consegue reduzir esse total de tempo e braçadas. Por exemplo: digamos que você nade 50 metros em 40 segundos com 45 braçadas; o total é 85. Nos 50 metros seguintes, você nada mais rápido e leva 35 segundos, usando 48 braçadas; o total é 83. Continue fazendo séries de 50 metros, variando a velocidade e o ritmo das braçadas para encontrar a combinação mais eficiente. À medida que a sua braçada melhorar, o seu RP diminuirá. Divirta-se.

Continua

Continuação

Recomendamos uma série de 6 × 50 metros mín/máx pelo menos uma vez por mês. Apenas contar as braçadas pode ser algo enganoso, uma vez que você pode obter uma contagem muito baixa e em virtude do deslizamento excessivo e atraso das braçadas. Desse modo, você acabará se tornando um nadador lento que utiliza menos braçadas.

É provável que a sua natação seja ineficiente ou, talvez, carente em alguns aspectos. Em geral, uma análise em vídeo pode mostrar em que áreas a sua técnica requer mais atenção. Se você tem uma puxada de braço reta, uma rodada extra de exercícios com um só braço e de punho pode ajudar. A maioria dos nadadores comete alguns erros muito comuns. Assistindo a esses erros por vídeo, você pode se concentrar nessas áreas, seja por meio de exercícios específicos ou de uma combinação de exercícios que lhe permita fazer as mudanças necessárias. Uma análise de acompanhamento por vídeo e o estabelecimento de novos RPs no exercício mín/máx são recursos úteis para mensurar o seu sucesso e garantir a eficácia da sua técnica. Uma filmagem por cima e por baixo d'água é a melhor maneira de visualizar todos os aspectos da técnica de um nadador; entretanto, a observação a partir da superfície pode revelar muito, desde que haja uma vista lateral que permita ao técnico visualizar a puxada de braço do nadador debaixo d'água.

Série principal

A série principal de exercícios na piscina é o que se pode considerar o verdadeiro "exercício" – geralmente criado para uma finalidade específica do treinamento. Ela é chamada de *série principal*, porque o treinamento de natação é realizado quase exclusivamente em intervalos. Na natação, o treinamento intervalado é aquele em que uma determinada distância é executado certo número de vezes em um intervalo específico de tempo. Por exemplo, se usarmos R para o número de vezes em que a distância é percorrida, D para a distância em cada nado e T para o intervalo de tempo, podemos expressar um conjunto de intervalos como R × D em T. Utilizando essa fórmula, 10 × 100 em 2:00 significa que a cada 2 minutos o atleta sai a partir da parede e nada 100 (jardas ou metros, dependendo da piscina), e que isso é feito 10 vezes. Se o atleta completar cada nado em 1:42, ele terá 18 segundos de descanso antes de iniciar o nado seguinte. É possível que alguns treinadores utilizem o treinamento intervalado no aquecimento, mas quase todos o utilizam para o trabalho de técnica.

Na série principal, o objetivo é a intensidade, não a técnica. Por essa razão, os exercícios, de certa forma, são elaborados em função da série principal e o treinamento intervalado passa a constituir a espinha dorsal de todo programa de treinamento de natação que visa ajudar os atletas a conhecer o seu ritmo e controlar a distância percorrida. Embora as combinações entre a distância do intervalo, o número de repetições e o tempo do intervalo sejam infinitas, os três tipos de principais séries encontrados no plano de treinamento semanal de um bom programa são os seguintes:

- intervalos curtos com séries de 25, 50 e 100 metros, para aumentar a velocidade;
- intervalos médios de 100, 200, 300 e 400 metros, para aumentar a velocidade e a resistência;
- intervalos longos de 500 metros ou mais, para aumentar a resistência ou um nado em linha reta, para que o nadador experimente distâncias de competição (neste caso, a série principal não caracteriza, tecnicamente, uma série, mas um nado longo realizado de uma vez).

Essencialmente, isso significa que se o treinamento tem por objetivo geral aumentar a velocidade, a série principal deve consistir em intervalos de curta distância para que se possa manter uma velocidade elevada. Se o objetivo geral é o aumentar a resistência, um conjunto de intervalos mais longos com um período de descanso relativamente curto seria o mais apropriado.

Em algumas situações, como no caso de nadadores iniciantes ou quando o principal objetivo é melhorar, de maneira significativa, a técnica do nadador, pelo menos uma sessão por semana da série principal deve consistir em exercícios de técnica, em vez dos diversos intervalos (curto, médio e longo) citados anteriormente. Essa sessão pode ser uma repetição dos exercícios realizados na parte de trabalho de técnica do treinamento, em que apenas um ou dois exercícios explorem um determinado aspecto da técnica a ser aperfeiçoado, ou, então, diferentes exercícios ou um subgrupo de exercícios destinados a trabalhar um aspecto específico da braçada do nadador. Por exemplo: digamos que um nadador precise melhorar a sua puxada debaixo d'água, especialmente a pegada. Nesse caso, a série principal pode consistir em 20 × 50 metros da seguinte maneira: 5 exercícios de punho, 5 exercícios de palmateio, 5 exercícios com um só braço e 5 exercícios de emparelhamento. Lembre-se: não basta fazer os exercícios – é fundamental executá-los corretamente. Na falta de um treinador, talvez você possa pedir a um salva-vidas ou a um amigo que grave a sua atuação, para que você possa avaliar se está executando a técnica corretamente.

Desaquecimento

O desaquecimento é o momento de reduzir lentamente o ritmo cardíaco e recuperar o fôlego e a boa técnica. Pode ser também uma boa ocasião para praticar outras braçadas além daquelas do nado livre, acrescentando várias séries de 50 metros de nado de peito e do de costas. Isso não apenas ajuda a resfriar o corpo como também aciona outros músculos, descansando aqueles utilizados durante o treino. O acréscimo de um ou dois exercícios ao desaquecimento ajuda a concluir cada sessão dos treinos de natação com a técnica ideal. Cuidado para não pular essa importante parte do treinamento, uma vez que ela contribui para o sucesso dos exercícios seguintes. Um treinamento bem-sucedido é realizado passo a passo, e cada exercício deve prepará-lo para o seguinte.

Prática de técnicas de mar aberto na piscina

Para nadadores com pouca ou nenhuma experiência prática de natação em mar aberto, os exercícios realizados na piscina para a prática das técnicas necessárias em mar aberto podem tornar as primeiras experiências de nado em mar aberto muito mais seguras e eficazes. Em vez das tradicionais séries principais realizadas em intervalos curtos, médios e longos, os exercícios a seguir podem ser utilizados quando o objetivo é ajudar o nadador a se preparar para competições em mar aberto.

Estas sugestões geralmente requerem um entendimento especial com a administração da piscina e a equipe técnica ou de salva-vidas, uma vez que envolvem o uso de mais de uma raia.

Observação

Uma habilidade fundamental para um nadador em mar aberto é ter senso de navegação, e, para isso, ele precisa observar sempre. Você pode pensar que nada em linha reta em uma piscina, mas, na verdade, você está, de forma inconsciente, corrigindo constantemente o seu curso ao seguir a linha demarcada no fundo da piscina e quando vê ou toca as linhas divisórias das raias. Em mar aberto, não existem essas linhas, raias e visibilidade; além disso, você precisa lidar com as correntes de vento ou maré, as quais podem deslocá-lo um pouco ou muito. Para manter a observação em mar aberto, aconselha-se que você mude para o nado de peito ou boie enquanto avalia para onde está se dirigindo, e faça os ajustes necessários. Embora resolvam, essas medidas reduzirão a sua velocidade, e, em uma natação congestionada, outros nadadores podem colidir com você. Por causa dessas duas desvantagens, não se deve olhar com muita frequência, o que significa que você possivelmente nadará fora do curso por mais tempo. Quanto mais sair do curso, maior a distância que você irá nadar, o que obviamente não é o ideal (você encontrará mais detalhes sobre observação no Capítulo 16). Eis algumas atividades que você pode realizar para praticar a observação em uma piscina:

- Execute 10 × 25 metros enquanto incorpora a observação à sua braçada. Você pode manter a observação dando algumas braçadas e olhando para uma boia ou algum outro objeto enquanto continua avançando com uma braçada de nado livre mais curta ou o nado de peito com a cabeça fora d'água. Em mar aberto, observe a cada três ou quatro braçadas. Seja paciente, uma vez que, em geral, são necessárias várias sessões para pegar o jeito. Iniciantes devem evitar usar essa técnica até que consigam nadar 500 metros sem pausa. Se o nadador estiver com dificuldade para respirar, o exercício só irá aumentar a ansiedade.

- Integre a observação a um nado livre eficiente. Como você pode imaginar, esse é o melhor método e, obviamente, o mais difícil de dominar. Dito isso, treinando um pouco na piscina, você poderá executá-lo com bastante competência. O segredo é levantar a cabeça apenas o necessário para manter os olhos fora d'água (não a ponto que lhe permita respirar). E, então, quando um de seus braços passar pela sua cabeça no movimento de recuperação, baixe a cabeça e gire para o lado para respirar, como você faria se não estivesse observando.

Desse modo, não há comprometimento da posição do corpo erguendo totalmente a cabeça para fora d'água, e ainda assim, é possível enxergar. Como essa técnica não o torna mais lento, você pode olhar a cada duas braçadas; mesmo que não veja o que precisa ver a cada vez, com essa frequência, você poderá nadar em uma linha bastante reta.

- Para praticar a observação e a ultrapassagem (ou a situação de ser ultrapassado), você pode fazer o nado cobra. Este exercício tem por objetivo permitir que um grupo grande nade continuamente em conjunto e desenvolva a prática de observar e ultrapassar (ou de ser ultrapassado por) outros nadadores. Isso requer o uso de diversas raias e, em geral, funciona melhor quando toda a piscina pode ser usada. Os nadadores formam uma fila em ordem decrescente do mais rápido para o mais lento e começam com intervalos de 5 a 10 segundos entre cada um. Os nadadores vão por um lado da raia, voltam pelo outro, e, então, passam para a raia adjacente e repetem o procedimento, "serpenteando" pela piscina. Se você tiver uma piscina com seis raias de 25 metros, cada sequência por toda a piscina é de 300 metros. Você pode praticar um nado de 30 minutos com o objetivo de conseguir fazer tantas voltas quanto possível. Ao terminar uma sequência de 300 metros, cada nadador sai e retorna ao outro lado da piscina para fazer outra sequência de 300 metros.

Vácuo

A melhor maneira de praticar inicialmente o vácuo é na piscina e, na verdade, faz parte de qualquer programa avançado pela necessidade de haver diversos nadadores em uma raia. O segredo deste exercício é nadar o mais próximo possível do nadador à sua frente sem tocar os pés dele com as mãos. Para conseguir isso, é possível que você tenha que alterar a sua braçada e fazer uma entrada mais ampla ou reduzir o ritmo para manter a posição correta. O vácuo funciona melhor quando o nadador à frente é cerca de 10% mais rápido do que você. Se ele for muito mais rápido, você entrará em regime anaeróbio para acompanhá-lo; se ele mantiver a mesma velocidade que você ou for mais lento, você não nadará tão rápido quanto pode. O conceito é muito semelhante ao do vácuo no ciclismo. No ciclismo, a economia de energia pode ser de 10% a 30%; na natação, está mais próxima de 5% a 15%, o que ainda é bastante significativo.

Embora o vácuo possa ser um grande bônus, despender muita energia tentando manter-se atrás da pessoa certa é imprudência. A melhor abordagem é fazer a sua própria competição, e, se acontecer de você notar um nadador com aproximadamente a mesma velocidade que você, ou, talvez, ligeiramente mais rápido, ou mais agressivo, você pode deslizar para trás dessa pessoa e praticar o vácuo por um tempo. Verifique sempre duas coisas: se ele está nadando em linha reta e se você não está tendo de se esforçar demais ou muito pouco para manter a sua posição. Nadar com várias pessoas em uma raia fazendo um trabalho em grupo é a melhor maneira de praticar o vácuo.

Partidas

Embora você possa praticar sozinho as partidas em água profunda e com a linha d'água na altura do peito em uma raia, mais eficaz ainda é se você remover uma ou algumas divisórias das raias e formar um grupo de seis ou mais nadadores, todos boiando bem próximos uns dos outros, antes que alguém dê o grito ou o apito de largada. Todos os nadadores competem de ponta a ponta da piscina. Este exercício deve ser finalizado na parte mais profunda. A partida com a linha d'água na altura do peito pode ser praticada também do lado raso da piscina. Esses exercícios dão aos nadadores a oportunidade de praticar as partidas enquanto boiam e em grupo, para que eles se acostumem às condições desse tipo de partida, como a movimentação dos braços, por exemplo.

Contornos de boias

Remova algumas divisórias das raias e coloque uma boia (pode ser uma boia salva-vidas amarrada a uma linha com peso) a cerca de 5 metros da parede. Os nadadores (de preferência, um grupo de seis ou mais) começam do outro lado da piscina e nadam em direção à boia, fazem o contorno em volta dela e retornam. Se for possível remover mais algumas divisórias das raias e reunir um grupo de nadadores, as partidas e os contornos de boia poderão ser praticados em intervalos. Trata-se de um exercício divertido, ideal para a iniciação tanto de atletas novatos quanto de experientes no nado em mar aberto. Uma das principais diferenças na técnica de braçada dos nadadores de mar aberto em competições congestionadas ou em condições adversas é que os movimentos de recuperação do ciclo de movimentação dos braços precisam ser mais altos e mais longos, para ajudar os nadadores a vencer as ondas e evitar serem atingidos pelos braços de outros nadadores. Essas técnicas de mar aberto praticadas na piscina ajudam os nadadores a perceber o valor de se trabalhar esse tipo de natação "defensiva".

Estratégias de treinamento de natação

Uma distinção importante entre a natação e os outros dois esportes do triatlo é que, em geral, a intensidade e a frequência do treinamento podem ser bem mais altas na natação do que nas outras modalidades, uma vez que a água oferece uma boa sustentação ao corpo e o risco de exagerar na intensidade ou na frequência não é nenhum problema. Isso é uma vantagem, uma vez que a natação geralmente pode ajudar o nadador a aprender novos padrões neuromusculares. Além disso, uma vez que a graduação da intensidade não é tão fundamental quanto no ciclismo e na corrida, o ritmo e o esforço percebido pelo nadador podem servir de base para definir a intensidade, e o nadador não precisa se preocupar em monitorar os aspectos físicos, como o ritmo cardíaco, que é difícil de determinar em tempo real durante a natação.

Ao elaborar um programa de natação para o treinamento do triatlo, as fases da temporada precisam ser levadas em conta antes de se definir a intensidade e a frequência a serem aplicadas. Seria necessário um livro inteiro para abordar todas as variáveis das diversas fases da temporada. Em geral, quanto mais cedo na temporada, menores devem ser o esforço e o tempo de descanso do atleta, para que ele possa se concentrar na tarefa de desenvolver sua resistência. À medida que a competição se aproxima, o esforço e o tempo de descanso devem aumentar, para melhorar a velocidade e o ritmo.

Veja como a intensidade e a frequência de uma série 10 × 100 metros variariam nas seis fases da referida temporada:

- *Fase de preparação*: o intervalo seria suficiente para um breve descanso e a intensidade seria definida como relativamente fácil. A série seria executada uma vez por semana.

- *Fase de base*: a série seria semelhante à da fase de preparação; porém, o objetivo seria executá-la mais de uma vez por semana e, talvez, até aumentar o volume (por exemplo, 12 × 100 metros).

- *Fase de desenvolvimento*: a série seria executada algumas vezes por semana com mais volume (por exemplo, 15 × 100 metros).

- *Pico/redução da carga de treinamento*: a série seria ajustada para um número menor de intervalos, como 1, 3 ou 5 × 100 metros, com alta intensidade, por um intervalo longo e com bastante tempo de recuperação.

- *Fase de competição*: a série seria executada uma vez por semana, com maior intensidade e tempo de descanso.

- *Fora da temporada*: a série fora da temporada pode tomar muitos rumos, dependendo dos objetivos do atleta (por exemplo, ela pode se transformar em uma série de técnicas; pode ser usada para trabalhar os outros estilos; pode retroceder às séries mais fáceis realizadas na fase de preparação para manter o nível de condicionamento físico). Vale observar, também, que a natação é uma das melhores atividades para o período fora da temporada, uma vez que a época é excelente para trabalhar a técnica, as propriedades da água são muito restauradoras para os músculos sobrecarregados pelos muitos quilômetros de ciclismo e corrida, e o risco de lesões por excesso de uso na natação (à exceção da tendinite de ombro, talvez, se a mecânica da braçada estiver incorreta) não é problema. Portanto, quanto mais natação, melhor!

Além disso, as séries de testes são úteis para manter os atletas no caminho certo e para servir de referência para a técnica, a velocidade e a resistência, a fim de garantir os efeitos desejados do treinamento. Um exemplo de uma boa série de testes é 10 × 100 metros em um ritmo-limite (muito intenso) com um intervalo que permita de 10 a 15 segundos entre cada série. Esse é um bom indicador de condicionamento físico porque, à medida que o atleta entra em forma, ele pode adotar um ritmo médio mais acelerado ou diminuir o intervalo. Caso não seja observada nenhuma melhora, significa que o treinamento precisa ser ajustado, podendo indicar, também, que o atleta está doente ou treinando em excesso, ou, ainda, que ele atingiu um patamar estável e precisa ter paciência. Isso faz parte da arte do treinamento e do esporte – ser capaz de distinguir o que as séries de testes e os resultados das competições realmente indicam, e, então, ajustar adequadamente o treinamento.

Outras boas séries de testes são as provas contrarrelógio para as principais distâncias: 100, 200, 500, 1.000, 1.500, 2.000 e 3.000 metros. Os RPs dessas distâncias devem ser registrados para que o nadador sério possa monitorar o seu progresso. Esses tempos (especialmente os mais longos, de 1.500 a 3.000) podem ser usados como um ritmo-limite para determinar os objetivos nas séries de intervalos. Por exemplo, se um atleta leva 45 minutos para realizar uma prova contrarrelógio de 3.000 metros, isso equivale a um ritmo de 1:30 por 100. Desse modo, seria possível prescrever uma série de 10 × 100 metros em 1:45 para esse atleta, com a meta de nadar cada repetição em 1:30 ou menos, deixando 15 segundos ou mais de descanso para cada uma. Esse ritmo pode ser usado como meta para intervalos menores. À medida que aumenta o ritmo da prova contrarrelógio, aumenta, também, o ritmo do treino.

Este capítulo abordou a importância de um plano de treinamento de natação bem elaborado para a piscina, não apenas com o intuito de preparar nadadores para a sua primeira experiência em mar aberto, mas, também, para mostrar aos experientes veteranos que é essencial trabalhar o aperfeiçoamento contínuo na natação. O ambiente controlado da piscina é ideal para a prática de exercícios de preparação de técnica e de mar aberto, além de permitir a quantificação correta das distâncias e dos tempos para fins de treinamento. Aqui, você encontrou explicações sobre onze dos exercícios mais populares e eficazes, que podem ser implementados no modelo de treinamento de quatro etapas. Algumas séries principais foram revisadas para ajudar o leitor a criar séries principais eficazes para diferentes épocas da temporada e para nadadores de diferentes níveis. Agora, o leitor já deve estar apto a criar um treinamento de natação eficaz para que nadadores de quaisquer níveis possam se preparar para participar de um triatlo.

Uma ressalva final: independentemente do desempenho do nadador na piscina ou do nível de simulação de nado em mar aberto que ele faça, é preciso realizar vários treinos em mar aberto como preparação para uma competição – especialmente os iniciantes –, para que a sua primeira experiência de nado em mar aberto não seja durante um evento real.

CAPÍTULO 6

Treinamento de ciclismo para triatlo

Joe Friel

Muitos triatletas experientes acreditam que a chave para um triatlo rápido é o condicionamento físico no ciclismo. Eles alegam que um alto grau de condicionamento para a parte de ciclismo numa competição permite que eles diminuam um pouco o ritmo, mas continuem indo rápido, iniciando a corrida com as pernas relativamente leves. Os atletas menos condicionados no ciclismo também podem terminar essa fase com um tempo rápido, mas sofrerão maior fadiga durante a corrida depois de terem disputado a prova de ciclismo com um percentual mais elevado de sua capacidade de condicionamento.

Para desenvolver tal condicionamento, os triatletas normalmente fazem cerca da metade de seu treinamento na bicicleta, e os seus treinos mais longos também nela. Resumindo, para ser rápido na prova de ciclismo, você deve primeiro ser rápido na bicicleta. O objetivo deste capítulo é mostrar como fazer isso.

Componentes do treinamento de ciclismo

Três componentes dos exercícios de treinamento são fundamentais para o condicionamento e o desempenho de todos os triatletas, independentemente do seu nível de experiência: duração, frequência e intensidade.

Duração

A duração das suas sessões de treinamento de ciclismo, ou dos seus exercícios, depende de vários fatores, entre os quais o mais básico é a distância da sua competição-alvo, o que significa que, quanto mais longa a competição, mais longo o treinamento. Além disso, a época da temporada determina a duração dos seus exercícios de treinamento, assunto abordado no Capítulo 1. No entanto, em geral, os exercícios rápidos ou de alta intensidade são mais curtos do que os treinos lentos e de baixa intensidade. Contudo, pensando em termos de números, o seu treino mais longo, independentemente da competição para a qual você esteja treinando, deve ser de, pelo menos, 90 minutos. Os triatletas de Ironman e meio Ironman costumam fazer treinos de bicicleta duas ou quatro vezes mais longos. Um treino longo como esse a cada semana geralmente é adequado para a maioria dos triatletas, considerando tudo mais que eles precisam acomodar em uma semana de treinamento juntamente com suas obrigações profissionais ou escolares, familiares e outros compromissos.

Frequência

Triatletas iniciantes normalmente fazem dois ou três treinos de bicicleta por semana. Atletas experientes de nível intermediário geralmente treinam três ou quatro vezes por semana. Atletas avançados e competitivos pedalam de quatro a seis vezes por semana. Para o melhor condicionamento possível no ciclismo, você deve treinar, no mínimo, três vezes por semana. Entretanto, quatro vezes por semana produzirão um condicionamento ainda melhor, mesmo que o volume semanal se mantenha inalterado. O interessante é que as pesquisas indicam que, com mais de quatro treinos por semana, o retorno sobre o tempo investido é reduzido. Em outras palavras, é possível que seu condicionamento aumente se você treinar cinco ou seis vezes por semana em vez de quatro, mas a taxa de melhora não chega nem perto daquela obtida com a mudança de três para quatro vezes. Os triatletas competitivos, no entanto, geralmente, buscam todo tipo de condicionamento possível, de modo que, embora o retorno seja pequeno com cinco ou mais vezes, eles veem a vantagem no nível de condicionamento que, de outra forma, eles não teriam. Naturalmente, há limites para a frequência dos treinos de ciclismo, em razão de conflitos com o estilo de vida e a capacidade de treinamento do atleta. Se você tem uma vida muito atarefada ou sente fadiga com facilidade, simplesmente não pode treinar tanto.

Intensidade

Para o triatleta novato, o segredo para melhorar está na duração dos exercícios de treinamento. Infelizmente, muitos atletas experientes nunca desistem dessa ideia e continuam acreditando que a melhora de seu desempenho tem mais relação com a distância ou o tempo de treinamento do que com qualquer outra coisa. As pesquisas nos mostram que, quando você adquire experiência e se torna mais avançado, a chave para o desempenho está na intensidade dos seus exercícios. Em outras palavras, percorrendo muitos quilômetros lentamente, você adquirirá uma boa forma no início do treinamento para o triatlo, mas, para se aproximar do seu potencial quando já é um triatleta experiente, o segredo está na intensidade.

Isso não significa que você deva fazer todos os seus exercícios de bicicleta no seu limite máximo de intensidade e de velocidade. Isso é contraproducente. A *intensidade*, nesse caso, está relacionada estritamente às demandas do evento para o qual você está treinando. Alta intensidade para uma competição com distância de *sprint* não tem nada a ver com o triatlo Ironman. O atleta avançado deve treinar cada vez mais na bicicleta com intensidade igual ou um pouco acima daquela planejada para a competição. Ou seja, à medida que a temporada avança, a intensidade do treinamento deve tornar-se gradativamente mais próxima à da competição propriamente dita.

Na fase de preparação, o treinamento não é semelhante à competição. Um triatleta de curta distância fará muito treinamento de bicicleta com uma intensidade bem menor que a da competição na ocasião. Um triatleta de longa distância pode fazer também exercícios com uma intensidade diferente daquela planejada para a competição. Pode haver intervalos rápidos no final da fase preparatória. Isso é diferente da intensidade esperada da competição em um evento de longo percurso. Entretanto, nas doze últimas semanas antes da competição, a intensidade dos treinos de ciclismo para os triatletas tanto de curta quanto de longa distância se aproximará daquela planejada para a competição. Isso significa que os exercícios do atleta de curta distância se tornarão mais rápidos em relação ao final do período de base, ao passo que o triatleta de longa distância fará uma quantidade maior de exercícios mais longos em um ritmo mais moderado. Perceba, porém, que, à medida que você se aproxima do dia da competição, serão feitos apenas um ou dois exercícios de bicicleta por semana com intensidade semelhante à da competição, e os demais serão para fins de recuperação e manutenção (ver mais detalhes adiante neste capítulo).

A velocidade, ou o ritmo, é uma boa medida da intensidade para a corrida, mas não funciona para o ciclismo, para o qual o vento, mesmo um vento leve, desempenha um papel importante na velocidade que você pode atingir. Se estiver treinando com uma brisa, ainda que fazendo esforço, a sua velocidade será baixa. Entretanto, se você pegar um pouco de vento de cauda, a sua velocidade será bastante alta, embora o seu esforço possa ser muito baixo. A taxa de esforço percebido (RPE, na sigla em inglês), a frequência cardíaca e a potência constituem melhores indicadores de intensidade no ciclismo.

A RPE provavelmente é o mais fácil de usar e entender – e, certamente, o mais barato. Utilizando uma escala de 1 a 10, avalie, de modo subjetivo, o seu nível de esforço na bicicleta, em que 1 significa extremamente fácil, e 10, extremamente difícil (*vide* escala de RPE no Quadro 9.2 da página 148). Com algumas semanas de experiência, você poderá alcançar um bom desempenho. A desvantagem é que, baseando-se apenas na RPE, não há como saber se o seu condicionamento está melhorando.

O treinamento baseado na frequência cardíaca é muito comum na corrida e funciona igualmente bem no ciclismo. Basta estabelecer zonas baseadas no limiar funcional da frequência cardíaca (FTHR, na sigla em inglês). Para descobrir o seu FTHR, aqueça-se e treine durante 30 minutos da forma mais intensa possível – como se fosse uma competição. A sua frequência cardíaca média nos últimos 20 desses 30 minutos é um indicador razoavelmente eficaz do seu FTHR. Tudo o que você tem de fazer agora para obter as suas zonas de frequência cardíaca no ciclismo é um pouco de matemática, utilizando a Tabela 6.1. Pegue o FTHR que você acaba de encontrar e multiplique-o pelo percentual indicado na Tabela (por exemplo, para a zona 2, você deve multiplicar o seu FTHR por 0,81 para determinar a sua frequência cardíaca para o limite inferior da zona, e por 0,89, para o limite superior). Pode adotar o mesmo procedimento para toda a Tabela, a fim de determinar as seis zonas de frequência cardíaca.

A desvantagem desse treinamento é que, sem um parâmetro de comparação para a sua frequência cardíaca, você continuará sem saber se o condicionamento está melhorando. A frequência cardíaca por si só nada significa em termos de condicionamento – ou da velocidade que você pode atingir em uma competição. Ela indica apenas o seu nível de esforço. Mesmo pessoas que estão com um condicionamento muito baixo apresentam uma frequência cardíaca elevada quando estão pedalando. Contudo, elas não são rápidas. Portanto, com o que você pode comparar a frequência cardíaca para saber se está progredindo? A resposta é: a potência.

Embora os medidores de potência sejam caros, pelo menos quando comparados aos monitores de frequência cardíaca, eles fornecem o que falta nas informações fornecidas pela RPE e pela frequência cardíaca. Essas medidas de intensidade indicam o nível de esforço exercido durante um treino de bicicleta. Um medidor de potência lhe fornece o nível de rendimento – o que você está produzindo de acordo com determinada RPE ou frequência cardíaca. Conhecendo essas duas variáveis, você terá todas as informações necessárias para avaliar as suas mudanças de condicionamento.

Tabela 6.1 – Percentuais de FTHR e zonas de frequência cardíaca para o treinamento de ciclismo

% do FTHR	Zona de frequência cardíaca
< 81%	Zona 1
81%-89%	Zona 2
90%-93%	Zona 3
94%-102%	Zona 4
103%-106%	Zona 5
> 106%	Zona 6

Os medidores de potência não são mais complexos ou misteriosos do que os monitores de frequência cardíaca. Para usar um medidor de potência, você define as zonas de modo semelhante ao que você faz para a frequência cardíaca, mas utilizando o limite funcional de potência (FTP, na sigla em inglês). Assim como a frequência cardíaca, o FTP é a potência média mais elevada que você consegue manter durante um teste de 30 minutos na bicicleta. Treine com a maior intensidade e velocidade possíveis durante 30 minutos e, depois, verifique qual foi a sua potência média durante todo o período. Utilizando uma escala semelhante à da frequência cardíaca, você pode definir suas zonas de potência com o sistema do Dr. Andrew Coggan. Pode usar o FTHR que acabou de determinar e utilizar esse valor para calcular as suas zonas de potência com os percentuais indicados na Tabela 6.2. Por exemplo, para calcular a sua zona de potência 1, multiplique o seu FTHR por 0,55. A zona de potência 1 é tudo o que estiver abaixo desse valor. Para calcular a zona de potência 2, multiplique o seu FTHR por 0,55 para o limite inferior, e por 0,74, para o limite superior da zona. Você pode adotar o mesmo procedimento para todas as zonas indicadas na tabela. A seção sobre exercícios de bicicleta contida neste capítulo descreve os detalhes de utilização dessas zonas para avaliar a intensidade dos seus exercícios.

Tabela 6.2 – Percentuais de FTP e zonas de potência para o treinamento de ciclismo

% do FTP	Zona de potência
< 55%	Zona 1
55%-74%	Zona 2
75%-89%	Zona 3
90%-104%	Zona 4
105%-120%	Zona 5
> 120%	Zona 6

Fonte: adaptada, com permissão, de H. Allen e A.Coggan, 2010, *Training and racing with a power meter*, 2. ed. (Boulder, CO: VeloPress), p. 48.

Volume

Quando a duração e a frequência do exercício são combinadas, o resultado é algo chamado *volume*. Isso significa quantas horas ou quantos quilômetros você faz em um determinado período de tempo, como uma semana, por exemplo.

Portanto, qual deveria ser o seu volume de treinamento de ciclismo ao se preparar para uma competição? Se treinar demais, há o risco de *overtraining*; se treinar de menos, você não alcançará o seu nível máximo de condicionamento físico. O objetivo é alcançar o volume certo de treinamento de ciclismo, e existem algumas diretrizes que você pode seguir.

A primeira já foi mencionada: cerca da metade do seu tempo total de treinamento a cada semana deve ser dedicada à bicicleta. Isso, no entanto, pode variar um pouco. Na fase inicial de preparação, você pode treinar menos na bicicleta para dedicar mais tempo à natação e à corrida, especialmente, se um deles for um fator limitador para você. E, no inverno, quando é comum o treinamento da fase inicial de preparação, os dias são curtos e o clima pode ser um desafio para andar de bicicleta. Nessa época do ano, o tempo dos treinos de ciclismo pode ser bem menor do que a metade do seu volume. No entanto, no verão, você pode fazer mais da metade do seu treinamento na bicicleta.

O volume de treinamento do ciclismo está relacionado, também, ao evento para o qual você está treinando. Em média, durante a temporada, os tempos mínimos de treinamento semanal na bicicleta variam de, aproximadamente, 3 a 5 horas, dependendo da distância da competição. Os triatletas de distância olímpica e *sprint*, em geral, treinam um mínimo de 3 horas, ao passo que os triatletas de longa distância fazem um mínimo de 5 horas por semana. O volume máximo é ainda mais variável, normalmente, com duração de 6 a 15 horas semanais. Para o triatleta experiente, a chave para o sucesso não está tanto no tempo dedicado à bicicleta, mas no que é feito nesse tempo. Em outras palavras, a intensidade é o fator determinante real do sucesso depois de algum tempo de prática do esporte.

Especificidade

Durante a temporada, à medida que o seu treinamento progride da fase de preparação para a fase de competição, o seu treinamento de ciclismo segue o princípio da especificidade, o que significa que a duração e a intensidade dos treinos devem se aproximar mais do que você espera fazer na competição. Para o triatleta iniciante, o maior problema é a duração. Para o triatleta experiente, é a intensidade.

Treinar para um triatlo de *sprint* é completamente diferente de treinar para uma competição de longa distância. Estar condicionado e preparado para uma distância não significa que você esteja igualmente preparado para a outra. Quanto menor a distância da competição, maior deve ser a intensidade do seu treinamento; quanto mais longa a competição, menor deve ser a intensidade, mas mais longos serão os exercícios de bicicleta. Embora os triatletas de longa distância possam treinar durante longas horas e de modo constante em diversos níveis de intensidade na fase de preparação, de muito baixo a muito alto, na fase de competição, esses treinos longos e constantes são realizados com intensidade igual ou um pouco acima da intensidade de competição. Essas sessões podem até incluir intervalos (por exemplo, de três a seis intervalos de 20 minutos, com intensidade igual ou ligeiramente acima da intensidade de competição e com recuperações de 5 minutos). Depois de uma fase preparatória em que desenvolvem o condicionamento aeróbio basicamente em longos treinos, os triatletas experientes de distâncias olímpicas e de *sprint* normalmente fazem exercícios intervalados de ciclismo todas as semanas na fase de preparação. Esses intervalos são realizados com intensidade igual ou ligeiramente acima da intensidade de competição, por exemplo, de três a cinco intervalos de exercícios de 6 minutos cada um, com intensidade de competição e intervalos de recuperação de 90 segundos com giro suave. Nesse caso, também, a ideia básica do treinamento é de que os seus exercícios de bicicleta devem se assemelhar cada vez mais àqueles que você pretende fazer na competição à medida que ela se aproxima.

Recuperação

É evidente que também é possível haver treinamento excessivo no ciclismo. Treinando demais, você sofrerá fadiga excessiva e frequente, e a qualidade do treinamento cairá. A ideia é treinar de forma cada vez mais intensa – o chamado *overreaching* – evitando, ao mesmo tempo, o *overtraining*. O *overtraining* é o *overreaching* levado ao extremo. A diferença entre ambos é a moderação nos treinos e o descanso adequado no momento certo. Vejamos como você pode fazer isso.

O treinamento de ciclismo, como nas outras duas modalidades, consiste tanto em exercícios vigorosos (alta intensidade, longa duração ou ambos) quanto em exercícios fáceis (baixa intensidade, curta duração ou ambos). A maioria dos triatletas avançados faz de 3 a 6 sessões de exercícios por semana em cada um dos três esportes. Como eles cumprem um total de 9 a 18 sessões em uma semana, é óbvio que a maioria deve ser fácil. É verdade que os triatletas iniciantes e intermediários fazem menos exercícios, mas com uma mescla de sessões fáceis e difíceis.

Então, por que fazer exercícios fáceis? Por que não, simplesmente, tirar o dia de folga? Na verdade, essa é a melhor opção para os novatos, mas os triatletas experientes parecem recuperar-se mais rapidamente quando fazem exercícios leves. Um exercício leve de ciclismo ou natação é uma ótima maneira de manter o sangue circulando para remover os resíduos de um exercício anterior. A corrida, no entanto, em geral, não é usada para acelerar a recuperação por ser um pouco desgastante para as pernas. Uma pedalada leve na bicicleta também é uma boa maneira de consolidar ainda mais as habilidades do triatleta no pedal, o que aumenta a economia no ciclismo. À medida que o atleta se torna mais econômico, o condicionamento e a velocidade na competição aumentam do mesmo modo que se a capacidade aeróbia ($\dot{V}O_2$máx) aumentasse.

Quando a carga de treinamento (volume ou intensidade) é alta, a fadiga se acumula. Se você não se livrar sempre dessa fadiga, a qualidade do seu exercício cai, e você pode acabar ficando desgastado. Para evitar isso, é uma boa ideia tirar periodicamente vários dias consecutivos de recuperação. Os triatletas mais velhos e os que são novos no esporte geralmente devem se recuperar por alguns dias depois de cerca de duas semanas de treinamento puxado. Os atletas mais jovens e experientes podem protelar a recuperação para depois de 3 semanas de treinamento intenso. Entretanto, na dúvida, se você precisar se recuperar com certa frequência, opte por descansar a cada três semanas.

Esse período de recuperação dura de 3 a 5 dias, dependendo do grau de fadiga acumulado. Durante o período de recuperação, os exercícios são curtos e de baixa intensidade – compreendidos basicamente na zona 1. Ao final dessa interrupção nos treinos intensos, você deve se sentir renovado e ávido por voltar a treinar intensamente. Use essa sensação como orientação para determinar o tempo de intervalo para recuperação.

Exercícios de treinamento de ciclismo

Após entender a filosofia geral do treinamento em termos de duração, frequência, intensidade, volume, especificidade e recuperação, como escrito anteriormente, o passo seguinte é o que fazer na hora de pedalar: os exercícios.

Para decidir o quanto se exercitar a cada dia, convém ter uma maneira de classificar as sessões de treinamento de acordo com o objetivo. Para o ciclismo, eu relacionei cinco tipos de exercícios específicos para triatlo baseados na capacidade física que você deseja melhorar: resistência aeróbia, força muscular, habilidades de velocidade, resistência muscular e resistência anaeróbia. O Quadro 6.1 contém um resumo desses cinco exercícios e dos requisitos de cada um (uma seção mais adiante, sobre os períodos da temporada, descreve de forma mais detalhada como os exercícios podem ser organizados ao longo de uma semana de treinamento).

Quadro 6.1 – Exercícios específicos para ciclismo de triatlo e respectivos requisitos

Tipo de exercício de ciclismo	Requisitos do exercício
Resistência aeróbia (RA)	1 a 4 h constantes com RPE de nível 4 ou frequência cardíaca ou zona de potência de nível 2
Força muscular (FM)	Pesos, repetições de força, treinos em terreno montanhoso
Habilidades de velocidade (HV)	Exercícios: pedalada com uma perna, acelerações, pedalada com a parte de cima do pé, pedalada relaxada de alta cadência
Resistência muscular (RM)	2 × 20 min na zona 3 com recuperações de 5 min, 3-5 × 6 min na zona 4 com recuperações de 90 s, 20 min na zona 4
Resistência anaeróbia (RAn)	5 × 3 min na zona 5 com recuperações de 3 min (de preferência, com medidor de potência)

Exercícios de resistência aeróbia

O exercício de resistência aeróbia (RA) tem por objetivo criar um sistema cardiorrespiratório sólido melhorando a função do coração, dos pulmões, do sangue e dos vasos sanguíneos. Esse é o tipo mais importante de exercício para o triatleta, uma vez que os triatlos de todas as distâncias são eventos de duração relativamente longa, que exigem uma excelente resistência aeróbia. Se você não tiver uma sólida plataforma de RA, as demais habilidades de nada adiantarão. A RA é o exercício mais básico e importante para triatletas, de novatos a atletas de elite.

Um exercício de RA consiste em um treino de bicicleta de longa duração e intensidade moderada. A duração do exercício depende do evento para o qual você esteja treinando. Um triatleta em treinamento para uma competição de longa distância faz exercícios muito mais longos do que aquele que está treinando para um triatlo de distância de *sprint*. Intensidade moderada significa frequência cardíaca ou potência da zona 2 ou uma RPE de, aproximadamente, 4. Portanto, em uma sessão de RA, você precisa essencialmente treinar com constância por um longo tempo. É o mais simples de todos os exercícios de ciclismo, porém, o mais fundamental para o sucesso no triatlo.

Os exercícios de RA constituem o objetivo básico da fase de preparação. Você deve fazer muitas dessas sessões deles nesse período. Na fase de competição, no pleno desenvolvimento da RA, esses exercícios assumem uma importância secundária, já que você mantém a capacidade com exercícios de RA menos frequentes. Isso lhe dá tempo para trabalhar as habilidades mais avançadas e específicas para a competição – a resistência muscular e a resistência anaeróbia.

Exercícios de força muscular

Força muscular é a capacidade de superar a resistência. Ao andar de bicicleta, você enfrenta dois tipos de resistência: a do vento e a da gravidade. A resistência do vento está relacionada ao arrasto aerodinâmico. Por mais aerodinâmica que seja a sua posição na bicicleta, o arrasto sempre será o obstáculo mais significativo à velocidade em um percurso plano. Já a gravidade substitui o arrasto como principal obstáculo na subida de uma colina. Nesse contexto, o objetivo de um exercício de força muscular (FM) é desenvolver um sistema muscular de força máxima para superar esses dois obstáculos.

Se os seus músculos não estiverem suficientemente fortes, você nunca conseguirá alcançar uma velocidade muito elevada em uma competição. São os músculos que empurram os pedais para baixo. Obviamente, é possível também pecar pelo excesso de músculos. Não é necessário ter os músculos de um fisiculturista ou de um halterofilista. Um corpo assim é grande demais e seria uma enorme desvantagem em um percurso montanhoso. Como triatleta, você precisa de músculos fortes, mas não volumosos.

Existem duas maneiras gerais de desenvolver força muscular. Uma é levantando pesos em uma academia para desenvolver os movimentadores primários na bicicleta. Isso inclui principalmente exercícios de extensão de quadris, joelhos e tornozelos, como agachamento, *leg press* e degrau (*step-ups*), levantamento terra e afundo. Outra forma de desenvolver a força muscular é fazendo exercícios de força na bicicleta, por exemplo, intervalos bem curtos executados em marcha alta com elevado nível de esforço e longos períodos de recuperação. Esses trabalhos são chamados "repetições de força": três séries de 3 × 12 pedaladas em esforço máximo, feitas em marcha alta com 3 minutos entre as repetições e de 5 a 10 minutos entre séries. Para fazer isso, aqueça-se primeiro e, depois, mude para uma marcha alta (como 53 × 14); diminua até quase parar, permaneça sentado, e então empurre os pedais para baixo 12 vezes com esforço máximo. O seu monitor de frequência cardíaca não serve para esse trabalho, mas um medidor de potência é perfeito para medir a sua saída de potência (e, consequentemente, de força). Caso você não tenha um medidor de potência, oriente-se por RPE10 a cada repetição. Pedale suavemente para se recuperar por cerca de 3 minutos após cada repetição dentro de uma série. Entre as séries, recupere-se com uma pedalada leve de, 5 a 10 minutos. Depois de algumas dessas sessões, você irá notar que está se tornando mensuravelmente mais forte na bicicleta.

Uma ressalva: esse é um trabalho de alto retorno, o que o torna de alto risco. Sempre que um exercício tem um grande retorno em termos de melhoria de condicionamento, existe o risco de lesões. A lesão mais provável é a dos joelhos. Para reduzir a possibilidade de ser vítima de uma lesão de final de temporada, seja conservador com as repetições de força. Faça esse exercício apenas uma vez por semana na fase de preparação. Na primeira vez que o fizer, comece com apenas uma série de três repetições. Nas primeiras duas repetições, o esforço deve consistir em uma RPE de níveis 6 e 8 enquanto você testa os joelhos e aprende a fazer o exercício. Faça apenas a terceira repetição com um esforço máximo com RPE de 10. Supondo-se que a primeira sessão tenha transcorrido bem e que não haja sensibilidade nos joelhos durante ou após o exercício, na próxima vez em que você fizer o exercício, execute as três séries com RPE10. Nas semanas seguintes, você poderá acrescentar repetições e séries complementares, desde que não tenha havido problemas. Além disso, se você tem tendência a lesões nos joelhos, aconselha-se que não faça repetições de força. Nesse caso, no entanto, você pode ser capaz de fazer percursos montanhosos, fazendo as subidas com uma intensidade um pouco acima do normal, a fim de sobrecarregar os seus músculos de ciclismo.

Assim como com a RA, os exercícios de FM são um objetivo básico na fase de preparação, com esse tipo de exercício específico para ciclismo todas as semanas (em geral, o treinamento de força na academia é feito duas vezes por semana durante a fase de preparação). Na fase de competição, mantém-se a FM fazendo esses exercícios com menos frequência. Mais adiante, este capítulo abordará a questão da manutenção da capacidade básica.

Exercícios de habilidades de velocidade

Há muitas habilidades a se desenvolver para tornar-se um melhor ciclista, e essa é a intenção do exercício de habilidades de velocidade (HV), que incluem as habilidades de subir e descer colinas e fazer curvas. A habilidade mais crítica, porém, para o seu sucesso como triatleta, é a de pedalar.

Pedalar uma bicicleta parece algo óbvio. Afinal, os seus calçados estão presos aos pedais, e estes estão conectados a manivelas que, por sua vez, estão fixadas à parte inferior da estrutura da bicicleta. As pernas e os pés não têm escolha a não ser de fazer movimentos circulares. Entretanto, alguns corredores pedalam com mais suavidade do que outros, gastando menos energia. São os chamados *spinners* (ciclistas que fazem o movimento da pedalada de forma mais suave). Os que são menos eficientes são com frequência chamados de *mashers* (ciclistas que empurram os pedais de modo brusco). A diferença entre eles é que os *spinners* aplicam um certo grau de força produtiva (ou, pelo menos, nenhuma força negativa) aos pedais durante todo o ciclo; os *mashers* apenas empurram os pedais para baixo e, fora isso, mantêm os pés apoiados nos pedais no restante da pedalada. Isso exige que a perna que está pedalando para baixo erga o peso da outra perna, que está apoiada. Trata-se de uma tática muito ineficiente, que desperdiça uma grande quantidade de energia que poderia ser utilizada para gerar potência efetiva.

A chave para tornar-se um *spinner* é aprender a remover o peso do pedal durante a fase de recuperação da pedalada, da posição 6 horas para a posição 12 horas, e aplicar uma ligeira tensão à corrente nas posições mais alta e mais baixa. Você pode aprender a fazer ambas as coisas com a prática de exercícios na fase preparatória, enquanto está desenvolvendo o condicionamento físico. Os exercícios de HV podem ser realizados a qualquer momento e como uma parte de qualquer treino, como no aquecimento. Eles constituem uma parte importante do treinamento no período de base para triatletas de todas as capacidades. Veja a seguir alguns exercícios de pedalada eficazes para muitos triatletas.

Exercício de treinamento com a perna isolada

Este é o exercício mais essencial de pedalada, aquele que você deveria praticar muito nas primeiras semanas da fase de preparação. Ele é mais bem executado em treinamentos realizados em ambiente fechado. Solte um pé, deixe-o apoiado sobre uma cadeira próxima à bicicleta e pedale com uma só perna. Com a bicicleta em uma marcha baixa (leve), gire os pedais em uma cadência confortável. A primeira coisa que você irá notar é que é difícil passar pela posição mais alta da pedalada – a posição 12 horas. Procure suavizar essa transição. Inicialmente, é possível que você aguente apenas alguns segundos antes que os flexores dos quadris sofram fadiga. Quando isso acontecer, mude para a outra perna. Quando essa perna estiver fadigada, prenda os dois pés e pedale por alguns minutos, aplicando o que você aprendeu ao pedalar com uma só perna. Repita o exercício diversas vezes durante o restante do treino.

Exercício de pedalada com a parte de cima do pé

Este é um exercício que se concentra nos pés. Pedale a bicicleta com a parte superior do pé em constante e firme contato com o lado de dentro da parte de cima do calçado. Procure não empurrar o pedal para baixo. A pedalada, na verdade, é feita somente com o movimento ascendente. Não aplique força excessiva para cima. Execute o movimento da pedalada com leveza e suavidade. Faça isso diversas vezes ao longo da sessão durante alguns minutos por vez.

Exercício de aceleração

Durante o percurso, mude para uma marcha baixa (leve), aumentando gradativamente a sua cadência até atingir um ponto em que você comece a quicar no selim, antes de retornar à cadência normal. Cada aceleração deve levar cerca de 30 segundos. O quique acontece porque você alcança sua cadência alta ideal e vai um pouco além dela. Você quica porque o seu pé continua fazendo força para baixo no estágio mais baixo da pedalada (posição 6 horas). E, como a manivela do pedal não pode descer mais, quando você empurra, os seus glúteos saem do selim. O exercício é mais bem executado com um medidor de cadência no pedal, de modo que você saiba qual é a sua cadência máxima. O objetivo é aumentar a sua cadência máxima ideal aprendendo a fazer uma transição suave no estágio mais baixo da pedalada. Repita esse procedimento com frequência durante todo o exercício.

Exercícios de resistência muscular

Para o triatleta experiente, independentemente da distância da competição, a resistência muscular (RM) é a capacidade de treinamento que determina o alto desempenho. Os exercícios de RM simulam com muita precisão as demandas do triatlo, envolvendo intervalos relativamente longos com curtos períodos de recuperação ou esforços longos e constantes. A intensidade é o limite de lactato (anaeróbio) ou ligeiramente abaixo. Isso corresponde às zonas 3 e 4 de frequência cardiaca ou de potência, ou a uma RPE de 6 a 8. Veja, a seguir, alguns exemplos desses exercícios:

- de 2 a 6 × 20 minutos na zona 3, com recuperações de 5 minutos;
- de 3 a 5 × 6 minutos na zona 4, com recuperações de 90 segundos;
- 40 minutos com constância na zona 3;
- 20 minutos com constância na zona 4.

Os intervalos de RM na zona 3 são comuns na fase inicial de preparação para todas as distâncias de competição. Na fase de competição, os intervalos e os treinos com constância da zona 3 constituem um exercício padrão para triatletas de longa distância. Os intervalos e os estados constantes de RM na zona 4 são mais bem-feitos na última parte da fase de preparação e continuam na fase de competição para competidores de distâncias olímpicas e de *sprint*. Um desses exercícios de ciclismo realizado semanalmente durante várias semanas aumentará a resistência muscular, preparando o atleta para um nível de intensidade de competição.

Exercício de resistência anaeróbia

O exercício de resistência anaeróbia (RAn) é o tipo mais desafiador de exercício, sendo voltado apenas para triatletas experientes. Embora o retorno seja potencialmente alto ao se fazer exercício de RAn, o risco também é alto. O exercício de RAn aumenta a capacidade aeróbia ($\dot{V}O_2$máx), eleva o limite de lactato (anaeróbio) e melhora a economia do movimento de pedalada. É um exercício padrão para o triatleta de alto desempenho no período de desenvolvimento. Ele deve ser realizado apenas uma vez por semana durante esse período do treinamento. Seis a oito sessões, realizadas durante 8 a 10 semanas, têm o potencial de elevar o desempenho. O lado negativo são as lesões, as doenças, o desgaste mental e o *overtraining*. Você deve ser cauteloso com os intervalos de RAn.

O exercício de RAn é simples: 5 × 3 minutos na zona 5, com recuperações de 3 minutos. Aqueça-se bem antes de iniciar essa seção: aumente gradativamente a intensidade para a zona 3 e inclua algumas acelerações breves e potentes. Os intervalos de RAn podem ser feitos em terreno plano ou montanhoso. Eles funcionam igualmente bem em ambiente fechado, o que elimina condições de perigo como tráfego, semáforos, buracos e cachorros. Os intervalos de RAn devem ser feitos na zona 5, para que se obtenham os resultados desejados. Um medidor de potência ou mesmo uma escala subjetiva de RPE é preferível a um monitor de frequência cardíaca para essa sessão. Esses intervalos são tão breves que a frequência cardíaca ainda estará aumentando ao final de cada intervalo, e é bem provável que não atinja a zona 5. Isso geralmente faz os atletas forçarem demais na primeira parte do intervalo, na tentativa de fazer a frequência cardíaca aumentar com mais rapidez. Isso, certamente, torna o exercício muito puxado, aumenta o risco de algum tipo de colapso e prolonga a recuperação.

Estratégias de treinamento de ciclismo

A maioria dos triatletas treina usando um sistema chamado periodização, como você aprendeu no Capítulo 1, no qual a temporada é dividida em fases, ou blocos de semanas, em que cada um tem um objetivo de treinamento específico. Essas fases são chamadas de macrociclos, mesociclos e microciclos. O macrociclo é o segmento geral de treinamento que visa a uma meta específica. Os mesociclos segmentam o macrociclo geral em blocos menores de tempo, em geral, a fase de preparação (que inclui duas subfases, a preparação geral e a preparação específica), a fase de competição (dividido em duas subfases, pré-competição e competição) e a fase de transição, na qual o atleta descansa e se recupera entre os ciclos de treinamento.

O objetivo da periodização é atingir um alto grau de condicionamento físico e um nível máximo de preparo para as suas competições mais importantes. A tônica subjacente desse método de treinamento é que os exercícios se tornem cada vez mais semelhantes à competição específica para a qual você está treinando à medida que ela se aproxima. Portanto, na fase de preparação, é possível que você faça exercícios que não se pareçam com a competição, como pedalar longas distâncias com esforço e velocidade moderados, fazer exercícios que melhorem as suas habilidades de pedalada ou, até mesmo, levantar pesos. Normalmente, essas práticas não fazem parte de um triatlo. Na fase de competição, os exercícios passam a ter duração e intensidade cada vez mais semelhantes às da competição. No período de pré-competição, você reduz o seu volume de treinamento ao mesmo tempo que faz simulações de minicompetição. E, como o nome sugere, o período de competição abrange os últimos dias que antecedem a sua competição, incluindo a competição propriamente dita. O Quadro 6.2 resume esses períodos, mostra a duração normal de cada período e relaciona as habilidades a serem treinadas em cada período.

As seções a seguir descrevem em detalhes os exercícios de ciclismo para cada período da temporada e outras atividades pertinentes a cada período.

Quadro 6.2 – Fases e objetivos do treinamento de ciclismo

Fase de treinamento (mesociclo)		Duração (semanas)	Habilidade de ciclismo a treinar ou objetivo do treinamento
Preparação	*Preparação geral (preparação e de base)*	12 a 20	Habilidades de velocidade, resistência aeróbia, força muscular, resistência muscular
	Preparação específica (desenvolvimento)	4 a 12	Resistência muscular, resistência anaeróbia (manter RA, FM, HV)
Competição	*Pré-competição (pico ou redução)*	3 a 8	Resistência muscular, resistência anaeróbia
	Competição (corrida)	1 a 3	Recuperação, manter RM e RAn
Transição (fora da temporada)		De alguns dias a 6 semanas	Renovação

Treinamento de ciclismo na fase de preparação

O objetivo da fase de preparação é preparar-se tanto física quanto mentalmente para o período de base e retornar ao treinamento sério. Você deve ter acabado de concluir o período de transição da temporada anterior, com uma interrupção no treinamento sério de, aproximadamente, 1 a 6 semanas. Durante essa interrupção, é provável que você tenha se mantido razoavelmente ativo, mas com ênfase na recuperação para permitir que pequenas lesões se curassem enquanto recarregava as baterias. Era mais "brincadeira" do que "treinamento". Agora, na fase de preparação, é hora de retomar o treinamento.

Para o ciclismo, serão realizados três tipos de trabalhos na fase de preparação. Em ordem de importância, são eles: habilidades de velocidade, resistência aeróbia e força muscular (todos descritos anteriormente na seção *Exercícios de treinamento de ciclismo*). O Quadro 6.3 ilustra uma semana típica de exercícios de ciclismo na fase preparatória de treinamento.

Quadro 6.3 – Exemplo de semana de treinamento de ciclismo na fase de preparação

Dia	Objetivo do exercício de ciclismo
Dia 1	Dia de folga do ciclismo ou treino de recuperação ou força muscular
Dia 2	Habilidades de velocidade
Dia 3	Dia de folga do ciclismo ou treino de recuperação
Dia 4	Dia de folga do ciclismo ou força muscular
Dia 5	Dia de folga do ciclismo ou treino de recuperação
Dia 6	Dia de folga do ciclismo ou treino de recuperação
Dia 7	Resistência aeróbia

Treinamento de ciclismo no período de base

O treinamento de ciclismo no inverno ao norte de uma latitude aproximada de 40 graus é um grande desafio em razão do clima inclemente e aos dias curtos. O esqui de fundo, as caminhadas com sapatos de neve e outros esportes comuns de inverno são uma alternativa durante a fase de preparação e nas primeiras semanas do período de base, contudo, à medida que a competição se aproxima, mais semelhantes a ela os exercícios devem ser. O esqui e outros esportes de inverno não são o mesmo que andar de bicicleta. Se você não puder pegar a estrada no final do período de base, então, a única alternativa é um treino em ambiente fechado. Trata-se simplesmente de uma necessidade.

Na fase de base, os exercícios de ciclismo têm como foco a resistência, a força e as habilidades de velocidade. É fundamental desenvolver a resistência e a força durante essa fase, uma vez que você irá usar essa base de condicionamento para começar os exercícios mais desafiadores da fase de desenvolvimento. O Quadro 6.4 ilustra uma semana típica de exercícios de ciclismo no período de base de treinamento.

Quadro 6.4 – Exemplo de semana de treinamento de ciclismo no período de base

Dia	Objetivo do exercício de ciclismo
Dia 1	Dia de folga do ciclismo ou treino de recuperação ou força muscular
Dia 2	Habilidades de velocidade e resistência muscular
Dia 3	Dia de folga do ciclismo ou treino de recuperação
Dia 4	Força muscular
Dia 5	Dia de folga do ciclismo ou treino de recuperação
Dia 6	Dia de folga do ciclismo ou treino de recuperação
Dia 7	Resistência aeróbia (longa duração)

Treinamento de ciclismo no período de desenvolvimento

É nesse período que o treinamento deve se concentrar estritamente para o desempenho na competição. Para que os seus exercícios se assemelhem cada vez mais com o que se espera de você na competição, o foco do treinamento deve ser a resistência muscular e, talvez, a resistência anaeróbia, se você estiver competindo em curta distância. Para tornar esses exercícios parecidos com a competição, execute-os com intensidade igual ou superior à intensidade de competição. Uma boa ideia também é incluir algumas combinações de exercícios de ciclismo e corrida (conhecidas como "combinados") no período de desenvolvimento.

No período de desenvolvimento, você precisará também manter a resistência aeróbia, a força muscular e as habilidades de velocidade. Para manter altos níveis dessas habilidades, basta incluí-las ocasionalmente no seu treinamento. Para manter a RA, faça um treino longo a cada semana. No início do treino, faça um pouco de treinamento de RM, e, em seguida, termine com um longo e constante esforço de zona 2. A FM pode ser mantida com um treinamento de alta intensidade, especialmente em terreno montanhoso. Você também pode manter a FM fazendo um trabalho de manutenção de força na academia. Para manter as HV, inclua exercícios de pedalada nas sessões de aquecimento e desaquecimento. O Quadro 6.5 ilustra uma semana típica de exercícios de treinamento de ciclismo no período de desenvolvimento.

Quadro 6.5 – Exemplo de semana de treinamento de ciclismo no período de desenvolvimento

Dia	Objetivo do exercício de bicicleta
Dia 1	Dia de folga do ciclismo ou treino de recuperação ou força muscular
Dia 2	Resistência muscular (manter habilidades de velocidade)
Dia 3	Dia de folga do ciclismo ou treino de recuperação
Dia 4	Resistência anaeróbia (opcional) ou treino de recuperação ou dia de folga do ciclismo
Dia 5	Dia de folga do ciclismo ou treino de recuperação
Dia 6	Dia de folga do ciclismo ou treino de recuperação
Dia 7	Resistência muscular e resistência aeróbia (longa duração + corrida curta)

Treinamento de ciclismo no período de pico

Quando chega ao período de pico, você está a apenas duas ou três semanas de sua competição. Às vezes, esse é o chamado período de redução da carga de treinamento. Embora isso descreva bem o que acontece com a duração e o volume do seu treinamento, o outro elemento crítico fica de fora – a intensidade. Pesquisas sempre indicam que o segredo para um período de pico bem-sucedido é aumentar o tempo de descanso e fazer apenas alguns exercícios que simulem a intensidade de partes essenciais da competição almejada. Esses exercícios podem ser repetições similares à competição executadas em terreno montanhoso semelhante ao da competição propriamente dita; ou percursos em trechos longos e planos em que você espera um forte vento frontal que lhe proporcione uma boa aerodinâmica. Faça essas simulações duas ou três vezes por semana no período de pico. Os dias entre eles são reservados estritamente ao descanso e à recuperação. O Quadro 6.6 ilustra uma semana típica de exercícios de treinamento de ciclismo no período de pico.

Quadro 6.6 – Exemplo de semana de treinamento de ciclismo no período de pico

Dia	Objetivo do exercício de bicicleta
Dia 1	Dia de folga do ciclismo ou treino de recuperação
Dia 2	Simulação de competição (combinado: parte em bicicleta semelhante à competição)
Dia 3	Treino de recuperação
Dia 4	Treino de recuperação
Dia 5	Simulação de competição (combinado: parte em bicicleta semelhante à competição)
Dia 6	Treino de recuperação ou dia de folga do ciclismo
Dia 7	Simulação de competição (combinado: parte em bicicleta semelhante à competição)

Treinamento de ciclismo no período de competição

A semana da competição é o momento de enfatizar o descanso ainda mais do que no período de pico. Faça exercícios curtos, tornando-os mais curtos à medida que a semana avança. Na bicicleta, faça de 3 a 5 intervalos de 90 segundos a 3 minutos com intensidade de competição, com recuperações duas vezes mais longas, duas ou três vezes no decorrer da semana. O Quadro 6.7 ilustra uma semana típica de exercícios de treinamento de ciclismo no período de competição.

Quadro 6.7 – Exemplo de semana de treinamento de ciclismo no período de competição

Dia	Objetivo do exercício de ciclismo
Dia 1	Dia de folga do ciclismo ou treino de recuperação
Dia 2	Resistência muscular (curto)
Dia 3	Dia de folga do ciclismo
Dia 4	Resistência anaeróbia (opcional) ou resistência muscular (curto)
Dia 5	Dia de folga do ciclismo ou treino de recuperação (curto)
Dia 6	Habilidades de velocidade (muito curto)
Dia 7	Competição

A mensuração do progresso até chegar à competição pode ser feita de diversas maneiras. Uma das mais simples consiste em comparar os tempos, a frequência cardíaca ou a potência nos treinos padrão que você faz. É possível, ainda, fazer testes de campo que simulem a intensidade prevista da sua competição. Por exemplo, uma prova contrarrelógio de 30 minutos em um percurso padrão, realizada a cada 4 a 6 semanas, ajudará a avaliar as mudanças de desempenho (e confirmar os seus limites de frequência cardíaca e potência). Talvez a forma mais precisa de avaliar o progresso seja por meio de um teste de $\dot{V}O_2$máx em intervalos de algumas semanas.

Como vimos no início deste capítulo, muitos consideram o ciclismo a chave para um triatlo rápido. Um bom equipamento e um excelente condicionamento físico no ciclismo são necessários para um evento bem-sucedido. Quanto mais condicionado e preparado para a modalidade você estiver, mais você pode refrear o ritmo e, ainda assim, fazer um trecho de bicicleta rápido e manter uma reserva suficiente para fazer uma corrida rápida. Um planejamento em longo prazo também é importante, para que os seus exercícios de ciclismo simulem cada vez mais a sua competição--alvo no decorrer da temporada.

CAPÍTULO 7

Treinamento de corrida para triatlo

Sergio Borges

A corrida do triatlo é completamente diferente da corrida simples de estrada. No triatlo, como a natação e o ciclismo vêm antes da corrida, os atletas têm uma amplitude limitada de movimentos nas pernas em virtude do enrijecimento e uso excessivo dos músculos (por exemplo, flexores dos quadris, tendões do jarrete, quadríceps). Essa amplitude limitada de movimentos impede os atletas de erguer muito as pernas durante a fase de recuperação, e os joelhos, na fase de propulsão. Consequentemente, o comprimento da passada é mais curto, e os atletas correm menos. Além disso, o sistema aeróbio está sobrecarregado da natação e do ciclismo, o que também aumenta a fadiga. Este capítulo explica como treinar para a corrida de triatlo, ajudando você a ser mais eficiente e correr mais, minimizando, ao mesmo tempo, as lesões.

Componentes do treinamento de corrida

É importante conhecer os componentes do treinamento ao elaborar o seu plano para a corrida de triatlo. Se você pretende melhorar a sua corrida, cada um dos seguintes componentes precisa fazer parte do seu treinamento, mas muitos atletas se esquecem deles – especialmente dos dois primeiros –, porque a maioria quer simplesmente calçar os sapatos e sair porta afora.

Padrões motores específicos do esporte

Os padrões motores são redes neurais que produzem endogenamente (por exemplo, sem estímulo rítmico sensorial ou central) respostas rítmicas padronizadas ou "circuitos neurais" que geram comandos motores periódicos para movimentos rítmicos, como a locomoção. Em termos mais simples, são determinadas sequências de movimentos musculares destinados a cumprir uma finalidade externa. Uma ótima maneira de melhorar os seus padrões motores na corrida é por meio da repetição. Ao repetir determinadas séries de treinamento durante várias semanas, você aprende a fazer o seguinte:

Melhorar as habilidades motoras

Em sessões de treinamento específicas utilizando uma esteira plana (0% de inclinação vai ajudá-lo a se movimentar com mais facilidade para a frente), você pode treinar a fim de aumentar a amplitude da passada, reduzindo, assim, o tempo em contato com o solo e causando menos carga excêntrica sobre os quadríceps. Você "programa o seu corpo" para funcionar do modo como você quer.

Treinar as habilidades de concentração

A repetição do mesmo exercício com o mesmo esforço e mesma duração permite que você passe a enfatizar menos os níveis aeróbios de esforço e mais a forma. O treinamento de repetição o incentiva a desenvolver níveis mais elevados de foco e de concentração que o ajudarão a obter um melhor desempenho na corrida e elevar o nível de eficácia dos seus exercícios.

Desenvolver a intuição

Com o tempo, os atletas que treinam com repetições desenvolvem uma aguçada capacidade de sentir como estão se saindo em um determinado dia, por meio de fatores como as dores musculares, a fadiga, os níveis de energia e a motivação.

Prever o treinamento

A repetição permite uma rotina previsível e estruturada à qual você pode aderir sem comprometer princípios saudáveis de treinamento, enquanto utiliza o seu tempo de forma mais eficiente. Isso vale especialmente para triatletas divididos por grupos etários – ou amadores.

Monitorar o desempenho

Com as repetições, você não precisa passar por testes fisiológicos ou percorrer distâncias de competição durante o treinamento – em vez disso, o seu treinamento lhe garante o monitoramento semanal do seu progresso em cada esporte.

Medir o nível de fadiga

O processo interativo significa que você aprende rápido se, em um dia "daqueles", está realmente cansado e precisa descansar ou se está simplesmente "desanimado".

Adquirir consistência

O treinamento de repetição o ajuda também a interpretar precisamente os sinais do seu corpo no decorrer do tempo e utilizar melhor esses sinais para manter a consistência do treinamento.

Amplitude da passada

A eficiência na corrida de triatlo provém da capacidade de correr ao máximo com as pernas fadigadas e enrijecidas. Para conseguir fazer isso, você precisa desenvolver uma movimentação naturalmente intensa de troca de pernas (cerca de 94 a 96 passos por perna por minuto), ou amplitude da passada, que é essencialmente um estilo de corrida mais como a "*shuffle running*", em que o objetivo é uma troca de pernas mais rápida para superar o encurtamento da passada. A corrida de alta cadência é até mais importante em provas de longa distância, como na modalidade Ironman, na qual a distância contribui com um maior nível de fadiga das pernas, reduzindo ainda mais o comprimento da sua passada. Ao correr com um ritmo de passadas menos intenso, sua segunda etapa de um Ironman será bem mais lenta, podendo, até mesmo, transformar-se em uma caminhada. É preciso muito treino para desenvolver um ritmo intenso de passada, visto que, no início, o seu corpo não está acostumado ao padrão neuromuscular de um acionamento tão rápido dos músculos. Além disso, a corrida com um ritmo de passada intenso aumenta a sua frequência cardíaca e é desgastante do ponto de vista aeróbio, de modo que esse estilo funciona melhor se você não tiver exaurido esses componentes no ciclismo (por exemplo, pedalando em uma cadência mais baixa). Ao contrário do que alguns afirmam, é possível aprender a correr com uma passada mais rápida como uma segunda natureza durante as competições. Pensando em desmembrar a tarefa em um maior número de etapas e visando a um ritmo mais intenso de passada em todas as corridas de treinamento, você aprenderá naturalmente uma passada mais eficiente adaptada ao triatlo.

A maioria dos corredores de elite corre em um ritmo de 92 a 94 passadas por perna por minuto. Recomendamos 96 por ser facilmente divisível por 6, 4 e 3, o que significa que você pode controlar com facilidade a regularidade das suas passadas/perna/minuto a cada 10, 15 ou 20 segundos por vez. Quando cansado, especialmente ao final de um Ironman, você não correrá necessariamente nesse ritmo, mas treinando para isso e se esforçando constantemente para alcançar esse ritmo de passada durante o treinamento, você naturalmente adotará um ritmo em torno de 90 e poucos sem precisar de um esforço muito grande durante uma competição.

O uso de uma esteira plana e um gradiente em ligeiro declive pode ajudá-lo a desenvolver um ritmo de passada mais fluido e naturalmente elevado. Ambas as técnicas lhe permitem correr mais rápido do que em um piso plano no mesmo nível de estresse aeróbio. Utilizando um circuito de 0,8 a 1,6 quilômetros com um componente de aclive curto e mais íngreme e um declive longo e gradual, você pode estruturar uma sessão de tolerância láctica. Esse exercício tem por finalidade ajudar o atleta a lidar com cargas mais elevadas de lactato a cada treino no limiar láctico na ocasião ou acima dele. Além disso, essa abordagem oferece a oportunidade de ampliá-la e incorporar ao exercício a mecânica de uma sessão de alta velocidade. Incluindo esse tipo de corrida de gravidade assistida, é possível desenvolver as suas habilidades motoras.

A menos que você esteja fazendo uma sessão de tolerância láctica, mantenha um gradiente de 0% nas sessões de esteira. Conforme observado, você pode treinar para acionar os seus músculos e nervos com mais velocidade do que na estrada ou na trilha com a mesma carga aeróbia. Desse modo, é possível treinar as pernas para correr mais durante mais tempo, sustentando esforços sem esgotamento aeróbio se correr nesse ritmo e durante esse tempo na estrada ou na trilha. Assim, você obtém um treinamento de padrão motor de mais qualidade e uma sessão de treinamento mais eficaz.

Velocidade das pernas

A velocidade das pernas é resultado direto da elasticidade (capacidade de "acionar" os músculos com mais rapidez durante a corrida), e os atletas devem ensinar os seus cérebros a acionar seus músculos mais rapidamente para melhorar o ritmo da passada e a velocidade das pernas. Principalmente à medida que envelhecemos, perdemos a nossa elasticidade natural, razão pela qual devemos fazer exercícios de repetição frequentes para evitar perder velocidade. É cada vez maior o número de atletas que mantêm a velocidade à medida que envelhecem. E a manutenção da elasticidade é uma das razões pelas quais eles conseguem manter a velocidade. Veja, a seguir, dois ótimos exercícios de corrida, que o ajudarão a manter a elasticidade.

Marcha

Erga o joelho e o pé de um lado e o braço do lado oposto, como em uma marcha militar. Baixe o pé até o chão à medida que ergue o joelho, o pé e o braço do lado oposto. Desloque-se para a frente, alternando as pernas e os braços. Mantenha a postura ereta, com os dedos dos pés erguidos em direção à tíbia, e pressione o pé de trás no chão, com o quadril totalmente estendido. Inicie o movimento a partir dos glúteos e direcione os cotovelos para trás enquanto a outra perna golpeia o chão. Faça três séries de 20 a 30.

Corrida até a parede

Fique em pé com o lado esquerdo encostado à parede. Coloque a mão esquerda na parede. Erga a coxa esquerda na paralela e levante o calcanhar direito do chão, formando uma linha reta em relação à orelha, ao ombro, ao quadril, ao joelho e ao tornozelo, e sustente a posição. Abaixe o pé esquerdo, levando-o para trás. Retorne rapidamente à posição inicial, levando o pé esquerdo em direção ao quadril esquerdo com um movimento circular. Repita mais duas vezes o mais rápido possível e sustente. Faça duas ou três séries de cinco e troque de lado.

Mobilidade

Assim como a elasticidade, a mobilidade (isto é, um aumento na amplitude de movimento), é negligenciada pela maioria dos atletas (especialmente pelos atletas mais velhos). Para correr mais rápido, os seus músculos precisam ter amplitude suficiente de movimento para permitir que as suas pernas se movimentem eficientemente com menos esforço. Quanto maior a sua mobilidade, mais alto você consegue erguer as pernas porque os seus músculos não limitam o movimento. Você pode aumentar a sua mobilidade por meio de alongamento dinâmico, liberação miofascial (aplicação de uma leve pressão às restrições do tecido conjuntivo miofascial para eliminar a dor e recuperar o movimento), ou exercícios de corrida como aqueles descritos anteriormente.

Força e potência

O triatlo é um esporte de resistência, mas é preciso força e potência para alcançar o melhor desempenho. Com três modalidades para treinar, é difícil arranjar mais tempo para se concentrar em um treinamento específico de força, uma vez que tudo parece visar ao desenvolvimento do vigor (estâmina) e da resistência. Obviamente, todo esse treinamento por si só é suficiente para desenvolver a força de que você necessitará, não é mesmo? Vejamos essa questão de outra maneira – quem não acha que, se fosse mais forte, as suas provas de corrida melhorariam? Em igualdade de circunstâncias, quanto mais forte você for, mais potência você conseguirá gerar, e mais rápido será. É importante entender que o seu objetivo é maximizar a sua relação potência/peso, não puramente a sua força. O desenvolvimento de força pura envolve aumento de massa muscular, o que não é uma boa ideia para eventos de resistência como o triatlo.

A importância da potência, mesmo em esportes de resistência, pode ser vista como um fato simples. Todos nós podemos concluir um triatlo de distância olímpica, mas muito poucos geram potência suficiente para terminar em menos de duas horas. Portanto, a questão não é se você tem energia suficiente para concluir a competição, mas se consegue queimá-la com intensidade suficientemente alta durante todo o evento. Além de ser fundamental para a potência, o fato de você ser mais forte aumenta a sua capacidade de recuperação e o torna menos suscetível a lesões.

É importante reconhecer que a natação, o ciclismo e a corrida, por si sós, não produzem sobrecargas suficientemente específicas para gerar ganhos de força significativos. Essas atividades são de natureza demasiadamente aeróbias – você se cansa antes de começar a desenvolver força. Portanto, é benéfico dedicar-se a atividades específicas de treinamento de força, como levantamento de peso e treinamento em circuito, e a exercícios destinados a desenvolver o seu condicionamento físico basal. Depois que desenvolver mais força, você pode utilizá-la no seu treinamento específico para triatlo.

O período fora de temporada é a época ideal para mudar a ênfase do seu treinamento e incorporar sessões de força e mobilidade à sua programação. Você deve manter um programa de treinamento de força durante todo o ano para ajudar no desempenho, mas, fora da temporada, pode se concentrar mais na força quando não estiver nadando, pedalando e correndo tanto. Por exemplo, se estiver correndo quatro vezes por semana, nadando três e saindo de bicicleta duas, você ainda deve ter tempo para algum exercício específico de força. Essas sessões devem ser acrescentadas ao final de um treino leve de corrida ou de natação, se o problema for o tempo. Você pode fazer alguns exercícios de força que se concentrem em quaisquer pontos fracos que você possa ter ou exercícios que ajudem a prevenir lesões.

▶ Correr com as pernas fadigadas

Caso já tenha disputado um triatlo, é possível que você tenha percebido como as suas pernas estavam "pesadas" e fadigadas ao descer da bicicleta. Para muitos, essa sensação ainda é uma surpresa e motivo para muitas conversas após a prova: "As minhas pernas estavam tão pesadas que eu não conseguia correr!". Treinando o seu corpo e o seu cérebro para ter um desempenho eficiente com as pernas fadigadas, você correrá mais, e não terá surpresas no dia da competição.

Com a experiência de muitos anos como treinador, já vi atletas planejarem um exercício ou uma recuperação leve no dia anterior à sua principal sessão de corrida para fazer um treino de alta qualidade com as pernas "novas". Isso já levou muitos atletas a sofrerem lesões ou, no mínimo, a ficarem doloridos (perder a consistência do treinamento) por estarem com os músculos demasiadamente descansados, o que os leva a um risco muito maior de lesionar o corpo. Além disso, os atletas que utilizam esse método raramente imitam o ritmo com que eles correm em uma competição. Em um triatlo, as suas pernas já estão enrijecidas e fadigadas, e o sistema aeróbio, exaurido, de modo que as pernas nunca estão novas.

É importante que os triatletas criem o que chamamos de "apólice de seguro". Para reduzir as chances de lesões, de dores musculares severas e de treinamentos em ritmo irreal, o treino no dia anterior à sua principal sessão de corrida deve exigir muito dos músculos (treinamento com pesos ou repetições de subida de elevações na bicicleta em cadência reduzida), para que você comece a sua corrida pesada já fadigado. Você pode também fazer uma sessão de corrida em que desenvolva um alto nível de fadiga primeiro, e, depois, uma curta sessão de velocidade que vise à velocidade das pernas. Por exemplo: faça algumas repetições de degrau antes de correr intervalos de 400 a 800 metros na pista.

Correr com as pernas fadigadas também o ajuda a ser eficiente quando cansado, o que é fundamental para a corrida do triatlo. Se você não tiver a chance de fazer um treino puxado no dia anterior à sua sessão principal de corrida, faça um aquecimento de, aproximadamente, 40 minutos; isso resultará em um pouco de fadiga e criará a sua "apólice de seguro".

Além disso, quando não houver como desenvolver muito mais a velocidade de corrida, a mudança de foco para a força das pernas, e não para a velocidade utilizando corridas mais longas em terreno montanhoso, pode ser uma maneira de preencher eventuais lacunas que tenham se desenvolvido no seu condicionamento físico no decorrer da temporada. Embora o treinamento em circuitos e com levantamento de peso seja bom, você precisará de um treinamento específico para desenvolver a força. O treinamento de trilha e de fundo (*cross country*) ou a corrida em terreno montanhoso são todos ótimas maneiras de desenvolver a força das pernas e da região central do corpo.

Velocidade

As sessões de velocidade e tolerância láctica são altamente específicas para o treinamento de triatlo e precisam fazer parte do seu programa de treinamento, mas conforme mencionado anteriormente, você precisa ter muito cuidado com a frequência e a duração dos intervalos para não sofrer lesões ou exaustão. A velocidade pode ser desenvolvida com a execução de intervalos de curta duração e alta intensidade. Você pode utilizar a esteira para controlar variáveis e ter a oportunidade de gerar referenciais de desempenho semana a semana; na estrada, use declives com gradientes suaves para permitir esforços de alta velocidade com níveis reduzidos de estresse aeróbio. Ambos ajudarão a aumentar a variedade de movimentos, a potência da passada e as respectivas habilidades motoras. Faça intervalos curtos (30 a 40 segundos), com um longos períodos de recuperação – cerca de duas vezes o tempo de intervalo. O treino de velocidade pode ser combinado a sessões de ciclismo de resistência para treinar com mais eficácia a velocidade das pernas depois de uma longa sessão de bicicleta, bem como para eliminar a lentidão das pernas.

As sessões de tolerância láctica são esforços específicos de competição, com intervalos de 1 a 20 minutos. As sessões devem ser limitadas a 30-45 minutos, em razão do alto grau de estresse do corpo. Evite os esforços de tolerância láctica sem primeiro cansar os músculos – isso aumenta a sua capacidade de sofrer lesões. As sessões podem ser um típico esforço de passagem negativa, como 20 minutos com intensidade leve, 15 minutos com esforço de meio Ironman, e 10 minutos com esforço de 10 quilômetros. Um ótimo exercício, que combina os sistemas de tolerância láctica e velocidade, é usar um circuito montanhoso para treinar a forma sob pressão. Correr vigorosamente em morro acima a ponto de fazer disparar a sua frequência cardíaca, e, depois, correr com alta intensidade de passadas em um terreno em declive com um leve gradiente, você terá a oportunidade de treinar uma passada rápida com alta carga de estresse aeróbio. O gradiente suave ajuda a manter a forma.

Resistência

A resistência é um componente do treinamento que a maioria dos atletas supervaloriza. É importante lembrar que a resistência também é treinada nos seus outros dois esportes, de modo que, em virtude do alto risco de lesões na corrida, o volume deve ser controlado. É recomendável fazer uma longa corrida tradicional por semana, na qual é possível controlar o esforço para evitar um efeito catabólico muito grande. Você pode também incluir esforços curtos e rápidos durante a corrida para reduzir a lentidão das pernas. Mantenha um ritmo de passada intenso durante toda a corrida. Para acelerar a sua recuperação, complemente a sua longa corrida com um treino de levantamento de peso ou de nado de velocidade ao final do dia (intervalos curtos de 15 a 25 metros de natação com generosos períodos de recuperação). O treinamento de força na academia ou a sessão curta e rápida na piscina promoverá uma resposta anabólica para compensar o dano catabólico (fadiga muscular) da longa corrida.

Volume e intensidade

Quando os atletas se empolgam, normalmente depois da sua primeira sessão, o primeiro pensamento que lhes vem à cabeça é *"Se eu treinar por mais tempo e com mais afinco, eu posso ser mais rápido"*. Essa afirmação não é de todo errada – se você *conseguir* treinar com mais afinco e por mais tempo, tornar-se-á mais rápido –, mas o problema é a recuperação. O ideal seria treinar com afinco todos os dias, mas todos nós sabemos que o nosso corpo não se recupera desse nível de intensidade e carga de treinamento, e que, se treinarmos assim, acabaremos não aguentando e chegando à exaustão. Todo atleta tem o seu próprio nível de tolerância à intensidade e ao volume; alguns conseguem fazer mais, outros, menos. É preferível sempre ficar com o menos a dar a um atleta demais e ele acabar lesionado ou esgotado. Restrinja o número de corridas longas na semana (é recomendável apenas uma), e faça intervalos curtos quando os fizer, mantendo o nível de qualidade que você planejou. Os "quilômetros desperdiçados" não o tornarão mais rápido, apenas o treinarão para correr menos e de forma ineficiente.

Outro ponto importante é lembrar-se de prestar atenção à sua taxa de esforço percebido (RPE, na sigla em inglês), conforme observado na página 148 do Capítulo 9. A cada dia, você sente diferentes níveis de fadiga, com muitas causas diferentes, entre as quais, estresse, falta de sono, consumo excessivo de vinho tinto na noite anterior, início de alguma doença, e assim por diante. Portanto, você pode esperar que o seu corpo reaja da mesma maneira todos os dias. Um dia, um esforço moderado de 8 min/1,6 km dará a sensação de um ritmo pesado por causa do nível de fadiga mais elevado, mas, outro dia, 6 min/1,6 km poderão parecer algo muito fácil. O melhor é aprender a conhecer como o seu corpo se sente durante os esforços que você deseja e use esse conhecimento como orientação para determinar a sua intensidade de treinamento.

Eis alguns fatores básicos a serem considerados por ocasião do planejamento do volume e da intensidade do seu treinamento de corrida.

Tipo de corpo

Você provavelmente já notou que os corredores de elite têm um físico muito esbelto e são muito leves em termos de peso corporal. Esse é o tipo de corpo ideal para corrida, pois permite que os atletas façam treinamentos de alto volume e alta intensidade. O alto volume e a alta intensidade não se aplicam à maioria dos triatletas, que têm pernas maiores e mais musculosas e a região superior do corpo mais desenvolvida para o treinamento de natação. Por causa do impacto do pé ao tocar o solo, quanto mais pesado for o corredor, maiores os danos causados aos músculos e às articulações durante os treinos intervalados. Consequentemente, caso esteja um pouco acima do peso ou seja muito musculoso, você tem de ter muito cuidado com o volume e a intensidade da corrida durante o seu treinamento. Portanto, se você parece um fisiculturista, cuidado com os intervalos curtos de alta intensidade, ou dê preferência aos intervalos de preparação (leves a rápidos).

Biomecânica

Em geral, vemos atletas correndo em má forma, e alguns correm longas distâncias e várias vezes por semana, aumentando o risco de sofrerem lesões. A corrida, assim como o ciclismo e a natação, é um esporte de movimentos repetitivos, por isso, se não tiver a mecânica adequada, você acabará se lesionando ao correr com frequência excessiva ou com um volume demasiadamente alto. Quanto mais eficiente você for do ponto de vista mecânico, mais (volume e frequência) conseguirá correr. Por isso, antes de comparar o seu treinamento com o do seu amigo ou de um atleta profissional, verifique primeiro o nível de eficiência que eles aparentam ao correr.

Tome cuidado na corrida, pois ocorrem contrações musculares excêntricas (alongamentos) tanto nos quadríceps quanto nos músculos da panturrilha a cada passo dado. Essa condição é exacerbada – sobretudo na região superior das coxas (músculos dos quadríceps) – durante uma corrida em declive, considerando que as forças que passam por esses músculos podem equivaler ao triplo do peso corporal, principalmente quando o pé senta no solo. A contração inicial dos quadríceps não é suficientemente forte para superar essa força; então, esse músculo se alonga em uma contração excêntrica por um breve instante cada vez que um dos pés toca o solo. Os músculos não foram feitos para contrações excêntricas repetitivas e estão sujeitos a lesões quando forçados para se contrair dessa maneira. Isso explica por que a corrida em declive pode ser especialmente penosa e por que o enrijecimento muscular pode levar muito mais tempo para desaparecer após a competição do que depois de uma corrida em aclive ou em terreno plano.

Perfil

O perfil de corrida constitui outro fator importante na elaboração do seu treinamento. Se você corre há vários anos, é provável que tenha desenvolvido uma melhor mecânica de movimento e treinado o seu corpo para suportar o impacto e a carga excêntrica nos músculos e nas articulações. Normalmente, o resultado de vários anos de corrida (movimentos repetitivos) seria a eficiência, desde que você não tenha sofrido lesões muito frequentes durante esse processo.

Idade

À medida que envelhecemos, nossos músculos e nossas articulações se enfraquecem, e nossa capacidade de recuperação de exercícios vigorosos e prolongados é comprometida. Não produzimos nossos hormônios no mesmo nível de quando tínhamos 20 anos, de modo que a frequência dos exercícios vigorosos e prolongados tem de ser meticulosamente planejada. O desafio para os atletas mais velhos consiste em tentar manter-se saudável para as competições importantes.

Histórico de lesões

Caso tenha se lesionado no passado, você deve começar a conhecer o seu corpo para poder ler os sinais que ele lhe emite e evitar novas lesões. Se toda vez que faz intervalos curtos de alta intensidade, por exemplo, você se lesiona, é possível que o seu corpo esteja lhe dizendo que esse tipo de esforço não lhe é recomendável (mesmo que você já o tenha feito várias vezes antes). A mesma ideia vale para a determinação do volume das suas corridas de alta resistência. Se toda vez que corre mais de 90 minutos, você se sente muito dolorido, leva muito tempo para se recuperar ou, o que é pior, sofre lesões, já chegou ao seu limite.

Observe que você tem mais probabilidade de se machucar correndo do que nadando ou pedalando, por isso, precisa prestar mais atenção à ordem e à estrutura ao planejar a distribuição das sessões de corrida. Caso seja um corredor novato, comece gradativamente. Isso vale também para aqueles que estão retornando depois de se recuperarem de uma lesão. Por exemplo, um retorno efetivo após uma lesão pode envolver uma rotina de três corridas por semana, com alternância entre corridas e caminhadas e aumento gradativo da duração do componente "corrida".

Sexo

Minha experiência como treinador mostra que as mulheres atletas tendem a se recuperar mais rapidamente e conseguem lidar com níveis mais elevados de intensidade e volume de treinamento do que os homens. Isso, em grande parte, tem relação com o tamanho (normalmente, as mulheres são muito mais leves do que os homens) e os hormônios (os hormônios femininos permitem que as mulheres se recuperem com mais rapidez e, consequentemente, treinem com mais vigor e por períodos mais prolongados).

Estratégias e exercícios de treinamento de corrida

O treinamento de corrida deve ser ajustado a cada fase da temporada para garantir sua preparação para a competição. Na fase de preparação, caso esteja correndo, você pode fazer de 3 a 5 exercícios de corrida por semana. Esses exercícios podem ter de 20 a 45 minutos de duração e devem ser realizados com uma intensidade baixa, concentrando-se na sua forma. Se você não estiver correndo, inicie com sessões alternadas de corrida e caminhada 3 dias por semana, até conseguir correr continuamente durante 20 minutos. Ao entrar na fase de base, comece a fazer corridas com níveis mais elevados de resistência e intensifique os seus treinos de velocidade – você deverá correr 3 ou 4 vezes na semana. Durante a fase de desenvolvimento, o seu volume diminuirá ao passo que a sua intensidade aumentará. É necessário continuar correndo 3 ou 4 vezes na semana. Durante a fase de pico, a sua intensidade aumentará, mas o seu volume diminuirá. Você deverá correr 2 ou 3 vezes na semana, e uma dessas corridas deverá ser realizada assim que você descer da bicicleta. Durante a fase de competição, a sua intensidade será alta, mas seu volume será significativamente mais baixo. É preciso correr 2 ou 3 vezes na semana, com uma corrida assim que descer da bicicleta. No período fora de temporada, você deve ter como objetivo manter o seu condicionamento físico correndo 2 ou 3 vezes na semana ou fazendo treinamento cruzado. O esqui de fundo, o futebol e as caminhadas são ótimas atividades de treinamento cruzado.

É muito importante entender que, para melhorar a sua corrida, você precisa ter sempre três sessões básicas de exercícios – força, velocidade e resistência – na sua semana de treinamento durante todo o ano. O exemplo de semana que se segue incorpora as três sessões para um atleta mediano selecionado por grupo etário que corre 3 vezes por semana e está treinando para um triatlo de distância olímpica.

Segunda-feira

Sessão combinada: treino de força na bicicleta (60 minutos) e corrida para desenvolvimento da tolerância láctica e da velocidade (27 minutos) imediatamente após o treino de ciclismo, como simulação de competição. Corrida: três séries de 3, 2 e 1 minuto com esforço de 10 quilômetros (85%-90%) com um trote leve entre as séries.

Terça-feira

Natação de alta resistência (45 minutos) e treinamento com levantamento de peso (30 minutos).

Quarta-feira

Sessão de força: repetições em terreno montanhoso (45 a 60 minutos); trote leve de 10 minutos como aquecimento e 10 minutos de exercícios de corrida, de leve a moderada. Procure uma colina que não seja muito íngreme (4%-6% de inclinação), e fazer 3 séries de 5 × 1 minuto, evoluindo de nível de intensidade moderado para vigoroso (90%-95% de esforço). Faça trotes leves de 3 minutos entre as séries, com desaceleração leve como recuperação, seguida de um período de desaquecimento e regeneração de 10 minutos (por exemplo, alongamento, massagem). Observação: caso você não esteja correndo muito, comece com duas séries de 5 × 30 segundos, evoluindo gradativamente até chegar à rotina que acabamos de descrever. Natação: recuperação (30 minutos).

Quinta-feira

Tolerância láctica no ciclismo (esforço de competição) (45 a 60 minutos).

Sexta-feira

Sessão de corrida de resistência: trilha, esteira ou estrada (45 a 75 minutos). Comece com intensidade muito leve nos primeiros 10 minutos, evoluindo gradativamente de leve para moderado. Lembre-se do objetivo de aumentar a sua resistência, de modo que a intensidade deve envolver de 65%-75% de esforço. Conforme mencionado neste capítulo, o volume tem de ser cuidadosamente planejado com base nos seis componentes (tipo de corpo, biomecânica, perfil, antecedentes de lesões, sexo e idade). Trabalhe com segurança e comece com um estilo conservado, progredindo à medida que sentir que o seu corpo está se adaptando ao treinamento.

Sábado

Dia de folga ou treino de natação de alta qualidade (45 minutos).

Domingo

Sessão de resistência na bicicleta: 2 a 3 horas com nível de esforço moderado.

É importante entender que uma corrida de triatlo não é o mesmo que uma competição de corrida em razão da variedade limitada de movimentos, da fadiga muscular, da exaustão do sistema aeróbio e da exaustão do sistema neuromuscular. Cada atleta deve treinar de um modo diferente, com os respectivos níveis de intensidade e volume baseados no que o corpo pode tolerar. Esteja atento ao seu corpo, não ao seu ritmo de treinamento, para que você não destrua os seus músculos e as suas articulações. Ensine o seu corpo a correr com eficiência com as pernas fadigadas. Isso é o mais importante em uma corrida de triatlo!

CAPÍTULO 8

Recuperação e overtraining

Kristen Dieffenbach e Michael Kellmann

Treinamento de alto desempenho é sinônimo de alto risco. Do *deck* da piscina ao Ironman completo, triatletas de todos os níveis treinam com uma intensidade única e um senso de propósito. Os triatletas, quase por definição comum, são pessoas determinadas que têm por objetivo concluir a competição e ir além. Embora a cultura do "quanto mais, melhor" permeie muitos esportes, os múltiplos elementos do triatlo tornam as grandes demandas e expectativas do treinamento ainda mais rotineiras. Quando as coisas não saem conforme planejadas e o desempenho é afetado, os atletas reagem mal à sugestão de que podem estar exagerando. As decepções com o desempenho são recebidas com suposições de deficiências pessoais, fracasso e o medo de não estar fazendo o suficiente. Ironicamente, a reação comum é esforçar-se mais e treinar com mais afinco, agravando um ciclo já negativo.

As revistas, os *blogs* e os fóruns de discussão de triatletas sempre trazem artigos e tópicos de atletas falando sobre a sensação de exaustão, as preocupações com o *overtraining* e a batalha para alcançar o equilíbrio. O triatleta profissional Mark Allen (2010), falando sobre os seus primeiros métodos de treinamento, observou:

> Em toda corrida, até mesmo nas lentas, de pelo menos 1,6 quilômetro, eu procuro me aproximar do ritmo de 5 minutos. E funcionava... de certa forma. Fiz algumas boas provas entre o primeiro e o segundo ano, mas também sofri pequenas lesões e estava sempre me sentindo a uma corrida da exaustão por querer prosseguir com o meu treinamento.

Em seu *blog online*, o tetracampeão sueco de duatlo e recordista de Ironman, Clas Björling, costuma escrever sobre o ônus do *overtraining* em sua carreira, e, em 2008, ele postou uma matéria sobre a sua necessidade de tirar um ano de folga por causa de *overtraining* e exaustão, e sobre o seu lento processo de recuperação. Já os triatletas Paula Newby-Fraser e Dave Scott, entre outros, falaram em várias entrevistas sobre suas experiências com contratempos, decepções e lesões relacionadas ao *overtraining*. Se até mesmo os atletas de elite não estão imunes, pode parecer que o *overtraining* é um mal necessário.

Entretanto, apesar do frequente debate sobre as consequências e a preocupação com o seu impacto, o *overtraining* não é tão bem compreendido quanto deveria ser. Embora o esforço sempre implique a possibilidade de resultados tanto positivos quanto negativos, atletas e treinadores podem estar aptos a reduzir muito os possíveis problemas. O *overtraining* não precisa ser uma experiência inevitável. Este capítulo trata das interações básicas entre estresse e recuperação no processo de treinamento, bem como da importância de se considerar o atleta como um todo e fornecer dicas e sugestões para que encontre o equilíbrio ideal no treinamento.

Entendendo o *overtraining* e a recuperação

A maioria dos atletas e treinadores, hoje, entende, pelos menos em certo nível, os riscos do *overtraining* e o valor da recuperação. Infelizmente, em geral, não se entende bem quais são exatamente esses riscos, como eles influenciam o treinamento e o desempenho, e o que pode e não pode ser feito em relação a eles. Além disso, os conhecimentos existentes não são suficientemente utilizados para melhorar os esforços de treinamento como parte fundamental da equação de um treinamento saudável e equilibrado.

A incerteza em torno do *overtraining* e do seu papel na obtenção do nível ideal de desempenho e no planejamento do treinamento são compreensíveis, considerando-se que a confusão em relação à terminologia e as causas existem também na literatura científica. Os pesquisadores utilizam uma ampla variedade de termos, como *sobrecarga de trabalho*, *overreaching*, *sobre-esforço*, *estafa*, *exaustão*, *excesso de fadiga* e *overtraining em curto* e *longo prazos* para descrever as diversas experiências dos atletas. Algumas teorias isolam e enfatizam os fatores hormonais, imunológicos ou de treinamento, ao passo que outras adotam uma abordagem mais global ou holística, considerando o atleta como um todo e a inter-relação de muitos elementos. Além disso, os testes laboratoriais destinados a avaliar o *overtraining* são inconclusivos ou não práticos para o monitoramento de rotina do treinamento e a detecção precoce necessária. Até o momento, os cientistas esportivos não forneceram nenhuma definição ou diagnóstico claro para o *overtraining*, e quanto mais se aprende sobre o modo contínuo e a complexidade da experiência, mais fica claro que é improvável que venha ser oferecida uma ferramenta diagnóstica ou uma solução.

Reconhecer quando os atletas estão treinando em excesso é uma preocupação importante. No que a pesquisadora Judy Goss (1994) chamou de "o paradoxo do treinamento", os mesmos exercícios destinados a explorar os limites físicos na tentativa de gerar os melhores níveis desempenho também criam um ambiente ideal para o excesso de treinamento. Atletas e treinadores preveem, e até veem com simpatia, certo grau de fadiga que acompanha o treinamento vigoroso. Entretanto, a condição de estar treinando em excesso é reconhecida como uma constante estagnação do desempenho que não melhora com pequenos períodos de descanso e recuperação. Infelizmente, é difícil quantificar exatamente o tempo e o nível de descanso que determinam a diferença entre o *overreaching* normal e algo mais problemático em razão da singular natureza individual do *overtraining*. Quanto melhor treinadores e atletas entenderem a experiência e seus elementos correlatos, melhores as suas chances de encontrar e trilhar a tênue fronteira entre preparação excessiva e preparação ideal.

As consequências do *overtraining* podem ter um impacto significativo não apenas no desempenho, mas, também, no bem-estar e na qualidade de vida geral de um atleta. Os pesquisadores catalogaram mais de 200 sintomas diferentes em atletas excessivamente treinados. Humor depressivo, apatia geral, queda de autoestima e de desempenho, instabilidade emocional, inquietação, irritabilidade, perturbação do sono, perda de apetite, aumento da frequência cardíaca de repouso, alterações hormonais e ausência de melhoria de desempenho são os sinais de alerta mais comuns associados ao *overtraining*. Em geral, os atletas submetidos a *overtraining* exibem, também, maior incidência de lesões, maior tempo de recuperação de lesões e comprometimento do sistema imunológico que podem levar a problemas como infecções das vias respiratórias superiores (Kellmann, 2002; Peterson, 2003). Treinadores e atletas podem reconhecer os sintomas se observarem e estiverem cientes de sua potencial importância. Entretanto, nenhum sintoma isolado funciona como indicador. É a combinação de sintomas dentro do contexto das expectativas de treinamento que deve alertar para o fato de que algo está errado.

Desde a década de 1970, os princípios da periodização e as pesquisas da ciência esportiva têm tido um impacto cada vez maior no treinamento. O treinamento de triatletas evoluiu para uma ciência detalhada propriamente dita. Os atletas correm, nadam, pedalam e levantam pesos, com mudanças nos níveis de volume e intensidade para construir uma base adequada, desenvolver a força, trabalhar os pontos fracos e alcançar a reta final para o desempenho máximo, seguindo os princípios da periodização. As pesquisas da ciência esportiva indicam que as metodologias de treinamento, como programas de treinamento monótonos, mais de três horas de treinamento por dia, falta de alternância entre dias de treinamento puxado e leve ou entre dois dias de treinamento puxado seguido por um dia de treinamento leve, falta de periodização do treinamento e dos respectivos microciclos de regeneração após 2 ou 3 semanas de treinamento, e ausência de dias de descanso, podem contribuir para o aspecto físico do *overtraining*. Entretanto, mesmo quando a ciência do treinamento é cuidadosamente aplicada, evitando possíveis armadilhas como as citadas, pode ocorrer *overtraining*, o que significa que existem outros fatores a serem considerados.

Tanto no *overtraining* quanto na sub-recuperação, os atletas vivenciam uma queda de desempenho. Entretanto, existem diferenças básicas a serem observadas entre os dois. O treinamento exige que os atletas extrapolem a sua zona de conforto. Esse *overreaching* causa fadiga, dores musculares e quedas transitórias de desempenho – fatores esperados e necessários para gerar mudanças e benefícios. Entretanto, quando o *overreaching* envereda para o *overtraining*, uma queda de desempenho mais prolongada e difícil de reverter afeta o atleta tanto em termos físicos quanto psicológicos. No entanto, a sub-recuperação, ou seja, falta ou ausência de atividades de recuperação adequadas baseadas nas necessidades físicas e psicológicas do atleta, já foi considerada uma evidente causa do *overtraining*. Embora não existam meios claros e não invasivos de determinar quando o *overreaching* se transforma em *overtraining*, as pesquisas constataram que a prevenção da sub-recuperação por meio da melhora ativa e proativa dos níveis de recuperação pode reduzir a incidência do *overtraining*. Portanto, conhecer e implementar em um plano de treinamento as ações destinadas a melhorar os níveis de recuperação constitui uma abordagem ativa de prevenção do *overtraining* entre os atletas.

▶ Sintomas do *overtraining*

- Desempenho comprometido.
- Nenhuma supercompensação na resposta à redução da sobrecarga de treinamento ou ao repouso.
- Aumento da frequência cardíaca de repouso.
- Perda de peso.
- Perda de apetite.
- Maior vulnerabilidade a lesões.
- Alterações hormonais.
- Humor depressivo.
- Apatia geral.
- Queda da autoestima, instabilidade emocional.
- Inquietação, irritabilidade.
- Perturbação do sono.

Recuperação é uma palavra cotidiana quando se trata de treinamento. Os treinadores normalmente prescrevem descanso entre os intervalos de treino e falam de recuperação entre os esforços durante os exercícios, mas o que é recuperação na escala mais ampla das preocupações com o *overtraining* e a sub-recuperação? A recuperação insuficiente, ou sub-recuperação, é associada a resultados físicos e mentais insatisfatórios, inclusive *overtraining* e exaustão. A recuperação individual adequada ocorre nos níveis psicológico, físico e social e inclui tanto coisas de natureza prática que os atletas fazem quanto o ambiente em que eles estão. Em 2001, os pesquisadores Kellmann e Kallus criaram uma lista das características gerais da recuperação, com o intuito de ajudar treinadores e atletas a melhorar o desempenho e a experiência esportiva em geral. Segundo eles, a recuperação é um processo que ocorre ao longo do tempo. Assim como o treinamento e outros estressores, a recuperação é cumulativa, e pode emanar de múltiplas fontes. E, por fim, a qualidade e a quantidade da recuperação necessária, permitindo que o atleta alcance ou mantenha o equilíbrio, independem da natureza e do nível de estresse vivenciado.

Pode ser um engano ver a recuperação como a mera ausência de atividade. Os pesquisadores Löhr e Preiser (1974) apontaram que a recuperação não precisa consistir em atividades passivas de relaxamento. Dependendo da natureza da situação e das necessidades da pessoa, a recuperação pode estar associada à atividade de várias maneiras. Atividades que proporcionam uma recuperação ou revitalização positiva causam estresse positivo (Seyle, 1974). O conceito de estresse positivo ajuda a explicar como um grande esforço de treinamento, embora fisicamente estressante, pode, ao mesmo tempo, ser uma fonte de recuperação, ou de estresse positivo, para o estresse psicológico vivenciado pelo atleta. Pode-se, também, estabelecer uma analogia com a atividade comum da sala de musculação no treinamento em circuito. Durante o treinamento em circuito, o atleta alterna atividades que estressam diferentes músculos, permitindo, ao mesmo tempo, que os estressados descansem. Da mesma forma, alternar atividades como treinamento (estresse físico) e aprendizado em sala de aula em um ambiente de trabalho (estresse mental ou cognitivo) permite uma recuperação alternada e contribui para um sentido pessoal de equilíbrio e bem-estar. Portanto, é possível os diferentes sistemas de um atleta funcionarem e se recuperarem simultaneamente durante determinadas atividades. Variar intencionalmente o tipo e a natureza das diferentes fontes de estímulo ou estresse pode ajudar a facilitar outros sistemas que estão se recuperando, contribuindo para o equilíbrio geral da pessoa como um todo.

Assim como o treinamento, a recuperação não é uma proposta do tipo "tamanho único". A individualização da recuperação é essencial. Além disso, a flexibilidade da recuperação (ou a disponibilidade de várias opções de recuperação) é importante para ajudar o atleta a ajustar e conciliar as suas necessidades mutantes. Isso é particularmente importante para atividades de recuperação que possam fugir ao controle de uma pessoa ou que possam ser difíceis de obter ou alcançar. É importante, também, que os atletas tenham estratégias de recuperação alternativas. A disponibilidade de alternativas pode reduzir a potencial contribuição do estresse que um atleta pode vivenciar em razão da preocupação em satisfazer às necessidades de recuperação, uma situação que, obviamente, só agravaria o problema da sobrecarga de estresse.

Conforme observado, a recuperação ocorre de várias formas. Normalmente, os tipos de recuperação podem ser divididos em três categorias: passiva, ativa e proativa. O conceito de recuperação ativa é familiar ao léxico do treinamento. Os treinadores geralmente prescrevem sessões de treinamento com recuperação ativa nos dias de carga de treino leve, ao final de exercícios pesados, ou ao final de uma temporada, para facilitar uma recuperação mais rápida. A recuperação passiva, talvez o conceito de recuperação mais familiar (embora adotado com menos entusiasmo por atletas e treinadores como parte da equação de treinamento), consiste em ficar sentado ou deitado, quieto. Vale observar que a recuperação passiva caracteriza-se também por modalidades de tratamento destinadas a facilitar a recuperação (por exemplo, massagem, calças de compressão, banhos quentes e frios, sauna a vapor, sauna seca). Os benefícios fisiológicos desses tratamentos representam uma crescente área da ciência esportiva aplicada, com instalações de alto desempenho, como os investimentos dos U.S. Olympic Training Centers (Centros de Treinamento Olímpico dos EUA) e do Australian Institute of Sport (Instituto Australiano de Esporte) em centros de recuperação destinados a oferecer aos atletas acesso a esses tipos de atividades de recuperação passiva.

A terceira categoria, a recuperação proativa, consiste em atividades realizadas por iniciativa própria como forma de prever as necessidades de recuperação. O atleta pode engajar-se em atividades de recuperação proativa, como relaxamento muscular e alongamento, como parte de seu treinamento e rotina de competição. Essas atividades, incorporadas ao processo de treinamento, diminuem o acúmulo de fadiga durante a experiência geral de treinamento, permitindo maiores níveis de adaptação ao estresse do treinamento. Assim como ocorre com outras técnicas de recuperação, as táticas de recuperação proativa não se limitam a aplicações relacionadas ao treinamento. Fazer uma caminhada na hora do almoço durante o dia de trabalho ou arranjar tempo para bater um papo com um amigo são atividades autoiniciadas que podem proporcionar um estímulo positivo e ajudam a evitar que o estresse se acumule.

A qualidade e a quantidade da recuperação que qualquer atividade possa oferecer estão relacionadas à situação em que ela ocorre. Por exemplo, o sono é amplamente reconhecido como um componente básico do rejuvenescimento físico e psicológico. Dormir em um local barulhento ou em um quarto demasiadamente quente ou frio gera resultados insatisfatórios, e os esforços de adormecer podem produzir mais estresse. A avaliação individual é um fator importante para se saber se a situação está contribuindo negativamente. Retornando ao exemplo do sono, uma pessoa acostumada a dormir em uma zona rural pode achar que os ruídos das ruas ouvidos em um hotel localizado na cidade têm um impacto negativo na qualidade do seu ambiente de dormir, ao passo que outro atleta possa nem perceber os ruídos.

Equilíbrio entre estresse e recuperação

As voltas, os quilômetros e os levantamentos de peso impõem um estresse físico ao atleta que está em treinamento. Embora fosse bom se os atletas treinassem em um vácuo com nada para fazer além de se exercitar, a realidade é sempre mais complexa. Em termos específicos, os atletas são rotineiramente expostos a uma ampla variedade diária de estressores pessoais e ambientais, além de sua carga de treinamento. O estresse, embora geralmente associado a sensações negativas, pode emanar de qualquer fonte – física, psicológica ou social – que exija de um atleta e de seus recursos. Compreender o atleta como um todo e toda a sua experiência é um aspecto importante para o treinamento individualizado e a prevenção das consequências negativas relacionadas ao *overtraining* e à sub-recuperação.

Independentemente da fonte, todo estressor produz um impacto. O nível de impacto depende de vários fatores – o mais importante é como a pessoa percebe a circunstância. Uma situação considerada estressante ou exaustiva produzirá um impacto maior. Uma situação que exija tempo ou energia para ser resolvida ou que comprometa as atividades de recuperação, como a qualidade do sono, por exemplo, também aumentará o impacto. Até mesmo atividades de rotina, como o deslocamento diário para o trabalho, os relacionamentos e as obrigações profissionais, impõem o seu ônus. A combinação dos estressores e as mudanças de rotina na intensidade e no volume de treinamento criam a carga de estresse cumulativo vivenciada pelo atleta. É essa fonte potencial de desequilíbrio entre os níveis de estresse e de recuperação de uma pessoa que cria o ambiente ideal para o *overtraining*.

Além das fontes individuais de estresse e dos recursos de recuperação, a abordagem pessoal de um atleta para lidar com os desafios é um elemento importante para se entender o atleta como um todo. Características como otimismo, capacidade de recuperação, ousadia e tenacidade mental, influenciam a maneira como os atletas percebem o estresse e a recuperação que vivenciam. As pessoas otimistas veem o lado positivo – ou o "copo meio cheio" – das situações. A ousadia e a tenacidade mental são conceitos correlatos que descrevem as pessoas com tendência a ver as situações como desafios, não como problemas, e que concentram suas energias em seus próprios esforços de facilitar as mudanças. Embora a disposição natural de um atleta possa ser mais ou menos positiva, isso não é regra. Por meio da prática e do reforço, as características podem ser desenvolvidas e reforçadas.

Em última análise, compreender e valorizar o atleta como um todo e a sua maneira de abordar as situações são formas de fornecer aos treinadores as pistas básicas destinadas a ajudar o próprio atleta a criar o melhor ambiente para evitar problemas de *overtraining* e sub-recuperação. Comunicar-se abertamente, fazer perguntas perceptivas e ouvir atentamente as respostas do atleta são atitudes que oferecem aos treinadores e ao próprio atleta a oportunidade de compreender melhor as necessidades de recuperação.

Peça a um atleta que descreva o seu treinamento e a resposta normalmente será um relato detalhado do número de horas por semana, quilômetros por dia, horários dos treinos, séries de natação e outros detalhes correlatos. Se você pedir a um treinador que explique o plano de treinamento de um atleta, a resposta, normalmente, será semelhante, talvez com uma explicação sobre as diversas respostas fisiológicas previstas em razão da ênfase à fase ou ao exercício em questão. Infelizmente, apesar da inteira relação entre as demandas do estresse e da recuperação, poucos atletas e treinadores consideram efetivamente as atividades de recuperação parte do plano de treinamento, e um número ainda menor avalia regularmente o treinamento no contexto mais amplo da vida. Supõe-se que a recuperação, em geral, ocorra nos espaços entre os treinos, sem levar muito em consideração o que é realmente necessário ou a maneira como outros estressores da vida podem interferir nessas atividades.

A prevenção da sub-recuperação, e consequentemente, do *overtraining*, requer maiores esforços de recuperação de acordo com a elevação dos níveis de estresse. Quando isso não acontece, ocorre um ciclo negativo de escalação irremediável do estresse (físico, psicológico ou ambos). À medida que os níveis de estresse continuam a aumentar e são administrados com a recuperação inadequada, o seu impacto e a disponibilidade da recuperação adequada continuam comprometidos. Um exemplo simples são as crescentes necessidades de sono noturno que coincidem com a intensificação do treinamento. Em igualdade de circunstâncias, quando um atleta aumenta o seu tempo de treinamento semanal, o tempo de sono noturno também precisa aumentar. Essa é a resposta natural do corpo para uma recuperação adequada. Não permitir o tempo de sono adequado à medida que as demandas do treinamento aumentam não apenas afeta o humor do atleta como, também, inibe respostas básicas de recuperação fisiológica que ocorrem durante os ciclos adequados do sono – longe de ser um modelo para se alcançar o melhor nível de rendimento pessoal.

Assim como o treinamento envolve diferentes tipos de esforços, como exercícios de resistência longa e estável ou curtos *sprints* de alta intensidade, para resolver questões de especificidade e desenvolvimento sistêmico, a qualidade e a quantidade dos esforços de recuperação precisam ser variáveis. Uma corrida vigorosa pode exigir atividades de recuperação, como um desaquecimento leve, um banho de gelo, a nutrição e a hidratação adequadas após a corrida e uma boa noite de sono para otimizar os benefícios e manter o equilíbrio. Após um dia estressante no trabalho, pode haver o benefício de uma corrida vigorosa como forma de recuperação, mas também pode surgir a exigência de outra forma de recuperação, como poder conversar com alguém ou desfrutar momentos de sossego para relaxar e reduzir o nível de estresse. O plano de treinamento de um atleta contém apenas alguns desses elementos, mas, em última análise, todos são essenciais para um desempenho ideal. Tanto o treinador quanto o atleta devem conhecer e explicar as diversas fontes de estresse que o atleta vivencia para desenvolver e implementar estratégias de recuperação adequadas.

Previsão do overtraining

Todas as discussões sobre treinamento, *overtraining*, estresse e recuperação permanecem no nível puramente acadêmico e sem muita utilidade prática se treinadores e atletas não tiverem as ferramentas necessárias para compreender, avaliar e aplicar esses conhecimentos de modo a favorecer melhores níveis de desempenho e prazer. O treinamento moderno recorre a uma ampla variedade de ferramentas capazes de ajudar atletas e treinadores a quantificar o treinamento. Variáveis como distância, velocidade, frequência cardíaca, potência, saturação de oxigênio e concentrações de lactato no sangue podem ser monitoradas de forma fácil e não dispendiosa. Embora possam fornecer uma série de informações para os ajustes necessários e o gerenciamento da carga de treinamento, essas medidas, infelizmente, só indicam que há algo de errado quando já é tarde demais para a intervenção precoce necessária.

Acima de tudo, é fundamental conhecer a natureza individual de todas as demandas do estresse e da recuperação, que são únicas e dependem da situação. Cada atleta tem uma experiência única com os estressores normais do treinamento e da vida, bem como recursos e necessidades únicas de recuperação. A determinação e o monitoramento das principais variáveis e respostas do treinamento e da vida podem ajudar treinadores e atletas a compreenderem melhor as necessidades dos próprios atletas e o seu estado geral de equilíbrio na ocasião. Em longo prazo, o monitoramento regular fornece uma série de informações para a avaliação do desempenho e um planejamento preciso.

Indicadores sensíveis da recuperação que podem ser facilmente observados são a qualidade e a quantidade de sono. Em geral, os atletas excessivamente treinados têm dificuldade de dormir à noite. Os pensamentos que lhes passam pela cabeça sobre o progresso no treinamento ou as metas de desempenho, a rigidez muscular ou outros incidentes dentro e fora do ambiente de treinamento podem tirar o sono deles. Às vezes, os atletas levam 60 minutos ou mais para adormecer. Caso ocorra por um período prolongado, por várias semanas, por exemplo, a situação deve ser considerada como um sintoma de *overtraining* e discutida com os especialistas de apoio e o treinador.

Os diários, os registros eletrônicos ou os velhos lápis e papel são formas comuns de controle e compartilhamento de dados do treinamento utilizadas por treinadores e atletas. Existem muitas opções de monitoramento da recuperação que podem ser facilmente incorporadas aos dados relacionados ao treinamento que os atletas já compilam. Medidas específicas e não específicas de recuperação baseadas em pesquisas, como o Perfil dos Estados de Humor (*Profile of Mood States* – POMS; McNair, Lorr, e Droppleman, 1971, 1992), a escala de esforço percebido (*Borg's rating of perceived exertion* – RPE; Borg, 1998), a Pista de Recuperação (*Recovery-Cue* – Kellmann et al., 2002) e a qualidade total da recuperação (*total quality recovery* – Kenttä e Hassmén, 1998, 2002) podem ser adaptadas para monitorar o estado de equilíbrio.

Outra medida mais específica e detalhada para o monitoramento dos níveis de estresse e recuperação de um atleta é o Questionário sobre Recuperação e Estresse para Atletas (RESTQ-Sport – *Recovery-Stress Questionnaire for Athletes*; Kellmann e Kallus, 2001). Essa medida examina áreas específicas do esporte e da vida relacionadas aos níveis percebidos de estresse e recuperação, bem como já demonstrou a sua utilidade no monitoramento das respostas de um atleta no decorrer do tempo. O RESTQ-Sport já foi utilizado em diversos esportes (por exemplo, triatlo, natação, futebol, rúgbi) e por muitas nações para monitorar o impacto do treinamento durante a concentração de preparação para campeonatos mundiais e Jogos Olímpicos. Uma avaliação do instrumento revelou que mudanças significativas nas escalas do RESTQ-Sport (Kellmann, 2010) refletiram as mudanças em relação ao volume de treinamento.

▶ Visão geral do RESTQ-Sport

Utilizando uma escala de seis pontos – de "nunca" a "sempre" – o RESTQ-Sport pede a você para responder a uma série de perguntas de modo a indicar a frequência com que você tem procedido de uma determinada maneira ("Eu adio as decisões") ou tido determinado sentimento ("Eu ri") nos três dias anteriores. Você seleciona as respostas que refletem de forma mais precisa os seus pensamentos e as suas atividades, indicando a frequência com que cada afirmação corresponde exatamente ao seu caso, em termos de desempenho durante a competição e os treinos. Eis algumas amostras de perguntas do questionário:

Nos últimos (3) dias/noites...	Nunca	Raramente	Às vezes	Com frequência	Com muita frequência	Quase sempre	Sempre
2. Não dormi o suficiente	0	1	2	3	4	5	6
9. Senti-me fisicamente descansado	0	1	2	3	4	5	6
28. Senti-me ansioso ou inibido	0	1	2	3	4	5	6
75. Senti-me fisicamente forte	0	1	2	3	4	5	6

FIGURA 8.1 – **Amostra do RESTQ-Sport.**

Fonte: adaptada, com permissão, de M. Kellmann e K. W. Kallus, 2001, *Recovery-Stress Questionnaire for Athletes: user manual* (Champaign, IL: Human Kinetics).

Continua

Continuação

Os resultados são gerados com base na soma das suas respostas em 19 escalas do RESTQ-Sport. As escalas se enquadram em quatro categorias: estresse geral, estresse específico do esporte, recuperação geral e recuperação geral do esporte. As pontuações dessas escalas podem ser facilmente plotadas em um gráfico, permitindo que você e o seu treinador observem as suas tendências e mudanças de comportamento e percepção em relação ao estresse e à recuperação. O ideal é que você demonstre uma pontuação de moderada a baixa em relação ao estresse vivenciado. O mais importante é que vivencie um nível equivalente ou superior de recuperação percebida, o que será evidenciado pelas pontuações mais elevadas da escala de recuperação.

Prevenção do overtraining

Independentemente do nível de competição, as consequências associadas ao *overtraining* não só têm um impacto devastador nas metas tão almejadas como também impõem um ônus aos atletas. Infelizmente, tanto atletas profissionais quanto amadores já relataram experiências envolvendo o *overtraining*. Entre as suas causas citadas com frequência estão os níveis excessivos de estresse e pressão, a prática e o treinamento físico excessivos, a exaustão física e as dores por todo o corpo, o tédio decorrente da repetição demasiada e o pouco tempo de descanso ou a falta de um sono adequado. Conforme observado, a adoção de uma abordagem de treinamento equilibrada e uma visão holística do atleta pode desempenhar um papel fundamental na manutenção do equilíbrio entre estresse positivo e recuperação. Treinadores e atletas precisam estar cientes tanto dos fatores do treinamento quanto daqueles não relacionados ao treinamento (por exemplo, trabalho, escola, viagens, relacionamentos) que contribuem para uma sensação geral de fadiga. Além disso, eles precisam ter ciência das oportunidades e dos recursos de recuperação para garantir que os atletas possam se esforçar para alcançar o equilíbrio ideal.

Alcançar o nível ideal de treinamento requer uma abordagem instruída, consciente e proativa tanto da parte do treinador quanto do atleta. Ambos precisam estar inteirados dos sintomas do *overtraining*, ter consciência da importância do equilíbrio entre estresse e recuperação, compreender as necessidades e os recursos individuais do atleta, e ser capazes de manter a experiência esportiva em perspectiva. De sua parte, os atletas precisam ser sinceros consigo e com seus treinadores em relação aos níveis de estresse, às lesões e às respostas ao treinamento. Os treinadores devem procurar se comunicar com os atletas, ouvir atentamente as suas respostas, e agir de forma adequada. Além disso, eles podem melhorar o valor dos esforços de recuperação percebidos por um atleta ao adotar um comportamento positivo, ao fazer da recuperação ideal parte do plano de treinamento de rotina e ao elaborar treinamentos cuidadosamente individualizados.

Fazer da competição uma experiência divertida e mantê-la em perspectiva pode ser um dos elementos mais importantes para manter um equilíbrio positivo entre estresse e recuperação. Infelizmente, implementar esse elemento pode ser, também, um dos maiores desafios na atual intensa cultura dos eventos, até mesmo em nível de lazer. A ênfase excessiva nos resultados, como a vitória ou a classificação por grupo etário, aumenta a pressão e o estresse associados à competição. Os resultados com base em comparações são influenciados por muitos fatores que fogem ao controle de uma pessoa, impossibilitando o atleta de controlar muitos aspectos determinantes dos resultados. Por exemplo, você não tem nenhum controle sobre os competidores que compareçam, a direção em que o vento sopra, ou a possibilidade de um pequeno pedaço de vidro passar despercebido e furar um pneu. A ênfase aos desafios pessoais relacionados aos elementos sobre os quais você tem controle, como o nível de esforço pessoal, a implementação de um plano de treinamento pessoal, a preparação pessoal, e a maneira como você lida com os estressores imprevistos, como um pneu furado, por exemplo, são capacitantes e ajudam a manter a perspectiva adequada.

Outro conceito simples, mas complexo, é reconhecer exatamente o que é e o que não é recuperação. Para muitos atletas, o conceito de descanso é sinônimo de ociosidade. Dizer a um atleta que ele tire um dia de folga pode ser deturpado e interpretado como "você não dá conta do recado". Muitos atletas de resistência temem o dia de folga, e as fanfarronices sobre os quilômetros percorridos e os dias de treinamento consecutivo são um fenômeno comum. Os triatletas têm tendência a treinar em excesso por quererem treinar simultaneamente para as provas de natação, ciclismo e corrida. É essencial que os treinadores ensinem e reforcem o fato de que a recuperação não se limita apenas a não fazer nada. A recuperação é um processo ativo essencial que representa o *yin* do *yang* dos esforços de treinamento. Como dizem o treinador profissional Hunter Allen e o professor de fisiologia do exercício Dr. Andy Coggan (2010), condicionamento físico + frescor = equação adequada para a melhor forma.

A recuperação abrange uma ampla variedade de atividades (por exemplo, exercícios leves, alongamentos) para as quais os atletas precisam arranjar tempo e elementos mais passivos, como tempo para relaxar e relacionamentos de apoio que os atletas precisam construir ou buscar. Treinadores e atletas devem trabalhar juntos para pensar nas opções de recuperação ativa e passiva, estabelecendo as combinações adequadas entre recuperação e nível de estresse, a fim de garantir um plano de treinamento saudável e produtivo. Os treinadores devem ajudar os atletas a desenvolver estratégias de recuperação em curto (na prática, após o treinamento) e longo prazos. É importante, também, que os atletas reconheçam e considerem diversos níveis e tipos de recuperação. A equação positiva da recuperação e do estresse tem por principal objetivo a homeostasia, ou o equilíbrio. Tenha em mente que o equilíbrio é um estado temporário. Uma vez alcançado, o processo sempre começa novamente com a sessão de treinamento seguinte.

No processo de treinamento, o treinador é responsável por criar um plano personalizado baseado em objetivos. Um plano adequado só pode ser criado depois que todas as informações são selecionadas e avaliadas. Conhecendo o ciclo completo, do estresse à recuperação, é possível criar um quadro geral da situação, permitindo a personalização ideal e as modificações eventualmente necessárias. No decorrer do processo, o atleta é responsável por ouvir e honrar o impulso de intensificar os seus esforços e a necessidade de se recuperar adequadamente. Trabalhando juntos, o treinador e o atleta podem usar os seus conhecimentos sobre o equilíbrio estresse--recuperação para reduzir as frustrações no treinamento, elevar o desempenho a novos patamares e melhorar a experiência esportiva em geral.

CAPÍTULO 9

Fisiologia do exercício para triatletas

Krista Austin

A fisiologia do exercício é o estudo do modo como os sistemas do corpo humano se integram para trabalhar. O objetivo deste capítulo é entender a fisiologia do treinamento com base nos sistemas de energia e aplicá-la aos sistemas muscular e cardiorrespiratório do corpo humano. Além disso, o capítulo mostra como monitorar, avaliar e manipular o treinamento e descreve adaptações fisiológicas a diferentes ambientes.

Sistemas de energia

A capacidade de qualquer atleta de manter séries prolongadas de treinamento ou competição depende da capacidade do corpo de gerar energia. O corpo humano pode ser treinado para gerar horas de contração muscular com a energia armazenada no corpo. A energia contida no corpo humano vem em forma de adenosina trifosfato (ou trifosfato de adenosina – ATP), considerada a moeda corrente universal do corpo. Existem três fontes básicas de energia utilizadas para alimentar a produção de ATP. Essas fontes são a fosfocreatina (CP, na sigla em inglês), os carboidratos e as gorduras.

A ATP para a contração muscular é produzida por três sistemas de energia: o sistema de energia imediata (ATP-CP), a glicólise anaeróbia (não oxidativa) e o sistema de energia aeróbia (oxidativa). Os dois primeiros sistemas costumam ser conhecidos conjuntamente como o sistema de energia anaeróbia e são capazes de funcionar sem a presença de oxigênio (O_2). Esse sistema predomina nas séries de exercícios com duração de até 4 minutos. O sistema de energia anaeróbia pode gerar grandes quantidades de energia com muita rapidez, mas é limitado e fornece energia por apenas um curto período de atividade. Por sua vez, o sistema de energia aeróbia é mais lento para gerar energia, mas é capaz de atuar durante horas para sustentar uma atividade.

Os sistemas de energia funcionam em uma sequência contínua, como mostra a Figura 9.1. Embora um sistema de energia possa ser predominante, os três funcionam juntos para fornecer a energia necessária durante um exercício. A produção de energia por cada um dos três sistemas depende da intensidade e da duração do exercício. No Quadro 9.1, os sistemas de energia são divididos com base em uma sequência contínua de tempo; a fonte de energia também é fornecida.

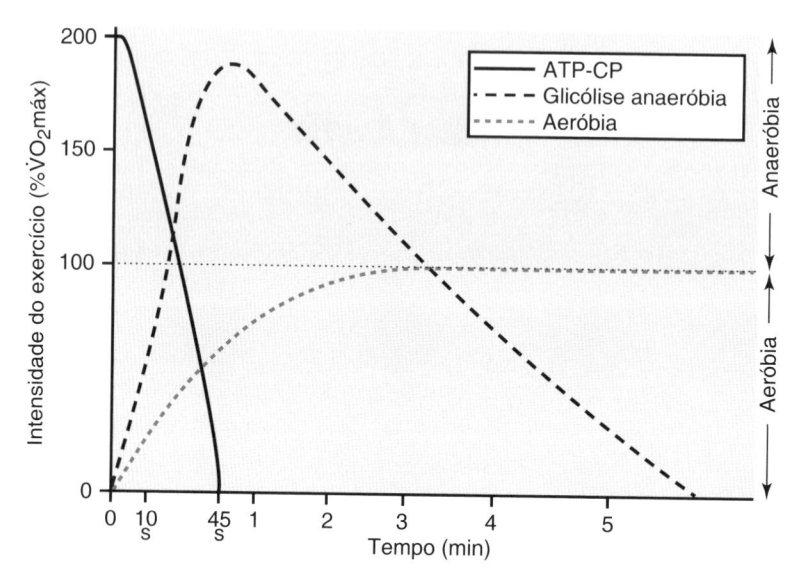

FIGURA 9.1 – Os sistemas de energia funcionam juntos para fornecer energia.

Fonte: reproduzida, com permissão, de K. Austin e B. Seebohar, 2011, *Performance nutrition: applying the science of nutrient timing* (Champaign, IL: Human Kinetics), p. 17.

Quadro 9.1 – Sistemas de energia para atividades baseadas na duração

Duração	Classificação	Fonte de energia predominante
1 a 10 s	ATP-CP	ATP (nos músculos) + fosfocreatina
10 s a 2 min	Anaeróbia	ATP (nos músculos) + fosfocreatina + glicogênio muscular
2 a 4 min	Anaeróbia + aeróbia	Glicogênio muscular + fosfocreatina + ácido láctico
4 a 5,5 min	Aeróbia + anaeróbia	Glicogênio muscular + ácidos graxos
> 5,5 min	Aeróbia + anaeróbia	Ácidos graxos + glicogênio muscular

Fonte: reproduzido, com permissão, de K. Austin e B. Seebohar, 2011, *Performance nutrition: applying the science of nutrient timing* (Champaign, IL: Human Kinetics), p. 20.

Sistemas muscular e cardiorrespiratório

O sistema muscular consiste nos elementos contidos em uma célula muscular que permitem que o músculo esquelético se contraia e exerça força. O corpo humano necessita de uma fonte contínua de oxigênio e nutrientes para manter a produção de energia para as suas muitas e complexas funções e sustentar a atividade durante o exercício. Esse processo é facilitado pelo sistema cardiorrespiratório do corpo, que consiste no coração e nos pulmões. Juntos, esses órgãos funcionam de modo a garantir o transporte de oxigênio e outros nutrientes pelo sangue para os tecidos ativos (músculos, fígado, e assim por diante). Isso é importante, em especial, durante o exercício, porque o oxigênio e o combustível são necessários para que os músculos do corpo possam continuar funcionando.

O treinamento aeróbio e anaeróbio leva a adaptações gerais do sistema muscular que estimulam o sistema cardiorrespiratório. Isso significa que os músculos emitem sinais para o coração e os pulmões. A corrida, a natação e o ciclismo permitem adaptações gerais e específicas do treinamento. Por exemplo, esses esportes proporcionam adaptações gerais, como uma melhor taxa de contração do músculo cardíaco, mas que são específicas para cada modalidade, o que significa que nadar com uma frequência cardíaca de 160 batimentos por minuto não prepara o atleta para correr com essa mesma frequência cardíaca, mas ajuda a melhorar o condicionamento geral. As melhorias na capacidade das fibras musculares são específicas para o esporte e o evento em questão. Isso ocorre basicamente porque as fibras musculares aprendem a repetir os movimentos utilizados no treinamento. Um exemplo é a diferença entre o treinamento muscular que a corrida proporciona às pernas e aquele oferecido pela natação. Ambas as formas de treinamento ajudam a desenvolver características musculares que podem ser utilizadas nos treinos de qualquer esporte. Entretanto, a corrida requer o grau certo de força dos ligamentos e uma adaptação ao esforço muscular e cardiorrespiratório de sustentação do peso do corpo que a natação não exige. Nas próximas seções, você irá aprender como os músculos funcionam, conhecer os diferentes tipos de músculos e descobrir como o coração e os pulmões adaptam-se ao treinamento.

Fisiologia muscular

A contração musculoesquelética é controlada pelo cérebro por meio sistema nervoso central (SNC). O córtex motor é a área do SNC que memoriza as contrações musculares. Os músculos se contraem quando as mensagens emitidas pelo SNC geram impulsos para os nervos conectados aos neurônios motores, que inervam e controlam diretamente os músculos. A força produzida por uma contração muscular depende do número e do tamanho dos neurônios motores recrutados e da frequência com que eles são estimulados.

A produção de força depende dos tipos de fibra muscular recrutados para realizar a tarefa. Existem três tipos básicos de fibras musculares: fibras de contração lenta (Tipo I) e fibras de contração rápida (Tipo IIa e Tipo IIb). Os músculos são formados por todos os tipos de fibra. A distribuição dos tipos de fibra depende do treinamento, da genética e da função desempenhada pelo músculo. As fibras musculares de concentração lenta estão associadas ao desempenho de resistência e promovem a produção de energia pelo sistema de energia aeróbia. As fibras de concentração rápida estão associadas ao desempenho de força e potência e produzem a energia gerada com o glicogênio e a ATP-CP armazenados nas células musculares. O triatlo exige uma proporção significativamente maior de fibras musculares Tipo I. Entretanto, é fundamental desenvolver também a capacidade das fibras musculares Tipos IIa e IIb, para que se possa utilizar uma ampla faixa de capacidade de energia.

As fibras musculares operam de acordo com um conceito conhecido como a teoria dos filamentos deslizantes e são compostas por muitas proteínas. As duas principais proteínas necessárias para a contração são a actina e a miosina. A primeira é estruturada em cabeças, e, quando uma fibra muscular é estimulada para se contrair, ela se liga à segunda para criar o que é conhecido como ponte cruzada. Quando várias cabeças de miosina se ligam à actina, elas puxam os filamentos de proteína, que deslizam uns sobre os outros em forma de remo, fazendo os músculos se contraírem. À medida que a intensidade de força exigida pelos músculos aumenta, mais pontes cruzadas devem se formar.

Vários fatores influenciam o número de pontes cruzadas musculares formadas e sustentadas durante uma série de exercícios. Entre esses fatores, estão a temperatura, a alimentação de oxigênio, a acidez e a carga elétrica dos músculos e o fornecimento de combustível. Os aumentos de temperatura dos músculos e de todo o corpo inibem a capacidade de ligação e contração da actina e da miosina. Além disso, a capacidade do corpo de descarregar oxigênio para os músculos diminui à medida que a temperatura do corpo aumenta, levando, consequentemente, à fadiga muscular. O fornecimento de oxigênio depende não apenas da temperatura, mas, também, da acidez do sangue e dos músculos.

A acidez (pH) do sangue é definida, na fisiologia, pelo acúmulo de íons de hidrogênio e lactato. O pH que pode ser manipulado durante o treinamento e a competição depende da capacidade tamponante dos músculos, que é a capacidade do corpo de "absorver" e tolerar o hidrogênio produzido a partir do metabolismo energético. A capacidade tamponante é limitada pela quantidade de bicarbonato dos músculos. O acúmulo de hidrogênio é prejudicial porque interfere na capacidade de ligação da actina e da miosina. O hidrogênio produzido pode ser "capturado" pelo bicarbonato (hidrogênio + bicarbonato) e convertido em ácido carbônico, que é, imediatamente, desmembrado pelo organismo em água e dióxido de carbono. A água, então, é recirculada nos sistemas do corpo e o dióxido de carbono é descarregado nos pulmões. O lactato produzido permanece no sangue, acumulando-se ou sendo utilizado como fonte de combustível por outros tecidos do corpo. À medida que o pH continua a cair, menos oxigênio é descarregado para os músculos, mais fibras musculares precisam ser recrutadas para que qualquer série de exercícios seja realizada e a quantidade de oxigênio necessária para o exercício continua a aumentar; juntos, esses fatores resultam em fadiga.

A carga elétrica dos músculos é mantida basicamente por dois eletrólitos essenciais: o sódio e o potássio. Toda vez que um músculo se contrai, os níveis de sódio e potássio têm por função atravessar suas portas e manipular as suas cargas elétricas.

Uma carga positiva relaxa o músculo, ao passo que uma carga negativa o contrai. A capacidade do músculo de continuar esse processo depende muito da concentração de eletrólitos à sua disposição. Uma quantidade significativa de sódio e potássio pode se perder no suor durante o exercício; por isso, é importante que o atleta mantenha o equilíbrio hidroeletrolítico durante o treinamento e a competição (*vide* mais informações no Capítulo 27, sobre hidratação). A depleção de sódio pela redução do consumo de alimentos que contêm sódio, pela ingestão apenas de água ou pela falta de reposição adequada dos eletrólitos perdidos através do suor pode levar a problemas significativos durante a prática de exercícios prolongados, inclusive câimbras musculares e, consequentemente, fadiga, especialmente no calor. Esses eletrólitos são essenciais também para auxiliar na recuperação muscular.

O último fator determinante do número de pontes cruzadas musculares necessário para sustentar a atividade é o fornecimento de combustível. Os músculos precisam que a energia em forma de ATP seja disponibilizada pelas fontes de fosfocreatina, carboidrato e gordura. No triatlo, é importante que os músculos do atleta aprendam, sobretudo, a extrair energia das gorduras como fonte de combustível, bem como das reservas de glicogênio (carboidratos). À medida que as reservas de glicogênio se esgotam, a capacidade de sustentar a contração muscular começa a diminuir, devendo-se formar um maior número de pontes cruzadas para continuar produzindo a mesma quantidade de trabalho. Durante a competição, os atletas sofrem fadiga progressiva se não receberem energia suficiente em forma de carboidratos, o que demonstra a importância de se elaborar um plano nutricional para o treinamento e a competição que mantenha a quantidade necessária de carboidratos. Você aprenderá mais sobre esse processo no Capítulo 26, sobre nutrição.

Fisiologia cardiorrespiratória

O coração, os pulmões e os vasos sanguíneos formam um circuito contínuo que transporta o sangue para o corpo todo e compõem o sistema cardiorrespiratório. O sangue é formado por plasma (aproximadamente, 55%-65%), leucócitos e plaquetas (cerca de 1%), e glóbulos vermelhos (por volta de 38%-45%). Os glóbulos vermelhos são o principal componente responsável pelo transporte de oxigênio para os tecidos funcionais. Existem muitos glóbulos vermelhos no corpo humano, e dentro de cada um deles existem cerca de 250 milhões de moléculas de hemoglobina (Hb). Ela é a proteína transportadora de oxigênio; consequentemente, é essencial para o fornecimento de sangue rico em oxigênio para os tecidos do corpo. O aumento do volume sanguíneo por meio do aumento da produção de água, eletrólitos, glóbulos vermelhos e hemoglobina é uma adaptação básica para o atleta com o treinamento de resistência.

Os pulmões e outros órgãos envolvidos na respiração são responsáveis por fornecer ar rico em oxigênio e remover dióxido de carbono por meio da troca gasosa. A cada incursão respiratória, ocorre o fornecimento de oxigênio e a remoção de dióxido de carbono. Com o treinamento, os atletas adaptam os músculos associados aos pulmões para obter uma taxa de respiração mais eficiente. A troca gasosa é maior a cada incursão respiratória.

A resposta do sistema cardiorrespiratório para o treinamento físico é caracterizada pelos níveis de débito cardíaco, pela capacidade máxima de transporte de oxigênio ($\dot{V}O_2$máx), e pelo percentual fracionado do consumo máximo de oxigênio (%$\dot{V}O_2$máx) necessário para a realização de uma determinada carga de trabalho. O débito cardíaco é a quantidade de sangue bombeada pelo coração durante um período de 1 minuto e pode ser definido pela frequência cardíaca (FC) multiplicada pelo volume de ejeção (VE), em que FC designa a frequência com que o coração se contrai e VE é o volume de sangue ejetado pelo coração a cada contração. O $\dot{V}O_2$máx é a quantidade máxima de oxigênio que o corpo pode consumir. Obtém-se esse valor multiplicando CO pela diferença de $(a - \bar{v})O_2$, que é a diferença média entre o conteúdo de oxigênio do sangue arterial e venoso misto. O sangue oxigenado é fornecido aos músculos funcionais através dos vasos arteriais, e o oxigênio que permanece no sangue depois de circular pelo corpo retorna aos pulmões através dos vasos venosos.

Efeitos do treinamento sobre os sistemas muscular e cardiorrespiratório

As adaptações ao treinamento exigem um estímulo repetido durante cerca de 2 a 4 semanas, para que o corpo consiga lidar totalmente com o estresse aplicado aos sistemas muscular e cardiorrespiratório. As adaptações ao treinamento no triatlo envolvem tanto a resistência muscular local quanto a resistência cardiorrespiratória geral; entretanto, é o treinamento realizado pelo sistema muscular que estimula e norteia a adaptação do coração e dos pulmões. Consequentemente, é importante que se conheçam os efeitos do treinamento, sobretudo no que diz respeito ao sistema muscular.

Treinamento e o sistema muscular

O treinamento pode ser classificado com base nos sistemas de metabolismo aeróbio e anaeróbio. O treinamento de resistência aeróbia envolve aquelas adaptações resultantes do treinamento em intensidades equivalentes ou inferiores ao limiar anaeróbio (definido como a intensidade mais alta em que um exercício em estado estável consegue ser mantido sem aumentos significativos das concentrações de lactato no sangue). A intensidade do treinamento deve ser apenas suficiente para garantir a sua sustentação por um tempo igual ou superior ao da competição real. O treinamento de resistência aeróbia tem por objetivo ajudar os músculos a funcionar de forma mais eficiente por meio de maiores e melhores adaptações estruturais que promovam o uso do oxigênio. Isso é feito pelo aumento da capacidade de fibras musculares Tipo I e pela conversão das fibras Tipo IIa em Tipo IIb, o que melhora o uso de oxigênio.

Podem ocorrer quatro adaptações estruturais básicas resultantes do treinamento de resistência aeróbia: (1) aumento do número de capilares que abastecem as fibras musculares; (2) aumento do conteúdo de mioglobina nos músculos; (3) aumento do número e no tamanho das mitocôndrias no músculo esquelético; e (4) aumento das concentrações de enzimas oxidativas. Os capilares são vasos sanguíneos muito pequenos incrustados no músculo esquelético. Eles atuam como transportadores diretos de oxigênio e nutrientes (por exemplo, carboidratos, eletrólitos) e também removem dióxido de carbono e derivados metabólicos, como lactato e íons de hidrogênio. O aumento do número de capilares que circundam os músculos promove o fornecimento de oxigênio. A mioglobina é o equivalente muscular da hemoglobina. O seu aumento, que ocorre em decorrência do treinamento aeróbio, melhora a capacidade muscular de utilização do oxigênio. Ela aceita o oxigênio proveniente da hemoglobina e o transporta para as áreas dos músculos que mais necessitam dele. Esse processo envolve basicamente as vias oxidativas existentes nas mitocôndrias que são consideradas a usina de força das células musculares. Elas utilizam o oxigênio fornecido para gerar ATP pelas vias metabólicas oxidativas, que são mais numerosas à medida que a quantidade de enzimas oxidativas aumenta e, consequentemente, o corpo consegue intensificar a utilização da gordura como fonte de combustível durante o exercício. Isso aumenta a quantidade de energia gerada pelo metabolismo aeróbio e poupa o glicogênio muscular, ambos fundamentais para manter o desempenho em provas de resistência.

O treinamento anaeróbio intervalado para provas de resistência aumenta a quantidade de energia que pode ser eficientemente produzida por meio da glicólise anaeróbia e dos sistemas de energia ATP-CP. O treinamento intervalado melhora a capacidade tamponante do músculo esquelético e, se elaborado corretamente, melhora a potência máxima, a força e a capacidade anaeróbia. Esse tipo de treinamento, frequentemente chamado de treinamento intervalado de alta intensidade (HIT, na sigla em inglês), envolve séries repetidas de exercícios de duração curta a moderada (30 segundos a 5 minutos). A intensidade do treinamento associada ao HIT situa-se acima do limiar anaeróbio e é predominantemente baseada na produção de níveis críticos de potência e ritmo iguais ou superiores daqueles mantidos durante uma competição. Após um período de HIT, os atletas podem realizar a mesma carga de trabalho com níveis mais baixos de lactato e uma taxa reduzida de esforço percebido. Além disso, é possível manter durante mais tempo níveis mais intensos de atividade, e o atleta também tolera níveis mais elevados de lactato à medida que a remoção dele nos músculos é mais acelerada.

A melhor capacidade de trabalho obtida com o HIT é resultante de três adaptações básicas. A primeira adaptação essencial é o aumento da quantidade de enzimas associadas à produção de ATP por meio da glicólise anaeróbia e do sistema de energia ATP-CP. Isso permite uma melhor utilização e oxidação (gerando energia por meio do metabolismo do oxigênio) dos carboidratos como combustível. O treinamento intervalado de alta intensidade aumenta o uso das vias de energia oxidativa e diminui a quantidade de lactato que vaza para o sangue com uma determinada carga de trabalho. Isso ocorre à medida que os carboidratos continuam agindo pelo processo conhecido como ciclo de Krebs nas mitocôndrias para gerar mais ATP.

Além de melhorar a oxidação dos carboidratos, o corpo é capaz também de utilizar mais carboidrato em consequência do HIT que, por sua vez, aumenta o número de fibras musculares que pode ser recrutado para cumprir a tarefa e a capacidade de trabalho. Consequentemente, são utilizados níveis mais elevados de carboidrato, havendo uma produção maior de lactato ao final de um esforço máximo, o que indica um aumento na capacidade do sistema de energia anaeróbia.

Ademais, a capacidade de tolerar altos níveis de lactato estimula o desenvolvimento de bicarbonato. Como visto anteriormente, o bicarbonato absorve os íons de hidrogênio produzidos durante o desmembramento dos carboidratos ao longo da produção de energia não oxidativa. Na presença de níveis mais elevados de bicarbonato, a quantidade de íons de hidrogênio removida é maior, permitindo, assim, a constante formação de um maior número de pontes cruzadas e a sustentação de contrações musculares mais fortes, resultando em um melhor desempenho.

Outro benefício significativo proporcionado pelo HIT é uma queda na temperatura do centro do corpo alcançada durante o exercício. À medida que a temperatura do centro do corpo – a quantidade de calor armazenada pelo corpo – aumenta no decorrer do tempo, o rendimento começa a cair. Com uma determinada carga de trabalho, o custo energético do exercício submáximo é substancialmente menor após um HIT em que a potência máxima tenha melhorado. Em consequência de uma maior economia durante o exercício, o corpo não acumula calor com tanta rapidez e a função muscular não é logo prejudicada, o que resulta em um rendimento mais sustentável.

O desenvolvimento de padrões neuromusculares também já foi sugerido como um dos benefícios do HIT. O treinamento intervalado de alta intensidade facilita a adaptação dos padrões neuromusculares recrutados durante a atividade em ritmo de competição. Como visto anteriormente, o cérebro tem uma região conhecida como córtex motor. Nessa região, são armazenados padrões musculares juntamente com o número de unidades motoras necessário para executá-los. Durante a competição, esses padrões são acionados para facilitar o desempenho, e aqueles padrões mais utilizados passam a predominar durante esse tempo de estresse físico.

O treinamento de força é outro meio de melhorar o desempenho ao longo das adaptações do sistema muscular. Esse tipo de treinamento tem três objetivos básicos. O primeiro é melhorar a força muscular definida pela força máxima que pode ser gerada por um músculo ou grupo de músculos. O segundo é melhorar a potência muscular, que é o aspecto explosivo da força, executando um movimento específico em uma determinada velocidade. E o terceiro objetivo do treinamento de força para atletas de resistência consiste em melhorar a resistência muscular. Isso é definido como a capacidade de sustentar repetidas contrações musculares com uma determinada carga de trabalho durante um período prolongado de tempo. O aumento da intensidade da força que pode ser produzida em um dado período e a melhor capacidade de sustentação dessa força ao longo de uma determinada distância resultarão em um melhor desempenho, porque os músculos não estarão tão suscetíveis à fadiga.

Treinamento e o sistema cardiorrespiratório

As adaptações do sistema cardiorrespiratório são o resultado direto das adaptações do músculo esquelético à atividade que está sendo realizada, e, por sua vez, estimulam a adaptação do coração e dos pulmões. Os efeitos do treinamento no sistema cardiorrespiratório são vistos como aumentos do $\dot{V}O_2$máx e do débito cardíaco. Em razão de fatores genéticos, ambos acabam se estabilizando. Entretanto, a adaptação ao treinamento e a economia do sistema cardiorrespiratório ainda podem melhorar significativamente. As melhorias no $\dot{V}O_2$máx e no débito cardíaco dependem da ocorrência de três tipos básicos de adaptação do corpo: (1) o volume total de sangue aumenta; (2) o coração se fortalece em decorrência da atividade realizada; (3) o fornecimento de oxigênio para os músculos do corpo aumenta. Em consequência dessas adaptações, o coração é capaz de bombear com mais eficiência grandes quantidades de sangue para os músculos funcionais a cada contração, permitindo, por sua vez, o fornecimento de oxigênio e a remoção mais eficiente do dióxido de carbono, juntamente com outros derivados metabólicos. Essas adaptações encontram-se detalhadas nos parágrafos adiante.

O aumento do volume total de sangue que ocorre com o treinamento de resistência é resultante de um processo bifásico. Na primeira fase, os hormônios estimulam o aumento da retenção do volume total de água no corpo durante um período de 10 dias. A segunda fase consiste em uma maior produção de glóbulos vermelhos durante um período aproximado de 4 semanas. A melhoria no volume total de sangue beneficia os atletas por meio de três mecanismos diferentes: (1) maior capacidade de regular a temperatura do corpo na medida em que o maior conteúdo hídrico permite uma melhor dissipação do calor, aumentando, consequentemente, a taxa de transpiração; (2) maior eficiência e funcionalidade do músculo cardíaco; (3) maior capacidade de transporte de oxigênio em decorrência do maior número de glóbulos vermelhos.

O coração é um músculo que responde ao treinamento de forma muito semelhante ao músculo esquelético. Pode-se impor ao coração uma determinada carga aumentando o número de vezes que ele deve se contrair ou a força com que ele se contrai. Com as repetidas contrações, o músculo cardíaco se torna mais forte e eficiente; consequentemente, o coração não precisa se contrair com tanta frequência para executar a mesma carga de trabalho. Além disso, o envolvimento prolongado em um treinamento de longa distância aumenta o VE, com a consequente redução da frequência cardíaca de repouso e exercício com uma determinada carga de trabalho. Utilizando a fórmula do débito cardíaco (VE × FC), é possível entender como a FC diminui em intensidades de exercício submáximas em consequência do aumento do VE. Durante a prática de exercício de intensidade máxima, o maior volume de sangue provoca o aumento do débito cardíaco máximo, observando-se, por conseguinte, um aumento do $\dot{V}O_2$máx. Outro benefício de um coração mais forte e um maior VE é a recuperação mais rápida depois de uma bateria de exercícios intensa ou próxima do nível máximo.

A melhora do volume total de sangue e da eficiência cardíaca resultam também em um melhor fornecimento de oxigênio para os músculos funcionais. Além disso, em razão do maior número de glóbulos vermelhos, a concentração de hemoglobina aumenta. Desse modo, verifica-se uma maior capacidade do sangue para transportar oxigênio, e o aumento do volume de sangue melhora o tempo de trânsito para o fornecimento de oxigênio para os músculos funcionais. Juntos, esses fatores levam a um melhor desempenho de resistência.

A adaptação dos pulmões também contribui para melhorar o $\dot{V}O_2$máx e o débito cardíaco. Com o treinamento, os pulmões tornam-se mais eficientes e podem aumentar a quantidade de oxigênio fornecida a cada incursão respiratória; consequentemente, a ventilação diminui. Esta depende do volume corrente e da frequência respiratória (volume corrente × frequência). Volume corrente é aquele oriundo de ar inspirado ou expirado a cada incursão respiratória. O meio básico de redução da ventilação é o aumento do volume corrente, que permite uma frequência respiratória mais baixa. A melhor capacidade dos pulmões durante o exercício é um fator importante para melhorar o desempenho de resistência.

Como avaliar o desempenho

O monitoramento do treinamento fornece tanto ao treinador quanto ao atleta um quadro instantâneo do que está ocorrendo no corpo do atleta em consequência do estímulo do próprio treinamento. O sistema de monitoramento utilizado deve avaliar objetivamente a condição de treinamento do atleta e incluir uma avaliação da carga de treino, identificar os efeitos de uma intervenção de treinamento e servir, ainda, para aprimorar o formato dele. Já as adaptações nele devem ser medidas diariamente e somadas, para fornecer um quadro geral das alterações fisiológicas ocorridas durante todo o ciclo de treinamento.

Os principais preditores fisiológicos do desempenho no triatlo são a economia submáxima no exercício e o rendimento máximo de velocidade e potência. Essas medidas preditivas podem ser objetivamente avaliadas para um triatleta com medições fisiológicas dos níveis de lactato no sangue, da frequência cardíaca, da taxa de esforço percebido (RPE, na sigla em inglês; *vide* Quadro 9.2), e da captação submáxima de oxigênio. O monitoramento pode ser feito com medições de campo e laboratório, dependendo do que o atleta e o treinador preferirem e dos tipos de equipamentos de testes fisiológicos a que eles tiverem acesso. Quer essas medições seja feitas em um ambiente de laboratório, quer de campo, é muito importante conhecer os níveis submáximos de rendimento em relação à capacidade máxima de exercício; consequentemente, os esforços submáximos podem ser considerados um percentual relativo do esforço máximo.

Quadro 9.2 – Escala de classificação de esforço percebido (RPE)

Número na escala RPE	Frequência respiratória/capacidade de falar	Esforço
1	Repouso	Muito leve
2	Facilidade para falar	Leve
3	Facilidade para falar	Moderado
4	Você consegue, mas com mais esforço	Um tanto forte
5	Você consegue, mas com mais esforço	Forte
6	Respirar é um desafio/você prefere não falar	Forte
7	Respirar é um desafio/você prefere não falar	Muito forte
8	Fortemente ofegante/é difícil conversar	Muito forte
9	Fortemente ofegante/é difícil conversar	Extremamente forte
10	Você não consegue manter essa intensidade por muito tempo	Máximo

Fonte: reproduzido, com permissão, de K. Austin e B. Seebohar, 2011, *Performance nutrition: applying the science of nutrient timing* (Champaign, IL: Human Kinetics), p. 30.

Monitoramento da carga de treinamento

O monitoramento da carga de treinamento ajuda o treinador saber como o corpo do atleta está tolerando o treinamento físico ministrado. A carga de treinamento nos informa a quantidade de trabalho que o atleta realizou e o grau de dificuldade com que ele o fez. A carga de treinamento é definida como a duração multiplicada pela intensidade (conforme percebida pelo nível de esforço). As pesquisas mostram que as pessoas podem ter diferentes limiares de tolerância à mesma carga de treinamento. Existem três possíveis níveis ou perspectivas de monitoramento: a visão do atleta, a do treinador e a do cientista ou do médico esportivo. Cada um tem um nível de responsabilidade por monitorar até que ponto o atleta está se adaptando ao treinamento; entretanto, cada um tem uma perspectiva diferente em relação ao que é monitorado e à maneira como isso é feito. O nível mais importante é o do atleta, porque ele pode monitorar-se de forma intrínseca diariamente e fornecer *feedback* e informações que podem servir de orientação para o treinador, o cientista ou o médico.

Uma das maneiras mais eficazes de monitorar a carga de treinamento, bem como as respostas e a adaptação do atleta (positiva ou negativa), é por meio do uso regular de registros diários do treinamento do atleta. Tanto os dados quantitativos físicos quanto os dados mais qualitativos (sentimentos, humor e emoções) devem ser registrados diariamente e analisados regularmente com os treinadores e a equipe de apoio. Se introduzidos e monitorados de forma eficaz, os registros de treinamento podem ser uma ferramenta muito valiosa de conscientização do atleta e do treinador, bem como de apoio ao desenvolvimento do atleta em longo prazo e na prevenção do *overtraining*.

Os dados fisiológicos quantitativos necessários para calcular a carga de treinamento podem ser facilmente avaliados por meio do monitoramento da FC ou da RPE em relação à velocidade ou à geração de potência de treinamento. A carga de treinamento pode, portanto, ser definida como RPE ou FC × duração (em minutos). A inclusão de uma pontuação da escala de satisfação (*vide* Quadro 9.3) acrescenta uma medida psicobiológica subjetiva que inclui a perspectiva mental do atleta em relação ao resultado da sessão de treinamento. Isso é importante, porque o estado psicológico pode alterar significativamente a carga de treinamento. Ao utilizar uma escala, o componente satisfação é acrescentado à fórmula, que fica da seguinte maneira: RPE ou FC × duração × escala de satisfação. Você pode, então, ver o papel da sua visão mental em relação ao aparente grau de dificuldade de uma sessão de treinamento, o que é de grande valia para o treinador ou para o atleta que está tentando entender por que algo simplesmente não funciona em determinados dias ou por que funciona extremamente bem em outros. Por exemplo, suponhamos que o atleta não durma bem na noite anterior a uma sessão de bicicleta de 6 horas e atribua a essa sessão 9 pontos na escala de satisfação por ter levado um "empurrãozinho" de seus parceiros de treino. Na semana seguinte, ele realiza a mesma sessão depois de ter dormido bem na noite anterior e se sai bem no treino; ele atribui a essa sessão 2 pontos na escala de satisfação. Como você pode ver, a carga de treinamento foi reduzida de modo significativo em relação à semana anterior, o que mostra como a satisfação do atleta influencia a sua percepção quanto à carga que uma sessão de treinamento lhe impõe.

Quadro 9.3 – Escala de satisfação

0	O melhor exercício de todos
1-2	Muito satisfeito
3-4	Relativamente satisfeito
5-6	Nem satisfeito, nem insatisfeito
7-8	Relativamente insatisfeito
9	Muito insatisfeito
10	O pior exercício que se possa imaginar

Fonte: reproduzido, com permissão, de K. Austin e B. Seebohar, 2011, *Performance nutrition: applying the science of nutrient timing* (Champaign, IL: Human Kinetics), p. 33.

A Tabela 9.1 contém um exemplo de cálculo da carga de treinamento baseado na RPE e na pontuação da escala de satisfação; a Tabela 9.2 apresenta um exemplo adicional de cálculo baseado na FC.

Tabela 9.1 – Cálculo da carga de treinamento por meio da RPE e da escala de satisfação

Dia	RPE	Satisfação	Duração (min)	Carga de treinamento
Domingo	2	1	45	90
Segunda-feira	9	5	60	2.700
Terça-feira	4	3	90	1.080
Quarta-feira	3	2	30	180
Quinta-feira	7	1	45	315
Sexta-feira	2	1	45	90
Sábado	3	1	120	360

Tabela 9.2 – Cálculo da carga de treinamento por meio da FC e da escala de satisfação

Dia	FC (dividida por 100)	Satisfação	Duração (min)	Carga de treinamento
Domingo	1,1	1	45	49,5
Segunda-feira	1,9	5	60	570
Terça-feira	1,35	3	90	364,5
Quarta-feira	1,20	2	30	72
Quinta-feira	1,60	1	45	72
Sexta-feira	1,05	1	45	47,25
Sábado	1,15	1	120	138

Outro aspecto fundamental do monitoramento do treinamento é a recuperação. As medidas básicas que podem ser monitoradas para examinar a adaptação ao treinamento são o número de horas de sono de um atleta, a qualidade do sono e a pontuação atribuída a uma qualidade total de recuperação (TQR, na sigla em inglês; Quadro 9.4). A duração e a qualidade do sono de um atleta são dois dos maiores preditores de sua recuperação e capacidade para lidar com a carga de treinamento. A TQR foi desenvolvida com base na escala de RPE para enfatizar a relação que deve existir entre a recuperação e a dificuldade de uma sessão de treinamento. O objetivo é conhecer a capacidade do atleta para se recuperar de diferentes tipos de sessão de treinamento.

Quadro 9.4 – Escala de qualidade total de recuperação (TQR)

0	Nenhuma recuperação
1	Recuperação extremamente ruim
2-3	Recuperação muito ruim
4	Recuperação ruim
5	Recuperação satisfatória
6-7	Boa recuperação
8	Recuperação muito boa
9-10	Recuperação extremamente boa

Fonte: reproduzido, com permissão, de K. Austin e B. Seebohar, 2011, *Performance nutrition: applying the science of nutrient timing* (Champaign, IL: Human Kinetics), p. 33.

Se ele se recupera muito bem de uma sessão de repetições de 1,6 quilômetro em que a RPE é 9 em uma escala de 0 a 10, mas não de uma sessão de repetições de 200 metros com a mesma RPE. Isso indica que ele precisará de mais tempo para se recuperar depois desses dias de treinamento, de modo que, normalmente, o treinador ou o atleta que treina sozinho permita mais tempo de recuperação entre as sessões de treinamento mais pesadas. A TQR indica, também, os tipos de sessão de treinamento em que o atleta tem de ser mais proativo na recuperação e torná-la prioritária. De acordo com o princípio da supercompensação, quanto maior o estímulo do treinamento, maior a necessidade de recuperação. Quando a recuperação é monitorada juntamente com a carga de treinamento, podem-se evitar os efeitos negativos de um alto estímulo de treinamento. Os atletas que se recuperam adequadamente são capazes de tolerar a carga de treinamento, ao passo que aqueles que têm uma recuperação limitada ou nenhuma recuperação não conseguem tolerar uma carga de treinamento elevada. Se o atleta se recupera do treinamento, seu corpo consegue se adaptar e é possível, então, prosseguir com o treinamento.

O monitoramento da carga, a satisfação do atleta com o treinamento e a capacidade de recuperação pode ser um processo valioso, mas, em geral, é preciso paciência e reflexão para entender o que isso significa. A carga de treinamento deve ser examinada em relação aos ganhos de desempenho obtidos pelo treinamento subjacente à carga total e das cargas toleradas em diversas intensidades, com o objetivo de saber qual a carga necessária para os ciclos subsequentes de treinamento, a fim de produzir melhorias semelhantes. Ao examinar a carga e os tipos de treinamento utilizados para alcançar essa carga, o treinador ou o atleta deve considerar a maneira como ela foi tolerada psicologicamente e até que ponto o atleta se recuperou durante o tempo adequado, considerando a forma como o treinamento foi elaborado e ministrado. Com o tempo, o objetivo é encontrar padrões de carga que resultem nas melhores recompensas fisiológicas e psicológicas e evitar estilos que resultem em baixas tolerância e adaptação ao treinamento.

Os exercícios e os rumos de treinamento criteriosos são duas das melhores e mais simples maneiras de monitorar as adaptações ao treinamento. As medições dos níveis de lactato, da FC e da RPE podem ser monitoradas durante essas sessões para fornecer *feedback* objetivo e subjetivo em relação ao treinamento. Os exercícios e rumos de treinamento criteriosos normalmente envolvem a tarefa de realizar (ou tentar realizar) de um determinado número de repetições ou de cobrir uma distância específica em um determinado tempo. Isso pode incluir a opção de cumprir uma sessão de natação de longa distância em ritmo de competição (por exemplo, 4 × 1 km no ritmo identificado) ou de procurar um circuito de 16 quilômetros para correr e avaliar como o treinamento está transcorrendo com base no tempo em que você percorre essa distância. Os tempos de recuperação entre as repetições, em geral, são manipulados, ou seja, encurtados ou prolongados, de acordo com o seu nível de condicionamento. À medida que o seu condicionamento vai melhorando, você consegue encurtar os tempos de recuperação, e se estiver afastado dos treinos há muito tempo, é preciso mais tempo de recuperação para que possa cumprir a tarefa.

> ### ▶ Adaptações fisiológicas ao treinamento em temperaturas extremas
>
> Os triatletas que tentam treinar em altitude ou em temperaturas muito altas ou muito baixas devem estar cientes das alterações nos sistemas cardiorrespiratório e muscular que ocorrem nesses ambientes. Um ambiente quente aumenta o esforço decorrente da atividade, elevando a temperatura do corpo e dos músculos, bem como a frequência cardíaca (FC) associada a uma determinada intensidade de trabalho. A taxa de transpiração é mais elevada, e a possibilidade de desidratação aumenta à medida que o corpo tenta dissipar o calor.
>
> Competir com sucesso no calor requer aclimatação, ou as adaptações fisiológicas que melhoram a tolerância à atividade após uma mudança crônica no ambiente. Ao chegar a um ambiente quente, é melhor treinar nas horas mais frias do dia e aumentar lentamente o volume de treinamento no nível de calor do dia que melhor imite as condições vivenciadas durante a competição. Depois que o corpo estiver adaptado a volumes de treinamento de baixa intensidade, a aclimatação pode aumentar com a introdução de sessões que exijam intensidade. A aclimatação a um ambiente quente é marcada, inicialmente, por quedas da FC e da taxa de esforço percebido (RPE) durante uma série de treinamento, e, depois, por um aumento da taxa de transpiração para ajudar a manter uma temperatura corporal mais baixa. A Figura 9.2 mostra o tempo para essas adaptações.

Continua

Continuação

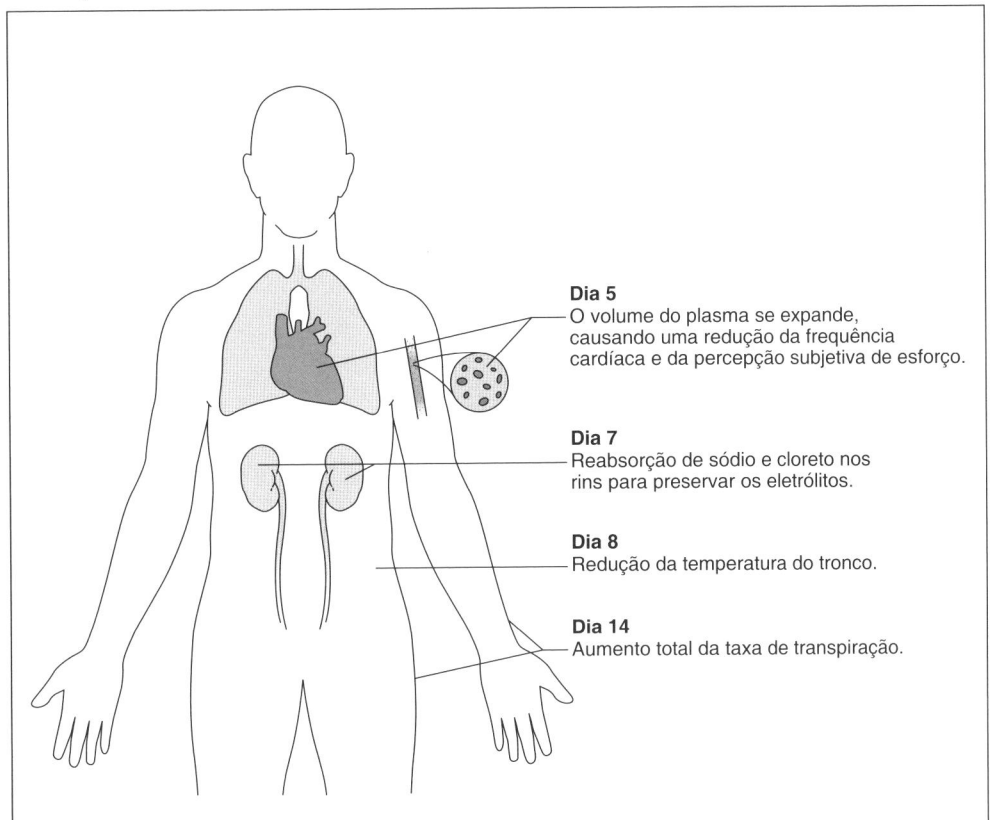

Dia 5
O volume do plasma se expande, causando uma redução da frequência cardíaca e da percepção subjetiva de esforço.

Dia 7
Reabsorção de sódio e cloreto nos rins para preservar os eletrólitos.

Dia 8
Redução da temperatura do tronco.

Dia 14
Aumento total da taxa de transpiração.

FIGURA 9.2 – Adaptações que ocorrem no corpo em decorrência da aclimatação ao calor.
Fonte: reproduzida, com permissão, de K. Austin e B. Seebohar, 2011, *Performance nutrition: applying the science of nutrient timing* (Champaign, IL: Human Kinetics), p. 147.

Os atletas que treinam e competem em ambientes frios devem se preocupar em manter a temperatura do tronco. Isso requer roupas apropriadas (e que não se tire muita roupa durante os treinos ou a competição) e uma ingestão adequada de alimentos e de líquidos. A perda excessiva de calor corporal pode resultar em hipotermia, alterando os sistemas fisiológicos do corpo. Quando a hipotermia se instala, a capacidade de produzir contrações musculares é significativamente reduzida, e o rendimento começa a cair. À medida que a hipotermia persiste, a temperatura do tronco cai a níveis perigosos, com uma redução ainda maior da qualidade do rendimento. Os indicadores da hipotermia são o rápido declínio da FC e o aumento dos tremores à medida que o corpo tenta manter a sua temperatura por meio das contrações musculares. A Figura 9.3 mostra as adaptações ao frio.

Continua

Continuação

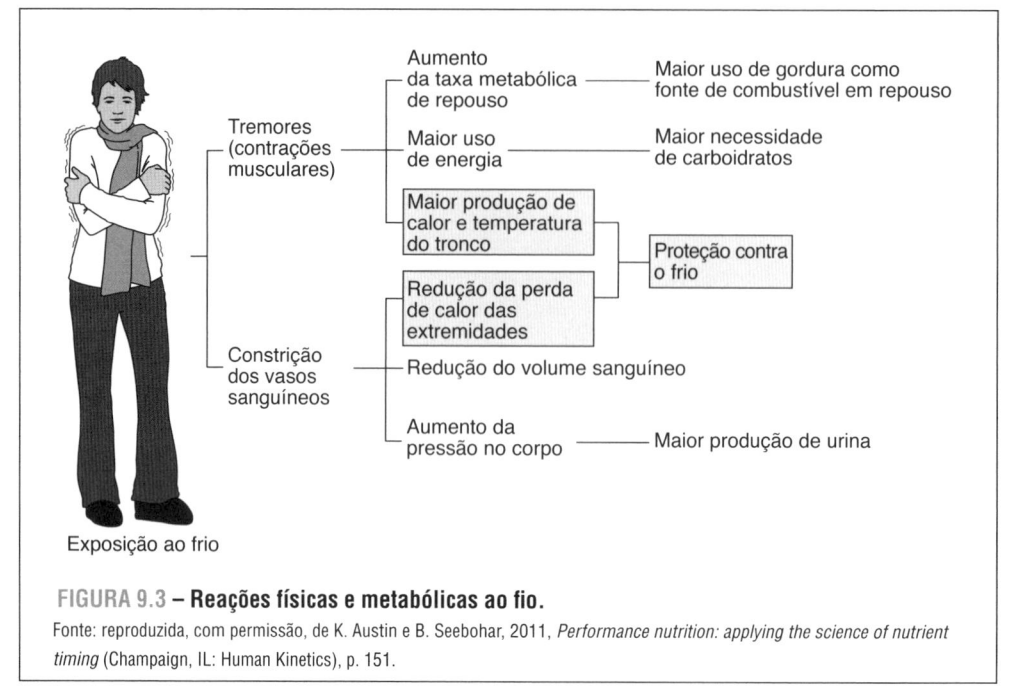

Exposição ao frio

FIGURA 9.3 – Reações físicas e metabólicas ao fio.

Fonte: reproduzida, com permissão, de K. Austin e B. Seebohar, 2011, *Performance nutrition: applying the science of nutrient timing* (Champaign, IL: Human Kinetics), p. 151.

Monitoramento da carga de treinamento

Elaborar um treinamento nunca é uma tarefa fácil. Cada atleta é uma pessoa única e necessita de um plano individualizado que otimize o treinamento. A chave para a manipulação da carga de treinamento é a variação dos três principais estressores (frequência, intensidade e volume) e a periodização dos sistemas de energia, seguindo princípios de treinamento básicos, mas importantes.

Qualquer programa de treinamento deve aumentar progressivamente a carga de treinamento de modo a promover uma alta qualidade de trabalho. Para a maioria dos atletas, a maneira mais eficaz de aumentar a carga de trabalho é utilizando o método de etapas. Esse método aumenta a carga de treinamento por meio da manipulação de uma variável a cada semana durante um período de 2 ou 3 semanas, com uma semana de regeneração em que a carga de treinamento seja significativamente reduzida antes de quaisquer novos aumentos da carga de treinamento.

Eleva-se a carga de treinamento definindo-se primeiro a frequência com que ele será realizado. Feito isso, aumenta-se o volume até o ponto desejado, e, depois, a intensidade de treinamento. Os aumentos do volume e da intensidade de treinamento não devem ser simultâneos. O volume é o tempo total gasto no treinamento ou a distância em quilômetros percorrida na corrida, no ciclismo ou na natação em um determinado período de tempo (normalmente, uma semana; entretanto, a maioria dos atletas calcula o volume total também para um período de treinamento). A intensidade é aquela com que o atleta atua, em geral, expressa como um percentual a partir de um total de 100%. Por exemplo, o atleta realiza uma sessão com

80 % de esforço máximo. A outra maneira de descrever a intensidade é baseada no ritmo. Por exemplo, o atleta realiza uma sessão de treinamento de ciclismo de 80 quilômetros no ritmo que ele almeja para uma prova de ciclismo de Ironman de 180 quilômetros. Deve-se aumentar o volume, no máximo, 10 % por vez, e manipulá-lo aumentando a duração da sessão de treinamento, do número de repetições executadas ou da distância ou da duração de uma repetição. Pode-se manipular a intensidade de treinamento ao aumentar a velocidade, a geração de potência e o número de repetições, e ao reduzir o intervalo de descanso entre as repetições.

A periodização é a chave para garantir a manipulação adequada da carga de treinamento e pode ser definida como a estruturação de um programa destinado a produzir um desempenho ideal em um determinado momento. É fundamental que os sistemas de energia sejam estruturados de forma adequada para que o atleta tenha uma sólida base aeróbia e não aumente muito rápido o seu nível de condicionamento ou treine de forma demasiadamente intensa por períodos prolongados, o que pode levar ao *overtraining*. A periodização do treinamento é tradicionalmente dividida em três fases que podem ser repetidas várias vezes durante o ano, dependendo do número de competições identificadas:

- preparação;
- competição;
- transição.

A fase de preparação é subdivida em desenvolvimento geral e potência e velocidade específica para o esporte. Os componentes do sistema de energia dessas fases são divididos nos seguintes elementos durante um ciclo de treinamento: recuperação ativa, resistência geral, resistência aeróbia, limiar láctico, intervalo aeróbio, potência anaeróbia, tolerância anaeróbia e manutenção. O Quadro 9.5 apresenta um exemplo de ciclo de treinamento único baseado em um plano tradicional de periodização dos sistemas de energia. Embora seja importante estar sempre trabalhando algum aspecto de cada sistema de energia, o foco do treinamento deve sempre predominar.

Na periodização bem-sucedida dos sistemas de energia os princípios específicos de treinamento são aplicados a cada atleta. Existem quatro princípios básicos que devem ser incorporados à periodização: sobrecarga progressiva, individualização, especificidade e reversibilidade. A integração adequada desses princípios deve resultar em níveis mais elevados de desempenho para os atletas de todas as modalidades.

A sobrecarga progressiva é um aumento intencional do volume ou da intensidade de treinamento destinada a gerar uma adaptação de treinamento que melhore o desempenho. Durante curtos períodos, os atletas podem lidar com um nível mais elevado de estresse que sobrecarrega a sua capacidade máxima de trabalho. Para adquirir força, o músculo precisa ser gradativamente estressado por meio do trabalho com uma carga maior do que a de costume, e, para aumentar a resistência, os músculos precisam trabalhar por mais tempo ou com mais intensidade do que o costume.

Quadro 9.5 – Periodização tradicional dos sistemas de energia

Resistência geral	Preparação					Competição	Transição
	Preparação geral				*Preparação específica*		
	Resistência aeróbia	Limiar láctico	Intervalo aeróbio	Potência anaeróbia	Tolerância anaeróbia	Manutenção	Recuperação/Descanso ativo
• Desenvolvimento: • do volume de treinamento; • cardiorrespiratório geral; • da resistência muscular; • da iniciação dos aspectos neuromusculares do recrutamento muscular; • da psicologia de treinamento e competição, bem como da capacidade de cognitiva da mente para realizar atividade prolongada de alto volume; • de habilidades e capacidades fundamentais, com ênfase em componentes técnicos necessários para melhorar a resistência específica para a distância em questão. • Formação da base de força do atleta.	• Desenvolvimento do fornecimento e da utilização de oxigênio. • Atividade aeróbia executada em nível mais intenso com o objetivo de preparar para os níveis de intensidade associados ao trabalho específico do esporte. • Estímulo cardiorrespiratório e muscular em estado de equilíbrio que se transformará em resistência específica para a distância em questão.	• Desenvolvimento de altos níveis de potência aeróbia sob níveis significativos de ácido láctico. • Desenvolvimento psicológico da tolerância/limiar de dor.	• Desenvolvimento da capacidade de captação e transporte de oxigênio e de tolerância de altos níveis de lactato. • Desenvolvimento da resistência específica em nível equivalente ou superior aos níveis de potência de competição. • Elevação progressiva da intensidade de velocidades moderadas para médias-rápidas em uma sessão de treinamento.	• Desenvolvimento dos níveis de potência em níveis máximos e submáximos de distâncias ou períodos de tempo progressivamente mais longos. • Desenvolvimento da capacidade de produzir altos níveis de potência sem oxigênio. • Desenvolvimento do recrutamento muscular em nível máximo.	• Desenvolvimento de condicionamento máximo por meio da produção de potência e energia na ausência de oxigênio. • Desenvolvimento os períodos de recuperação são encurtados durante o treinamento intervalado. • Desenvolvimento de padrões musculares específicos para a competição. • Máximo do sistema nervoso central.		

Foram examinados diversos métodos no que tange à imposição do aumento da carga de treinamento. Os três métodos básicos comprovados incluem um método linear e contínuo, um método de etapas e um método conhecido como *flat loading*.

O método linear e contínuo aplica-se a atletas que treinam continuamente com cargas de trabalho superiores àquelas normalmente encontradas. Não há redução intencional da carga até o término da temporada. A abordagem por etapas, descrita anteriormente, permite um aumento progressivo da carga de trabalho, com uma fase de redução da carga que permite também adaptação e regeneração do atleta. A *flat loading* coloca o volume e a intensidade mais altos que o atleta pode tolerar nas três primeiras semanas de um ciclo de treinamento, seguido por uma semana de redução de carga para regeneração e relaxamento. Esse método é apropriado apenas para atletas experientes, nacionais ou internacionais, e deve ser utilizado somente após a fase de resistência geral do ciclo de preparação. Independentemente do método de carga utilizado, o segredo para uma adaptação bem-sucedida do corpo a qualquer demanda de treinamento é a recuperação, que, por sua vez, permite a regeneração. A incorporação do período de regeneração ao ciclo de treinamento é importante para eliminar tanto a fadiga fisiológica quanto a psicológica acumulada durante o período de sobrecarga.

Já o princípio da individualização diz respeito à elaboração do treinamento com base na capacidade física de cada atleta, explorando os seus pontos fortes e melhorando progressivamente os seus pontos fracos, de modo que ele nunca limite os seus pontos fortes. Esse aspecto do treinamento deve integrar o uso objetivo das medidas de avaliação fisiológica à percepção subjetiva do treinador de seu trabalho com o atleta. No triatlo, é preciso levar em consideração também as diferenças de constituição física do atleta e a modalidade esportiva para a qual ele tenha mais aptidão e experiência de competição. Por exemplo, um atleta que ingressa no triatlo e tem ombros largos, bem como a musculatura dos membros superiores significativamente desenvolvida pela prática da natação, e que compete em caiaque em águas calmas precisará treinar com um volume e uma intensidade de corrida diferentes do atleta com experiência em corrida. Da mesma forma, dada a falta de força e musculatura nos membros superiores, o treinamento de natação que um corredor é capaz de realizar determina o volume e a intensidade de nado que ele consegue tolerar. Colocar esses dois atletas no mesmo programa de treinamento significa levá-los a extrapolar os seus níveis de tolerância de maneira não progressiva, o que só resultará em lesões e baixa qualidade de treinamento.

Por sua vez, o princípio da especificidade aplica-se a atletas que estão treinando para desenvolver os elementos relevantes do que será necessário para um desempenho bem-sucedido. Isso inclui a elaboração de um treinamento que corresponda ao volume e à intensidade da competição, bem como a preparação do atleta para aspectos como a estratégia que ele precisará utilizar nas provas de cada uma das modalidades esportivas e o ambiente em que ele poderá competir. Por exemplo, se o atleta precisar aprender a fazer repetidos ataques durante a prova de ciclismo da competição e, em seguida, descer da bicicleta para correr acima do seu limiar láctico durante a primeira parte da prova de corrida, isso deve ser incorporado progressivamente ao ciclo de treinamento, de modo a imitar a especificidade da competição.

Por fim, a reversibilidade é o princípio de treinamento que diz respeito à perda gradativa da capacidade de trabalho em decorrência da queda da frequência, da intensidade ou do volume de treinamento. A periodização deve ser configurada de modo a permitir ao atleta períodos de regeneração em que haja pouca ou nenhuma atividade física; embora o descanso e a recuperação sejam importantes, esses períodos nunca devem ser longos a ponto de resultar em uma perda significativa de condicionamento físico. A perda da capacidade de atividade física é conhecida como destreino. Depois de aproximadamente 2 semanas de inatividade, ocorre uma redução significativa da capacidade fisiológica de trabalho; daí a recomendação de que o período de regeneração incorporado ao plano de treinamento não seja superior a 2 semanas.

▶ Adaptações fisiológicas ao treinamento em altitude

A pressão do ar é reduzida em altitude, o que significa que a captação de oxigênio é menor a cada incursão respiratória, resultando em hipoxia (a taxa de fornecimento de oxigênio não consegue suprir a quantidade usada pelo corpo). A Figura 9.4 descreve a reação inicial do corpo. Os atletas de resistência viajam ou moram intencionalmente em regiões altas para melhorar a capacidade oxidativa e aumentar a quantidade de glóbulos vermelhos e hemoglobina disponíveis para transportar oxigênio para os músculos que se está exercitando. O treinamento em altitude melhora, também, a capacidade do corpo de utilizar a gordura como fonte de combustível e a capacidade dos músculos de tamponar ácido láctico.

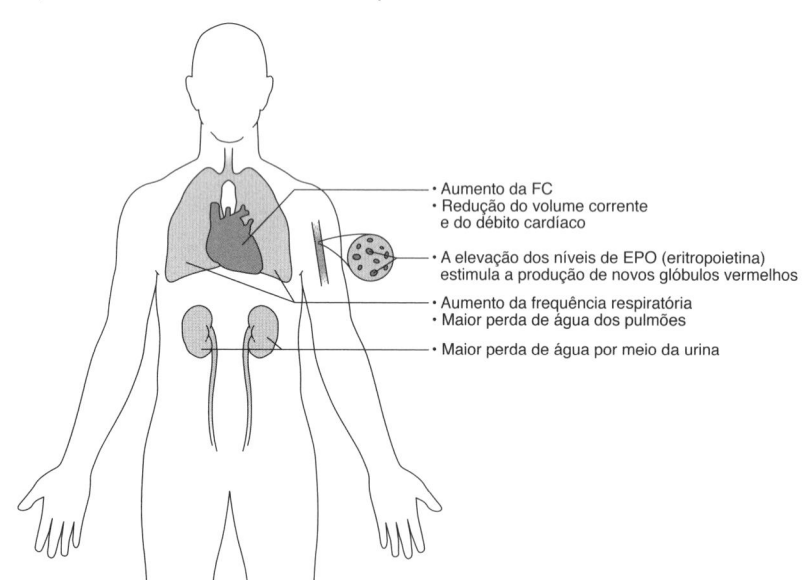

- Aumento da FC
- Redução do volume corrente e do débito cardíaco
- A elevação dos níveis de EPO (eritropoietina) estimula a produção de novos glóbulos vermelhos
- Aumento da frequência respiratória
- Maior perda de água dos pulmões
- Maior perda de água por meio da urina

FIGURA 9.4 – Adaptações decorrentes da exposição à altitude.

Fonte: reproduzida, com permissão, de K. Austin e B. Seebohar, 2011, *Performance nutrition: applying the science of nutrient timing* (Champaign, IL: Human Kinetics), p. 33.

Continua

Continuação

O treinamento em altitude envolve várias abordagens; as duas mais promissoras consistem em morar em região alta, treinar em baixa altitude e morar em região alta, treinar em região alta e em baixa altitude. Essas abordagens permitem que o atleta consiga manter a qualidade do treinamento, que é o segredo para o desempenho ideal. A capacidade aeróbia de trabalho começa a diminuir significativamente a uma altitude de 1.500 metros, e, apesar da aclimatação, a capacidade máxima de trabalho do atleta não é a mesma que no nível do mar; daí a qualidade do HIT e das sessões de treinamento aeróbio ficarem comprometidas com a altitude.

Utilizando o esquema de morar em local alto e treinar em baixa altitude, o atleta passa a maior parte do dia na altitude (entre 1.470 e 3.000 metros). Ele treina em uma altitude máxima de 1.200 metros e, de preferência, o mais próximo possível do nível do mar. Usando a abordagem de morar em região alta e treinar em alta e baixa altitude, o atleta realiza sessões de treinamento de baixa intensidade em altitude e treina em baixa altitude para quaisquer sessões de alta intensidade ou esforço aeróbio prolongado com intensidade crítica de competição (ou seja, longas sessões de treinamento no limite máximo equiparado à intensidade de competição).

Outra opção são os sistemas de altitude simulada, os quais permitem que o atleta viva em regiões altas sem deixar o conforto de casa. A maioria dos atletas prefere ficar perto da família e dos amigos, e muitos não podem se dar ao luxo de se ausentar do trabalho para treinar em altitude. Os sistemas de treinamento simulado em altitude permitem, também, que o atleta realize treinos de baixa intensidade em um ambiente hipóxico, respirando ar escasso em oxigênio por uma máscara.

A fisiologia oferece uma explicação para a maneira como os sistemas muscular e cardiorrespiratório do corpo se adaptam ao treinamento. Consequentemente, essa é a base para todo aspecto do treinamento, seja do treinamento de força, da redução da carga de treinamento para a competição ou, até mesmo, da escolha da tática para competição em águas abertas. A fisiologia é fundamental também para que se entenda a resposta ao treinamento em diferentes ambientes. O monitoramento da resposta do corpo a um plano de treinamento é o principal componente para o aprimoramento do treinamento, independentemente do nível em que o atleta compete. A periodização e a implementação dos princípios básicos de treinamento fornecem um plano estruturado para o desenvolvimento em longo prazo no triatlo.

CAPÍTULO 10

A arte e a ciência da redução da carga de treinamento

Iñigo Mujika e Yann Le Meur

O objetivo mais importante para treinadores e triatletas é elevar as capacidades física, técnica e psicológica dos próprios atletas aos níveis mais altos possíveis e desenvolver um programa de treinamento precisamente controlado que garanta um desempenho máximo no momento certo da temporada (ou seja, quando houve uma grande competição de triatlo). Em muitos eventos de competição de resistência, como o triatlo, esses altos níveis de desempenho geralmente são associados a uma acentuada redução da carga de treinamento realizada pelos atletas nos dias que antecedem a competição. Esse período, conhecido como de redução, é definido como "uma redução progressiva não linear da carga de treinamento durante um período de tempo variável com o objetivo de reduzir o estresse fisiológico e psicológico do treinamento diário e otimizar o desempenho no esporte" (Mujika e Padilla, 2003).

Dentro dessa perspectiva, a redução da carga de treinamento é de primordial importância para o desempenho de um atleta e o resultado no evento. Entretanto, é nessa fase do treinamento que os treinadores mais se sentem inseguros em relação às melhores estratégias de treinamento para cada triatleta individualmente, uma vez que os atletas dependem quase exclusivamente de uma abordagem do tipo "tentativa e erro". Na realidade, só há pouco tempo os cientistas esportivos passaram a entender melhor as relações entre a redução da carga de treinamento antes de uma competição e as consequentes mudanças de desempenho.

Uma análise abrangente e integrada da literatura científica disponível sobre o assunto nos permite contribuir para a otimização dos programas de redução da carga de treinamento para triatletas. Embora reconheçamos que a elaboração do treinamento e os programas de redução da carga continuem sendo mais arte do que ciência, este capítulo visa estabelecer as bases científicas para as estratégias de redução pré-competição da carga de treinamento do triatlo. Esperamos que as seguintes informações ajudem cada triatleta, treinador e cientista esportivo em seu objetivo de alcançar um *mix* ideal de treinamento durante a redução da carga, levando a mais episódios de desempenho máximo no momento esperado da temporada. Como a redução da carga de treinamento depende também da eliminação ou minimização dos estressores habituais do triatleta, permitindo que os sistemas fisiológicos recuperem ou melhorem as suas capacidades, este capítulo aborda as estratégias de recuperação e aclimatação a ambientes estressantes antes da competição.

Gerenciamento da carga de treinamento durante o período de redução

A carga (ou estímulo) de treinamento, em um esporte competitivo como o triatlo, pode ser descrita como uma combinação de intensidade, volume e frequência de treinamento (Wenger e Bell, 1986). Essa carga de treinamento é bastante reduzida durante a fase de redução de carga, na tentativa de diminuir a fadiga acumulada, mas a redução do treinamento não deve prejudicar as adaptações por ele induzidas. Um estímulo de treinamento insuficiente pode resultar em uma perda parcial das adaptações anatômicas, fisiológicas e de desempenho induzidas pelo treinamento, uma condição também conhecida como destreino (Mujika e Padilla, 2000). Portanto, os triatletas e seus treinadores devem determinar até que ponto a carga de treinamento pode ser reduzida à custa dos componentes do treinamento, retendo ou, até mesmo, melhorando as adaptações. Uma meta-análise conduzida por Bosquet et al. (2007) combinou os resultados de estudos sobre a redução da carga de treinamento de atletas altamente treinados, a fim de estabelecer as bases científicas para a redução bem-sucedida das cargas de treinamento antes da competição com o objetivo de alcançar níveis máximos de desempenho no momento desejado da temporada. Embora a maioria dos estudos conduzidos tenha focado atividades individuais (por exemplo, natação, ciclismo ou corrida), eles certamente são relevantes para os triatletas. Bosquet et al. (2007) avaliaram os efeitos da alteração dos componentes da redução da carga de treinamento no desempenho. A variável dependente analisada foi a mudança de desempenho durante a redução, ao passo que as variáveis independentes consistiram na redução da intensidade, do volume e da frequência; o padrão de redução da carga de treinamento; e a duração da redução da carga.

Redução de treinamento

Em geral, o desempenho permanece estável ou tem ligeira queda ao reduzir a intensidade de treinamento, ao passo que melhora bastante quando ela é mantida ou aumentada. Consequentemente, não se deve reduzir a carga de treinamento dos triatletas em detrimento da intensidade de treinamento durante o período de redução da carga (Bosquet et al., 2007).

Com relação ao volume de treinamento, várias pesquisas já demonstraram que esse componente pode ser acentuadamente reduzido sem risco de perda das adaptações induzidas pelo treinamento ou prejuízo do desempenho. Por exemplo, Hickson et al. (1982) relataram que indivíduos treinados em bicicleta ou corrida na esteira durante 10 semanas retiveram a maioria de suas adaptações de desempenho fisiológico ou de resistência por 15 semanas subsequentes de treinamento reduzido, durante as quais o volume das sessões foi diminuído em dois terços. Estudando corredores de média distância altamente treinados, tanto Shepley et al. (1992) quanto Mujika et al. (2000) relataram melhores resultados fisiológicos e de desempenho com baixo volume do que com reduções de carga de volume moderado. Bosquet et al. (2007) determinaram com sua meta-análise que a melhoria de desempenho durante o período de redução de carga era altamente sensível à redução do volume de treinamento. Esses pesquisadores determinaram que os ganhos máximos de desempenho são alcançados com uma redução total do volume de treinamento de 41% a 60% do valor anterior à redução de carga, e que essa redução deve ser alcançada com a redução da duração das sessões de treinamento, não da frequência de treinamento. Essa descoberta sugere que os triatletas maximizariam benefícios associados à redução de carga dividindo o seu volume de treinamento aproximadamente pela metade.

De acordo com Bosquet et al. (2007), a redução da frequência de treinamento (ou seja, do número de sessões semanais de treinamento) não demonstrou melhorar o desempenho de maneira significativa. Entretanto, essa redução interage com outras variáveis do treinamento, especialmente com o volume e a intensidade, o que dificulta isolar o efeito exato de uma redução da frequência de treinamento sobre o desempenho. Embora sejam necessárias pesquisas mais detalhadas, esse resultado sugere que os triatletas se beneficiariam se mantivessem um número similar de sessões de treinamento por semana durante o período de redução de carga.

Padrão de redução da carga de treinamento

Mujika e Padilla (2003) identificaram três tipos de padrão de redução de carga de treinamento: (1) redução linear, na qual a carga de treinamento é reduzida de forma progressiva e uniforme a cada dia; (2) redução exponencial, caracterizada por uma grande redução inicial da carga de treinamento, seguida por um nivelamento da carga; (3) redução por etapas, também conhecida como treinamento reduzido, caracterizada por uma redução brusca e constante da carga de treinamento (Figura 10.1).

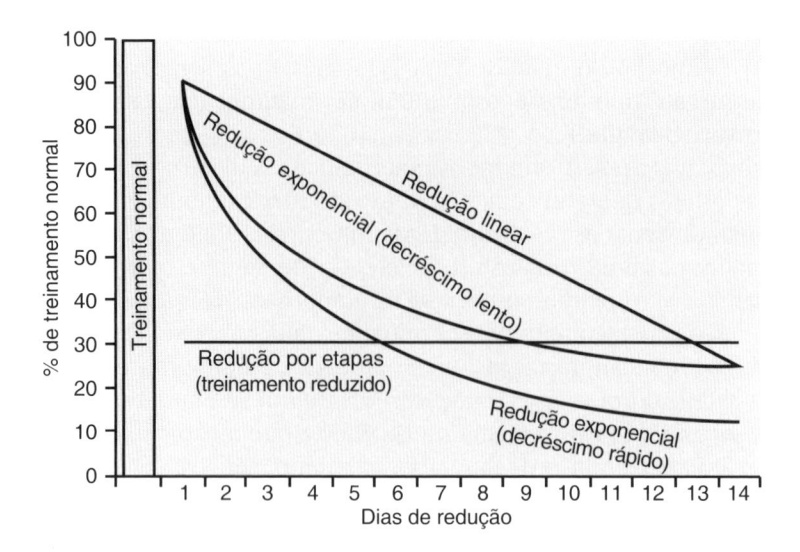

FIGURA 10.1 – Representação esquemática dos diferentes tipos de redução da carga de treinamento.

Fonte: reproduzida, com permissão, de I. Mujika e S. Padilla, 2003, "Scientific bases for precompetition tapering strategies", *Medicine & Science in Sports & Exercise* 35(7):1182-1187.

A maioria dos estudos disponíveis utilizou uma redução progressiva da carga de treinamento. Os estudos de Banister, Carter e Zarkadas (1999) e de Bosquet et al. (2007) relataram maiores melhorias de desempenho após uma redução progressiva da carga de treinamento (linear ou exponencial) quando comparada a uma redução por etapas. Todavia, Bosquet et al. (2007) não conseguiram abordar o efeito do tipo de redução progressiva sobre o desempenho. As recomendações são baseadas nos trabalhos de Banister et al. (1999) com triatletas, os quais sugerem que um decréscimo rápido, que subentende um menor volume de treinamento, é mais benéfico para o desempenho no ciclismo e na corrida do que um decréscimo lento da carga de treinamento. Thomas, Mujika e Busso (2009) relataram que a redução da carga de treinamento pode ser otimizada com o aumento de 20% a 30% da carga de treinamento nos três últimos dias de redução, permitindo adaptações adicionais sem comprometer a eliminação da fadiga.

Duração da redução da carga de treinamento

Bosquet et al. (2007) descobriram uma relação do tipo dose-resposta entre a duração da redução da carga de treinamento e a melhoria de desempenho. Uma redução de carga com duração de 8 a 14 dias parece representar o limite entre a influência positiva do desaparecimento da fadiga e a influência negativa do destreino sobre o desempenho. São esperadas melhorias de desempenho também nas reduções de carga de uma, três ou quatro semanas. Entretanto, alguns atletas podem vivenciar resultados negativos. Alguns estudos de modelos matemáticos já ressaltaram essa variabilidade interindividual da duração ideal da redução de carga (Mujika, Busso et al., 1996; Thomas e Busso, 2005). As diferenças das adaptações fisiológicas e psicológicas ao treinamento reduzido (Mujika et al., 1996b; Mujika et al., 1996a; Mujika,

Padilla e Pyne, 2002), bem como o uso de uma intervenção de sobrecarga (ou seja, um aumento voluntário do nível de fadiga do atleta) nas semanas que antecedem a redução de carga (Thomas e Busso, 2005), são algumas das variáveis capazes de explicar essa variabilidade.

Recentes simulações de modelos matemáticos sugerem que o treinamento realizado no período que antecede a redução de carga influencia muito a duração individual ideal da redução de carga. Um aumento de 20% em relação ao treinamento normal durante 28 dias antes da redução de carga requer uma redução de carga por etapas de, aproximadamente, 65% durante três semanas, em vez de duas, quando não é realizado treinamento com sobrecarga. Uma redução progressiva requer uma menor redução da carga de treinamento durante um período mais longo do que uma redução por etapas, qualquer que seja o treinamento pré-redução. O impacto do treinamento pré-redução na duração da redução de carga ideal parece óbvio no que diz respeito à redução da fadiga acumulada. O treinamento com sobrecarga antes da redução de carga provoca um maior nível de estresse e requer um período mais longo de recuperação. Todavia, as cargas de treinamento mais severas poderiam elevar as adaptações a níveis mais altos (Thomas, Mujika e Busso, 2008). Em outras palavras, o maior volume ou a maior intensidade, ou ambos, antes da redução da carga de treinamento permitiria maiores ganhos de desempenho, mas exigiriam, também, uma redução da carga de treinamento durante um período mais longo de redução.

Essa hipótese foi reforçada por Coutts, Slattery e Wallace (2007), que compararam os marcadores fisiológicos, bioquímicos e psicológicos do *overreaching* em atletas bem treinados após quatro semanas de treinamento com sobrecarga e duas semanas de redução de carga ou quatro semanas de treinamento normal e igual período de redução de carga. O *overreaching* foi diagnosticado no grupo de treinamento intensificado após as quatro semanas de treinamento com sobrecarga, demonstrando uma queda (–3,7%) de desempenho na prova contrarrelógio de corrida de 3 quilômetros. Entretanto, observou-se uma melhoria de desempenho (+3,0%) no grupo de treinamento normal durante o mesmo período. Durante a redução da carga de treinamento, o grupo que tinha feito treinamento intensificado apresentou ganhos de desempenho (+7,0%) na prova contrarrelógio de corrida de 3 quilômetros. Essas descobertas sugerem que uma redução de carga de duas semanas foi suficiente para que o grupo de treinamento intensificado se recuperasse e apresentasse uma adaptação positiva ao treinamento. Todavia, não houve nenhuma diferença na melhora de desempenho entre os dois grupos de treinamento, sugerindo que a duração da redução de carga para o grupo intensificado não foi suficiente para permitir uma recuperação total. Trabalhos futuros devem comparar as estratégias de implementação da carga de treinamento físico durante a fase de preparação para a competição de triatlo.

Millet et al. (2005) utilizaram modelos matemáticos para descrever as relações entre as cargas de treinamento e os níveis percebidos de ansiedade e fadiga como um novo método de avaliação dos efeitos do treinamento sobre o estado psicológico dos atletas – nesse caso, de quatro triatletas profissionais. O tempo para que a fadiga autopercebida retornasse ao seu nível basal foi de 15 dias, um tempo próximo àquele sugerido por pesquisadores anteriores como ideal para a redução da carga de treinamento (Busso et al., 2002; Busso, Candau e Lacour, 1994; Fitz-Clarke, Morton e Banister, 1991). Millet e seus colaboradores concluíram que um simples questionário para avaliar a ansiedade e a fadiga percebida poderia ser utilizado para ajustar a duração ideal da redução da carga de treinamento no triatlo.

Considerando em conjunto, esses resultados sugerem que, de modo geral, a duração ideal da redução da carga de treinamento no triatlo é de duas semanas, embora sejam possíveis resultados de desempenho positivos tanto com períodos de redução de carga mais curtos quanto mais longos. Testar períodos de redução de carga com diferentes durações ajuda os triatletas a determinar a duração ideal de seus próprios períodos de redução de carga.

Embora os dados sobre a natação, o ciclismo e a corrida fossem insuficientes na meta-análise conduzida por Bosquet et al. (2007) para apresentar recomendações específicas para cada esporte, foi possível identificar algumas tendências que podem ajudar a otimizar a redução da carga de treinamento no triatlo. A primeira tendência incontestável é a necessidade de manter-se a intensidade do treinamento, qualquer que seja o modo de locomoção. Melhorias substanciais de pequenas a moderadas só foram realmente alcançadas quando a intensidade de treinamento não foi reduzida durante o período de redução de carga na natação, no ciclismo e na corrida. Embora uma redução de 41% a 60% do volume de treinamento pareça ser o ideal na natação, Bosquet et. al. (2007) não conseguiram encontrar um valor de corte similar no ciclismo e na corrida, com uma redução ideal entre 21% e 60%. Um período de 8 a 14 dias parece representar a duração ideal do período de redução de carga no ciclismo e na corrida. Deve-se notar, no entanto, que os períodos de redução de carga mais longos na natação podem gerar melhorias significativas, mas o número de indivíduos no ciclismo e na corrida para essas durações foi insuficiente para testar essa hipótese com poder estatístico adequado ($n = 10$ na corrida e 0 no ciclismo para reduções de carga com duração de 15 a 21 dias e de 22 dias ou mais). Por fim, evidências limitadas indicam que os ciclistas parecem responder particularmente bem às reduções de carga em que a frequência de treinamento é reduzida (Bosquet et al., 2007).

É absolutamente necessário manter a intensidade de treinamento para reter e melhorar as adaptações induzidas pelo treinamento durante a redução de carga no triatlo, mas é óbvio que as reduções de outras variáveis do treinamento devem permitir níveis de recuperação suficientes para otimizar o desempenho. A redução do volume de treinamento parece induzir adaptações fisiológicas, psicológicas e de desempenho positivas em triatletas altamente treinados. Um palpite mais certeiro em termos de redução de volume de treinamento seria de 41% a 60%, mas seria possível alçar benefícios de desempenho com volumes menores ou maiores. Um aumento final de 20% a 30% da carga de treinamento nos três últimos dias antes da competição pode ser benéfico.

Parece ser necessário altas frequências de treinamento (acima de 80%) para evitar o destreino e a "perda de sensibilidade" em triatletas altamente treinados. No entanto, as adaptações induzidas pelo treinamento podem ser prontamente mantidas com frequências de treinamento muito baixas em atletas moderadamente treinados (30% a 50%).

Não se sabe ao certo a duração ideal do período de redução da carga de treinamento. Na realidade, a expectativa é de que ocorram adaptações fisiológicas e de desempenho positivas em consequência de reduções de carga com duração de 4 a 28 dias, mas os efeitos negativos da total inatividade são imediatamente aparentes nos atletas. Em caso de dúvida quanto ao perfil individual de adaptação de um determinado triatleta (um fato que estabelece a duração ideal do período de redução da carga de treinamento), duas semanas parecem ser uma duração de redução de carga adequadas para todos. Esse período pode ser beneficamente aumentado para quatro semanas, se houver precisão de um aumento de cerca de 20% em relação à carga normal de treinamento no mês anterior à redução de carga. Testar diferentes métodos de redução da carga de treinamento utilizando um registro de treinamento também pode ajudar um triatleta a definir a sua própria estratégia ideal de treinamento durante o período pré-competição.

Como melhorar a recuperação durante a redução da carga de treinamento

É importante alcançar um equilíbrio adequado entre o estresse do treinamento e a recuperação para maximizar o desempenho no triatlo. Os efeitos cumulativos da fadiga induzida pelo treinamento devem ser reduzidos durante as semanas imediatamente anteriores à competição, podendo-se utilizar uma ampla variedade de modalidades de recuperação como parte integrante da redução da carga de treinamento, o que é uma forma de ajudar a otimizar o desempenho (para mais informações, *vide* Capítulo 8). A fadiga prolongada vivenciada durante a redução da carga de treinamento nos esportes de resistência, como o triatlo, pode estar relacionada a lesões musculares induzidas pelo exercício, por dores musculares tardias (DOMS, na sigla em inglês) (Cheung, Hume e Maxwell, 2003), ou por um desequilíbrio do sistema nervoso autonômico (Garet et al., 2004; Pichot et al., 2000). Esta seção trata das intervenções capazes de melhorar os processos de recuperação.

Redução da fadiga muscular

Muitos estudos que examinam a eficácia das modalidades de recuperação concentram-se nas lesões musculares induzidas pelo exercício, normalmente associadas às DOMS, sensações de dor ou desconforto que ocorrem um ou dois dias após o exercício. Embora não se conheça bem o mecanismo subjacente, a recuperação total da força e da potência após uma sessão de treinamento que cause DOMS pode levar vários dias (Cheung, Hume e Maxwell, 2003). Consequentemente, a sua ocorrência pode ser prejudicial para um programa de treinamento contínuo. As modalidades que melhoram a taxa de recuperação da DOMS e as lesões musculares induzidas pelo exercício podem melhorar os efeitos benéficos da redução da carga de treinamento para triatletas.

Massagem

A massoterapia é um tratamento de recuperação normalmente utilizado após exercícios excêntricos que resultem em DOMS. Weber, Servedio e Woodall (1994) investigaram os feitos da massagem, do exercício aeróbio, da estimulação por microcorrente e da recuperação passiva nos *deficit* de força após a prática de exercícios excêntricos. Nenhuma das modalidades de tratamento teve quaisquer efeitos significativos na dor, na concentração isométrica máxima e na produção de torque máximo. Hilbert, Sforzo e Swensen (2003) não relataram nenhum efeito da massagem administrada 2 horas após uma série de exercícios excêntricos no torque máximo produzido pelos músculos isquiotibais; entretanto, o grau de dor muscular caiu 48 horas após o exercício. Farr et al. (2002) também não relataram nenhum efeito de 30 minutos de massagem nas pernas na força muscular de pessoas saudáveis do sexo masculino, embora os níveis de dor e sensibilidade fossem menores 48 horas após o exercício. No entanto, existem relatos de que atletas universitárias apresentam uma melhoria significativa de desempenho no salto vertical após exercícios de alta intensidade (Mancinelli et al., 2006).

Embora tenham sido estudadas as medições dos resultados de uma ampla variedade de técnicas de massagem, muito poucas pesquisas examinaram o efeito da massagem no desempenho esportivo. Entretanto, algumas evidências sugerem que a massagem após o exercício excêntrico pode reduzir as dores musculares (Weerapong, Hume e Kolt, 2005). Moraska (2007) demonstrou que o nível de treinamento do terapeuta influencia a eficácia da massagem depois de uma prova de 10 quilômetros. Muitos estudos investigativos da massagem e de sua relevância para a recuperação examinaram alguns mecanismos, de modo que o número de pesquisas nessa área é ligeiramente maior do que em relação ao desempenho. O interessante é que pesquisas recentes (Jakeman, Byrne e Eston, 2010) relataram que o tratamento combinado de 30 minutos de massagem manual e 12 horas de compressão dos membros inferiores (ou seja, o uso de roupas de compressão) modera significativamente as dores percebidas 48 e 72 horas após o exercício, em comparação com a recuperação passiva ou a compressão isolada.

Roupas de compressão

As roupas com qualidades compressivas estão se tornando cada vez mais populares, especialmente à medida que a competição se aproxima, e estudos demonstram com seu uso melhores níveis de desempenho e recuperação após lesões induzidas pelo exercício (Ali, Caine e Snow, 2007; Kraemer et al., 2001; Trenell et al., 2006). O uso de acessórios de compressão dos membros inferiores para atletas provém de pesquisas conduzidas no ambiente clínico que demonstram os efeitos positivos da compressão após traumas ou algumas doenças crônicas. Bringard et al. (2006) observou os efeitos positivos da compressão da panturrilha na oxigenação de sua musculatura e no *acúmulo* venoso em posições de repouso, ao passo que Hirai, Iwata e Hayakawa (2002) relataram edema reduzido nos pés de pacientes com veias varicosas. Esses efeitos podem ser atribuídos a alterações hemodinâmicas resultantes da aplicação de compressão (Ibegbuna et al., 2003). Estudos que investigaram se esses efeitos são transferíveis para as populações atléticas obtiveram alguns resultados animadores (Ali, Caine e Snow, 2007; Bringard, Perrey e Belluye, 2006), mas outras pesquisas, não (Frencho et al., 2008; Trenell et al., 2006). O efeito positivo reportado por alguns estudos pode estar associado à capacidade da compressão de moderar a formação de edema e acelerar a recuperação muscular.

Já se sugeriu, também, que a compressão serve de suporte mecânico para os músculos, permitindo uma recuperação mais rápida após exercícios lesivos (Kraemer et al., 2001). Kraemer e seus colaboradores especularam que o efeito de uma tala dinâmica causado pela compressão pode promover um alinhamento estável das fibras musculares e atenuar a resposta inflamatória. Isso, portanto, reduziria tanto a magnitude da lesão muscular quanto o tempo de recuperação após a lesão. Embora sejam necessárias pesquisas mais detalhadas para testar essas hipóteses, os triatletas poderiam ser incentivados a usar acessórios de compressão dos membros inferiores durante o período de redução da carga de treinamento, sobretudo durante viagens de longa distância.

Rebote do sistema nervoso autonômico

Os triatletas, em geral, suportam cargas de treinamento muito severas que induzem tanto a efeitos adaptativos quanto a reações de estresse. A alta frequência dos estímulos impostos garante a acumulação desses efeitos adaptativos. Infelizmente, a recuperação incompleta do treinamento frequente pode tornar cumulativos também os efeitos colaterais decorrentes do estresse. Um aspecto fundamental da resposta de estresse é a atividade reduzida do sistema nervoso autonômico (SNA), que regula os processos viscerais (orgânicos) básicos necessários para a manutenção das funções normais do corpo. Garet et al. (2004) relataram que a redução da atividade do SNA durante o treinamento intensivo estava correlacionada à queda do desempenho em sete nadadores bem treinados, e que o rebote na atividade do SNA durante o período de redução da carga de treinamento ocorria paralelamente ao ganho de desempenho. Dessa perspectiva, um dos principais objetivos da recuperação durante a redução da carga de treinamento seria o aumento da magnitude da reativação do SNA (Garet et al., 2004).

Vários métodos de recuperação melhoram o tônus autonômico, entre os quais as estratégias nutricionais (que promovem o consumo de frutas e legumes com baixo índice glicêmico), a massagem (Weerapong, Hume e Kolt, 2005), e a imersão de todo o corpo ou da face em água fria (Al Haddad et al., 2010; Buchheit et al., 2009). Todavia, os fatores mais importantes que determinam a reativação do SNA parecem ser a duração e a qualidade do sono. A maximização do sono em um ambiente escuro, calmo, relaxante e fresco é essencial durante a semana anterior à competição para otimizar o desempenho (Halson, 2008). Um banho quente pode ajudar a iniciar o sono. As sestas no início da tarde também podem fazer parte do plano do triatleta, mas não devem durar mais de 30 minutos, a fim de evitar um estado letárgico durante o restante do dia (Reilly et al., 2006).

O principal objetivo da redução da carga de treinamento é reduzir o impacto fisiológico e psicológico negativo do treinamento diário (ou seja, fadiga acumulada), embora outras consequências positivas também possam resultar do treinamento (isto é, ganho de condicionamento físico). Dessa perspectiva, deve-se dispensar especial atenção às estratégias de recuperação durante o período de redução da carga de treinamento, as quais podem ajudar a induzir a reativação parassimpática (sono adequado, hidroterapia, massagem) e reduzir a fadiga muscular (massagem, roupas de compressão).

Gerenciamento da nutrição e da hidratação durante a redução da carga de treinamento

Para os triatletas, a manutenção de boas condições de nutrição e de hidratação continua sendo fundamental para uma participação bem-sucedida nas competições. Iniciar uma prova com um nível de hidratação insuficiente ou com baixas reservas de glicogênio é uma ameaça direta ao nível de desempenho dos atletas que competem em eventos de longa duração, como os triatlos. Os triatletas precisam adotar estratégias de nutrição e de hidratação durante o período de pré-competição, para maximizar os benefícios associados à redução da carga de treinamento.

Garanta boas condições de hidratação

O estresse causado pelo calor ambiental pode desafiar os limites dos sistemas cardiovascular e de regulação térmica, o equilíbrio hídrico do corpo e o desempenho de um triatleta. A transpiração evaporativa é o principal meio de perda de calor em ambientes quentes ou muito quentes, em que as perdas pelo suor costumam exceder a ingestão de líquidos. Quando a desidratação excede 3% do conteúdo total de água do corpo (2% da massa corporal), o desempenho aeróbio pode ser, de fato, prejudicado, independentemente e além do estresse provocado pelo calor. A desidratação aumenta a hipertermia e as reduções de volume do plasma, condições que se combinam para acentuar o esforço cardiovascular e reduzir o $\dot{V}O_2$máx (Cheuvront et al., 2010). Casa et al. (2010) demonstraram que um pequeno decréscimo do nível de hidratação (perda de massa corporal de 2,3%) no início de uma prova de 12 quilômetros prejudicava a função fisiológica e o desempenho durante uma corrida no calor. Esse achado ressalta o fato de que uma hidratação adequada durante o período de redução da carga de treinamento, especialmente nas 48 horas que antecedem a competição de triatlo, é fundamental para evitar a queda da capacidade de trabalho no início da competição.

A cor da urina é um indicador barato e confiável do nível de hidratação (Armstrong et al., 1994). A cor normal da urina é descrita como amarelo-clara, ao passo que a desidratação moderada a severa está associada a uma coloração amarelo-escura e marrom-esverdeada, respectivamente. Embora a cor da urina tenda a subestimar o nível de hidratação, podendo ser enganadora diante do rápido consumo de uma grande quantidade de líquido, ela é um meio válido para os triatletas autoavaliarem o nível de hidratação, sobretudo, durante o período de redução da carga de treinamento.

Favoreça ressíntese de glicogênio

O metabolismo energético pode se alterar durante o período de redução da carga de treinamento. As reduções da carga de treinamento em favor do descanso e da recuperação reduzem o gasto energético diário de um triatleta, possivelmente, afetando o equilíbrio energético e a composição corporal. Os triatletas devem, portanto, prestar especial atenção à sua ingestão energética durante a redução da carga de treinamento para evitar desequilíbrio energético e alterações indesejáveis na composição corporal. Pelo que nos consta, não existem relatos científicos sobre o padrão nutricional de triatletas submetidos a uma redução de carga caracterizada por cargas leves de treinamento diário. Alguns estudos indicam que as alterações na carga de treinamento não vêm necessariamente acompanhadas de alterações equivalentes nos hábitos alimentares, o que tem um impacto direto na composição corporal do atleta (Almeras et al., 1997; Mujika, Chaouachi e Chamari, 2010). É aconselhável, portanto, que os triatletas levem em consideração os cronogramas e as cargas de treinamento, que podem variar radicalmente entre os períodos de pico e de redução de carga de treinamento. Dentro desse contexto, os triatletas precisam ser instruídos a equiparar os seus níveis de ingestão energética e de macronutrientes às suas cargas de treinamento.

Wilson e Wilson (2008) sugerem não apenas a equiparação da ingestão energética ao gasto energético, mas, também, a administração de uma carga de carboidratos durante esse período de pré-competição, de modo a otimizar as reservas musculares de glicogênio. Embora as reservas adequadas de glicogênio nos músculos possam ser alcançadas até 24 a 36 horas após uma alta ingestão de carboidratos para triatlos de *sprint* (Pitsiladis, Duignan e Maughan, 1996; Sherman et al., 1981), uma carga mais longa de carboidratos durante a preparação para triatlos em curta a longa distância é benéfica (Burke, Millet e Tarnopolsky, 2007). Em um estudo que examinou o equilíbrio energético de triatletas participantes de um evento Ironman, 10 do sexo masculino e 8 do feminino, Kimber et al. (2002) demonstraram uma taxa relativamente alta de gasto energético em relação à ingestão energética, tanto nos homens quanto nas mulheres. Como a ingestão energética foi calculada para suprir cerca de 40% do gasto energético total, a estimativa foi de que as reservas endógenas de combustível supriram mais da meta do gasto energético durante a competição de Ironman. Esse achado ilustra a importância do consumo de uma dieta rica em carboidratos antes de um triatlo de longa distância para maximizar as reservas endógenas de combustível.

As estratégias nutricionais devem ser implementadas em duas fases: (1) para equiparar o gasto energético reduzido na primeira fase da redução da carga de treinamento e (2) para induzir uma supercompensação das reservas de glicogênio durante a segunda fase da redução de carga. Segundo Walter et al. (2000), ciclistas elevaram seus níveis de desempenho durante um exercício de tempo para a fadiga realizado a 80% do $\dot{V}O_2$máx em resposta a uma dieta rica em carboidratos (por volta de 78% de carboidratos), em comparação com uma dieta com teor moderado de carboidratos (cerca de 48% de carboidratos) seguida durante, pelo menos, 4 dias após a redução da carga de treinamento. O interessante foi que Sherman et al. (1981) demonstraram não ser necessário um período de exercícios capazes de esgotar as reservas de glicogênio para induzir esse tipo de supercompensação em corredores bem treinados submetidos a 3 dias de uma alta ingestão de carboidratos no período de redução da carga de treinamento. Se for planejada uma redução de carga bifásica (aumento da carga de treinamento nos últimos dias antes da competição), essa estratégia de equiparação da ingestão energética com o gasto energético combinada à carga de carboidratos pode ser especialmente benéfica (Mujika, Chaouachi e Chamari, 2010).

O desenvolvimento de uma estratégia de hidratação adequada durante o período de redução da carga de treinamento é fundamental para que os triatletas garantam boa condição de hidratação no início da competição. A atenção à cor da urina da manhã, que deve amarelo-clara, é uma solução prática para a realização desse objetivo. As estratégias de carga de carboidratos são recomendadas durante o período de preparação para a competição, a fim de ajudar os triatletas a cruzar a linha de chegada à altura de seu potencial. Para o competidor bem treinado, isso pode ser tão simples quanto os exercícios de redução da carga de treinamento os últimos dias e a ingestão diária de 10 a 12 gramas de carboidratos por quilograma de massa corporal nas 36 a 48 horas que antecedem a competição (por exemplo, se a sua massa corporal for de 70 quilogramas, a sua ingestão diária de carboidratos deve variar entre 700 e 840 gramas). Não é mandatório cumprir uma fase de depleção antes da carga de carboidratos.

Outros detalhes relacionados à redução na carga de treinamento

A redução de carga de treinamento visa à eliminação ou à minimização dos estressores habituais de um triatleta, permitindo que os sistemas fisiológicos recuperem as suas funções ou, até mesmo, passem por uma supercompensação. São poucas as informações científicas sobre as possíveis interações das variáveis ambientais nos processos de redução da carga de treinamento nos atletas, quer o estressor seja o calor, o frio ou a altitude. Faltam trabalhos experimentais sobre os efeitos aditivos da altitude sobre o estresse climático e a fadiga de viagem, ou *jet lag* (Pyne, Mujika e Reilly, 2009). Essa lacuna de conhecimento se deve, em grande parte, às enormes dificuldades para uma abordagem adequada a esses problemas em formatos experimentais, bem como aos desafios enfrentados pelos pesquisadores no ambiente de campo para controlar as muitas variáveis envolvidas. Todavia, os prováveis efeitos dos fatores ambientais devem considerados de forma sistemática quando a redução da carga de treinamento for prescrita como parte do plano anual de um triatleta.

Estresse de viagem

As viagens internacionais são uma parte essencial da vida dos triatletas de elite, tanto para fins de competição quanto de treinamento, e estão se tornando cada vez mais comuns também entre os triatletas recreacionais, especialmente aqueles que participam de eventos de longa distância. As viagens longas estão associadas a um grupo de efeitos negativos transitórios, coletivamente conhecidos como fadiga de viagem, resultantes da ansiedade em relação à viagem, das mudanças na rotina diária e da desidratação decorrente do tempo de exposição ao ar seco da cabine dos aviões. A fadiga de viagem dura cerca de um dia, mas para aqueles que atravessam vários fusos horários, existem dificuldades mais duradouras associadas ao *jet lag*. Os problemas do *jet lag* podem se estender por mais de uma semana se o voo cruzar 10 ou mais fusos horários, podendo afetar o desempenho. Conhecer as propriedades do relógio biológico pode esclarecer as causas das dificuldades (um relógio biológico desregulado) e constitui a base do uso da luz no novo fuso para ajustar o relógio biológico (Waterhouse et al., 2007b).

A escala de tempo para o ajuste do relógio biológico pode ser incorporada ao período de redução da carga de treinamento quando a competição exigir viagens que atravessem vários meridianos. O lógico é permitir tempo suficiente para que o triatleta se ajuste completamente ao novo fuso horário antes de competir (Waterhouse et al., 2007b). O período de reajuste pode fazer parte do volume reduzido de treinamento inerente à redução da carga de treinamento. Como não é aconselhável treinar pela manhã depois de viajar rumo ao leste, deve-se fazer uma concessão em relação ao horário dos treinos nos primeiros dias, para que não se promova erroneamente um atraso, em vez do avanço desejado da fase (Reilly, Waterhouse e Edwards, 2005). Também não parece fazer muito sentido realizar um treinamento puxado na sua base antes de partir, uma vez que o fato de chegar cansado ao aeroporto de origem pode retardar o ajuste mais tarde (Waterhouse et al., 2003). Da mesma forma, tentar mudar a fase do relógio biológico na direção necessária antes da partida é contraproducente, uma vez que o desempenho (e, por conseguinte, a qualidade do treinamento) pode ser afetado negativamente por essa estratégia (Reilly e Maskell, 1989).

A redução da carga de treinamento deve transcorrer conforme planejado na companhia do *jet lag*, mesmo que as interações entre as perturbações do relógio biológico e os processos de recuperação associados à redução da carga não tenham sido totalmente definidas. Embora a qualidade do sono seja um componente essencial da recuperação, a sesta em horário adequado do dia durante o período de ajuste a um novo fuso pode retardar a ressincronização (Minors e Waterhouse, 1981), mas, em determinadas circunstâncias, uma sesta curta de cerca de 30 minutos pode ser restauradora (Waterhouse et al., 2007a). É mais provável que a supressão das respostas imunes esteja mais ligada aos transtornos do sono do que ao *jet lag* propriamente em si (Reilly e Waterhouse, 2007). Consequentemente, o reajuste do relógio biológico deve ser harmonizado com as moderações do treinamento durante a redução da carga. Os triatletas, os treinadores e a equipe de apoio devem implementar estratégias destinadas a minimizar os efeitos do estresse da viagem antes da partida, durante as viagens internacionais de longa distância e na chegada ao destino.

Aclimatação ao calor

A maioria das competições de triatlo é realizada durante o verão e em condições ambientais quentes, e, no calor, o exercício pode levar a sérias quedas de desempenho.

Como a aclimatação parece ser a estratégia mais eficaz para limitar o efeitos nocivos do calor sobre o desempenho, os triatletas precisam levar isso em consideração para otimizar os benefícios da redução da carga de treinamento. Antes da competição, a redução da carga de treinamento em condições quentes é compatível com a redução de 7 a 14 dias do volume de treinamento recomendado em situações de estresse provocado pelo calor. A maior utilização de glicogênio associada ao exercício realizado no calor deve ser compensada pela carga reduzida de treinamento – tanto em termos de intensidade quanto de duração (Armstrong, 2006). Os atletas devem aclimatar-se ao calor, caso contrário, podem comprometer o desempenho na competição que se aproxima.

A exposição regular a ambientes quentes resulta em uma série de adaptações fisiológicas que reduzem os efeitos negativos associados ao exercício realizado no calor. Essas adaptações incluem a redução da temperatura do tronco em posição de repouso, a queda da frequência cardíaca durante o exercício, o aumento da taxa de transpiração e da sensibilidade ao suor, a redução das perdas de sódio por meio da transpiração e da urina e a expansão do volume do plasma (Armstrong e Maresh, 1991). O efeito da aclimatação no volume do plasma é extremamente importante em termos de estabilidade cardiovascular na medida em que permite um maior volume corrente e uma frequência cardíaca mais baixa (Pandolf, 1998).

O processo de aclimatação ao exercício no calor começa em alguns dias, e a adaptação total leva de uma a duas semanas para a maioria das pessoas (Wendt, van Loon e Lichtenbelt, 2007). Obviamente, as taxas de adaptação dos sistemas do corpo humano a sucessivos dias de exposição ao calor são variáveis. As adaptações precoces durante a aclimatação ao calor incluem basicamente um melhor controle da função cardiovascular por meio da expansão do volume plasmático e da redução da frequência cardíaca. Observa-se um aumento da taxa de transpiração e da vasodilatação cutânea durante as fases finais da aclimatação ao calor (Armstrong e Maresh, 1991). Os triatletas apresentam muitas das características das pessoas aclimatadas ao calor e, por essa razão, são considerados parcialmente adaptados; entretanto, não só se observa uma adaptação completa depois de, pelo menos, uma semana de treinamento no calor (Pandolf, 1998). Não é necessário treinar todos os dias no calor; nesse contexto, o exercício a cada 3 dias durante 30 dias resulta no mesmo grau de aclimatação que o exercício diário durante 10 dias (Fein, Haymes e Buskirk, 1975).

Como a manutenção de uma temperatura elevada do tronco e da estimulação da transpiração parecem ser os estímulos fundamentais para o nível ideal de aclimatação ao calor, o treinamento intervalado extenuante ou o exercício contínuo deve ser realizado com intensidade superior a 50% da captação máxima de oxigênio (Armstrong e Marech, 1991). Existem evidências de que as séries de exercício de cerca de 100 minutos são mais eficazes para a indução da aclimatação ao calor, de modo que não há nenhuma vantagem em passar longos períodos exercitando-se no calor (Lind e Bass, 1963).

Infelizmente, a aclimatação ao calor é um processo transitório que desaparece gradativamente se não for mantida por meio de repetidos exercícios no calor. Ao que parece, as primeiras adaptações fisiológicas a ocorrer durante a aclimatação ao calor são também as primeiras a se perder (Armstrong e Maresh, 1991). Existe uma considerável variabilidade em relação à taxa de decréscimo da aclimatação ao calor. Alguns pesquisadores relatam perdas significativas da aclimatação em menos de uma semana, ao passo que outros demonstram que as respostas da aclimatação são relativamente bem preservadas por até um mês. Em geral, a maioria dos estudos mostra que a aclimatação ao calor seco é mais bem conservada do que a aclimatação ao calor úmido, e que os altos níveis de condicionamento aeróbio também estão associados a uma maior retenção da aclimatação ao calor (Pandolf, 1998).

Altitude

Em altitude, o $\dot{V}O_2$máx é reduzido de acordo com a pressão ambiente predominante. Uma consequência imediata é que é reduzida a intensidade do exercício ou a geração de potência com uma determinada carga aeróbia relativa. Nos primeiros dias em altitude, ocorre uma alcalose respiratória (aumento da respiração que eleva o pH do sangue), em razão de uma maior resposta respiratória que as condições hipóxicas (falta de oxigênio). Essa condição, em geral, é autolimitadora em virtude de uma compensação renal gradativa, o que significa que os rins são capazes de regular o pH do sangue. Os atletas que ficam em concentração em centros de treinamento localizados em regiões altas reconhecem que uma redução inicial da carga de treinamento é imperativa em altitude no início da aclimatação. A necessidade de hidratação extra em virtude do ar ambiente seco e ao aumento inicial da micção, combinada a alterações no volume plasmático (Rusko, Tikkanen e Peltonen, 2004), ao aumento da utilização de carboidratos como substrato para o exercício (Butterfield et al., 1992), e à tendência para apneia do sono (Pedlar et al., 2005), contrariam os benefícios da redução da carga de treinamento. Nesse caso, a carga de treinamento reduzida não substituiria uma redução da carga de treinamento. Existe, ainda, o risco de doença decorrente da queda da imunorreatividade associada à exposição à altitude (Rusko, Tikkanen e Peltonen, 2004). O débito cardíaco máximo também pode ser reduzido no curso de uma estada normal de 14 a 21 dias em altitude como consequência do comprometimento à qualidade do treinamento. Os centros de treinamento localizados em regiões altas devem, portanto, ser estrategicamente incluídos no plano anual para evitar interações indesejadas, se não desconhecidas, com as variáveis ambientais.

Muitos atletas de elite utilizam o treinamento em altitude para fins de condicionamento. Por exemplo, o método é aceito como uma boa prática entre os nadadores de elite e as equipes de remo durante a preparação para competições olímpicas apesar da ausência de evidências convincentes de sua eficácia. Permanece uma dúvida quanto ao momento de retornar ao nível do mar para a obtenção dos melhores efeitos, uma questão relativamente negligenciada pelos pesquisadores nessa área, com algumas exceções (Injer e Myhre, 1992). Os treinadores observaram três fases (Millet et al., 2010). Até o momento, no entanto, não existem evidências científicas que respaldem completamente essas observações, que, consequentemente, permanecem objeto de debate:

1. Um fase positiva observada *durante os 2 a 4 primeiros dias*, mas não em todos os atletas.

2. Uma fase de restabelecimento progressivo do volume e da intensidade de treinamento, *2 a 4 dias após o retorno ao nível do mar*. A probabilidade de um bom desempenho é reduzida. Essa queda do condicionamento físico pode estar relacionada ao custo energético alterado e à perda das adaptações neuromusculares induzidas pelo treinamento em altitude.

3. Uma terceira fase, *15 a 21 dias após o retorno ao nível do mar*, é caracterizada por uma estabilização do nível de condicionamento físico. O ideal é adiar a competição até essa terceira fase, embora alguns triatletas possam alcançar o seu nível máximo de desempenho na primeira fase. As melhorias observadas no custo energético e na perda das adaptações neuromusculares após vários dias ao nível do mar, juntamente com o aumento do transporte de oxigênio e dos benefícios ventilatórios tardios do treinamento em altitude, podem explicar essa terceira fase.

Dentro desse contexto, observa-se um período de treinamento reduzido antes da competição e após o treinamento em altitude, o que constitui uma forma de redução da carga de treinamento. A extensão dos benefícios, bem como a variação entre os atletas, ainda não foram adequadamente exploradas. Por isso, são necessárias pesquisas mais detalhadas.

Múltiplos períodos de pico

Grande parte das pesquisas experimentais e observacionais sobre a redução da carga de treinamento foi conduzida no contexto de eventos esportivos isolados (Pyne, Mujika e Reilly, 2009). Os triatletas que participam de competições de *sprint* e de longa distância, no entanto, às vezes, têm poucas oportunidades de reduzir a carga de treinamento por causa da repetição das provas durante o período de competição (por exemplo: sete provas da World Championship Series entre o final de março e o início de setembro em 2010). O período de pico para as grandes competições mensais (e, até mesmo, quinzenais) normalmente apresenta o problema da escolha entre recuperar-se da competição anterior e adquirir condicionamento físico ou manter um treinamento intensivo e aproveitar as adaptações adquiridas durante o ciclo de treinamento anterior. Ambas as abordagens podem ser válidas, e a escolha deve depender do nível de fadiga que os triatletas apresentam após uma competição (ou uma série de competições) e o intervalo de tempo entre o triatlo anterior e o seguinte. São necessárias novas pesquisas para examinar a redução da carga de treinamento no contexto de múltiplos períodos de pico. Todavia, algumas diretrizes poderiam ser abordadas.

▪ Períodos otimizados de redução da carga de treinamento associados a uma grande redução do volume de treinamento (aproximadamente, 50%) por um período prolongado (cerca de 2 semanas) devem ser programados duas ou três vezes por ano. Períodos adicionais de redução de carga podem ser prejudiciais para a melhora do desempenho, pois minimizam o tempo total da carga normal de treinamento pesado, essencial para induzir adaptações ao treinamento.

- Priorizar um número limitado de competições a cada temporada (por exemplo, dois ou três eventos importantes) parece ser uma boa solução para o planejamento dos períodos de redução da carga de treinamento na temporada de competições. A concentração em centros de treinamento localizados em regiões altas pode ser devidamente programada antes dessas competições.

- Deve ser programado um bloco de treinamento suficiente com duração de, pelo menos, 2 meses entre dois grandes objetivos para permitir a realização das fases adequadas de recuperação, de treinamento e de redução da carga de treinamento.

- Devem ser programados somente períodos curtos de redução de carga (4 a 7 dias) antes de eventos importantes, com atenção especial à recuperação (que levará em conta elementos como nutrição, hidratação, sono, massagem, hidroterapia, roupas de compressão). Dada a provável persistência da fadiga induzida pelo treinamento, apesar desses curtos períodos de redução de carga, os triatletas devem estar cientes de que essa estratégia pode eventualmente resultar em níveis de desempenho abaixo do ideal.

- Como o período de recuperação após pequenas competições (associado a um período de redução de carga não ideal) deve ser o mais curto possível para permitir uma rápida restauração da carga de treinamento, as viagens longas devem ser evitadas.

A redução da carga de treinamento é um elemento básico da preparação física de um triatleta nas semanas que antecedem uma competição. Desde o início da década de 1990, existe um grande interesse das pesquisas na redução de carga e na importância para a transição dos atletas da fase de preparação para a fase de competição da temporada. As adaptações fisiológicas e de desempenho podem ser otimizadas durante os períodos de redução de carga de treinamento que antecedem as competições de triatlo por meio da redução significativa do volume de treinamento, da redução moderada da frequência de treinamento e da manutenção da intensidade de treinamento. Uma atenção especial às estratégias de nutrição, hidratação e recuperação durante a redução da carga de treinamento antes do evento pode ajudar a maximizar os seus efeitos positivos correlatos. Nesse contexto, as estratégias de redução de carga podem estar associadas a uma melhora de desempenho de, aproximadamente, 3% (a faixa normal é de 0,5% a 6,0%) durante uma competição.

Os avanços futuros da ciência esportiva desempenharão um papel importante no aprimoramento das metodologias de redução de carga atualmente existentes e daquelas que se encontram em fase de desenvolvimento. Esses avanços devem envolver uma combinação de pesquisa e experiência prática de treinadores e triatletas, pesquisas experimentais e observacionais, e sofisticados modelos matemáticos para aprimorar os nossos conhecimentos sobre os elementos fisiológicos e de desempenho da redução da carga de treinamento.

PARTE II

Técnica

CAPÍTULO 11

Técnicas profissionais de manejo da bicicleta

Kurt Perham

Se você perguntar à maioria dos triatletas sobre o seu treinamento de ciclismo, eles lhe falarão de longos circuitos e intervalos. Eventualmente, eles lhe falarão da sessão ocasional em grupo ou bloco. Agora, se você lhes perguntar quantas vezes eles treinam as suas habilidades de *condução* da bicicleta, poucos lhe responderão afirmativamente. Nesse ponto, os triatletas têm má fama por sua incapacidade de fazer curvas, manejar a bicicleta em espaços apertados e manter a formação.

Para muitos atletas, pode ser difícil enfatizar a importância da *razão* pela qual eles devem praticar o ato de manejar a bicicleta. A mentalidade é de que se não machuca ou dá sensação de trabalho, os ganhos serão mínimos. Isso não é verdade! Conduzir uma bicicleta em um circuito preestabelecido é uma questão de fisiologia e física. A maioria dos atletas conhece a fisiologia, o trabalho que produzimos com os nossos motores humanos. Eles conhecem termos como *watts*, *frequência cardíaca* e *cadência*.

Já a física entra na equação em forma de arrasto. Existem quatro tipos de arrasto que reduzem a velocidade da bicicleta e do ciclista: a resistência mecânica, a resistência de rodagem, a gravidade e o arrasto aerodinâmico. A resistência mecânica é proveniente do atrito da unidade de tração (engrenagens, corrente, rolamentos e assim por diante). Em seguida, vem a resistência de rodagem, na forma de energia necessária para fazer que o seu pneu redondo e altamente inflado se "amolde" ao contorno da estrada e depois retorne à sua forma redonda; essa variável é expressa como CRR (coeficiente de resistência à rolagem). A gravidade entra em cena à medida que o peso combinado do ciclista e da bicicleta é "guindado" colina acima sob a ação dos watts (fisiologia). Por fim, o arrasto aerodinâmico é a resistência do vento contra o ciclista e a bicicleta; essa variável é expressa como CdA.

Agora você deve estar perguntando: "Qual dessas quatro formas de arrasto tem relação com o manejo da minha bicicleta?". A resposta está, sobretudo, naquele último componente do arrasto: a resistência do vento. Se você for proficiente na arte de conduzir uma bicicleta em uma posição relativamente aerodinâmica e, ainda assim, suficientemente confortável para fazer bem as curvas, evitar outros ciclistas ou perigos da estrada, e usar a sua quantidade de movimento em diferentes terrenos, essa forma de arrasto produzirá um *split* geral mais rápido no ciclismo. Esse é o principal objetivo.

Este capítulo aborda os aspectos do *bike fit* (ajuste da bicicleta ao ciclista) e da forma de montar, bem como as habilidades do ciclista para a estrada e para o dia da competição que podem ser incorporadas ao seu treinamento anual. Essas habilidades lhe permitirão conduzir mais rápido a sua bicicleta, não apenas pedalar com mais força.

Ajuste da bicicleta ao ciclista e forma de montar

O *bike fit* (ajuste da bicicleta ao ciclista) é essencial na medida em que o atleta é o motor na equação, e pequenas alterações na mecânica dos movimentos humanos podem afetar a geração de potência, o conforto e o risco de lesões. O primeiro passo para um ótimo *bike fit* é procurar uma loja com boa reputação que venda bicicletas específicas para triatlo. Procure as credenciais da Serotta ou do Fit Institute Slowtwitch (FIST) como ponto de partida. Fale com o vendedor e explique os seus planos de competição e qual será o seu padrão básico de ciclismo. Explique a sua experiência passada na modalidade e quaisquer limitações que você possa ter (por exemplo, lesão, falta de flexibilidade).

Um bom *bike fit* para triatlo envolve elementos de conforto, aerodinâmica e geração de potência, sem que qualquer dessas variáveis dilua a outra. Cada uma é variável básica. Você não deve ficar em uma posição demasiadamente esticada ou comprimida. Deve, na verdade, poder se apoiar nas extensões aerodinâmicas, com a maior parte do tronco sustentada pela sua estrutura esquelética, com as mãos apoiadas na extremidade das extensões, bem onde começam os seletores de marcha. E, se você tiver que fazer um movimento radical para trocar a marcha, é porque as extensões estão excessivamente longas ou a distância de alcance dos *aeropads* está incorreta. A altura do assento deve cair de modo a permitir uma extensão de perna de cerca de 145 a 155 graus no ponto mais baixo da pedalada. Estendendo um prumo a partir da protrusão óssea logo abaixo do joelho, a intersecção deve coincidir logo à frente do eixo do pedal. Essas são apenas algumas coordenadas básicas em relação ao *bike fit*; foge ao escopo deste capítulo abordar detalhadamente todas as situações de *bike fit* que possam surgir. Procure um bom *bike fitter* idôneo ou uma oficina profissional de bicicleta na sua localidade, e você estará no caminho certo para uma ótima posição sobre a bicicleta.

Uma vez que esteja com uma bicicleta ajustada adequadamente ao seu corpo, você precisa saber como subir e descer rapidamente da bicicleta, um procedimento também conhecido como *flying mount/dismount* ou *cyclo-cross mount/dismount*. Vamos começar mostrando como descer, ou desmontar, da bicicleta. Para a maioria dos atletas, esse é um procedimento mais fácil de dominar; por isso, é o primeiro a ser praticado. O objetivo é descer da bicicleta com segurança, perdendo a menor quantidade de movimento possível à medida que você se aproxima da linha de desmonte para fazer a transição de número dois (T2).

Aperfeiçoe o flying-mount *logo no início da sua carreira profissional. Os cinco segundos que você perde podem fazer a diferença entre fazer parte do pelotão ou pedalar solo!*

Sara McLarty

É importante saber onde está a linha de desmonte (isso faz parte do seu protocolo de aquecimento, espero!). A cerca de 500 metros da linha, você deve começar a tirar os sapatos de ciclismo. Abaixe-se, afrouxe o lado direito e coloque o pé sobre o sapato. Em seguida, pedale duas ou três voltas, trazendo o pedal esquerdo para o ponto mais alto da pedalada. Afrouxe o calçado esquerdo e tire o pé de dentro dele, deixando-o apoiado sobre o calçado. Continue pedalando com os pés sobre os calçados até cerca de 30 a 50 metros antes da linha. Nesse ponto, você deve deslizar em ponto morto, colocar o pedal esquerdo na posição de 6 horas e pôr-se em pé nesse pé. Agora, passe a perna direita por trás do assento, colocando-a logo atrás da perna esquerda (sobe a qual você agora deve estar apoiado). Quando estiver a 3 metros da linha, acione levemente os freios e pule fora, tocando o solo com o pé direito e saia correndo. Corra empurrando a bicicleta pelo assento até o seu *rack* de transição, e você está pronto para fazer a transição para os sapatos de corrida para a etapa final da competição.

Para entrar na T2 à frente do grupo, afrouxe os sapatos, descalçando-os antecipadamente. Busque uma maneira confortável de pedalar com os pés sobre os sapatos e seja agressivo nos últimos 500 metros para retornar à linha de frente enquanto todos ainda estão afrouxando os sapatos.

Sara McLarty

Para a maioria dos atletas, descer da bicicleta é menos intimidante do que subir. Contudo, você tem de subir na bicicleta, portanto, vamos desmembrar o procedimento passo a passo para facilitar. Primeiro, você precisa resolver um componente fundamental. É melhor deixar os seus sapatos presos aos pedais ou enfiá-los nos pés em uma T1 e correr para a linha de monte? Essa é uma questão difícil com a qual eu me deparo anualmente em minhas próprias competições. Na maioria dos casos, se a distância para correr até a linha de monte não for grande, descobri que calçar os sapatos e correr até a linha permite uma T1 geral mais rápida e maior velocidade inicial na bicicleta. A razão para isso é que, a partir do momento em que você se sente confortável com o monte rápido (*flying*), se já estiver calçado, você pode fixar os sapatos ao pedal e acelerar, dando partida rapidamente. Se o número de atletas deixando a T1 for alto e você estiver tendo dificuldade para calçar os sapatos (e, na pior das hipóteses, acabar caindo), tudo estará perdido... E o objetivo é ser rápido no triatlo, não apenas na T1. Caso você opte por calçar os sapatos montado na bicicleta, certifique-se de que você se sente à vontade para correr até a linha de monte e depois pedalar com os pés sobre os sapatos até ganhar velocidade, e somente então calçar os sapatos e fechá-los. Para os atletas que competem em eventos da

International Triathlon Union (ITU) que permitem a prática do vácuo, colocar os sapatos sobre os pedais e calçá-los no caminho é sempre a melhor decisão. O Capítulo 17 aborda essa questão de forma mais detalhada.

Agora, voltando ao procedimento de subir na bicicleta. Espera-se que no seu aquecimento antes da competição você tenha feito um "reconhecimento" da linha de monte e do seu entorno, permitindo-se escolher os equipamentos ideais para ganhar velocidade rapidamente e estar ciente da existência de quaisquer detritos ou perigos a serem evitados na estrada. Ao sair da T1, você deve empurrar a sua bicicleta pelo selim ou por trás e conduzi-la até a linha. Ao passar pela linha, você deve segurar os dois lados da barra de base e passar as pernas suavemente por trás do selim e da roda traseira em um único movimento fluido. Desse modo, você não pula tanto quanto se passasse a perna em volta da bicicleta. Imagine-se com as pernas formando um ligeiro V ao executar esse movimento. Agora, vejamos a posição para sentar. É daí que vem a preocupação. Na realidade, você não se senta diretamente sobre a sua "área de assento" normal, mas mais sobre o lado de dentro da coxa direita (supondo-se que você esteja correndo com a bicicleta à sua direita). Os canhotos sentariam do lado oposto. Em seguida, você ajusta ligeiramente os quadris e assume a sua posição sentada normal sobre a bicicleta. Nesse momento, você fixa o pé direito no pedal do lado direito (posicionado à frente); depois, dá meia volta no pedal e fixa o pé esquerdo no pedal do lado esquerdo. E, agora, está pronto para acelerar e dar partida.

Habilidades para a estrada

Depois de se familiarizar bem com o procedimento de subir e descer da bicicleta, você deve ser capaz de pedalar em linha reta em qualquer velocidade, executando as operações básicas de condução de uma bicicleta. É necessário, também, manter a sua quantidade de movimento nas curvas, atravessando-as com rapidez e segurança, independentemente das condições. Uma das melhores maneiras de praticar isso é fazendo alguns exercícios em baixa velocidade em um ambiente seguro. Um parque próximo ou uma área industrial sem movimento são perfeitos para isso. Para alguns desses exercícios, você deve recrutar um parceiro de treinamento.

> *Assumindo uma posição aerodinâmica nas curvas, você abaixa o seu centro de gravidade e aumenta as suas chances de se manter na vertical. Além disso, acho que a melhor maneira de evitar acidentes em um pelotão é não olhar para o ciclista imediatamente à sua frente, mas para vários ciclistas à frente, a fim de que possa prever os problemas antes que eles cheguem a você.*
>
> Joe Umphenour

Como pedalar em linha reta

Pedalar em linha parece simples, mas para um ciclista mais novato pode ser um desafio. Tudo começa com uma posição confortável e adequada sobre a bicicleta; sem isso, você terá dificuldade para relaxar e permitir que a bicicleta ande em linha reta. O melhor lugar para os exercícios de estabilidade em linha reta são os estacionamentos com faixas pintadas no chão ou os parques industriais nos fins de semana. Procure uma faixa pintada em linha reta e pedale ao longo dela em velocidades variáveis. O objetivo é manter-se sobre a faixa o maior tempo possível. Varie um pouco e faça esse exercício pedalando e deslizando em ponto morto. Tente sair de cima da linha e depois retornar, recuperando rapidamente a sua estabilidade. Escolha alguns pontos de referência distantes e concentre-se neles, em vez de ficar olhando para a faixa pintada no chão. Repita o exercício de 5 a 10 vezes ou até que consiga fazê-lo naturalmente em diversas velocidades.

> *Para praticar a pedalagem em linha reta, procure seguir uma faixa branca pintada na estrada. Além disso, trabalhe os exercícios feitos com uma única perna para aliviar a sua pedalada e limitar a movimentação do tronco.*
>
> *Sarah Haskins*

Olhar para trás

Este exercício pode ser feito na grama ou em um estacionamento vazio. O ato de olhar para trás à procura de outro ciclista, em geral, pode fazer que você se desvie para a direção em que olha. Para praticar isso, procure uma área de grama baixa com uma fileira de árvore que possam lhe servir de orientação ou um estacionamento vazio com algumas faixas pintadas no chão. Pedalando com as mãos sobre as barras de base, gire a cabeça, agindo como se fosse olhar para trás à procura de um parceiro ou para verificar se a estrada está livre. Continue pedalando, e procure relaxar o tronco para que o movimento de girar a cabeça não leve a bicicleta a se desviar do curso. Faça esse exercício durante apenas 1 ou 2 segundos e retorne à sua linha de visão normal. Continue pedalando naturalmente enquanto desenvolve essa habilidade. O objetivo é manter a sua trajetória inicial durante todo o exercício. Pratique o movimento de girar a cabeça para ambos os lados.

Cotovelada

Para executar este exercício, você precisará de um parceiro de ciclismo. Embora os triatlos que não permitem a prática do vácuo sejam, em sua maioria, eventos individuais, há vezes em que você está bem próximo de outros atletas e algum tipo de contato físico acaba incidentalmente acontecendo. É importante saber a sensação desses contatos e que você é capaz de controlar a sua bicicleta quando isso acontece. Na grama, comece pedalando em linha reta e o mais próximo possível de seu parceiro; você dará leves esbarrões nele durante o exercício. Com as mãos sobre a barra de base para evitar que os guidões se enganchem, você e o seu parceiro esticam os cotovelos e pedalam de 20 a 50 metros esbarrando os cotovelos um no outro. Vocês podem usar os cotovelos como para-choque, deixando que eles absorvam o impacto. Depois de uma determinada distância, afastem-se e sigam pedalando.

Ombrada

Este exercício é uma progressão da cotovelada. Você deve se aproximar ainda mais do seu parceiro para que os ombros se esbarrem enquanto vocês pedalam. Nesse caso também, descansem as mãos sobre a barra de base e continuem pedalando durante todo o exercício. Faça de 4 a 6 repetições de cada lado, então, siga pedalando.

Manobras nas estações de apoio

Um dos lugares mais perigosos para se estar sobre uma bicicleta em qualquer triatlo é a estação de socorro. Muitos acidentes tendem a ocorrer nessa área na maioria dos grandes eventos, cuja causa está no fato de muitos ciclistas mudarem bruscamente de velocidade na tentativa de apanhar garrafas ou outros produtos nutricionais com os funcionários das estações. Se você já observou os ciclistas profissionais, você deve ter notado que eles passam rápido pelas zonas de alimentação sem reduzir a velocidade, mesmo quando rodeados por mais de 150 outros ciclistas. Grande parte disso tem a ver com a capacidade de eles se esticarem e apanharem as sacolas de alimento (*musettes*) ou garrafas extras, tudo enquanto pedalam em linha reta com apenas uma das mãos sobre o guidão.

> *Na iminência de queda, mantenha as mãos no guidão. Procure evitar esticar as mãos e os braços para se segurar porque isso pode contribuir para a ocorrência de fraturas ósseas. Pratique quedas e rolamento na grama, para que você passe a fazer esses movimentos naturalmente.*
>
> *Joe Umphenour*

Apanhar objetos

Uma das melhores maneiras de aprender a se esticar naturalmente para apanhar algo enquanto pedala é fazendo um exercício de apanhar objetos. É um ótimo exercício para novos ciclistas porque é muito fácil progredir mudando o tamanho do objetivo ou a sua localização. Nesse caso também, o parque é um ótimo lugar para essa prática, mas você não precisará de parceiro. Para a primeira passagem, comece colocando uma garrafa de água sobre um banco do parque. Pedale em direção ao banco em marcha lenta, mas constante, e ao se aproximar do banco, retire a mão da barra de base e pegue a garrafa, sempre pedalando. Pratique dos dois lados.

Para dificultar a tarefa, mude o local da garrafa, talvez colocando-a em um lugar mais alto ou, até mesmo, no chão. O objetivo é fazer um acentuado desvio com a bicicleta para apanhar a garrafa e, depois, continuar pedalando e recuperar a velocidade do modo mais ininterrupto possível.

> *Em uma sessão de treinamento, pratique o ato de apanhar uma garrafa do chão ou da mão de um companheiro de treinamento enquanto passa pedalando. Isso o ajudará a fazer esse movimento com mais naturalidade em uma situação real de competição.*
>
> *Sarah Haskins*

Como fazer curvas com a bicicleta

Você precisa pensar, também, em como conduzir a bicicleta e alguns movimentos mais dinâmicos que tem de fazer durante uma competição em um circuito. Um dos momentos em que os atletas perdem velocidade é nas curvas. Esses atletas não têm o conhecimento nem a confiança necessários para fazer uma curva reduzindo ligeiramente a velocidade e deixando que a quantidade de movimento lhes permita executar a manobra com segurança e retomar a velocidade de competição.

Existem alguns métodos para dirigir uma bicicleta em velocidade de competição. Os mais comuns são a inclinação e a condução. Muitas variáveis afetam o tipo de método utilizado em condições de estrada, local de giro, velocidade de entrada e o número de atletas perto de você na aproximação da curva. Falarei sobre cada um desses métodos, mostrando como praticá-los.

> *Lembre-se de trocar a marcha de sua bicicleta enquanto mantém uma cadência mais elevada para evitar que a corrente caia. Além disso, mantenha-se um ou dois passos à frente no circuito e mude para a marcha adequada antes de entrar em uma curva. Você não deve sair de uma curva pedalando em marcha extremamente curta, sem pressão nos pedais* (spinning) *ou excessivamente longa* (mashing).
>
> *Sarah Haskins*

Inclinação

A inclinação é a versão que a maioria dos ciclistas conhece e utiliza em condições de alta velocidade. Significa inclinar a bicicleta ao entrar na curva, conforme necessário, baseado no raio da curva e na velocidade com que se entra na curva. Você se inclinará, mas em um ângulo ligeiramente menor do que a bicicleta. Para muitos atletas que competem em triatlos de partida em massa ou outros eventos multiesportivos, o método mais seguro consiste em pedalar normalmente até uma distância de cerca de 70 a 100 metros do ápice da curva (em geral, o ponto central do raio). Ao chegar a esse ponto, você decide se precisará deslizar em ponto morto ou frear antes de entrar na curva. Caso precise acionar os freios, faça-o gradativamente, e lembre-se de que o seu freio dianteiro fornece a maior parte da potência para reduzir a velocidade da bicicleta. A maioria dos atletas avançados continuará usando as extensões da barra aerodinâmica (se o evento não permitir a prática do aproveitamento do vácuo), ao passo que os atletas iniciantes poderão erguer o tronco e usar a barra de base.

Assim que entrar na curva, pedale meia volta, de modo que o seu pé do lado de fora da curva fique na posição de 6 horas, e, com ele, aplique pressão no pedal em direção ao chão. Esse movimento "empurra" os pneus para baixo e ajuda a estabilizar a bicicleta. Mantenha o corpo igualmente equilibrado entre os pneus dianteiro e traseiro. Incline a bicicleta e depois o corpo em sincronia, conforme necessário, e continue fazendo pressão com o pé do lado de fora da curva. Agora deixe a bicicleta rodar. (Ao frear forte na curva, você tende a *lançar* a massa do corpo para a frente, o que desestabiliza a bicicleta, podendo as rodas saírem da direção escolhida.) Assim que sair da curva, comece a endireitar a bicicleta, pedalando com segurança e, de preferência, sem perder muita quantidade de movimento.

Condução

Depois que estiver dominando o movimento de inclinação e executando-o naturalmente, você precisa trabalhar a sua próxima progressão: a condução. Se você praticou bem a inclinação, observará alguns detalhes. Primeiro, você não gira muito o guidão (ou a roda da frente); segundo, você, na verdade, faz a curva usando apenas uma pequena área de contato do pneu na parte exterior da banda de rodagem. Esse tende a ser o método preferido para velocidades mais elevadas ou condições secas.

Quando as circunstâncias exigirem, você precisará conduzir a bicicleta para fazer uma curva. Trata-se de uma manobra ligeiramente diferente do método utilizado para a inclinação. Os preparativos são mais ou menos os mesmos, mas a grande diferença é que a velocidade será menor (pense em termos de um giro de 180 graus ou de uma curva com o piso encharcado). Desse modo, você começa a frear mais cedo e dirige usando a barra de base (ou as coifas do freio, no caso de bicicleta de estrada). O peso ainda está depositado sobre o pedal do lado de fora da curva. Agora, ao se aproximar da curva, você gira a roda da frente, conforme necessário e de acordo com a velocidade de aproximação e do raio da curva. É aí que a coisa fica um pouco complicada! Você se inclina durante a curva, mas, principalmente, o seu corpo se inclina em direção ao ápice da curva, enquanto a bicicleta permanece mais vertical. Não se trata de uma inclinação extrema do corpo – pense mais em termos de "conduzir" um pouco a bicicleta. O objetivo é manter a bicicleta na posição mais vertical possível e, consequentemente, manter uma área de contato maior do pneu na estrada. Depois de concluir a curva, você endireita o corpo e coloca a roda da frente de volta na reta e segue pedalando.

> *Uma boa habilidade para você praticar em baixa velocidade na grama com alguns companheiros é bater na lateral uns dos outros ou raspar a roda dianteira de um na roda traseira do outro. Isso o ajudará a se acostumar com o contato entre os ciclistas, para que você reaja calmamente quando isso acontecer em uma competição.*
>
> *Joe Umphenour*

Troca de marchas

Uma das perguntas mais frequentes dos novos atletas é: "Quando eu devo trocar de marcha?". É difícil responder a essa pergunta. Na realidade, não existe um momento certo ou errado, apenas o momento ideal. Uma bicicleta moderna de competição tem de 18 a 30 marchas e os mecanismos de troca delas funcionam virando-se uma alavanca ou apertando-se um botão. O terreno e a potência (em watts) do ciclista é que vão ditar o momento de trocar de marcha. É melhor não pensar demais no simples ato de trocar as marchas, mas você deve estar ciente de algumas coisas que *não* se deve fazer. Por exemplo, evite a corrente cruzada; essa é a engrenagem em que a corrente é fixada à coroa (disco dentado maior, externo) na frente e à catraca (disco dentado menor, interno) atrás. Uma bicicleta moderna funciona bem com essa combinação de engrenagens, mas acrescenta uma tensão desnecessária à unidade de tração, e, sobretudo, à própria corrente, aumentando o desgaste. A solução mais simples é reduzir a marcha para a coroa (disco dentado da frente) e baixar dois ou três dentes na catraca (disco dentado de trás), procurando estabelecer uma relação de transmissão adequada com um alinhamento muito melhor da corrente.

A próxima situação a ser evitada é a troca radical de várias marchas quando você estiver pedalando sob carga pesada. Normalmente, quando você vê um atleta tirar a corrente da coroa, é porque ele está cansado de fazer trocas rápidas de marcha sob carga pesada; a tensão desviadora não consegue compensar a rápida mudança de posição da corrente, a qual pode sair do disco, caindo no espaço do suporte inferior ou para o lado de fora da coroa. Isso se resume à questão do conhecimento do circuito, uma vez que essa situação normalmente ocorre quando você é surpreendido por uma ladeira íngreme ou uma curva fechada. Nem sempre convém chegar cedo ou no dia anterior de um evento, portanto, você deve usar o bom senso durante o circuito se o terreno for novo para você. A opção mais segura é optar por uma marcha leve e manter a sua cadência algumas rpm acima da faixa de sua escolha, uma vez que é sempre mais fácil baixar a corrente para uma marcha mais pesada do que tentar forçá-la a subir no cassete uma marcha muito leve.

Outra questão também levantada diz respeito ao rpm correto, ou cadência, a ser mantido. A cadência é uma métrica muito individual. Alguns atletas preferem as marchas pesadas, de baixo giro (*mashing*), ao passo que outros são adeptos das marchas leves, de alto giro (*spinning*) que pedalam em uma cadência muito alta. Em muitos casos, esses atletas completam o circuito com muita rapidez e ainda conseguem correr bem depois que descem da bicicleta. A experiência mostra que o ponto ideal da cadência fica por volta da faixa de 70 a cento e poucas rotações por minuto (rpm) – a maioria dos atletas fica muito próximo de 90 rpm. O Capítulo 12 contém mais informações sobre a cadência ideal.

> *Durante uma competição de triatlo, verifico mentalmente a minha cadência a cada 8 quilômetros na bicicleta. É importante manter uma cadência mais alta na bicicleta para reduzir a fadiga muscular antes de partir para a prova de corrida. A redução excessiva da cadência pode afetar muito o seu desempenho na corrida.*
> *Sarah Haskins*

Como frear

A maior parte deste capítulo aborda tópicos destinados a fazer que você seja *mais rápido* na bicicleta. Entretanto, a verdade é que, às vezes, o uso adequado dos freios rende *splits* mais rápidos no ciclismo de modo geral. É importante que o atleta saiba quando frear (como antes de uma curva fechada, por exemplo) e acelerar ao sair da curva. Também é importante que o atleta saiba frear durante a descida de uma ladeira, acionar levemente o freio dianteiro e aplicar pressão consistente no freio traseiro, transferindo o seu peso para trás. Lembre-se de que é difícil ganhar impulso em uma bicicleta, mas é fácil mantê-lo; por isso, se você no ciclismo utilizar, de modo inteligente, os freios em momentos estratégicos, perderá menos velocidade global e talvez evite o pior: um acidente.

No Capítulo 10, as estações de apoio potencialmente perigosas foram citadas, para enfatizar a importância do manejo correto da bicicleta. Eis uma possível situação. Imagine o seguinte: depois de cumprir 48 quilômetros da sua prova de ciclismo Ironman, você reduz a velocidade para pegar uma garrafa de energético em uma estação de apoio. Nesse momento, o atleta à frente freia bruscamente; você colide nele e sai cambaleando. O seu dia poderia acabar. Não deixe que isso aconteça! Ao se aproximar das estações de apoio, tire as mãos das extensões da barra aerodinâmica e use a barra de base, cobrindo os freios com apenas um dedo sobre a alavanca. Procure um voluntário um pouco adiante e siga em direção a ele acionando levemente os freios. Observação: a maioria das estações de apoio é montada do lado direito da estrada e é necessário estender a mão direita para pegar a garrafa (ou outro item), portanto, você está cobrindo o freio dianteiro. Continue atento aos outros atletas e aperte esse freio dianteiro um pouco para reduzir a velocidade; pegue a garrafa sem parar e retome cautelosa e adequadamente o circuito. Se você for guardar a garrafa em algum espaço atrás do suporte do assento, faça-o com cuidado, procurando afastar-se da estação de apoio e ganhar velocidade. E o mais importante: preste atenção e esteja preparado para tomar medida evasiva, se necessário.

Você deve se lembrar de duas coisas importantes ao participar de um revezamento em linha dupla. Primeiro, ao passar para o fim da fila depois de manter a liderança, mantenha-se próximo à lateral dos ciclistas que vêm atrás de você. Isso permite que eles continuem aproveitando o seu vácuo à medida que avançam. E, segundo, não acelere drasticamente ao passar para a frente, sob pena de abrir lacunas no grupo e provocar queda no ritmo geral.

Sara McLarty

▶ Considerações especiais para competições que permitem o vácuo

Quando o triatlo foi acrescentado aos Jogos Olímpicos de Sydney 2000, uma nova versão do esporte também foi introduzida: o triatlo com vácuo. Para as competições que permitem o vácuo, a natação e a corrida continuaram as mesmas que para as demais competições de distâncias olímpicas (1.500 metros e 10 quilômetros, respectivamente). A prova de ciclismo mudou, passando a permitir que os ciclistas permanecessem juntos em pelotões, nos quais os ciclistas de trás se protegem atrás dos que lideram a prova, semelhante ao que acontece nas competições individuais de ciclismo. Isso mudou toda a dinâmica das competições de nível internacional. Nesses eventos, os atletas utilizam uma bicicleta de competição em estrada (em geral, com pequenas extensões nas barras aerodinâmicas) e podem aproveitar o vácuo uns dos outros. Esse tipo de competição acrescenta uma dimensão de velocidade e perigo, uma vez que grandes pelotões pedalam muito próximos uns dos outros, cerca de 48 km/h, beneficiando-se do vácuo. As habilidades de manejo da bicicleta certamente valem muito!

Continua

Continuação

Um atleta da ITU precisa ser versado em todas as habilidades. Conseguir manejar a sua bicicleta é ainda mais importante dentro desses espaços tão limitados, uma vez que uma decisão errada pode derrubar dezenas de ciclistas. Para os atletas que almejam participar de um evento da ITU que permita o vácuo, o melhor a fazer é buscar alguns atletas locais experientes afiliados à ITU ou competidores de ciclismo de estrada. Eles não perderão tempo em lhe ensinar o básico do ciclismo em pelotão, acelerando, assim, a curva de aprendizagem. Veremos agora alguns dos conceitos básicos do ciclismo que permite o vácuo.

O vácuo é uma arte, e um bom ciclista pode poupar mais de 40% de energia "colando-se" na roda do ciclista à sua frente. O segredo é manter-se apenas alguns centímetros atrás da roda traseira do atleta da frente, sempre acreditando que se contornará quaisquer perigos na estrada, como poças, barreiras de tráfego e ilhas. Quando vários atletas executam bem essa tarefa, chamada escalera – e é uma beleza! Contudo, essa habilidade é complicada quando um atleta (ou grupo de atletas) enfrenta ventos fortes. Esses ventos invariavelmente provocam uma situação de vento cruzado, e você precisa saber como formar escalões. Em um escalão, um grupo se distribui de forma intercalada na pista, protegendo ligeiramente cada atleta subsequente da força do vento. Quando isso acontece, existe uma tendência a seguir uma regra implícita em que cada atleta tem a sua parcela de responsabilidade na "puxada" do pelotão. Quando o ciclista da frente já pedalou na frente durante algo em torno de 5 a 120 segundos, ele sai e, continuando a pedalar, afasta-se para o lado da estrada, recuando pelo lado protegido dos ciclistas intercalados para entrar na última posição do grupo. Essa pode ser uma situação crítica em uma competição. Se um grupo de ciclistas perceber que o vento mudou, eles podem formar rapidamente um escalão e criar uma separação dentro do grupo que pode afetar o resultado da competição em questão de minutos.

Os atletas que competem em eventos da ITU precisarão reforçar essas habilidades antes de entrar no circuito para disputar seus primeiros eventos..

Aqui muitos foram os critérios abordados que delineiam algumas habilidades básicas dos bons ciclistas, várias baseadas em exercícios e repetições. Para concluir esta seção, seguem algumas maneiras divertidas e menos estruturadas de melhorar a sua capacidade de conduzir uma bicicleta durante toda a sua carreira multiesportiva.

A pior posição em um grande pelotão de ciclismo é atrás. Mantenha-se no terço anterior do grupo, para evitar a maioria dos acidentes, minimizar as lacunas nas curvas e neutralizar quaisquer tentativas de ruptura.

Sara McLarty

Cyclo-cross! Esta é uma das minhas maneiras preferidas para os atletas melhorarem as suas habilidades no ciclismo. *Cross*, como às vezes é chamado, é um evento disputado no outono e no inverno em um circuito fechado de, aproximadamente, 3 quilômetros, com uma combinação de grama, campo, piso pavimentado e barreiras. A bicicleta de *cyclo-cross* é semelhante a uma máquina de competição de estrada, com a exceção de um conjunto de freios mais largo em estilo *cantilévere* pneus diferentes, com um perfil irregular. Na maioria dos circuitos, são utilizadas pequenas barreiras de madeira com cerca de 40 centímetros de altura, para obrigar o atleta a descer da bicicleta e correr para seções da pista. As provas de *cross* são disputadas em todas as condições, inclusive na lama, na chuva, na neve e no gelo. Isso valoriza as habilidades de manejo e controle da bicicleta em condições escorregadias e imprevisíveis.

Pedalar em grupo é outra ótima maneira de acelerar um pouco a curva de aprendizagem. Uma vez que você se sinta confortável para pedalar em espaços apertados, procure um grupo local de ciclismo que lhe pareça acessível e junte-se a ele. A vantagem de pedalar com um bom grupo é que a maioria dos participantes tem um *mix* de capacidades e níveis de condicionamento. Pergunte e descubra quem são os ciclistas mais experientes. Faça muitas perguntas sobre a etiqueta da estrada e como funciona a dinâmica do grupo. Em geral, você receberá ótimas informações dos veteranos, e o seu nível de conforto em pedalar em espaços apertados melhorará rapidamente.

Por fim, pegue emprestado ou alugue uma *mountain bike*. Em uma única volta em uma *mountain bike* na sua malha de trilhas local, você pode utilizar várias habilidades de manejo da bicicleta. Saber como subir e descer da bicicleta, escolher uma boa linha e aderir a ela, manter-se descontraído e ágil sobre a bicicleta, utilizar as habilidades de inclinação e condução constituem a base de um bom atleta de *mountain bike*. Você poderá até gostar e resolver procurar um triatlo Xterra de *mountain bike* como seu próximo evento.

Portanto, na próxima vez em que for planejar a sua temporada de treinamento, não deixe de acrescentar um período dedicado às habilidades e aos exercícios do ciclismo, sempre com o objetivo de *conduzir* mais rápido a bicicleta, não apenas de treinar para melhorar o seu condicionamento físico.

CAPÍTULO 12

Estabelecimento da cadência perfeita e do ritmo das passadas

Jackie Dowdeswell

Ouve-se o termo *cadência*, principalmente quando se fala de ciclismo, e, nesse contexto, refere-se a rotações por minuto, ou rpm (isto é, o número de pedaladas que você dá em um 1 minuto). Entretanto, a cadência é relevante, também, para a corrida, na qual é conhecida também como *ritmo de passadas*. De maneira similar ao ciclismo, na corrida, refere-se ao número de passos dados ao longo de 1 minuto.

Para medir a cadência, existem dispositivos destinados a simplificar e facilitar as coisas. Muitos computadores de bicicleta apresentam monitores de cadência, e as unidades de GPS podem vir acompanhadas de um sensor de cadência opcional. Para a corrida, você pode usar um metrônomo ou um *time trainer*, os quais emitem um sinal sonoro no intervalo determinado previamente pelo usuário, para ajudar a monitorar a cadência. Esses dispositivos são úteis, mas não são absolutamente necessários se você tiver a capacidade de contar (entretanto, sob fadiga, essa capacidade pode ficar comprometida). Para marcar a cadência no ciclismo ou na corrida, você pode, simplesmente, programar-se para 15 segundos e contar o seu número de pedaladas ou passadas. Depois, multiplique esse número por 4 para obter o seu número de pedaladas ou passadas por minuto. Tanto no caso do ciclismo quanto no da corrida, você logo passa a "sentir" a sua cadência. A adoção de cadências similares para o ciclismo e a corrida facilita a transição de uma modalidade para a outra. Na realidade, as cadências ideais que você deve almejar são de 80 a 100 rpm, no ciclismo, e de 180 passadas por minuto, na corrida. Independentemente de como você tenha se saído na parte do ciclismo da sua competição, ao se aproximar do último quilômetro, comece a pedalar em uma marcha reduzida e com uma cadência mais alta, como você aprendeu no capítulo anterior.

Este capítulo aborda a cadência tanto para o ciclismo quanto para a corrida – cujos ideais dizem respeito à maneira como você deve treinar para alcançar esses ideais e quando deve se desviar deles. O capítulo mostra também como o ritmo de passadas está relacionado à capacidade de manter essas cadências "perfeitas".

▶ Eficiência e economia: o que significam, e qual a diferença?

Ao longo de todo este capítulo, a eficiência é mencionada várias vezes com relação tanto ao ciclismo quanto à corrida porque uma cadência perfeita é eficiente. Entretanto, o termo *economia* também é usado, especialmente em relação à corrida. Existe certa confusão em relação ao significado desses termos, e ambos geralmente são usados (incorretamente) de forma intercambiável. Em geral, a melhora da eficiência torna a economia melhor, o que lhe permite ir cada vez mais longe e mais rápido de acordo com o seu nível de condicionamento físico.

A economia é a quantidade de oxigênio consumida em relação ao peso e à velocidade. Por exemplo, dois ciclistas podem usar quantidades diferentes de oxigênio por quilograma por minuto para manter a mesma velocidade. O que usa a menor quantidade é supostamente mais econômica. (Pense em um carro "beberrão" e em outro não "beberrão".) Em última análise, se você melhorar a sua economia de movimento (a quantidade de oxigênio que você utiliza para fazer um determinado movimento), gastará menos energia (consumo de oxigênio) e conseguirá ir mais longe ou mais rápido utilizando a mesma quantidade de oxigênio – tanto nos treinos quanto nas competições.

A eficiência é um dos fatores que contribuem para a economia. O termo *eficiência* normalmente é usado de forma independente para descrever a maneira como o seu corpo utiliza a sua energia mecanicamente, a fim de produzir o seu resultado (a sua velocidade na corrida no ciclismo). Tecnicamente, a eficiência pode ser medida como uma relação, comparando-se a quantidade de energia consumida para produzir uma determinada quantidade de energia (trabalho), mas não é necessário entrar nesse tipo de detalhe aqui.

Cadência no ciclismo

No caso de um esporte de resistência como o triatlo, independentemente da distância da prova para a qual você estiver treinando, é preciso demonstrar o maior grau de eficiência no ciclismo – isto é, fazer o melhor uso possível da energia de que você dispõe para ir mais longe ou mais rápido, ou ambos, de acordo com o seu atual condicionamento físico. A técnica é o segredo para melhorar a eficiência no ciclismo, e a cadência é um elemento importante para essa eficiência. Uma boa técnica, incluindo a cadência, é uma das chaves também para a minimização das lesões. Saber a cadência que você busca alcançar e, depois, como praticar e treinar com ela é uma parte importante do treinamento do ciclismo e do triatlo.

Como estabelecer a sua cadência perfeita

A sua cadência está diretamente relacionada à marcha que você seleciona. A seleção de uma marcha que resulta em uma cadência de 80 a 100 rpm é ideal para triatletas. Para isso, normalmente, é preciso escolher uma marca fácil (baixa) que permita uma alta rpm, chamada de *spinning*.

Uma cadência de 80 a 100 rpm é a faixa mais eficiente para triatletas, porque resulta em menos fadiga muscular e menos estresse do sistema cardiovascular, em comparação a uma marcha mais difícil com uma rpm mais baixa. Uma boa analogia para entender isso é comparar a situação ao esporte de levantamento de peso – é muito mais fácil levantar 0,5 quilograma 100 vezes do que 25 quilogramas duas vezes.

Pedalar com uma cadência de menos de 70 rpm (conhecida como *mashing*) resulta na instalação mais rápida da fadiga e um maior nível de estresse cardiovascular, aumentando, também, o risco de lesões, especialmente dos joelhos, uma vez que pedalar em cadências mais baixas produz muito estresse nessas articulações. Isso não significa que você nunca deva usar cadências mais baixas: todo exercício tem uma finalidade, e a finalidade de alguns deles pode envolver marchas mais baixas (*vide* seção *Como treinar a sua cadência no ciclismo*, na página 199). A orientação de 80 a 100 rpm é para o ciclismo normal quando não se está fazendo nenhum outro treinamento com cadência específica como parte de um determinado exercício.

Como melhorar a eficiência no ciclismo com a cadência

Para melhorar a sua cadência, é preciso praticar. As fases de preparação e de treinamento de base são ótimas ocasiões para trabalhar todos os aspectos da técnica, e a cadência é um aspecto importante. Entretanto, o trabalho e as habilidades de cadência podem continuar durante toda a sua temporada.

Caso não esteja acostumado a pedalar com uma cadência de 80 a 100 rpm, você poderá achar que o seu esforço parece grande para a velocidade em que você está andando. Como qualquer nova habilidade, existe um período de adaptação; portanto, se a habilidade é nova para você, essa é uma boa razão para começar a trabalhá-la logo no início da sua temporada. Vale a pena perseverar para alcançar os benefícios em longo prazo. Quanto mais você praticar o movimento desejado, mais apto estará o sistema nervoso a produzir esse movimento mediante a ativação dos padrões musculares corretos para produzi-lo, e mais fácil se tornará a tarefa. É verdade que existem muitos ciclistas "puros" que têm uma cadência normal e natural que é superior a 100 rpm. Se você achar que a sua cadência natural ou confortável está acima de 100 rpm, isso não é necessariamente um inconveniente. Entretanto, para os triatletas, a faixa de 80 a 100 rpm é considerada ideal, sobretudo porque eles têm de correr quando descem da bicicleta.

Existem diversas habilidades e exercícios que você pode utilizar como prática para aumentar e manter a sua cadência no ciclismo (você encontrará adiante alguns exemplos que poderá experimentar). Para o ciclismo geral, esta seria uma progressão sensata:

1. Sinta-se confortável pedalando com uma cadência na faixa de 80 a 100 rpm em terreno plano ou em uma bicicleta ergométrica em ambiente fechado.

2. Saia e procure um terreno que esteja constantemente mudando, e aprenda a trocar as suas marchas com a frequência necessária para manter a sua cadência na faixa de 80 a 100 rpm, independentemente do aclive ou do declive (*vide*, no entanto, considerações sobre colinas íngremes, na próxima seção). Aprenda a pensar por antecipação, para que você possa prever as marchas que precisa usar para manter a sua cadência. Outra variação consiste em pedalar em diferentes condições climáticas. Procure manter a sua cadência mesmo quando estiver pedalando contra um forte vento ou a favor dele.

3. À medida que você progredir no seu treinamento e conseguir fazer esses dois primeiros exercícios, pode começar a praticar usando mais potência muscular para manter essa faixa ideal de cadência, em vez de estar constantemente trocando marchas.

Como manter a cadência do ciclismo em terreno montanhoso

Embora seja razoavelmente óbvio praticar e manter a cadência pedalando em via plana, a realidade é que você encontrará várias colinas, grandes e pequenas, não apenas no treinamento do dia a dia, mas, também, durante as competições. É outra parte importante do treinamento de ciclismo para o triatlo saber pedalar em terreno montanhoso, não apenas chegando ao topo das colinas, mas fazendo isso da maneira mais eficiente e menos fadigante possível. Manter uma cadência na faixa ideal ajuda nesse ponto.

Como pedalar em aclives

No caso da maioria das ladeiras, especialmente as longas, é muito mais eficiente usar marchas mais baixas (mais fáceis) e manter a sua cadência dentro da sua faixa normal de cadência (de preferência, entre 80 e 100 rpm), subindo a ladeira com um *spinning*. Ocasionalmente, haverá ladeiras muito longas ou íngremes para que você consiga manter essa cadência. Você terá de deixar a cadência cair, mas procure retornar a essa faixa assim que puder, para não fadigar demais os seus músculos.

Além dessas ocasiões em ladeiras particularmente longas ou íngremes em que a sua cadência cai por força das circunstâncias, não por opção, pode haver a eventual situação em que uma cadência mais baixa pode ser utilizada de forma benéfica, embora apenas por curtos períodos. Por exemplo, em ladeiras longas ou íngremes, quando você sente necessidade de colocar-se em pé. Ficar em pé por alguns segundos pode quebrar a monotonia de uma longa subida. Em uma prova de curta distância, como um triatlo de *sprint*, a tática de ficar em pé pode ser utilizada, também, para gerar rápidas explosões de potência para subir uma ladeira ou abrir espaço entre você e os competidores próximos. No entanto, em geral, você deve tentar permanecer sentado, para manter a eficiência e poupar os seus músculos para a corrida depois da sua prova de ciclismo. Ciclistas puros ficam em pé com mais frequência, mas eles não precisam correr quando descem da bicicleta. Ficar em pé exige mais potência e, por isso, requer o recrutamento de mais fibras musculares rápidas, aquelas que se fadigam rapidamente e demoram para se recuperar. Embora os ciclistas possam ser capazes de persistir até o fim de uma competição, os triatletas têm que correr após a prova de ciclismo, portanto, é importante poupar essas fibras para o final da corrida, quando você pode precisar recrutá-las à medida que se sente fadigado. Se você sentir necessidade de se colocar de pé, preveja essa situação e troque as marchas conforme necessário (marcha mais alta para colocar-se de pé).

Você pode achar que a maneira mais eficiente de subir uma ladeira é mantendo-se no segmento inferior da sua faixa confortável de cadência para subidas, mesmo que prefira o segmento mais alto dessa faixa durante o *spinning* em terreno plano. Isso também requer prática para você descobrir o que mais lhe convém. Mantenha uma cadência alta até alcançar e vencer o topo da colina, até a gravidade começar a trabalhar a seu favor, não contra você. Com o tempo e a prática, você aprenderá a sentir e prever a sua mudança de cadência nas subidas, portanto, use as suas marchas e esforce-se para manter a cadência. Indubitavelmente, o segredo para aprender essas habilidades e torná-las automáticas é a prática.

Enquanto aprende e pratica, você pode querer utilizar ferramentas como um monitor de cadência para ciclismo, um monitor de frequência cardíaca, um potenciômetro ou o esforço percebido (*vide* página 148, no Capítulo 9, para mais informações sobre a taxa de esforço percebido – RPE). Por exemplo, se a sua cadência estiver caindo à medida que você sobe uma ladeira, ou, até mesmo, se estiver conseguindo manter a sua cadência, mas com crescente esforço (conforme demonstrado pela frequência cardíaca, pela potência ou pelo esforço percebido), ou se a sua cadência estiver aumentando significativamente, essas ferramentas podem ser eficazes para lhe lembrar quando trocar as marchas – tanto para uma marcha mais baixa durante uma subida quanto para uma marcha mais alta quando você estiver descendo. Procure não confiar demais nesses dispositivos, no entanto, à medida que você aprende e pratica, procure trocar as marchas, quando sentir que deve fazê-lo, deixando os dispositivos apenas para consulta.

Como pedalar em declives

Quando estiver descendo uma ladeira, pedalar ou não pedalar depende de vários fatores, como a declividade da ladeira e o nível de recuperação de que você necessita depois de subir a ladeira. Se o declive não for tão íngreme, você poderá achar que consegue continuar pedalando. Assim como para subir, você deve procurar manter a sua cadência na faixa ideal de 80 a 100 rpm, embora se espere que seja mais fácil do que para subir. Entretanto, você poderá achar que precisa ou prefere descer um pouco na banguela (ponto morto) para se recuperar do esforço da subida. Alternativamente, pode optar por uma marcha muito leve e "girar" as pernas a 80-100 rpm com muito pouco esforço, como em ritmo de recuperação ativa. Caso seja um triatleta mais experiente em competições de triatlo de distâncias mais curtas (como triatlos de *sprint*), você deve manter um alto nível de esforço nas descidas usando marchas mais altas e continuar em ritmo puxado.

Para ladeiras mais íngremes, o momento de parar de pedalar e descer em ponto morto é quando você consegue ganhar mais velocidade firmando-se em uma posição aerodinâmica sobre a sua bicicleta do que quando você está pedalando. Se continuar pedalando nesse ponto, você está, simplesmente, desperdiçando energia, já que poderia alcançar essa mesma velocidade sem pedalar. Você não deve, também, chegar a pedalar tão rápido a ponto de levá-lo a "quicar" no selim. Além de desperdício de energia, isso é inseguro do ponto de vista da estabilidade, especialmente nas velocidades mais altas que você alcançará na descida de uma ladeira.

Aqui vai uma breve e importante dica de segurança: nunca se permita descer uma ladeira em velocidade tão elevada a ponto de sentir a sua bicicleta fora de controle ou oscilando em virtude dessa velocidade. Sinta sempre a segurança de estar no controle e a confiança de que você conseguirá frear, se necessário. É óbvio que a segurança na estrada é outra questão completamente diferente, mas quando você está descendo uma ladeira em velocidade elevada, é preciso ter cuidado redobrado com o que está à sua volta e com os padrões de tráfego, seja em uma situação de treinamento ou de competição.

Como manter a cadência na bicicleta e administrar o ritmo

Embora deva procurar manter a sua cadência dentro da faixa ideal, as marchas que você seleciona para fazer isso dependem do esforço geral que é mantido. Os triatlos são, por natureza, competições de resistência, e o seu esforço ou ritmo geral deve ser norteado pela distância de cada competição, pela finalidade do seu exercício, pelo seu condicionamento físico e pelos seus objetivos competitivos gerais.

A título de orientação geral durante uma competição, mesmo em eventos mais curtos, você deve minimizar o tempo passado (se for o caso) acima do seu limiar (láctico) anaeróbio, que é o ponto em que o seu sistema de energia anaeróbia passa a dominar. Você deve ser capaz de sentir isso quando a sua respiração começa a ficar difícil, e o seu esforço, insustentável. Esse nível de esforço é extremamente fadigante; os sistemas de energia e os padrões musculares utilizados demoram a se recuperar, devendo ser poupados para uma última arrancada ao final de uma competição, se tiverem que ser usados. Mesmo que você tenha um treinador que lhe forneça um plano de competição, é necessário pesquisar ou percorrer o trajeto e pensar como se pretende cumpri-lo. Você precisa saber se deve esperar encontrar terreno plano ou colinas, sua quantidade, se são muito ou pouco íngremes, em que parte do percurso surgem, e assim por diante, para que não apenas esteja preparado no dia da competição, mas, também, para que consiga simular o percurso da competição no treinamento como parte da sua preparação.

O esforço que você planeja exercer irá depender da duração da competição, da experiência, do condicionamento físico e dos objetivos. Por exemplo, provavelmente, um triatleta experiente em *sprint* procurará manter um nível de esforço um pouco abaixo do seu limiar anaeróbio durante toda a prova, enquanto um triatleta estreante de Ironman poderá procurar manter um ritmo de esforço de resistência confortável durante toda a prova. Quer você treine e compita de acordo com o que sente (o seu esforço percebido, ou RPE, como visto no Capítulo 9), a frequência cardíaca ou a sua potência, use as suas marchas para se manter o máximo possível dentro da sua faixa de cadência ideal em tipos variados de terreno ou no vento, mantendo a intensidade de esforço planejada, o que pode incluir pedaladas leves de recuperação com níveis de esforço acima do limiar anaeróbio. A exceção a essa regra é quando o exercício tem por finalidade uma cadência intencionalmente mais alta ou mais baixa, como veremos na próxima seção sobre o treinamento com cadência mais alta e mais baixa.

Como treinar a sua cadência no ciclismo

Embora a maior parte do seu treinamento deva ser realizada dentro da faixa de cadência ideal, ele também deve incorporar cadências mais altas e mais baixas, conforme explicado aqui. A cadência mais alta subentende uma que seja acima da faixa normal de 80 a 100 rpm (por exemplo, um *spinning* em uma cadência acima de 100 rpm). Entretanto, a cadência reduzida refere-se a uma cadência abaixo da faixa normal (por exemplo, manutenção de uma cadência de 50 a 70 rpm).

Atuação em uma cadência elevada

Deve-se trabalhar em uma cadência mais alta no início da temporada, como nos períodos de preparação e inicial de base, geralmente como parte do desenvolvimento de habilidades e técnica. No início da temporada, se você for novato nesse tipo de treinamento, deve manter o esforço e as marchas relativamente leves – embora poderá considerar o esforço de alcançar cadências mais altas um desafio caso não tenha experiência em trabalhar com uma mais elevada. À medida que progride no decorrer da sua temporada ou adquire mais experiência, você pode trabalhar para manter essas cadências com maior esforço e intensidade usando marchas mais altas (mais difíceis). Exercícios como *spin-ups* ou intervalos podem ser feitos durante todo o ano.

Spin-ups

É bom fazer *spin-ups* durante uma semana de recuperação ou várias vezes durante um percurso de resistência. Para fazer isso, eleve a sua cadência a um nível máximo durante um determinado período de tempo. A fim de saber se você está no seu limite máximo, continue aumentando a cadência até começar a quicar no selim. Alivie um pouco (para parar de quicar), mantendo-se, assim, durante o restante do tempo; depois, reduza o ritmo e recupere-se totalmente antes da próxima *spin-up*. Relaxe e procure fazer que pareça fácil. Um exemplo é realizar de 6 a 8 *spin-ups* de 30 segundos, com 4 minutos e 30 segundos de recuperação entre cada um. Não se esqueça de incluir um exercício de aquecimento e desaquecimento antes e depois.

Intervalos

Existem várias maneiras de incorporar um trabalho de alta cadência a qualquer treino, criando, desse modo, um trabalho intervalado. Você só precisa se concentrar no objetivo de manter uma cadência elevada durante um determinado tempo. Isso pode ser feito durante períodos muito específicos de cadência acima do normal, ou pode, simplesmente, monitorar a sua atuação enquanto pedala. Veja alguns exemplos:

- De 6 a 8 séries de *sprints* de 30 segundos, procurando manter a sua cadência acima de 100 rpm.
- Várias séries de 2 a 5 minutos em uma cadência acima de 100 rpm, uma recuperação de 2 minutos acima de 80 rpm, mais 1 a 2 minutos em cadência acima de 110 rpm, e, depois, uma recuperação de 2 minutos acima de 80 rpm.
- Um *spin* de 10 a 30 minutos em uma marcha leve até o nível máximo da sua faixa normal de conforto (o objetivo é elevar a sua faixa de conforto acostumando-se a ela).

Você pode, também, praticar uma cadência mais elevada durante o seu aquecimento estabelecendo metas para si (por exemplo, manter uma cadência acima de 80 ou 90 rpm, considerando que está usando marchas mais fáceis).

Atuação em baixa cadência

Na competição de triatlo, você deve minimizar o tempo que necessita de uma cadência mais baixa, visto que o trabalho em cadência reduzida não é particularmente específico para um treinamento de triatlo. Por essa razão, embora o treinamento em baixa cadência tenha as suas utilidades, é melhor que seja feito no início da temporada. À medida que você se aproxima da sua temporada de competições, a relevância do treinamento em baixa cadência diminui, e você deve se concentrar em outros aspectos do treinamento de ciclismo (por exemplo, treinos no limiar em cadências mais elevadas).

Todavia, entre os benefícios do treinamento em baixa cadência estão os seguintes:

- Maior faixa de cadências em que você pode pedalar com conforto. Embora se espere que você não necessite da cadência reduzida com frequência, é bom ter essa habilidade – por exemplo, em uma ladeira difícil em que as suas opções de marchas tenham se esgotado (naturalmente, poderia haver um capítulo inteiro dedicado à seleção das marchas para o seu circuito de prova).
- Maior força nas pernas, se a força na bicicleta for um dos seus limitadores. O trabalho em intervalos de baixa cadência é um bom exercício para fortalecer as pernas, mas tenha em mente a especificidade da competição de triatlo, e faça esse tipo de treino no início da sua temporada.
- Melhor resistência muscular ao pedalar em terreno montanhoso (permitir que a sua cadência caia nas ladeiras é uma boa maneira de melhorar a resistência muscular).

Para qualquer percurso que inclua um trabalho em baixa cadência, é importante aquecer-se bem durante 20 a 40 minutos. Depois, um bom exemplo de treinamento de baixa cadência consiste em várias séries de 3 a 10 minutos em uma cadência reduzida (por exemplo, 65 a 70 rpm), com um *spinning* leve de recuperação entre cada uma, começando com menos repetições e intervalos de tempo mais baixos, progredindo gradativamente. Ao concluir o treino em cadência reduzida, você pode deixar a sua cadência cair para a faixa de 60 rpm, mas não abaixo desse nível, a fim de evitar uma carga excessiva nos joelhos, a qual aumentaria o risco de lesões ou inflamações. Além disso, o trabalho em cadência reduzida em uma bicicleta ergométrica ou em ladeiras ao ar livre deve ser realizado basicamente na posição sentada – específica para a competição de triatlo em que você deve permanecer sentado o máximo possível.

Cadência da corrida

Assim como para o ciclismo, independentemente da distância da competição para a qual você esteja treinando, é necessário que a sua cadência de corrida, ou ritmo de passadas, seja o mais eficiente possível. Isso é especialmente importante no triatlo, no qual a corrida normalmente é a última prova e, por conseguinte, utiliza a sua energia restante.

Nesse caso também, a técnica é o segredo para melhorar a eficiência e minimizar a incidência de lesões. A forma de correr é algo que você deve estar constantemente trabalhando. Você aprenderá mais sobre a forma de correr em termos de postura corporal e respiração no próximo capítulo. Entretanto, falaremos aqui especificamente sobre a forma no contexto da sua cadência perfeita (ou ritmo de passadas).

Como estabelecer a cadência da corrida

Além do ritmo de passadas, o comprimento delas é outro fator que determina a velocidade na corrida. O comprimento das passadas é a distância que você cobre a cada uma delas. Para aumentar a sua velocidade, você precisa aumentar o ritmo das suas passadas, o comprimento das suas passadas, ou ambos. Qualquer mudança em um desses fatores, normalmente muda o outro. A melhor maneira de correr mais (com um determinado nível de esforço) é aumentando a sua cadência de corrida ou, até mesmo, reduzindo o comprimento da sua passada. Elevar a cadência é uma maneira mais econômica de aumentar a velocidade do que aumentar o comprimento da passada, e algumas das razões encontram-se explicadas adiante. Como você aprendeu no início deste capítulo, quanto mais econômico for, mais rápido conseguirá correr com um determinado nível de esforço.

A cadência da corrida varia de pessoa para pessoa, dependendo do tamanho (sobretudo do comprimento da perna) e da capacidade de correr. É mais fácil movimentar mais rápido uma perna curta do que uma perna longa, mas a longa cobre uma distância maior a cada passada. Obviamente, sempre há exceções, mas, em geral, os corredores e triatletas correm com cadências acima de 180 passadas por minuto, independentemente de sua altura. Falando um pouco em termos técnicos, eis algumas das razões para isso:

- Quanto mais tempo o seu pé permanece em contato com o solo a cada passada, mais tempo a energia elástica armazenada leva para se dissipar, e menor é o retorno de energia na sua *resposta de retração elástica*. O resultado é que os seus músculos têm que se contrair com mais força para gerar o mesmo efeito geral. Para se beneficiar da sua resposta de retração elástica, mantenha o pé em contato com o solo pelo menor tempo possível a cada passada. Para um determinado ritmo, passadas mais longas significam mais tempo de contato com o solo – no caso desse ritmo específico, é benéfico encurtar o tempo de contato, reduzindo o comprimento da passada e aumentando a cadência. Os corredores altos (com pernas mais longas) dão passadas proporcionalmente mais curtas do que o comprimento de suas pernas permite, em comparação com corredores mais baixos (com pernas mais curtas).

■ Uma passada mais longa requer mais *deslocamento vertical*, que é a altura em que o seu corpo se movimenta a partir da superfície sobre a qual ele está correndo. Para visualizar essa situação, imagine-se arremessando uma bola de beisebol a uma distância de 65 ou 165 metros – quanto mais curta a distância, mais raso é o arremesso. A maneira adequada de correr demonstra um deslocamento vertical mínimo. É necessária uma contração mais forte para vencer o deslocamento vertical – a energia que seria mais bem aproveitada para o deslocamento horizontal para a frente.

■ Nesses dois casos, as passadas mais longas necessitam de uma contração mais forte dos músculos, resultando mais rápido em fadiga muscular do que se os músculos forem contraídos com menos força e mais frequência (lembre-se: levantar um peso de 0,5 quilograma 100 vezes é mais fácil do que levantar um peso de 25 quilogramas duas vezes). Isso se deve, em parte, à necessidade de você usar as suas fibras musculares rápidas (força, mas não boa resistência) para completar a força necessária, ao passo que, em forças mais baixas, as fibras musculares de resistência lentas são capazes de suportar basicamente a carga.

Muitos corredores classificados por grupos etários têm uma cadência significativamente inferior a 180 passadas por minuto. O alongamento da passada geralmente é o principal fator de contribuição para isso. Esse problema comum da corrida pode levar a lesões e é antieconômico – se o seu pé tocar o solo à frente do seu corpo (o seu centro de gravidade), ele age como um freio. Para dar a passada seguinte, você tem de usar energia para movimentar o corpo (centro de gravidade) por cima do seu pé estendido.

Em geral, a maioria dos integrantes de grupos etários consegue se beneficiar de sua forma de correr aumentando a sua cadência até alcançar cerca de 180 passadas ou mais. Caso você seja mais baixo, pode ultrapassar ligeiramente essa marca com mais facilidade. Se for muito alto, você poderá constatar que consegue chegar apenas a algumas passadas menos do que isso.

Como melhorar a eficiência rara corrida com a cadência

Trabalhar a boa forma geral de correr – especialmente com atenção ao ponto em que os seus pés tocam o solo em relação ao seu corpo para eliminar o alongamento da passada – em geral, resulta em uma cadência mais elevada. Os seus pés devem tocar o solo abaixo do seu centro de gravidade (para ilustrar melhor, abaixo dos quadris). Você poderá constatar, também, que uma inclinação muito leve para a frente (a partir dos calcanhares, não dos quadris) ajuda a aumentar a cadência (o próximo capítulo trata com mais detalhes da posição do corpo para uma maneira adequada de correr).

Você deve ensinar o seu corpo a correr em uma cadência acelerada – os nervos e os músculos precisam se acostumar a responder e contrair-se ou relaxar mais rápido. O melhor momento de trabalhar o aumento da cadência na corrida é no início da temporada e ao longo dela, durante as corridas de recuperação e resistência. O início da temporada é o melhor período porque lhe permite tempo para assimilar novos e bons hábitos. Além disso, é provável que, no início, você sinta que está "dando passos de bebê" e correndo mais devagar do que você está acostumado com um esforço determinado. Isso é temporário. A cadência mais alta é uma habilidade que se aprende – é difícil eliminar os velhos hábitos. A sua velocidade retornará e o seu esforço voltará a corresponder às suas expectativas normais nos meses seguintes. Persevere e, em longo prazo, você será recompensado com uma melhor forma, maior velocidade e menores chances de lesões.

Como manter a cadência nas ladeiras

Como visto anteriormente em relação à cadência do ciclismo, é mais fácil praticar e manter a cadência, ou o ritmo de passadas, treinando em terreno plano, mas, na realidade, você provavelmente precisará subir e descer aclives e declives. Combinando uma cadência ideal com uma maneira adequada de correr, você pode render em terreno montanhoso de forma menos exaustiva.

Correndo em aclive

Ao subir ladeiras, o ideal é que você mantenha a sua velocidade. A maneira mais simples e eficiente de fazer isso é encurtando ligeiramente a passada e aumentando um pouco a cadência. É verdade que, em algumas ladeiras, será impraticável ou impossível manter a velocidade. Ainda assim, você deve procurar manter ou, até mesmo, aumentar a sua cadência, embora isso signifique encurtar a passada. Essa tática resultará em uma velocidade ideal, minimizando, ao mesmo tempo, a fadiga muscular.

Correndo em declive

O fator mais importante quando se corre em declive é manter o controle. Desse modo, use a gravidade e a maneira adequada de correr como aliados para descer ladeiras. Você deve ser capaz de manter a sua cadência. Se for uma ladeira íngreme, é possível que você tenha de encurtar a passada para manter o controle e a cadência. Muitas vezes, você poderá constatar que o comprimento da sua passada aumenta à medida que mantém a cadência. Deixe que isso aconteça naturalmente, mantendo a maneira adequada de correr.

Como manter a cadência enquanto administra o ritmo

Administrar o ritmo (às vezes, chamado *velocidade de corrida*) ou esforço (às vezes, chamado *intensidade*) é muito importante para o sucesso da corrida, tanto nos triatlos de treinamento quanto de competição. Ao se referirem ao ritmo, muitas pessoas pensam em termos de maior ou menor velocidade (ou seja, aumentar ou diminuir o ritmo de corrida). Entretanto, você deve realmente administrar o seu esforço durante a maior parte do treinamento porque muitas variáveis fora de controle podem afetar o seu ritmo mesmo com um esforço constante, como as condições climáticas e do terreno. Assim como no ciclismo, o ritmo da corrida ou o esforço necessário para uma determinada competição ou treino depende de variáveis como a duração da prova, a finalidade do treino, o condicionamento físico e os objetivos.

É possível manter uma cadência ideal de cerca de 180 passadas por minuto, independentemente do terreno ou do esforço necessário para determinado treino ou determinada competição. É importante aprender a correr em diferentes ritmos (velocidades) ou níveis de esforço, e não apenas gravitar de um ritmo ou nível de esforço para outro, o que muitos corredores divididos por grupos etários fazem por acharem que estão fazendo um bom treino. Você não pode querer melhorar a sua velocidade de corrida se nunca correr com passadas mais rápidas. Contudo, não pode querer executar os seus exercícios-chave com o nível máximo da sua capacidade sem ter feito corridas de recuperação em um ritmo ou com um nível de esforço suficientemente leve. É aí que entra o benefício de um programa de treinamento estruturado (ou a assistência de um treinador) para maximizar o potencial pessoal e minimizar a estagnação do desempenho.

Como treinar a cadência

Treinar a sua cadência, normalmente, significa aumentar ou manter uma que seja mais alta, procurando alcançar a marca ideal de 180 passadas por minuto ou mais. Se quiser correr em uma determinada cadência, você tem de ensinar o seu corpo a correr nela. Os nervos e músculos precisam se acostumar a responder e contrair-se ou relaxar em determinado ritmo. Portanto, para aumentar a sua cadência na corrida, você precisa praticar. Muitos exercícios de corrida podem ajudar nesse ponto, e alguns são explicados aqui.

Passadas

As passadas são curtas explosões de corrida em ritmo ou velocidade acelerada. Elas podem (e devem) ser usadas durante toda a sua temporada de treinamento, devendo ser feitas também durante o aquecimento, antes das competições. Passadas são um exercício baseado puramente na técnica para ensinar os seus nervos e músculos a responderem e contrairem-se mais rápido. Não têm por finalidade fadigar e devem ser executadas com a forma perfeita e intercaladas com períodos de recuperação (caminhada ou trote leve). O ritmo não deve ser o mais acelerado, mas ser o de uma competição de, aproximadamente, 5 quilômetros, o qual lhe permita manter uma rápida troca de passos e a forma perfeita. O ideal é fazer *sprints* em um terreno com um declive muito leve ou plano. Um exemplo é realizar de 4 a 8 passadas de 20 a 30 segundos no decorrer ou ao final de treino, retornando ao ponto de partida com um trote leve para fins de recuperação.

Descida de ladeira

A descida de ladeira é semelhante às passadas, mas é executada em uma ladeira modera-da (menos de 8% de inclinação). Para esse exercício, você deve permitir que a gravidade o puxe para baixo, trabalhando para fazer seus pés acompanharem um ritmo rápido de troca de passos. Mantenha a maneira adequada de correr – inclinando-se ligeiramente para a frente, para aproveitar a ajuda da gravidade (se você se inclinar para trás, você estará trabalhando contra a gravidade). Um exemplo é fazer de 4 a 8 sessões de 30 segundos de corrida ladeira abaixo, intercaladas com intervalos de 2 minutos de recuperação leve (por exemplo, caminhando de volta até o alto da ladeira).

Acelerações

As acelerações são outra atividade de velocidade que exige uma cadência elevada. Tra-tam-se de curtas explosões de corrida, em que você aumenta gradativamente o seu ritmo (velocidade). Esse exercício ensina o seu corpo a correr com eficiência em velocidades mais altas do que você está acostumado, utilizando distâncias curtas e uma rápida troca de passos. Escolha uma distância de, aproximadamente, 100 metros, e vá aumentando gradativamente a sua velocidade durante o percurso, com uma recuperação completa entre as acelerações (por exemplo, um trote leve ou uma caminhada para normalizar a respiração e a frequência cardíaca, permitindo que elas retornem aos níveis anteriores à aceleração). Assim como as passadas, as acelerações não têm por finalidade fadigar e podem ser executadas durante todo o ano. Um exemplo são de 4 a 8 acelerações de 100 metros, com uma caminhada de retorno ao ponto de partida para fins de recuperação.

Monitoramento da cadência

Você pode utilizar um monitor de cadência (por exemplo, um metrônomo ou um *time trainer*) que emita um sinal sonoro quando for alcançada uma determinada cadência, pro-curando manter as suas passadas em sintonia com os bipes. Para usar essa ferramenta com eficiência, defina primeiro a sua cadência, contando os bipes algumas vezes, e de-pois, gradativamente, no decorrer das semanas ou dos meses seguintes, aumente a sua cadência, ajustando o monitor para patamares sucessivamente mais altos (por exemplo, aumentando duas passadas por minuto/semana). Administre o seu tempo para não estres-sar indevidamente o seu corpo – talvez sejam necessárias várias sessões para que a sua cadência alcance o nível que você deseja.

Contagem de cadência

É fácil contar a sua cadência nas corridas e, para isso, só é necessário um relógio. Conhe-cendo a sua cadência, você pode trabalhar no sentido de aumentá-la ou mantê-la. Basta contar as suas passadas (do pé esquerdo ou direito) durante 15 segundos em vários mo-mentos da corrida, e multiplicar o resultado por 4, para obter uma cadência por minuto/pé. Por exemplo, se o seu pé esquerdo tocar o solo 23 vezes em 15 segundos, isso significa 92 passadas por minuto por pé, o que equivale a um total de 184 passadas para os dois pés. Essa é uma boa cadência a ser mantida.

Correr sem sair do lugar

Correr sem sair do lugar enquanto você monitora a sua cadência é uma boa maneira de se acostumar à sensação de uma cadência mais elevada. Correr sem sair do lugar é tão simples quanto parece – você movimenta as pernas, como se estivesse correndo, mas não se desloca para a frente. Nessa posição, você pode aumentar a sua cadência sem o acréscimo energético necessário para permitir o deslocamento do corpo para a frente. Colocar um relógio à sua frente (para não ter que olhar para o pulso como você faria se estivesse correndo normalmente) também é uma boa maneira de monitorar e aumentar a sua cadência sem prejudicar a sua forma de correr, a fim de melhorar ainda mais o seu nível de conforto. Se houver espaço suficiente, você pode tentar deslocar-se um pouco para a frente, para ver se você consegue manter essa cadência. Lembre-se de que não precisa correr sem sair do lugar durante muito tempo para colher os benefícios do exercício; bastam alguns minutos. Depois que você sentir uma cadência mais alta, preste atenção para manter a sua maneira adequada de correr.

Saltar

A maioria das pessoas poderá se recordar do seu tempo de infância, quando descobriram como saltar. Se você precisar que lhe refresquem a memória, para saltar, dá-se um passo com um pé e, em seguida, dá-se um pulo com o mesmo pé antes de dar um passo com o outro, seguido de um pulo – desse modo, cada pé sofre um impacto duplo à medida que você se desloca à frente. Saltar pode ajudar a aumentar a intensidade da sua resposta de retração e a contração dos músculos da panturrilha, além de treinar o seu sistema neuromuscular para responder rapidamente. Você pode combinar esse exercício a outros (por exemplo, saltar de volta ao ponto de partida após cada passada durante um exercício de passadas). Um exemplo a realizar é de 4 a 8 séries de 10 saltos com cada perna, retornando ao ponto de partida, caminhando para se recuperar.

Correr descalço na grama

Corra com os pés descalços na grama de 30 segundos a 1 minuto diversas vezes e notará não apenas que corre com um passo mais leve, mas, também, que a sua cadência aumenta naturalmente. Isso acontece porque, correndo descalço sem o suporte dos sapatos de corrida, o seu corpo corre com mais naturalidade, permitindo que você toque o solo com a parte anterior dos pés, o que, em geral, resulta em uma cadência mais elevada. Sem o amortecimento de um sapato de corrida para proteger os seus pés, você também verá que toca o solo com mais leveza. Um benefício adicional é que esse exercício fortalece os seus pés na medida em que você aprende a usar os músculos dos pés, que, contando sempre com o apoio dos sapatos, acabam ficando preguiçosos. Não se sinta tentado a exagerar nesse exercício, sobretudo no início, porque o seu corpo leva um tempo para se acostumar. Concentre-se apenas em sentir o exercício e corra descalço durante 1 ou 2 minutos antes de uma corrida; depois, calce os sapatos e vá para a sua corrida, procurando recriar a sensação e a cadência vivenciadas durante o seu aquecimento.

Você aprendeu neste capítulo que uma cadência ideal é importante tanto para o ciclismo quanto para a corrida. A cadência é um elemento essencial da técnica eficiente para o ciclismo e a corrida, na medida em que permite minimizar a fadiga e reduzir as chances de lesão – ambos vitais para um esporte de resistência como o triatlo. A cadência ideal está na faixa de 80 a 100 rpm para o ciclismo e 180 passadas por minuto ou mais para a corrida, independentemente do terreno ou do esforço do exercício (exceto quando o exercício extrapola propositalmente essas faixas). Em geral, essas cadências são mais altas do que aquelas às quais os triatletas inexperientes ou divididos por grupos etários estão acostumados.

Melhorar a cadência exige prática, e pode levar muito anos para se tornar totalmente natural. Existem muitos exercícios que ajudam a alcançar uma cadência ideal e podem ser integrados aos planos de treinamento durante qualquer temporada de treinos ou competições. Vale a pena perseverar nos treinos para alcançar essas cadências ideais e colher os benefícios em longo prazo. Tenha paciência, e você será recompensado com velocidades mais elevadas e menores chances de lesões.

CAPÍTULO 13

Avalie a sua maneira de correr

Jess Manning

Ao longo da sua carreira de corredor, a sua maneira de correr mudará e se desenvolverá, bem como o seu entendimento sobre o que constitui uma boa forma. Como a maioria das modalidades de qualquer esporte, inclusive da corrida, para verificar algo adequadamente como um todo, é preciso desmembrá-lo em várias partes, e este capítulo trata das partes da corrida que compõem a sua maneira. É possível que você já tenha ouvido menções a essas áreas provenientes de diversas fontes: de treinadores e companheiros atletas até o corredor "fera" que você viu na TV.

O primeiro conselho, no entanto, é que você pegue essas partes e as coloque em uma grande panela, misture-as e, então, veja o que funciona melhor no seu caso. Cada pessoa tem uma maneira de correr diferente, e todos nós já vimos atletas que nos surpreenderam correndo tão rápido ou tão bem, apesar da maneira como corriam. Faça-se a seguinte pergunta: você está alcançando as velocidades que alcança apesar da sua forma e, desse modo, limitando os seus resultados, ou está simplesmente aproveitando ao máximo as suas habilidades correndo do modo que lhe parece "certa" e, por conseguinte, da maneira mais eficiente com o melhor resultado? Para ir um pouco além e simplificar, ajudaria ou prejudicaria se você mudasse a sua maneira de correr?

Algo constante é que a maioria dos aperfeiçoamentos técnicos da corrida pode beneficiar quase todo o mundo. Os atletas profissionais exercitam e treinam suas habilidades todos os dias. A grande diferença entre a corrida e as outras duas modalidades do triatlo no que diz respeito à forma é que você consegue se virar enfrentando uma quantidade muito maior de questões técnicas na corrida e, ainda assim, lograr algum êxito. Eu ouvi e fui treinado por alguns dos treinadores de corrida mais progressistas e versados do mundo; eles observavam e dissecavam a forma de alguns dos melhores atletas do mundo e, muitas vezes, não se impressionavam com o que viam. É como alguém dizer ao Michael Phelps que a sua braçada precisa melhorar. Em suma, a parte mais importante da avaliação da sua maneira de correr é você saber se essa forma lhe parece correta.

Passemos, agora, à avaliação da sua maneira de correr. Essa avaliação começa do topo e vai descendo até chegar à parte mais óbvia: os seus pés.

Posição da cabeça, pescoço e olhos

Em relação à cabeça, ao pescoço e aos olhos, comece perguntando-se "Para onde eu olho quando estou correndo?". Se a resposta for "para muitas coisas", você pode precisar mudar isso um pouco. Embora o cenário seja uma das razões para que muitos atletas gostem de correr, a posição adequada da cabeça desempenha um papel-chave no que o restante do corpo esteja fazendo. Pode não ser tão perceptível quando se está correndo ao ar livre, mas você já tentou se virar, um pouquinho que seja, em cima de uma esteira? Que tal tentar olhar de relance em uma direção diferente daquela em que você está correndo? É desastre na certa! Muitos atletas têm cicatrizes que provam isso. É quase impossível virar a cabeça ou desviar os olhos para olhar em uma direção diferente e manter-se (com segurança) sobre a esteira. A cabeça diz ao corpo para onde ir, e os olhos, geralmente, comandam a cabeça.

Agora, por que isso é importante? A primeira razão é a segurança. Nesse caso, valem algumas das mesmas razões pelas quais não é seguro virar a cabeça enquanto se está sobre a esteira. Você pode criar várias oportunidades de se machucar se não estiver olhando para onde vai. A segunda razão, e a mais importante para a maneira de correr, é o alinhamento. Você precisa manter a cabeça alinhada ao restante do corpo. É o que o mundialmente conhecido treinador de corrida Bobby McGee chama de estar "ligado e centrado". Você deve manter todas as partes superiores do seu corpo alinhadas e movimentá-las harmonicamente como uma só unidade. O objetivo é manter a cabeça relaxada, mas firme, e os olhos focados no horizonte próximo.

Respiração

A respiração é o próximo item pelo simples fato de estar ligada à cabeça e ao tronco. As opiniões são variadas quando se trata de respiração e técnica, mas a que você ouvirá constantemente de qualquer especialista em corrida é a seguinte: você tem de respirar! Agora, deixando as brincadeiras de lado, é importante ter certeza de que você está recebendo a quantidade (volume) certa de oxigênio nos tempos certos (frequência). Por razões óbvias, temos tendência de querer respirar mais rápido quando nos exercitamos, mas isso não significa necessariamente que estejamos recebendo o oxigênio necessário da maneira mais eficiente.

A respiração deve ser uniforme e profunda, quase relaxante. Entenda que a velocidade alcançada ao correr, em última análise, dita a frequência com que você inspira oxigênio, e a sua capacidade de reduzir a sua frequência de ingestão pode ajudar a manter uma frequência cardíaca baixa. Existem muitas escolas de pensamento sobre isso, mas como o objetivo da respiração é inspirar a maior quantidade de oxigênio quando você precisa dele, a melhor maneira de absorver mais rápido possível o maior volume de oxigênio possível é respirando pela boca. Preste atenção para não respirar todas as vezes no momento da passada de um mesmo lado. Acredite ou não, isso, na verdade, pode incentivar lesões por uso repetitivo. Aproveite toda oportunidade que puder para mudar pequenos detalhes na sua maneira durante as suas corridas mais longas. Isso pode servir para você se certificar de que está distribuindo uniformemente a carga e o estresse de cada modalidade para evitar lesões.

Ombros

Os ombros representam uma das áreas problemáticas a serem detectadas e corrigidas. Saia para uma longa caminhada com um grupo, ou assista aos três últimos quilômetros de qualquer corrida, que você, certamente, verá atletas de todas as formas e tamanhos com os ombros levantados à altura das orelhas. Parece que, à medida que nos cansamos, começamos a ficar tensos, o que nos leva a buscar uma supercompensação elevando os ombros bem acima da posição necessária ou recomendada. Pense na posição dos seus ombros, e esteja atento a ela na próxima vez em que você correr. Os seus ombros estão soltos ou relaxados? Ombros tensos ou demasiadamente contraídos se irradiam para o restante do corpo muito mais do que qualquer outra coisa. O primeiro local que uma pessoa toca para ajudá-lo a relaxar são os seus ombros. Coincidência? Muito pouco provável. Procure mantê-los o mais confortáveis possível, o que, por sua vez, permitirá que os demais músculos da parte superior do seu corpo sigam o mesmo caminho.

Braços

A posição dos braços é um dos pontos mais importantes e discutidos do modo de correr. Aliás, pode ser também a área em que se observam as maiores diferenças entre os corredores. Alguns corredores procuram manter os braços dobrados bem junto ao corpo, quase dando a impressão de que eles estão tentando dar socos no próprio rosto. Outros parecem ter perdido totalmente o controle de seus membros superiores. Assim como com as demais áreas discutidas, o ideal é adotar uma posição neutra. Os braços devem permanecer relaxados e descontraídos, não devendo cruzar acima da linha média do corpo (linha vertical imaginária no centro da parte frontal do corpo) à medida que se movimentam para a frente e para trás.

Imagine os braços de controle na roda de um trem. Eles se movimentam para a frente e para trás em perfeita sincronia e harmonia. Aponte os braços sempre na direção de deslocamento desejada: para a frente. A regra prática é a seguinte: os seus braços fazem realmente o papel de acompanhantes. Eles ficam onde estão para auxiliar em caso de necessidade e ajudá-lo a manter o equilíbrio e a harmonia da sua marcha. Procure não correr com os braços. Em vez disso, permita que eles se movimentem livremente, recorrendo a eles somente quando necessário.

Tronco

O tronco de qualquer atleta é uma das áreas de foco mais importantes, se não a mais importante. Essa parte do corpo é fundamental não apenas a sua maneira de correr, mas, também, para a forma de todas as modalidades do triatlo. Todos os movimentos importantes da cabeça aos pés devem se originar nessa parte do corpo. Em virtude de sua importância, essa pode ser a parte mais rápida a fraquejar. Quando você estiver correndo, pense no seu tronco e no que ele está fazendo. Ele está solto e se movimentando livremente? Ou está duro como uma pedra e contraído, como se você estivesse em posição de prancha? Nesse caso também, o objetivo é a moderação. O ideal é que você mantenha uma posição firme a partir da qual o restante da sua maneira de correr possa se irradiar e encontrar consistência.

Uma das partes do corpo dos corredores que mais rapidamente fraquejam é o tronco. Faça uma rápida avaliação ao correr, para ver como está a sua situação. Entretanto, não tente obrigar o seu tronco a fazer algo para o qual ele não esteja treinado. Se o mantiver supercontraído e enrijecido quando ele não estiver treinado para isso, você sofrerá um nível alarmante de fadiga. Mantenha o tronco o mais firme que lhe conseguir, de modo a auxiliar no posicionamento geral da parte superior do corpo, e, para melhorar cada vez mais, incorpore o máximo possível de exercícios para o tronco à sua programação de treinamento.

Quadris

Ao correr, um dos movimentos em que você mais despende energia e perde eficiência é na sua subida vertical, ou seja, no "quique" dos seus passos. Em uma recente maratona, estimou-se que um corredor tenha percorrido mais de três vezes a altura do Empire State Building verticalmente ao longo dos 43 quilômetros da prova. No entanto, o corredor que venceu o evento naquele dia percorreu apenas uma vez a distância. Isso deve ajudar você a entender por que deve observar o quanto quica ao correr.

Minimizando o quique, você poupa esforço, o que, por sua vez, traduz-se em eficiência, a qual pode resultar em velocidade e resistência. A minimização do seu quique é abordada de forma mais detalhada na seção sobre as pernas. Além disso, você deve procurar manter os quadris alinhados ao restante da parte superior do corpo. Ao permitir que os seus quadris não acompanhem o restante do seu tronco ou mantenham uma posição excessivamente ereta em relação a ele, você pode perder a sua quantidade de movimento para a frente por estar atrasado ou adiantado na sua passada.

Procure imaginar que você tem uma pilha de caixas nas mãos e vai tentar arremessá-las todas de uma só vez. A única maneira de fazer isso é usando a caixa que está na base da pilha para ajudar a impulsionar as caixas de cima para a frente também. Você precisa manter as caixas empilhadas umas sobre as outras, para permitir que elas trabalhem juntas. Se elas não estiverem alinhadas, ou se você tentar se movimentar rápido demais, a caixa da base voará para a frente ou para trás e as outras cairão. Essa caixa de baixo representa os seus quadris. Procure se concentrar em manter sobre eles tudo o que está acima dele. Como veremos mais adiante na seção sobre as pernas, a sua inclinação para a frente desempenha um papel importante no grau de eficiência com que você corre. Esse conceito de manter o alinhamento se tornará mais fácil quando você encontrar a inclinação adequada para o seu estilo de corrida.

Mãos

Faça-se a seguinte pergunta: quando você está correndo, o que as suas mãos estão fazendo? Os punhos estão cerrados? Elas estão soltas e balançando ou talvez abertas, mas enrijecidas como se você pudesse bater continência sob voz de comando. Com alguma sorte, as suas respostas para todas essas perguntas foram negativas. O mais provável, no entanto, é que você precise se concentrar mais nessa área. As mãos ajudam na circulação dos membros, o que ajuda o restante do corpo. Ao cerrar os punhos, você restringe essa circulação e sobrecarrega o restante da parte superior do corpo. O resultado é que você não só se está restringindo do ponto de vista vascular, mas, também, fadigando as mãos mais rápido do que o necessário. Os músculos fadigados não alcançam o máximo de seu desempenho, simples assim. Isso torna primordial a necessidade de correr da forma mais relaxada possível.

Lembre-se de que você pode precisar que as suas mãos o ajudem em terreno montanhoso ou na arrancada de chegada das suas provas. Portanto, descanse-as e relaxe-as sempre que puder. A posição ideal para as mãos é mantê-las levemente fechadas. Isso significa que elas estão fechadas, mas não com os punhos cerrados. Quando você estiver correndo, abra-as e sacuda-as de vez em quando.

Pernas e passadas

Quando eu me refiro às suas passadas (ou marcha), em geral, estou me referindo à distância entre os seus pés e as suas pernas quando você corre. Dê um passo à frente e faça uma pausa. Onde você parou? Qual a posição das suas pernas em relação ao seu corpo? Você deve tentar aterrissar os pés sob a linha do tronco, não à sua frente. Procure evitar exagerar no quique dos calcanhares ou na elevação dos joelhos. Lembre-se de que o objetivo é a eficiência, e os movimentos extras desperdiçados são contraproducentes. Os exercícios de elevação dos joelhos e dos calcanhares em direção aos glúteos são maravilhosos, mas não devem ser estilos de corrida. A rápida troca de passos exige que você toque o solo e retire os pés do chão novamente o mais rápido possível. Desse modo, se você aumentar esse tempo erguendo demais os joelhos, de maneira que os pés quase toquem os glúteos, acabará reduzindo a sua cadência – tudo para sair na foto da linha de chegada dando a impressão de que você está voando. Os melhores corredores dão a impressão de eficiência, não de rapidez. Quando você assiste a uma maratona na TV, quantas vezes você pensa "Eles não parecem tão rápidos", e em seguida descobre que eles estão fazendo *splits* de 5:05? Eles dão a impressão de que isso é fácil porque estão correndo corretamente. Concentre-se na eficiência – não no estilo – das passadas.

▶ A escolha dos calçados de corrida corretos

Existem várias regras práticas para escolher calçados de corrida. E, embora possa haver várias influências externas lhe dizendo que uma determinada marca ou outra o ajudará a ser mais rápido, tenha em mente que essa decisão é uma das mais importantes e deve ser tomada com cautela.

Defina de que tipo de calçado você precisa

Primeiro, ao tentar descobrir o que tipo de calçados de que você necessita, faça-se algumas perguntas: para que são os calçados? Existe um tipo de calçados para cada tipo de situação ou de vento que você possa imaginar, portanto, decida se você está procurando algo que atenda a todas as finalidades ou vários tipos para diferentes distâncias e condições. Depois: que tipo de corredor você é? Normalmente, os iniciantes e muitos corredores de longa distância usam calçados com uma base que proporcione mais estabilidade, ao passo que corredores mais avançados e mais rápidos costumam dar preferência a calçados de corrida mais leves ou de sola plana.

Localize uma loja de artigos de corrida que faça análise dos pés e do estilo de corrida

Isso é muito importante na sua pesquisa para determinar se você está usando os calçados certos, não apenas do ponto de vista funcional, mas, também, em termos de conforto. Nem os melhores calçados do mundo lhe servirão se machucarem os seus pés. Além disso, algumas lojas de artigos de corrida poderão deixar que você dê uma volta no quarteirão sobre superfícies semelhantes às que você poderá encontrar em uma competição. Isso é um ótimo benefício, porque a maioria dos triatlos por aí não são realizados sobre um carpete.

Escolha pela função, não pela moda

Essa é uma das infrações mais comuns, e vale não apenas para as mulheres (desculpem, companheiros!). Todos nós já cometemos esse erro. Entramos em uma loja e vemos um calçado que nos chama a atenção. Bem, embora seja muito importante que você goste do "visual" dos calçados, veja se a função que eles desempenham atende às suas necessidades.

Continua

Continuação

Comece com mais estabilidade do que você julga necessário

Essa é uma questão complicada para muitos corredores. Ouvimos a palavra "estabilidade" e, automaticamente, pensamos em calçados confortáveis ou seguros. Porém, nenhum dos dois é verdade. Quando você corre, o seu corpo tem de se ajustar e se adaptar à força e às demandas físicas do treinamento. À medida que o seu desempenho melhora, você percebe que a necessidade de um calçado que ofereça mais sustentação pode diminuir. Não tenha medo de optar por um calçado mais leve, porque ele será mais rápido, mas leve o tempo que necessitar para se adaptar a esse tipo de calçado. Embora possa haver desvantagem no uso de calçados mais volumosos no que tange à velocidade proporcionada, a comparação com as possíveis lesões sofridas por correr com calçados mais leves, na verdade, é praticamente insignificante.

Compre vários pares sempre que o seu orçamento permitir

Assim como o nosso corpo, os calçados precisam se recuperar – do suor que se acumula e do impacto com o solo. Uma boa ideia é não usar o mesmo par todos os dias. Essa prática permitirá, também, aumentar a durabilidade dos seus calçados. Outro ponto que vale observar é que a tentativa de fazer seus pés se acostumarem com diferentes tipos de calçados pode ser uma ótima ferramenta de treinamento, na medida em que lhe serve de incentivo para correr com os "pés", e não a depender do tipo de calçado para obter resultados.

Use o que funciona

Uma última e importante observação: experimente diferentes marcas. Não declare fidelidade a uma determinada marca, limitando-se a correr somente com aquele tipo de calçado. Já treinei muitos atletas que juravam ter os pés "gravados com uma determinada marca". Naturalmente, todos nós temos predileções por determinados atletas e marcas que apreciamos, mas embora você possa conseguir forçar o seu corpo a entrar em um determinado macacão de triatlo e se virar com um pouco de desconforto, enfiar os pés em um par de calçados de corrida que não lhe seja adequado pode ser a maneira mais fácil de sofrer uma lesão. Os pés diferem de pessoa para pessoa, e até que seja pago para usar o produto de um determinado fabricante, você deve se concentrar no que lhe parecer adequado e no que os profissionais recomendam para o seu tipo de pé.

Outro detalhe importante é a sua inclinação para a frente. A boa maneira de correr permite o uso da gravidade a seu favor, não contra você. Mantendo-se ligeiramente inclinado para a frente, você aumenta a sua propulsão e a sua quantidade de movimento para a frente. Outra questão digna de nota é que, ao trocar os passos, você deve procurar "alcançar" a si mesmo com as próprias pernas. A melhor maneira de minimizar a subida vertical descrita anteriormente é desenvolvendo a força ideal nas pernas, para que o quique seja evitado no impulso para a frente.

Pés

No que diz respeito à maneira de correr, a posição dos seus pés é uma das mais complicadas para você acertar sozinho. Além de ser extremamente difícil conseguir olhar para os próprios pés a partir de qualquer ângulo quando se está correndo, é muito difícil também perceber exatamente o que acontece naquela fração de segundo em que o pé está em contato com o solo. Uma ótima maneira de ver o que os seus pés estão fazendo é verificando a sola dos seus calçados. Em que pontos ela está gasta? Se houver sinais de desgaste excessivo na região dos calcanhares, significa que você possivelmente bate forte com os calcanhares no chão. Você pode procurar sinais de desgaste irregular da sola também para ver se existem indícios de contato desequilibrado dos pés com o solo, bem como se você tende a apresentar uma pisada supinada ou pronada. Outra maneira, provavelmente melhor, é você ser filmado. (Obviamente, isso vale também para o que diz respeito aos demais aspectos da sua passada, mas sobretudo para essa parte da sua maneira de correr.) A maioria dos bons treinadores oferece esse serviço, que se trata de uma ferramenta de treinamento de valor inestimável para ajudar os atletas a entender a biomecânica de sua forma.

Caso não tenha um treinador (o que seria aconselhável), você pode também se dirigir a uma loja especializada em artigos de corrida na sua localidade. A maioria dos bons estabelecimentos oferece um serviço de vídeo gravado sobre uma esteira que serve de auxílio tanto para eles quanto para você a escolher os seus calçados. Embora o vídeo seja curto, e você não tenha a oportunidade de repassá-lo centenas de vezes no seu computador em câmera superlenta, já é um começo. Preste atenção à movimentação dos seus pés. Como você aterrissa os pés? Com os calcanhares ou com a parte frontal dos pés (os dedos)? Ou talvez com o meio dos pés? Os seus tornozelos giram para fora (supinação) ou para dentro (pronação).

Você deve ter em mente algumas coisas ao analisar o vídeo. O tempo em que você está com os pés no chão, você não está se deslocando. É quase como dirigir com o freio de mão acionado. Portanto, você deve procurar minimizar essa situação. Ao aterrissar os pés com os calcanhares, você precisa rolar para a frente para que a parte frontal (os dedos) dos pés toquem o solo (em geral, criando um toque duplo com o solo – primeiro o calcanhar, depois os dedos). Além disso, você deve procurar aterrissar os seus pés com neutralidade e firmeza, minimizando o movimento do corpo para a frente e para trás quando os pés tocarem o solo. Uma observação sobre a sua cadência de corrida: quando aqui se usa o termo "cadência", faz-se referência à frequência das suas passadas. O ideal é que essa taxa fique em torno de 180 passadas por minuto. Aproveite a oportunidade para fazer essa contagem no seu próprio ritmo quando estiver correndo. Uma troca de passos mais rápida lhe proporcionará uma passada mais eficiente, além de torná-lo menos propenso a lesões, ajudando-o a manter os calcanhares no ar e o seu ponto de contato com o solo abaixo do corpo, onde, de fato, deve ser.

Em hipótese nenhuma, as informações contidas neste capítulo são tudo o que você precisa saber. Espero, no entanto, que elas possam ajudá-lo a se tornar um corredor mais informado e, como tal, um triatleta mais inteligente e, talvez, mais veloz. Muitos concordam que o triatleta vence ou perde a competição na corrida. Esse fato, possivelmente, faz da corrida a modalidade mais importante das três. A avaliação da sua maneira de correr pode fazer a diferença não apenas na sua colocação ao final da prova, mas na possibilidade de você alcançar ou não a linha de chegada. A forma adequada de correr ajuda o atleta não apenas em termos de desempenho e resultados, mas, também, de longevidade da carreira. Na forma correta está a sua melhor chance de uma carreira com a menor incidência possível de lesões.

Agora que você já avaliou a sua forma, o que deve fazer com essas informações? Bem, se for para aproveitar algum conselho deste capítulo, siga este: *relaxe!* A maioria dos erros em relação à maneira de correr está relacionada à tensão e à posição excessivamente ereta. Não se deixe dominar por tantas informações nem tente fazer as mudanças todas de uma vez. Como em qualquer modalidade, desmembre a sua sessão de treinamento em partes para avaliar a sua forma. Utilize exercícios, treinadores e companheiros corredores. Não se sinta frustrado! Como visto no início do capítulo, a maneira de correr se desenvolve no decorrer dos anos. Já tive a oportunidade de participar de 12 maratonas e 3 competições de Ironman até agora, e a minha forma mudou e melhorou a cada evento. Isso não acontece de uma só vez! Portanto, quer você esteja treinando para a sua primeira, quer para a quinquagésima competição, siga esses passos básicos, e você estará no caminho certo para uma competição bem-sucedida, e, o que é mais importante, para seguir uma longa e gratificante carreira multiesportiva!

CAPÍTULO 14

Melhore as suas transições

Graham Wilson e Mathew Wilson

A maioria dos triatletas dedica a maior parte do seu tempo de treinamento às três modalidades do esporte; poucos passam tempo suficiente praticando a mecânica das transições propriamente dita e se preparam para o segmento subsequente enquanto competem nas modalidades de natação e ciclismo. Por essa razão, o objetivo deste capítulo é abordar o que alguns chamam de a quarta modalidade do triatlo, as transições, tratando, inclusive, de como minimizar o tempo dedicado a T1 e T2 e como, do ponto de vista de exercício fisiológico, melhorar o desempenho geral no triatlo, beneficiando-se dos recentes avanços em termos de estratégias de determinação de ritmo e aproveitamento de vácuo em todas as modalidades.

Transições

Diversos estudos já demonstraram que a transição de uma prova para outra numa competição tem importantes implicações para as medidas fisiológicas e cinemáticas (movimento do corpo) que afetam tanto o esforço percebido quanto o desempenho nas provas restantes. Um estudo constatou que os atletas não pedalam ou correm com a mesma economia de movimentos após a natação e não correm com a mesma economia de movimentos após o segmento de ciclismo. É possível que essa falta de economia de movimentos se deva, em parte, à inadequação da capacidade técnica ou do nível de condicionamento do atleta, o que, por sua vez, resulta no aumento da carga metabólica. Essa condição, então, enfatiza a necessidade de um treinamento de transição entre cada modalidade e um treinamento fisiológico específico que ajude os atletas a fazerem trocas rápidas e mais eficientes entre as modalidades – consequentemente, sair pedalando mais rápido de T1 e correndo mais de T2.

Configuração da transição

Um dos principais fatores para uma experiência de transição bem-sucedida é conhecer a configuração da área de transição, inclusive os seus pontos de entrada e saída, bem como a configuração dos seus próprios equipamentos. Muitos triatletas trazem bagagem demais para a área e acabam por entulhá-la, não apenas para eles próprios, mas, também, para aqueles que compartilham o *rack*, por isso, traga apenas o que você irá usar realmente durante a competição. Vale ressaltar, também, que, de acordo com as regras da USA Triathlon (USAT), você é "dono" apenas da parte do imóvel em que a roda da sua bicicleta toca o solo, portanto não espalhe os seus equipamentos por uma área muito grande.

A maioria dos atletas prende suas bicicletas ao suporte pelo selim, de modo que a roda dianteira fique em contato com o solo. Isso pode permitir uma saída mais rápida do suporte do que, digamos, se a bicicleta estiver presa pelas alavancas do freio, o que dificulta a retirada. A maioria das competições tem uma única área de transição, de maneira que, pelas regras da USAT, os atletas devem devolver suas bicicletas às suas respectivas posições designadas no suporte de bicicletas, e o descumprimento dessa regra pode ser penalizado.

Lembre-se de que haverá outros atletas próximos a você, razão pela qual é necessário ter a devida consideração e manter os seus equipamentos em uma ordem disciplinada e lógica. Arrume-os em ordem inversa, a fim de que os itens mais distantes são aqueles que você utilizará por último. Por exemplo, olhando para o chão de ponto mais distante para o mais próximo, você arrumaria os seus equipamentos na sua bicicleta na seguinte ordem:

1. Sapatos de corrida com prendedores de cadarço ou similar.

2. Boné ou viseira.

3. Meias (embora muitos achem que podem correr sem meias, é preferível perder um pouco de tempo calçando-as para a corrida a acabar com bolhas nos pés).

4. Sapatos de ciclismo (*vide* adiante a seção sobre como montar e desmontar de uma *cyclo-cross*).

5. O número da competição, normalmente preso a um cinto elástico, de modo a facilitar sua colocação (verifique as regras locais com o diretor da competição, porque alguns exigem que você porte o número da sua competição na bicicleta, e alguns, apenas para o segmento de corrida; caso você tenha que usar o número na bicicleta, para evitar que ele fique agitando por causa do vento e acabe todo amassado, abra-o e prenda-o no seu cinto de corrida para limitar o "efeito vela de barco" atrás de você).

6. O capacete e os óculos de sol, que podem ficar no chão ou pendurados na parte da frente da sua bicicleta, e lembre-se: você deve colocar o capacete na cabeça e fixá-lo bem antes de deixar a área de transição; caso não esteja com o capacete devidamente fixado à cabeça antes de montar na bicicleta (fora da área de transição), você pode ser desclassificado.

É recomendável que você arrume o seu *kit* da mesma maneira para toda a prova e siga uma rotina fixa em relação ao que você deve vestir/calçar primeiro, para que não tenha tanto com o que se preocupar na hora da competição.

Transição da natação para o ciclismo (T1)

Sabe-se bem que a natação gera impacto no subsequente desempenho no ciclismo, e alguns estudos demonstram que o desempenho geral no ciclismo pode ser prejudicado por uma prova de natação de curta duração e alta intensidade, como em um *sprint* triatlo, no qual a distância é muito mais curta (em geral, 750 metros de natação, 20 quilômetros de ciclismo e 5 quilômetros de corrida), razão pela qual muitos atletas tentam ser muito mais rápidos nesse segmento da natação do que o normal. Uma maneira de neutralizar o impacto negativo da natação de alta intensidade é aproveitar o vácuo.

O aproveitamento do vácuo consiste em nadar logo atrás ou no nível do quadril de outro nadador. Isso reduz o arrasto, diminuindo o esforço para nadar a mesma distância. Além disso, o aproveitamento do vácuo melhora a economia e a eficiência das braçadas, tornando melhor o subsequente desempenho no ciclismo. Para aproveitar ao máximo o vácuo, a tática mais vantajosa é nadar atrás de outro triatleta a uma distância de até 0,5 metro dos dedos dos pés dele; no vácuo lateral – na prática do caiaque, diz-se que é "pegar a onda de proa" –, a cabeça de um nadador pode ficar no nível dos quadris de outro. Você faz isso quando não há espaço físico para ficar atrás dos dedos dos pés do outro nadador ou quando há outros atletas à sua volta, impedindo que você se movimente.

Além disso, muitos triatletas conhecem termos como "acúmulo sanguíneo" e "intolerância ortostática", mas não sabem realmente o que significam. A intolerância ortostática caracteriza-se por condições como comprometimento do equilíbrio, tontura, visão turva ou, até mesmo, perda parcial ou total da consciência. Isso pode ocorrer após a natação com atletas com pressão arterial normal em virtude do estresse gravitacional e a remoção da bomba muscular. Aliás, um estudo mostrou que a tontura severa ao sair da água após a natação e colocar-se em pé para a seção de transição é uma ocorrência comum em muitos triatletas, mas é mais prevalente em atletas de resistência altamente treinados. Se isso acontece com você com frequência, busque orientação médica. Entretanto, a vantagem é que a maioria dos atletas que passa por exames médicos descobre que a tontura severa normalmente é benigna.

Para neutralizar o efeito da gravidade e manter os níveis normais da pressão arterial e do retorno venoso, um estudo sugere que a pessoa deve continuar se movimentando ao sair da água, e não parar abruptamente. Isso é importante sobretudo quando o atleta tira a roupa de mergulho ao sair da água, detém-se para subir os degraus e sair da água ou fazer transições em piso não carpetado, curva-se para calçar os sapatos de ciclismo, e assim por diante. Uma maneira de compensar a tontura ao sair da natação é começar a utilizar a bomba muscular trabalhando os músculos da panturrilha assim que possível, o que significa que você deve dar passos curtos em uma cadência mais alta do que o normal enquanto caminha para a transição. Em última análise, essa tática melhorará a sua capacidade de manter o retorno venoso e a pressão arterial em níveis normais, bem como a concentração mental durante a transição, e de executar estratégias de dosagem de ritmo para a largada da modalidade de ciclismo – e, consequentemente, fazer mais rápido a T1.

> **▶ As largadas**
>
> Seria negligência não abordarmos o que para muitos atletas é a habilidade mais desafiadora: a largada da natação, especialmente se em mar aberto, com as ondas quebrando na praia.
>
> Talvez o maior erro que a maioria dos atletas comete é o que chamamos de *overseeding*, ou seja, eles começam muito próximo da linha de frente em uma largada em grupo, quando ocorre muito contato corporal nas primeiras centenas de metros à medida que os nadadores mais rápidos passam por cima, por baixo e em volta deles. A tática de ficar alguns segundos recuado do grupo no momento da largada permite que muitos dos nadadores mais rápidos saiam na frente, dando aos nadadores mais lentos mais espaço livre para um nado desimpedido e livre de contato físico sem abrir mão de muito tempo.
>
> Outra questão a ser considerada é o ritmo do nado. Muitos triatletas começam em um ritmo demasiadamente forte nos primeiros 200 metros e acabam sofrendo as consequências mais tarde na própria natação ou, até mesmo, ao longo da competição. Portanto, procure começar em um ritmo que você consiga manter durante toda a prova de natação, ou, talvez, seja válido cogitar um ritmo mais lento no início até se sentir confortável com a água, para, depois, começar a aumentar a intensidade. É melhor começar um pouco mais devagar e terminar mais acelerado do que o contrário.
>
> Talvez a única maneira de simular a largada da natação seja pela prática. Na piscina, vários triatletas podem começar todos ao mesmo tempo em uma única raia, fazendo contato corporal semelhante ao que ocorre durante uma competição. Essa prática nunca será a mesma que a de uma competição, mas servirá para lhe dar uma noção de como é e da maneira como você reagirá ao contato corporal.
>
> Por fim, por favor, lembre-se de que você está participando de um triatlo, portanto, dose o seu ritmo para cumprir o percurso completo e não deixe a sua bicicleta na água ou a sua corrida na bicicleta – o ritmo inteligente sempre vencerá.

Transição do ciclismo para a corrida (T2)

Existe um debate em relação ao custo metabólico da corrida ao final de um triatlo em comparação a uma corrida de mesma distância disputada isoladamente. Entretanto, a maioria das pesquisas sugere que o ciclismo de alta intensidade tem efeitos prejudiciais no subsequente desempenho da corrida, e que esses efeitos dependem do nível de condicionamento do triatleta. As maiores quedas de desempenho são observadas em triatletas recreacionais, ao passo que efeitos mínimos são vistos em triatletas de elite.

Para compensar o impacto do ciclismo no desempenho da corrida, os pesquisadores encontraram algumas estratégias práticas; *vide* mais detalhes em Bentley et al. (2008). Em suma, os triatletas podem melhorar o seu desempenho na corrida ao: (1) aproveitar o vácuo atrás de tantos atletas quantos lhes parecer prático (em eventos em que o aproveitamento do vácuo seja legal); (2) adotar uma cadência de pedalagem de 80 a 100 rpm (observe, no entanto, que a cadência é uma questão muito pessoal), por exemplo – mas muitos triatletas consideram aceitável uma cadência ligeiramente mais alta; (3) concentrando-se no objetivo de reduzir o esforço durante os minutos finais da etapa de ciclismo e preparar-se para a corrida. Os pontos 2 e 3 realmente valem para muitos treinadores e fisiologistas. Obviamente, os ciclistas profissionais afirmarão sobre os benefícios de pedalar a mais de 110 rpm, mas é muito frequente os triatletas se cansarem nos últimos 5 quilômetros da modalidade de ciclismo quando alcançam a reta final de chegada. Entretanto, o tempo global de realização de um triatlo é o aspecto mais importante, não o tempo de bicicleta. Desse modo, a criação de estratégias ideais de ritmo para o início e o fim da prova de ciclismo e para o início da corrida é uma tarefa individual que deve ser treinada regularmente. Resumindo da forma mais simples possível: não deixe a sua corrida na bicicleta! E pedalar com marchas baixas é melhor do que lidar com marchas altas.

Para enfatizar esse ponto, diversos estudos tentaram determinar a melhor estratégia de ritmo durante a fase inicial de um triatlo de distância olímpica para triatletas altamente treinados. Dez triatletas do sexo masculino concluíram uma corrida de controle de 10 quilômetros em ritmo livre e três triatlos individuais de prova contrarrelógio em ordem aleatória. Nas provas contrarrelógio, as velocidades impostas na natação e no ciclismo foram idênticas ao primeiro triatlo realizado, e o primeiro quilômetro da corrida foi cumprido alternadamente 5% mais rápido, 5% mais lento e 10% mais lento do que na corrida de controle. Os triatletas foram orientados a terminar os 9 quilômetros restantes o mais rápido possível no ritmo que melhor conviesse a cada um. A corrida 5% mais lenta resultou em um desempenho geral significativamente mais rápido ao longo dos 10 km do que as corridas 5% mais rápida e 10% mais lenta, respectivamente (p < 0,05). Vale ressaltar que a estratégia dos 5% mais rápidos resultou em valores mais elevados de ingestão de oxigênio, ventilação, frequência cardíaca e concentração de lactato no sangue ao final do primeiro quilômetro do que as duas outras condições.

Esse excelente e bem controlado estudo demonstra que, contrariando a crença popular, correr em um ritmo mais lento durante o primeiro quilômetro de um triatlo de distância olímpica pode realmente melhorar o desempenho global ao longo dos 10 quilômetros da prova. Com os recentes avanços dos métodos de controle proporcionados pelos sistemas de posicionamento global (GPS), os tempos finais e as distâncias encontram-se facilmente disponíveis para beneficiar os triatletas mesmo que não sejam fornecidos marcadores de distância durante o triatlo. Essa tecnologia é mais bem aproveitada somente se o triatleta tiver previamente estabelecido padrões de desempenho para esse evento específico. Consequentemente, para que esses dados realmente tenham eficácia, os triatletas devem saber que o tempo final é 5% mais lento do que o seu esforço máximo.

Exercícios de prática de transição

Muito poucos estudos investigaram os efeitos fisiológicos de múltiplas sessões de natação-ciclismo-corrida durante o treinamento e o seu impacto no desempenho geral. Um estudo de seis semanas sobre o treinamento de corrida multicíclico comparado ao treinamento isolado normal constatou que esse tipo de treinamento não produziu melhores níveis de desempenho nas modalidades de ciclismo e corrida do que o treinamento isolado normal, mas induziu uma melhora significativa na transição ciclismo-corrida. Obviamente, não existem estudos suficientes sobre esse aspecto do desempenho no triatlo, embora os treinadores olímpicos britânicos tenham se concentrado nessa área desde o início dos anos 2000. (Mat Wilson, um dos coautores deste capítulo, foi um desses treinadores). As seis sessões natação-ciclismo e ciclismo-corrida apresentadas a seguir foram extensamente utilizadas pelas equipes olímpicas britânicas de 2000 e 2004.

Exercícios de transição natação-ciclismo

Esta seção apresenta três amostras de sessões de transição da natação para o ciclismo. O principal objetivo dessas sessões é permitir que você pedale mais rápido ao sair da natação na tentativa de reduzir o tempo global na modalidade de ciclismo. Normalmente, essas sessões devem ser conduzidas na fase de preparação do seu ciclo de treinamento.

Todas as sessões de transição da natação para o ciclismo requerem uma piscina, a sua bicicleta de competição e uma bicicleta ergométrica. Posicione a bicicleta e a bicicleta ergométrica a cerca de 10 metros da borda da piscina, deixando uma toalha grande no chão, perto da bicicleta, para você se secar. A disposição dos equipamentos deve ser exatamente igual à da competição. Ao final de cada série, aproveite o tempo para arrumar os seus equipamentos novamente como se fosse uma configuração real de T1, mas faça isso no menor tempo possível.

Ao realizar os exercícios de natação e ciclismo apresentados a seguir, aqueça-se primeiro, como você normalmente faria para uma sessão de treino de velocidade. O aquecimento adequado eleva a frequência cardíaca, a frequência respiratória e o fluxo sanguíneo para os músculos, a fim de preparar o corpo para uma atividade cada vez mais vigorosa. Isso significa que você deve incluir algum treino de ritmo e, à medida que for se aproximando do final da sua sessão de aquecimento, aumentar ligeiramente o ritmo. Além disso, o uso de monitor de frequência cardíaca não é recomendado para essas sessões, uma vez que a cinta peitoral pode se deslocar na água e desviar a sua atenção do objetivo principal da sessão, que é aumentar a sua velocidade de saída da água para a bicicleta.

Antes de realizar essas sessões, é necessário que você conheça os seus tempos de referência para as distâncias de natação e ciclismo. Portanto, antes de entrar nessa fase do seu treinamento, conduza sessões de prova contrarrelógio para as de 200, 400 e 800 metros para a natação, e de 2, 4 e 8 quilômetros para o ciclismo. Os tempos registrados passarão a ser os seus referenciais para medir sua estabilidade a durante toda a sessão e seu nível global de melhora.

Sessão 1 de natação-ciclismo: intensidade máxima

A intensidade máxima, às vezes chamada *estado constante*, é o nível de esforço que você consegue manter durante toda a sessão. Nesse caso, o objetivo é que você se esforce ao máximo a cada série para se aproximar o máximo possível do seu esforço máximo na prova contrarrelógio. O objetivo é que você esteja ciente de como o seu corpo se sentirá ao sair da piscina para poder ser o mais econômico possível nos movimentos, treinando, assim, tanto mental quanto fisicamente.

Faça o seu aquecimento normal, e, depois, 5 séries da seguinte maneira: 200 m de natação seguidos imediatamente por 2 quilômetros de ciclismo a mais de 100 rpm. O número total de transições por sessão é 9 e a distância total percorrida é de 1 quilômetro para natação e 10 quilômetros para bicicleta. Essa é uma sessão curta e completa, mas, como mencionado, cada série é conduzida sob a sua melhor velocidade sustentável por uma sessão completa. Para alcançar o benefício máximo, não descanse entre as séries. Durante a primeira série de natação de 200 metros e 2 quilômetros de ciclismo, você deve tentar igualar os tempos mais rápidos estabelecidos em provas contrarrelógio que você vivenciou antes, com o objetivo de manter esse desempenho.

Obviamente, muitos triatletas reduzem o ritmo no decorrer da sessão, e você deve registrar o seu nível de fadiga como um aumento percentual de tempo. À medida que for progredindo, você deve observar a redução global do nível de fadiga, considerada como os tempos de execução das provas que melhoraram e aqueles que foram mantidos. Quando estiver mais bem condicionado, você pode aumentar o número de séries, se quiser. Contudo, cuidado para não exagerar, porque essa é uma sessão muito desgastante e a recuperação levará muito mais tempo do que o normal, afetando o restante dos seus módulos de treinamento.

Sessão 2 de natação-ciclismo: tolerância ao lactato

O treinamento de tolerância ao lactato ajuda você a se recuperar mais rapidamente das explosões de velocidade e potência, e embora os triatletas devam procurar minimizar esse tipo de esforço em uma competição, é inevitável que você precise aumentar a potência na bicicleta ou acelerar o ritmo da corrida em um aclive para ultrapassar outros corredores. Treinando adequadamente, você pode elevar o seu limite de tolerância láctica até alcançar uma frequência cardíaca mais alta. Como a tolerância láctica é o ponto em que quantidades significativas de lactato começam a se acumular no sangue, melhorar a sua capacidade de eliminação dessa substância significa que você pode intensificar o ritmo de pedalagem antes de alcançar o limite de tolerância láctica. Ao treinar ligeiramente abaixo desse limite, você condiciona o seu corpo a converter lactato em combustível para os músculos de contração lenta, eliminando-o, assim, da corrente sanguínea. O treinamento mais eficaz para elevar a tolerância láctica envolve a execução de esforços relativamente longos ligeiramente abaixo do limite de tolerância láctica, com uma recuperação apenas parcial entre cada esforço. Começando o intervalo de alta intensidade antes que o lactato seja totalmente eliminado, o estímulo do treinamento para a remoção dele continua a agir.

Faça o seu aquecimento normal, e, depois, 2 séries da seguinte maneira: 400 metros de natação e 4 quilômetros de ciclismo a mais de 90 rpm. Esse exercício é seguido por 4 séries divididas da seguinte maneira: 200 metros de natação e 2 quilômetros de ciclismo acima de 90 rpm. No total, são 11 transições para essa sessão, e a distância total percorrida é de 1.600 metros para a natação e 16 quilômetros para o ciclismo.

Para extrair o máximo de benefício dessa sessão, não deve haver descanso entre as séries, e todas as repetições de natação e ciclismo devem ficar dentro da faixa de 10% dos seus tempos mais rápidos estabelecidos em provas contrarrelógio, com o objetivo de manter esse desempenho. Também nesse caso, registre o seu nível de fadiga como um aumento percentual de tempo. Você pode medir o seu nível geral de melhora observando a redução do nível de fadiga, considerada como os tempos de execução das provas que melhoraram e aqueles que foram mantidos. Para muitos, essa sessão pode ser fisicamente desconfortável e mentalmente desgastante porque exige que você mantenha a concentração por muito tempo e é progressivamente muito cansativa. Depois que estiver se sentindo confortável com essa sessão, você pode aumentar o esforço acrescentando mais séries ou acrescentando o seguinte ao início da série: 1 × 800 metros de natação e 8 quilômetros de ciclismo acima de 100 rpm.

Sessão 3 de natação-ciclismo: desenvolvimento aeróbio

O desenvolvimento aeróbio é importante, porque, quanto mais você se exercita aerobiamente, ou seja, lidando com o oxigênio, maior a sua eficiência de modo geral. E, como bônus, o exercício aeróbio treina o corpo para quebrar e usar a gordura armazenada para produzir energia (a gordura é uma fonte básica de combustível para o sistema de energia aeróbia). Outro benefício do desenvolvimento aeróbio é o aumento do volume de bombeamento cardíaco, o que significa mais sangue bombeando oxigênio para os músculos. Como a maioria dos triatletas tende a treinar e competir aerobiamente, convém incluir uma sessão de desenvolvimento aeróbio para aumentar a sua capacidade de ser econômico e eficiente enquanto se exercita.

Faça o seu aquecimento normal, e, depois, 2 séries da seguinte maneira: 800 metros de natação e 8 quilômetros de ciclismo acima de 100 rpm. No total, são três transições para essa sessão, e a distância total percorrida é de 1.600 metros para a natação e 16 quilômetros para o ciclismo.

Nesse caso, também, não deve haver descanso entre as sessões. Você precisa registrar os tempos finais negativos, com a segunda série dentro da faixa de 5% dos seus tempos mais rápidos estabelecidos em provas contrarrelógio. Essa sessão pode ser muito longa e cansativa com uma progressão aparentemente muito pequena. Entretanto, ao trabalhar o desenvolvimento aeróbio, você constrói uma base mais forte com a qual poderá se exercitar. Como pode ser cansativa, essa sessão deve ser realizada apenas 1 ou 2 vezes por mês. Desse modo, o objetivo principal é reduzir o nível de fadiga melhorando o tempo de execução das provas.

Exercícios de transição ciclismo-corrida

Esta seção apresenta três amostras de sessões de transição do ciclismo para a corrida. A cada sessão, você é treinado para correr mais ao descer da bicicleta, algo que muitos atletas têm dificuldade em fazer, certamente nos primeiros 1 ou 2 quilômetros. O segredo para essas sessões de transição ciclismo-corrida é adotar a postura correta ao correr (sem se inclinar excessivamente para a frente no primeiro quilômetro), abrir a passada ao correr e manter o foco mental e a concentração nas frequências cardíacas máximas. Obviamente, você precisa estar de olho na frequência cardíaca, mas, também nesse caso, o foco principal são os tempos finais e a limitação do nível de fadiga com a progressão da sessão, correndo na velocidade que lhe for mais adequada durante esse segmento da prova.

Todas as sessões ciclismo-corrida requerem uma bicicleta ergométrica magnética e uma pista de corrida (não uma esteira, se possível, embora essa possa ser a sua única opção no inverno, dependendo de onde você mora). Posicione a bicicleta ergométrica magnética ao lado da pista de corrida e arrume todos os seus equipamentos de competição do modo como você costuma fazer.

Aqueça-se adequadamente antes de começar. Como as sessões envolvem uma frequência cardíaca mais elevada, acrescente alguns elementos de velocidade ao seu aquecimento, com cuidado para evitar lesões. Antes de realizar essas sessões, é necessário que você saiba os seus tempos de referência para as distâncias do ciclismo e da corrida. Portanto, antes de entrar nessa fase do seu treinamento, conduza sessões de prova contrarrelógio para 2, 4 e 8 quilômetros de ciclismo, e para 400 metros, 800 metros e 1 quilômetro de corrida. Os tempos registrados passarão a ser os seus referenciais para medir o nível de consistência durante toda a sessão e medir o nível global de melhora.

Sessão 1 de ciclismo-corrida: intensidade máxima

Como visto anteriormente na seção sobre intensidade máxima na transição natação-ciclismo, a intensidade máxima é o nível de esforço que você consegue manter durante toda a sessão, e, nesse caso, o objetivo é que você se esforce ao máximo a cada série para se aproximar o mais possível do seu esforço máximo na prova contrarrelógio. Essa sessão contém 10 séries de 400 metros de corrida e 2 quilômetros de ciclismo acima de 100 rpm. No total, são 19 transições para essa sessão, e a distância total percorrida é de 4 quilômetros para a corrida e 20 quilômetros para o ciclismo.

Arrume os seus equipamentos como se fosse para uma competição, de modo que você tenha o benefício extra de garantir que a sua logística para a transição esteja correta. Uma diferença que se observa dessa vez é que você deve fazer uma pausa de descanso de 2 minutos entre as séries para arrumar novamente os equipamentos de transição, hidratar-se, e assim por diante, e a primeira série de corrida e ciclismo deve equivaler aos seus tempos mais rápidos estabelecidos em provas contrarrelógio. O objetivo básico dessa série é a consistência do tempo e do esforço. Como visto anteriormente, você irá reduzir o ritmo (em alguns casos, muito), mas deve registrar o seu nível de fadiga como um aumento percentual de tempo. Se você executar cada série com a sua intensidade máxima, existem grandes chances de que essa sessão seja a sua mais puxada. Além disso, como pode ser muito desgastante, essa sessão pode ser conduzida na sua fase de base, mas, provavelmente, terá um impacto maior na sua fase de formação.

Sessão 2 de ciclismo-corrida: tolerância ao lactato

Como visto anteriormente na seção sobre tolerância ao lactato na transição natação-ciclismo, o treinamento de tolerância ao lactato ajuda você a se recuperar mais rapidamente das explosões de velocidade e potência, e embora os triatletas devam procurar minimizar esse tipo de esforço, é inevitável que você precise aumentar a potência em algum momento durante a competição. Essa sessão contém três séries de 800 metros de corrida e 4 quilômetros de ciclismo acima de 95 rpm, seguidas de 4 séries de 400 metros de corrida 2 quilômetros de ciclismo acima de 100 rpm. No total, são 13 transições para essa sessão, e a distância total percorrida é de 4 quilômetros para a corrida e 20 quilômetros para o ciclismo.

Para manter a consistência do esforço durante toda a sessão, faça pausas de descanso de 3 minutos entre as séries para que você tenha tempo de reconfigurar a sua T2, hidratar-se, e assim por diante. Todas as repetições de corrida e ciclismo devem ficar dentro da faixa de 10% dos seus tempos mais rápidos estabelecidos em provas contrarrelógio, com o objetivo de manter esse desempenho. Observe, também, o fator fadiga. Você pode monitorar o seu progresso sentindo uma redução do nível de fadiga para o mesmo tempo ou um melhor, e, depois que alcançar esse estágio, você pode acrescentar uma série completa a toda a sessão.

Sessão 3 de ciclismo-corrida: desenvolvimento aeróbio

Como visto anteriormente na seção de desenvolvimento aeróbio na natação-ciclismo, o desenvolvimento aeróbio é importante, porque, quanto mais você se exercita aerobiamente, (ou seja, lida com o oxigênio), maior a sua eficiência de modo geral. Como a maioria dos triatletas tende a treinar e competir aerobiamente, convém incluir uma sessão de desenvolvimento aeróbio para aumentar a sua capacidade de ser econômico e eficiente enquanto se exercita. Essa sessão contém quatro séries de 1 quilômetro de corrida e 8 quilômetros de ciclismo acima de 100 rpm. No total, são 7 transições para essa sessão, e a distância total percorrida é de 4 quilômetros para a corrida e colossais 32 quilômetros para o ciclismo.

Devem ser feitas pausas de descanso de 5 minutos entre as séries, e a sua frequência cardíaca deve cair rapidamente durante essa fase de descanso (para fazer isso, você deve caminhar lentamente pela pista de corrida). Mais uma vez, é necessário almejar tempos finais negativos, com a terceira e a quarta séries, mantendo-se dentro da faixa de 10% dos seus tempos mais rápidos estabelecidos em provas contrarrelógio. O seu objetivo é reduzir o nível de fadiga melhorando o tempo de execução das provas. Essa é uma sessão muito difícil dos pontos de vista físico e mental, e com muito pouca progressão. O foco mental necessário durante as séries mais longas é fundamental para o sucesso, visto que, muitas vezes, durante uma competição nos surpreendemos admirando a paisagem e, talvez, reduzindo o ritmo. Você deve "curtir" as suas sessões, mas lembrando a finalidade de você estar lá: para tentar ser mais rápido. Essa é mais longa das séries relacionadas, e, por ser tão difícil, é recomendável que você deva realizar essa sessão apenas 1 ou 2 vezes por mês. Além disso, essa sessão é mais bem conduzida durante a sua fase de preparação (base).

Para qualquer ação que se repete, é possível criar um processo em torno dela. Praticando algumas das séries descritas neste capítulo, você atuará no mundo da especificidade – cada exercício é criado especificamente para ajudá-lo a ser mais rápido no triatlo. Você não apenas se tornará mais rápido nas entradas e saídas durante as transições, como também será capaz de pedalar mais rápido ao sair da natação e correr mais ao descer da bicicleta.

O segredo para o verdadeiro sucesso, no entanto, é saber como o seu corpo reage à intensidade da prova durante toda a competição e estruturar determinados aspectos do seu treinamento para reproduzir essas situações de estresse. Se você for um maravilhoso nadador capaz de abrir uma boa vantagem na modalidade para acabar perdendo-a no ciclismo ou na corrida, então, o seu foco de treinamento precisa ser realinhado – isso também vale para o caso de você ser um forte ciclista ou corredor. O ritmo é primordial para o sucesso geral. Sim, use o seu talento natural para cada modalidade, mas tenha consciência do esforço geral necessário para terminar bem. A sua competição deve ser a coroação de um bom ensaio e uma boa preparação – às vezes, você tem de se sentir desconfortável com o treinamento para saber até que ponto consegue "puxar" o ritmo na competição; portanto, não deixa de haver um fundo de verdade na frase *"no pain, no gain"* – você tem de conhecer os seus limites, mas sempre sentindo algum desconforto.

CAPÍTULO 15

Solucionando problemas em seu estilo livre

Ian Murray

Existem muitos sinais de que suas habilidades de natação não são adequadas. Talvez cada volta seja um sofrimento ou nadar mais rapidamente ou por mais tempo pareça impossível. Talvez você entre em pânico durante uma competição ou veja os outros nadadores passarem por você com frequência e facilidade. Saber que você pode melhorar é fácil, mas fazer isso é difícil. A natação, assim como o golfe, o tênis, o esqui e muitos outros exemplos, é um esporte técnico em que a habilidade supera a força. A densidade da água – quase mil vezes mais espessa que o ar – exige uma abordagem técnica. O condicionamento físico não costuma limitar nadadores de nível baixo ou mediano. É a falta de uma técnica adequada que causa problemas. Mesmo para nadadores experientes, uma pequena mudança técnica pode trazer resultados imediatos que poderiam exigir semanas ou meses de treinamento impensado. O foco deste capítulo é na redução do arrasto e, *depois*, na criação da propulsão. É imprescindível que você aborde a lista de habilidades na ordem e domine cada uma antes de seguir em frente, o que permitirá que solucione problemas em seu estilo livre.

Reduzindo o arrasto

Muitos triatletas investem sabiamente em equipamentos aerodinâmicos de ciclismo, para economizar segundos em seus tempos, mas ignoram o arrasto durante a natação, um esporte em que mudanças simples poderiam economizar *minutos*. O primeiro passo para reduzir o arrasto é um corpo equilibrado. A próxima prioridade deve ser a maneira como as mãos e os braços entram na água e são estendidos para a frente. A terceira prioridade é a pernada.

Corpo equilibrado

A prioridade número um para reduzir o arrasto é ter uma posição corporal equilibrada na superfície da água. Isso significa que a parte de trás de sua touca e de sua roupa, assim como seus calcanhares, devem estar perto da superfície. Essa posição nivelada é obtida e mantida com equilíbrio, *não* com pernadas mais fortes. Nenhuma força ou resistência superará o arrasto corporal. A resistência da água que ataca o peito, o abdome, os quadris e as coxas sempre será maior que qualquer força oposta gerada por você.

Um nadador pode usar três ferramentas para equilibrar seu corpo: a posição da cabeça, a profundidade do braço dominante e a pressão no tronco superior. A cabeça deve estar afundada na água, de maneira fique exposta ao ar apenas uma parte da touca e a parte de trás dela seja molhada por uma fina camada de água. Eis alguns sinais de que a cabeça está na posição correta: a pele do pescoço não apresenta rugas; os olhos focam *diretamente* o fundo da piscina, a nuca aponta diretamente para o fim da raia. Quando o braço dominante estiver na profundidade correta e completamente estendido, os dedos estarão 5 a 10 centímetros abaixo da superfície da água. Cada braço deve entrar na água em uma trajetória a esse nível de profundidade, e não deve só tocar a superfície da água e permanecer lá.

A pressão no tronco superior talvez seja a ideia mais difícil de entender. Imagine que seu tronco (do quadril até os ombros) esteja cheio de ar, vazio e inflado, como um balão. Seus pulmões fazem essa parte do corpo flutuar como um balão: ao pressionar para baixo ou apoiar na clavícula, a parte frontal do corpo afundará ainda mais, e os quadris e as pernas subirão automaticamente. Na água, o corpo humano age como uma gangorra: quando uma extremidade abaixa, a outra sobe. Misturando essas três ferramentas – profundidade da cabeça, profundidade do braço e pressão – você pode encontrar um nível de equilíbrio na superfície da água e reduzir o arrasto corporal.

Entrada limpa e extensão

Os pontos de entrada e extensão serão avaliados agora. A entrada ocorre quando uma mão entra na água; a extensão, quando um braço alcança seu comprimento máximo. Em uma entrada limpa, uma mão entra na água sem respingar muito e um braço é estendido ao máximo com poucas bolhas de ar. Esse tipo de entrada maximiza o impulso para a frente e minimiza o arrasto.

O problema mais comum nessa área é o temido *crossover*, que ocorre quando o ponto de entrada de um nadador é muito próximo à nuca, e a mão e o antebraço vão para a linha central do corpo durante a extensão. Isso desperdiça energia, pois o corpo não será impulsionado para a frente, mas para os lados. Um *crossover* também cria arrasto, pois permite que a água entre em uma área maior (a parte do antebraço que vai do cotovelo até o dedo mindinho) do que entraria se o braço estivesse estendido para a frente. Os *crossovers* não costumam ser simétricos: um dos braços tende a ser mais problemático. Para solucionar esse problema, nade com o mantra: "Entre totalmente, estenda totalmente". Um nadador pode mover uma parte do corpo por um milímetro e achar que se moveu um quilômetro, então, você precisa de um senso de largura exagerado para conseguir um resultado preciso. O exagero pode fazer você sentir que está entrando "às 10 horas" e estendendo "às 2 horas". Essa sensação estranha diminuirá depois de algumas nadadas realizadas com foco.

Outra área que precisa ser analisada é a posição do cotovelo durante uma extensão completa. Certifique-se de que o cotovelo esteja em linha reta, sem inclinações. Uma das leis da natação diz que, em qualquer posição durante o ciclo da braçada (recuperação, entrada, extensão, pegada, curva e finalização), os dedos devem estar sempre abaixo do pulso e este deve estar abaixo do cotovelo. Essa lei quase é quebrada durante a extensão total: os dedos estão só um pouco abaixo do pulso e este está próximo do cotovelo. Se o cotovelo mergulhar abaixo do pulso e a mão parecer se mover para cima durante uma extensão completa, o nadador terá uma dose dupla de problemas. O primeiro é o arrasto. Um cotovelo abaixo do pulso e dos dedos durante uma extensão cria arrasto ao aumentar a área de superfície do antebraço levantado. Como Diana Ross e a banda *The Supremes* cantando a música *Stop! In the name of love*, o braço será projetado para a frente de uma maneira perfeita para uma coreografia dos anos 1960, mas terrível para a água. O segundo problema é um atraso na pegada. Isso será abordado na seção sobre propulsão neste capítulo.

Observe, também, que o pulso e os dedos devem estar planos e em linha reta durante a entrada e a extensão, para que as outras articulações não criem arrasto desnecessário. Alguns nadadores costumam permitir inconscientemente que o pulso amoleça e os dedos dobrem: os ângulos criados são imediatamente atacados pelo temível inimigo, o arrasto. Pense em sua mão como uma faca que cortará através da água. Ela deve entrar de maneira plana, como se você estivesse passando uma faca pela caixa de correio de uma porta.

Agora só restam os detalhes, incluindo um assunto controverso para nadadores novatos que precisa ser abordado. A questão dos dedos – eles devem ficar separados ou juntos? Muitos estudos recentes sugerem que a melhor posição para os dedos (em termos de espaçamento e posicionamento) é uma postura natural e relaxada. Isso é relacionado a um elemento importante da natação: relaxamento. Um ótimo nado exige pouco esforço. A tensão aumenta o estresse, a frequência cardíaca e a fadiga, então, você precisa relaxar enquanto nada. A água tem a capacidade de manter um corpo em equilíbrio e mantê-lo na superfície. O relaxamento também minimiza câimbras musculares e é imprescindível durante a fase de recuperação de cada braçada. Deixe os músculos dos ombros erguerem apenas o cotovelo; o antebraço, o pulso, a mão e os dedos devem ficar pendurados, como macarrão que passou do ponto.

Pernas

Observe suas pernas do ponto de vista do arrasto. Imagine um tubo cobrindo a maior parte de seu corpo: o peito ou os quadris. A pernada deve permanecer pequena, compacta e dentro do tubo. Durante o nado, qualquer coisa que sair do tubo será arrasto. Se sua pernada for exagerada, a panturrilha, a canela e os pés ultrapassarão o limite e atrasarão você. Muitos corredores e ciclistas entram no triatlo com o hábito de dobrar muito o joelho durante a movimentação. A pernada de um nadador deve ser mais focada no quadril, com apenas um pouco de articulação do joelho. Uma pernada exagerada costuma apresentar uma relação de causa e efeito: se a braçada (a puxada do braço quando passa pela linha do peito e do abdome) passar muito abaixo da linha do corpo, poderá gerar uma rotação exagerada do corpo inteiro. Uma pernada aberta pode contrabalancear essa rotação exagerada.

▶ Controlando a respiração durante o nado

Na natação, o desafio mais óbvio e imediato é que você não pode simplesmente inspirar e expirar como no ciclismo ou nas corridas. A respiração exige planejamento e coordenação com a rotação dos braços e do corpo. Uma respiração regular e constante pode diminuir a intensidade e melhorar o desempenho.

Nade com um ritmo respiratório constante. Isso exigirá que você expire na água. Como não há tempo para expirar e inspirar quando sua boca está fora da água, é preciso inspirar na superfície e expirar quando seu rosto estiver submerso. Você pode respirar pelo nariz, pela boca ou pelos dois. A frequência de trocas de gás aumentará com seu esforço. A respiração pela boca é mais eficiente nessa situação. Também é útil conseguir respirar no lado direito e no lado esquerdo do corpo (respiração bilateral). Durante nados e competições mais rápidos, entretanto, você tenderá a respirar com mais frequencia para satisfazer sua necessidade de oxigênio e, por isso, utilizará o mesmo lado (respiração unilateral).

Como você deve lembrar, um corpo equilibrado é a prioridade número 1 na natação e, como em uma gangorra, uma extremidade descerá se a outra subir. Certifique-se de que você não esteja erguendo sua cabeça para fora da água quando respira; isso pode afundar momentaneamente os quadris e as pernas, criando arrastos. Quando respirar, tente abaixar a nuca e levantar o queixo.

Criando propulsão

Você só pode pensar em aumentar sua propulsão depois de fazer o máximo possível para eliminar o arrasto. Como na seção sobre reduzir o arrasto, os elementos mais valiosos para uma natação mais rápida serão apresentados primeiro.

Força do core

Os membros humanos não podem gerar uma força maior sozinhos. A verdadeira fonte de força do corpo é o centro de massa: os quadris. Boas tacadas de golfes ou saques de tênis não são feitos apenas com os braços: eles são fortalecidos pelos quadris. O centro do corpo (*core*) origina socos de caratê, passes de futebol e arremessos de dardos. Isso também é verdade na natação. Um nadador em uma posição plana na água e propulsionado apenas por seus braços não tem força em potencial ou possibilidade de velocidade. Uma natação forte é gerada quando o corpo rola como uma tora, realizando um pivô em seu eixo. A força é maximizada quando todas as partes do tronco – dos ombros até os quadris – atuam juntas e quando esse movimento central é ritmado perfeitamente com a *entrada* e a *puxada* do braço.

O nível de rotação varia um pouco de acordo com o ritmo do nado. Um ritmo de aquecimento ou de desaquecimento envolve uma rotação um pouco maior. O corpo balança um pouco mais para um lado e permanece nessa posição por mais tempo enquanto um braço mais lento é movido para a frente durante a fase de recuperação. Entretanto, numa prova de 50 metros há uma rotação corporal muito menor – não plana, mas certamente muito menor que um aquecimento. A velocidade do nado é gerada pelo giro do braço e, quando o braço sai da água e vai para a frente durante a recuperação, uma rotação exagerada pode até atrapalhar o processo. Certifique-se de ter um pouco de rotação durante seu nado para acessar a força central, mas não exagere para não prejudicar seu potencial de obter um giro mais rápido e, consequentemente, um nado mais rápido.

Ritmo

Refere-se ao posicionamento do braço durante o momento de rotação do centro corporal. Quando o ritmo é apropriado, o centro do corpo fortalece o potencial tanto da puxada quanto da entrada. Existem duas maneiras de errar isso. A mais comum é puxar cedo demais. Nesse cenário, a puxada ocorre ao mesmo tempo que a recuperação. O movimento do braço começou cedo demais, é independente e não está conectado à força corporal central. Para corrigir isso, o braço dominante deve permanecer estendido para a frente por um pouco mais de tempo, esperando que o braço de recuperação avance. Considere estender mais o braço para a frente, como se você estivesse tentando tocar a parede da piscina no final de sua raia.

O outro erro, menos comum, é puxar tarde demais. Nesse cenário, o braço principal permanece estendido à frente, mesmo após o braço da recuperação ter feito a mesma coisa. A força dos quadris será gasta e a braçada atrasada também não estará conectada à fonte de força central. Nesse caso, certifique-se de que o braço dominante esteja ativo e comece a puxar quando o braço de recuperação passar por sua orelha e começar a entrar na água.

Após a correção, tanto o braço que entra na água quanto o braço que puxa através dela estarão conectados à valiosa força gerada pela rotação corporal. Pode ser útil imaginar que seu nado é um motor de quatro cilindros: os dois cilindros principais são os quadris, que são sempre ativados em conjunto e não podem ser separados. O terceiro cilindro é o braço de entrada, e você quer que os dois cilindros dos quadris disparem quando os dedos tocarem na água, para que os quadris propulsionem o braço para a frente. O último cilindro, a puxada, precisa estar conectado ao motor. O braço responsável por puxar deve permanecer estendido para a frente e abaixar apenas um pouco a partir de sua posição completamente estendida. Então, os cilindros dos quadris devem disparar de uma maneira que maximize o braço de entrada e a puxada. Isso é utilizar os quatro cilindros.

Muitas das habilidades identificadas neste capítulo são elementos simples que apresentam apenas uma posição correta. Isso não se aplica ao ritmo. Você provavelmente encontrará uma posição em que os quadris e os braços trabalham bem juntos, mas, assim, irá querer nadar mais rápido. Um nado mais rápido gera um movimento maior do braço. Isso significa que você precisará aprender um novo ritmo mais rápido, e continuará durante muitas velocidades, até você atingir sua velocidade máxima. Seja paciente com o processo e mantenha-se mentalmente presente durante o nado. Esteja ciente da posição do corpo, da cabeça e dos braços e concentre-se na braçada para notar suas sensações durante a natação. Concentre-se em seu nado para identificar fraquezas que precisam ser trabalhadas, o que ajudará você a nadar mais rapidamente. A concentração acelerará sua melhora. O ritmo é desafiado por outro elemento da braçada: a pegada.

Pegada

É o momento da braçada após a extensão do braço principal, mas antes da puxada. É quando você tem a oportunidade de "agarrar" a água. Um nado sem pegada resultará em uma puxada de braço em linha reta. Quando isso ocorre, o braço pressiona a água para baixo e ergue um pouco o corpo. O resultado é um corpo que sobe e desce pela piscina com cada braçada. Com a pegada, o braço move o corpo através da água, não para cima e para baixo. Para ativar sua pegada, tente levantar o cotovelo na direção da superfície da água e deixe que seus dedos afundem na piscina logo antes de puxar. A velha analogia sobre "rolar um barril" ainda é uma ótima pista para conseguir a forma adequada. Um termo mais moderno está surgindo: cotovelo alto. Evite o erro comum de dobrar o pulso: uma pegada superior é gerada pelo ombro, para que você possa "segurar" a água com a maior área de superfície possível: antebraço, palma e dedos.

Na seção anterior sobre como reduzir o arrasto, discutiu-se o arrasto resultante de um cotovelo mergulhado durante a extensão total. Esse erro também reduz a propulsão: uma pegada de qualidade é quase impossível quando o cotovelo mergulha abaixo do pulso durante uma extensão completa. A extensão do braço deve ser perfeita para que o cotovelo possa ser erguido de maneira fácil e rápida, a fim de equilibrar-se na água e garantir a pegada. Na seção sobre o ritmo, foi mencionado como a pegada complica a busca por uma braçada ritmada. Se você precisar melhorar tanto seu ritmo quanto sua braçada, concentre-se primeiro no ritmo. Quando você memorizar um bom ritmo muscular, terá muito mais facilidade para melhorar a forma do braço principal e aprimorar sua pegada.

Puxada

A puxada é um aspecto crítico da braçada. A prioridade é manter a maior área de superfície possível com sua mão durante a fase de puxar, o que mantém a puxada plana contra a água como um remo. Se sua mão realizar um movimento rotatório para os lados, começará a escorregar pela água com menos eficiência.

A melhor trajetória da puxada é tema de debate atualmente. Uma teoria diz que uma curva deliberada em forma de S deve ser adicionada para que a puxada comece interiormente e termine exteriormente. A ideia básica é que a mão e o antebraço devem perseguir, de modo constante, a água parada. Outra teoria diz que a puxada deve ir direto para trás sem nenhuma curva – como se você estivesse remando em uma prancha de surfe e seus movimentos laterais fossem restritos pelas bordas da enorme prancha. Sua puxada deve ser um meio-termo entre essas duas filosofias.

Não é necessário nem adicionar curvas intencionais à sua braçada nem resistir a elas deliberadamente. A rotação corporal durante a braçada adiciona uma curva natural e moderada. Esse deve ser seu objetivo.

Pegada e puxada eficientes dependem de uma combinação de aptidão física que inclui velocidade, resistência, propulsão e força. A especificidade é um dos princípios mais importantes do treinamento: o exercício mais específico para a natação é a *própria natação*. Você pode utilizar palmares de tamanho moderado durante alguns treinamentos, para melhorar essa atividade. Também pode aplicar o princípio da especificidade na academia: um exercício de puxada sentado pode ser modificado em uma atividade específica para natação em pé que imite o movimento de pegada e puxada usado na água.

Pernada

A seção sobre ritmo enfatizou o trabalho em equipe das mãos e dos quadris. A cadeia cinética de eventos também inclui as pernas. Muitos triatletas que começam o esporte com experiência em ciclismo ou corrida, mas pouca experiência com natação, enfatizam demais a pernada. Uma pernada muita ativa pode causar dois problemas: (1) se uma pernada for muito rápida e furiosa, provavelmente, não estará sincronizada com a rotação corporal e prejudicará cada braçada; (2) os músculos que propulsionam uma pernada forte são grandes e exigem oxigênio. Uma pernada exagerada aumenta a frequência cardíaca, mas não melhora muito a própria pernada.

Um atleta pode nadar rapidamente com uma pernada leve, mas ela precisa aplicar um movimento rotacional durante cada braçada. Tente esta progressão: comece nadando com as pernas relaxadas. Deixe que suas pernas separem-se naturalmente em reação ao movimento rotacional do corpo. Após estabelecer o ritmo natural da separação, comece a adicionar uma pequena assistência, uma "batida" para aprimorar o movimento natural das pernas. Essa única batida melhorará a rotação do corpo e adicionará uma qualidade dinâmica à braçada. Adicione essa batida a todas as braçadas. Por último, você pode aumentar a velocidade com pernadas adicionais entre cada batida essencial.

A natação é um esporte técnico, e a densidade da água exige precisão. Você obterá resultados mais rápidos com um foco total no problema escolhido. Isso pode significar nadar distâncias menores com menos velocidade e mais pausas, para criar mais concentração mental e movimentos mais precisos. Dizem que um humano mediano precisa de dez mil repetições precisas antes que a memória muscular possa "dominar" o movimento. Você pode reduzir esse número se aumentar sua presença mental. Nade para melhorar sua precisão e lembre-se de que, na natação, a prática não leva à perfeição: a prática *perfeita* leva à perfeição.

PARTE III

Estratégia competitiva

CAPÍTULO 16

Táticas para a natação em águas abertas

Sara McLarty

A natação em águas abertas é uma das partes mais assustadoras de um triatlo. A água turva, os outros competidores e a falta de raias, paredes e filas podem intimidar até os atletas mais destemidos. Usar a experiência oferecida por atletas e técnicos experientes pode tornar a primeira etapa de um triatlo mais agradável e bem-sucedida. Este capítulo aborda muitos aspectos da natação em águas abertas, incluindo o treinamento, a largada, o vácuo, a transição para o ciclismo e muito mais, tudo desenvolvido por meio de inúmeras competições e muitos erros, mas resultando em muito sucesso.

Treinamento em águas abertas e em piscinas

A natação de águas abertas está presente em muitos triatlos e, para ter um bom desempenho na competição, você precisa treinar semanas antes do evento. Antes de mergulhar no mar ou no oceano mais próximo, entretanto, é necessário tomar algumas precauções:

- Use uma touca colorida para ser visto pelos outros nadadores, salva-vidas e barcos.
- Avise alguém sobre o local e a distância a ser percorrida.
- Nade em um grupo com outros atletas ou tenha alguém por perto em um barco.
- Peça permissão das autoridades locais para nadar em águas abertas.
- Mantenha-se alerta e sempre preste atenção no ambiente.

A natação em águas abertas também pode ajudar você a treinar para a competição. Crie uma pista de treinamento com boias feitas de plástico colorido amarradas a um peso ou pontos de referências naturais grandes e fáceis de observar. Use esses nados em águas abertas para treinar observações e giros nas boias. Quando nadar com outros atletas, treine como utilizar o vácuo, realizar ultrapassagens e como lidar com o caos que ocorre na largada e nas boias. Aprenda como localizar rapidamente o zíper de sua roupa de mergulho e despi-la enquanto corre para fora da água. Encontre águas abertas parecidas com o ambiente da competição para ficar confortável com as condições da água (por exemplo, use temperaturas frias para treinar com uma roupa de mergulho completa).

O treinamento em águas abertas é necessário antes da competição, mas a maior parte do treinamento de natação para um triatlo ocorre na piscina. Muitos atletas sentem-se mais confortáveis treinando na segurança de uma piscina e gostam de participar de grupos de natação em academias locais. As melhores piscinas são aquelas que têm raias e medidas padronizadas como 50 metros, 25 metros ou 25 jardas. Piscinas pequenas ou aquelas piscinas em forma de rim encontradas em quintais de casas ou hotéis podem ser utilizadas em emergências, mas uma piscina com raias, projetada para a natação, é um local muito mais apropriado para o treinamento. Mesmo assim, as condições seguras e límpidas de uma piscina não o prepararão para as situações que ocorrem em eventos de águas abertas. Uma piscina apresenta água limpa, raias e linhas no fundo, mas competições em águas abertas costumam ser turvas, com poucas boias para definir o trajeto. Os treinamentos a seguir são específicos para águas abertas e podem ser usados em uma piscina para ajudar você a se preparar para algumas condições que podem ser encontradas nesse tipo de situação:

- *Tarzan*: como qualquer outro músculo, o pescoço precisa estar preparado para as inúmeras visualizações feitas durante uma competição. Este treinamento simplesmente exige que você nade estilo livre com a cabeça fora d'água. A posição corporal muda quando sua cabeça está erguida. Essa atividade ensina você a curvar as costas e realizar pernadas fortes para manter seus pés próximos à superfície.

- *Giro no T*: esta atividade é ótima para simular o nado contínuo de competições de águas abertas. Em vez de nadar até a parede, volte ou vire 2 ou 3 metros antes dela. Isso remove a pausa que você faz quando alcança a parede e pode fazer o nado parecer mais desafiador.

- *Vácuo em grupo*: um grupo de nadadores em uma piscina pode simular a sensação de pegar o vácuo de outros nadadores durante uma competição. Eles podem aprender como se posicionar atrás do líder e não tocar seus pés após cada braçada. A rotatividade é importante: após 100 metros, o líder deve ir para trás do grupo.

- *Estilo de recuperação*: aprenda outro estilo, como costas ou peito, para ficar mais confortável na água. Costas e peito são bons estilos de *segurança* que você pode utilizar quando estiver cansado durante um nado em águas abertas ou quando não conseguir localizar a boia. Pratique esses estilos na piscina e use-os para continuar avançando durante um nado longo em vez de parar para descansar.

Preparações em terra firme antes da corrida

Para conseguir informações sobre a competição e utilizá-las para obter vantagens técnicas, você precisa saber as regras de trás para a frente e como elas se aplicam à competição que você está participando. Avalie, também, a água e o percurso antes da competição. Muitos eventos permitem que o local seja usado para treino um dia antes da sua realização, o que permite que os atletas usem esse tempo para aprender detalhes sobre as condições da água, do clima e do percurso. Com pouco tempo disponível na manhã da competição, os detalhes aprendidos durante um nado de treinamento podem oferecer dados valiosos.

Aprenda as regras

Aprender e entender as regras da competição é uma ferramenta indispensável. As regras sobre a espessura legal de roupas de mergulho são constantemente revisadas e atualizadas de acordo com os avanços tecnológicos. Eventos como Ironman e 70.3 costumam seguir as regras da USAT, a entidade governamental que rege as regras de triatlo nos Estados Unidos, mas muitas regras técnicas e penalidades já não são tão rigorosas. Cheque as diferenças entre cada competição.

As regras da USAT para a natação em um triatlo são muito simples. O nadador pode utilizar qualquer estilo para avançar. Óculos e máscaras são permitidos, mas aparelhos de propulsão artificial (como nadadeiras ou palmares) são proibidos. Um nadador deve completar o percurso inteiro e alcançar todas as boias exigidas. Toucas oferecidas pelos gestores do evento devem ser colocadas no começo da competição. De acordo com a Seção 4.2, um nadador pode usar o fundo para avançar. Isso permite que os nadadores descansem em pé ou mergulhem em águas rasas e debaixo de ondas. Os nadadores podem tocar ou segurar boias e barcos, mas não podem utilizar esses objetos para avançar. As regras gerais da USAT sobre conduta esportiva e abandono de equipamento também valem para a natação.

Para mais informações e regras atualizadas, consulte:

- regras competitivas da USAT no *site* < www.usatriathlon.org >;
- lista de roupas de mergulho permitidas pela USAT no *site* < www.usatriathlon.org >;
- perguntas e respostas sobre as regras da USAT para roupas de mergulho no *site* < www.usatriathlon.org >;
- regras e perguntas e respostas sobre eventos Ironman e 70.3 no *site* < www.ironman.com >;
- regras da International Triathlon Union (ITU), no *site* < www.triathlon.org >.

Avalie a água

Descubra o que puder sobre as condições da água antes da manhã da competição. Os treinamentos de natação costumam ser realizados durante a tarde. As condições da água e do clima podem ser muito diferentes durante a manhã, por isso, fale com moradores locais e salva-vidas sobre as condições durante o horário da competição. Pergunte sobre velocidade do vento, condição das ondas, correntes, marés e qualidade da água. Se os moradores locais não puderem fornecer essas informações, faça um teste de flutuação durante o treinamento. Boie na superfície e note a direção e a velocidade na qual você flutua, para detectar correntes ou ventos fortes. Quando nadar perpendicularmente à direção da corrente, faça os ajustes necessários para não ser arrastado para longe de uma boia. Você pode alcançar a região das boias mais rápido se considerar as correntes durante a competição. Se a corrente oceânica estiver em direção ao sul, por exemplo, posicione-se para começar ao norte na praia. Isso permitirá que você utilize o fluxo da corrente para alcançar a primeira boia de maneira muito mais rápida e fácil.

Preste atenção à qualidade da água: isso pode afetar drasticamente o resultado da competição. Seja cuidadoso para não engolir água em excesso durante eventos em água salgada. Consumir muita água salgada pode causar desidratação, pois o corpo tentará balancear os níveis internos de sódio. Cheque, também, a previsão do tempo durante eventos em água doce. Uma chuva recente poderia introduzir substâncias estranhas na água, o que poderia aumentar o número de bactérias. Precauções, como uso de antibióticos, não são incomuns entre triatletas de alto nível acostumados a nadar em diversos países.

As competições ocorrem normalmente durante chuvas leves, mas podem ser adiadas ou canceladas em caso de tempestades e trovoadas. Use a internet para pesquisar períodos de chuvas e as regras da organização sobre o cancelamento de eventos por causa do clima. Antes de se inscrever em qualquer evento, pesquise o clima típico na data da corrida e prepare-se para o pior. Prepare óculos transparentes e metálicos, para enfrentar climas escuros e claros na manhã da competição.

Avalie o percurso

Todo atleta deve aprender o formato e a direção do percurso. Determine se você deve nadar no lado direito ou esquerdo das boias. Memorize o número total de boias em cada direção e note se as cores e formas das boias são diferentes. Isso é especialmente importante quando competições com distâncias diferentes são realizadas ao mesmo tempo. Examine a Figura 16.1, por exemplo. Ela traz algo comum para um evento com percursos de 750 e 1.500 metros. Esse *design* "percurso dentro de um percurso" permite que os diretores do evento maximizem o número de boias disponíveis, mas pode confundir os atletas.

Os participantes do evento de 750 metros devem saber que farão a virada na primeira boia. O atleta pode facilmente cometer um erro e não fazer a virada por ter visto outra boia mais à frente. A segunda virada do percurso de 750 metros ocorre após os nadadores passarem por três boias vermelhas. O percurso de 1.500 metros utiliza boias triangulares. Por sua importância, algumas competições utilizam formatos ou cores diferentes para marcar as viradas. Um atleta de um percurso de 1.500 metros precisa saber que as boias vermelhas não fazem parte de sua competição.

Treine durante as horas claras do dia, para localizar pontos de referência que possam ser visualizados durante a competição. Você nem sempre conseguirá observar as boias quando estiver cercado por outros nadadores ou em águas turvas. Encontre algo como um prédio, uma árvore ou uma antena de rádio que esteja alinhada com o percurso. Use esses pontos de referências para continuar na direção certa. Também cheque o fundo das áreas iniciais e finais e observe o nível do declive até a costa. Treine a corrida inicial e conte o número de passos da linha de chegada até o momento em que a água comece a bater nos joelhos. A seguir, conte o número de mergulhos até a água bater na cintura. Use esses números durante a competição como um guia geral quando as condições não estiverem perfeitas.

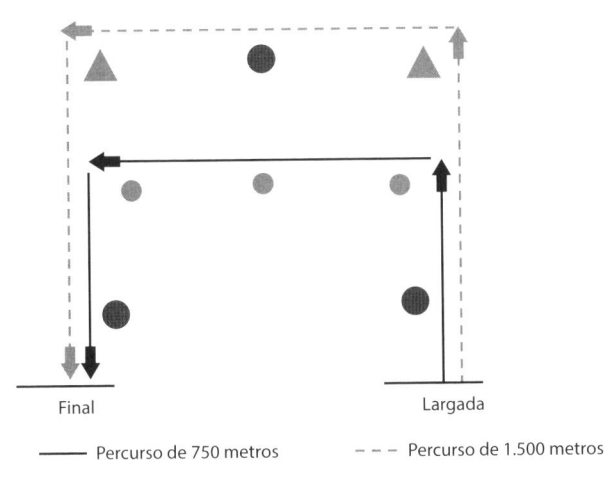

Final

Largada

—— Percurso de 750 metros   - - - Percurso de 1.500 metros

FIGURA 16.1 – Exemplo de um percurso de natação projetado para competições de várias distâncias.

▶ Benefícios de um aquecimento antes da competição

Um aquecimento é necessário para evitar o frio e o enrijecimento dos músculos no início da competição. Passe algum tempo na água, para ativar os músculos e aumentar a frequência cardíaca. Atletas que precisam de tempo para preparação devem chegar mais cedo, para aproveitarem o maior tempo possível na água. Além disso, águas muito frias podem chocar o sistema nervoso e causar pânico e falta de ar. Nessa situação, tente entrar na água antes do início da competição para se adaptar ao frio. Isso pode reduzir o pânico, o choque e a dor no começo do evento. Nadar em águas frias antes da competição também pode ser uma oportunidade para que o corpo aqueça uma camada de água entre a pele e a roupa de mergulho, mantendo você aquecido durante a competição.

Contudo, os triatletas nem sempre conseguem treinar na água por alguns motivos: talvez as regras proíbam pessoas na água (caso da competição Flórida 70.3); ou os triatletas não tenham acesso ao percurso (como na competição Fuga de Alcatraz); ou, ainda, eles simplesmente não tenham tempo o suficiente. Um bom aquecimento antes da competição também pode ser anulado, se o atleta esfriar enquanto espera o início do evento. A temperatura do ar durante a manhã costuma ser muito mais baixa do que durante a competição, então, manter-se seco também pode ajudar você a continuar aquecido. Para garantir isso, coloque um par de meias grossas e baratas em uma mochila pré-competição. Esses itens podem ser colocados na praia e descartados antes do início da prova.

Continua

Continuação

Se o aquecimento n'água não estiver disponível, inclua corda de pular e banda elástica em sua mochila pré-competição. Amarre a corda em volta de um poste ou segure a banda nas mãos e pratique alguns minutos de exercícios leves de natação em terra firme. A resistência gerada pela banda elástica permitirá que os músculos dos braços e dos cotovelos sejam ativados e aquecidos.

A natação também pode ser substituída por uma quantidade suficiente de corrida, de ciclismo, de ioga ou de qualquer outra atividade que aumente a frequência cardíaca e o fluxo sanguíneo.

Largada

A largada de um triatlo é o momento mais caótico do esporte. Qualquer triatleta com uma estratégia bem-planejada pode conseguir uma vantagem antes do início. A maneira mais simples é a escolha da posição inicial.

Observe a Figura 16.2. O caminho mais curto da linha de largada até a primeira boia é a linha reta A. Muitos atletas buscam essa posição por acreditarem que esse é o caminho mais rápido até a primeira boia. Se a linha de largada B tiver 50 metros de largura, o teorema de Pitágoras demonstra que a linha C tem apenas 403 metros. O tempo necessário para cobrir uma distância de 3 metros em águas abertas é insignificante se os problemas evitados pelo afastamento do grupo forem levados em consideração. Uma posição inicial externa possui vantagens, mas nadadores fracos não serão tão beneficiados. A linha A, mais curta, sempre criará uma forte área de vácuo gerada pela turba de competidores nadando em direção à boia. Atletas novatos e pessoas desconfortáveis com zonas de impacto, entretanto, devem começar externamente para terem uma experiência mais agradável.

A posição inicial externa também pode ser utilizada quando a água apresentar correntes. Se a água correr em direção ao norte, como na Figura 16.2, um nadador partindo da ponta sul da linha de largada B terá menos chances de ser carregado para longe da boia. Em competições lotadas ou sem uma posição inicial benéfica, escolha uma posição com base na localização dos outros atletas. Você pode criar uma posição instantânea de vácuo ao se manter próximo a um nadador um pouco mais forte. Siga as bolhas geradas pelo nadador-líder assim que a competição começar.

Muitos triatlos começam em terra firme e exigem uma pequena corrida até a água. Isso é chamado de uma largada de praia. A regra geral para essa situação é correr normalmente em direção à água. Quando alcançá-la, erga suas pernas e seus pés, e corra até a água bater em seus joelhos. Muitas vezes, você poderá mergulhar assim que a água estiver acima dos joelhos (verifique o declive do chão *antes* da competição). Mergulhe até que a água atinja sua cintura e comece a nadar.

Em uma largada de águas abertas, os nadadores começam na água e podem começar a nadar assim que a prova começar. Se um aviso de 30 segundos for dado ou a largada for iminente, coloque seu corpo em uma posição horizontal na superfície da água, mas mantenha sua cabeça erguida. Reme levemente com suas mãos e use pernadas leves para manter uma posição estacionária na linha de partida. Quando a competição começar, mergulhe a cabeça e avance imediatamente.

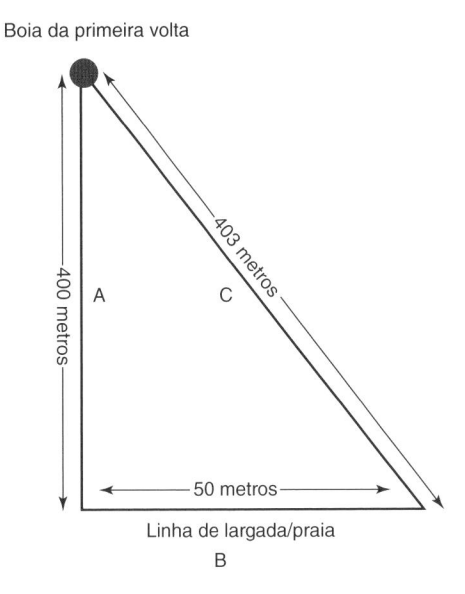

Boia da primeira volta

403 metros

400 metros

A C

50 metros

Linha de largada/praia

B

FIGURA 16.2 – Escolha o caminho mais inteligente até a boia para maximizar sua posição inicial.

Muitos atletas de elite também terão a oportunidade de saltar de uma plataforma ou píer para começar o triatlo. Essas largadas são projetadas para que cada atleta tenha uma posição equivalente no percurso. O sucesso nesse tipo de largada depende do tempo de reação, da força das pernas e das pernadas, da eficiência para evitar ultrapassar o pelotão e da velocidade inicial na água. Esses são basicamente os mesmos princípios aplicados durante o uso de um bloco de partida em uma piscina. Seu treinamento deve ser baseado na abordagem usada por um nadador competitivo.

Táticas de natação para um triatlo

Os triatletas adotaram muitos métodos de locomoção rápida e eficiente em águas abertas. Algumas coisas, como mergulhar como golfinhos, foram adaptadas com base nas ações de salva-vidas, ao passo que outras táticas, como pegar o vácuo de outros competidores, são velhos truques utilizados por nadadores em águas abertas. Os eventos de triatlo podem ocorrer em vários tipos de corpos d'água e condições, por essa razão, os atletas precisam aprender a manobrar e a manter a competitividade. As táticas a seguir são muito comuns e podem ser utilizadas em quase todos os tipos de triatlo.

Mergulhar como golfinho

Esse tipo de mergulho é uma maneira rápida e eficiente para avançar em águas rasas e atravessar ondas. Recebe esse nome porque os atletas parecem golfinhos quando mergulham e, depois, saltam sobre a superfície.

Comece o treinamento em águas que atinjam os joelhos, mas não alcancem a cintura. Pule para a frente, com os braços estendidos e mergulhe até o fundo. Quando suas mãos tocarem a terra, enterre seus dedos no solo e use seus braços como uma alavanca para propulsionar seu corpo. Agarrar a areia quando mergulhar debaixo de uma onda pode evitar que você seja levado pela corrente. A seguir, utilize seus pés para empurrar o chão e arremessar seu corpo pela superfície da água. Não se esqueça de olhar para a frente e de respirar entre cada mergulho. Coloque seus braços na posição do estilo borboleta e mergulhe até o fundo novamente. Águas acima da cintura não são eficientes para esse tipo de mergulho, pois o ímpeto do impulso até a superfície da água não será o bastante para alcançar o fundo.

Lembre-se, entretanto, que a segurança é essencial. Sempre estenda seus braços para não atingir o chão com a cabeça. Águas abertas costumam apresentar pouca visibilidade, desse modo, bancos de areia, rochas ou outros objetos desconhecidos podem estar à espreita logo abaixo da superfície.

Visualização

As águas abertas não têm raias ou linhas. Manter-se no caminho correto e nadar de uma boia para outra exige que o atleta mantenha uma linha reta na água. A *visualização* ocorre quando o atleta ergue a cabeça para procurar boias e outros pontos de referência durante o nado. Existem muitas maneiras para visualizar os marcadores do percurso (como usar o estilo peito), mas muitos métodos reduzem a velocidade e a eficiência na água.

Em águas calmas, você deve erguer apenas os olhos e o nariz, e olhar para a frente. Depois, vire a cabeça para o lado, respire e continue a nadar. Você pode olhar algumas vezes em seguida, para reconhecer e memorizar a posição das boias e dos outros nadadores. Se a área imediata estiver limpa e as ondas e a corrente não causarem problemas, nade sem visão por um tempo, para estabelecer uma braçada eficiente, o que resultará em um nado mais rápido sem desperdício de energia. Em águas agitadas, ondas oceânicas ou outras condições insatisfatórias, entretanto, você deve visualizar constantemente para manter o caminho mais direto entre as boias. Use o mesmo método descrito anteriormente, mas erga mais sua cabeça, para enxergar através de ondas pequenas. Para ondas maiores, você deve sentir o ritmo delas e observar no topo da onda, para conseguir a melhor visualização.

A posição horizontal é a mais eficiente para o nado, mas um nadador tem de abandonar essa posição quando ergue a cabeça para visualizar uma boia ou pontos de referência. Quando visualizar, dobre as costas e aumente a força de suas pernadas, para compensar o movimento da cabeça. Para retornar a uma posição horizontal mais facilmente, é melhor que o abdome afunde do que as pernas e os pés.

Vácuo

De acordo com o estudo de Silva et al. (2008), um nadador seguindo os pés de outro pode sofrer de 16% a 45% menos arrasto através da água. Isso é bastante relevante em distâncias como 3,8 quilômetros, mas, também, impacta diretamente todos os eventos de natação de águas abertas. O vácuo pode permitir que um atleta termine o nado com o mesmo tempo e menos esforço ou pode ajudar o nadador a melhorar seu tempo com o mesmo esforço.

A parte mais difícil do vácuo é saber a hora certa para usá-lo. Atletas que sempre disputam contra as mesmas pessoas acabam descobrindo quem devem seguir. É melhor seguir seu próprio ritmo quando participar de uma competição com pessoas desconhecidas. À medida que o pelotão começar a se dispersar, você deve se posicionar atrás de alguém por algum tempo. Se o ritmo for muito lento, faça a ultrapassagem e procure outros pés para seguir. Contudo, a etiqueta do vácuo exige que você não toque os pés do líder. Isso irritará o nadador e pode até prejudicá-lo. Batidas excessivas também podem provocar contra-ataques raivosos do nadador-líder. Para realizar essa manobra, nade com uma entrada exagerada à frente da braçada. Isso colocará suas mãos em um dos lados dos pés do outro nadador.

Outro tipo de vácuo, chamado de *encurtamento*, ocorre quando um atleta aproveita o vácuo dos quadris, outra área benéfica. Um atleta pode aproveitar a onda de outro nadador e posicionar sua cabeça próxima a um dos quadris do nadador-líder. Não é necessário contato entre os atletas. É mais fácil visualizar dessa posição, pois o outro nadador não bloqueia sua visão. Um atleta na posição de encurtamento pode ultrapassar rapidamente o quadril do nadador-líder para trocar de posição ou nadar em outra direção. Essa mudança de direção é comum em percursos turvos ou com muitas ondas. Com essa técnica, o atleta pode usar os outros nadadores como escudos para reduzir o impacto das ondas.

Quando pegar o vácuo de alguém, lembre-se de que você nunca deve depender do outro atleta para nadar na direção certa ou pegar o caminho mais rápido entre boias. Todo triatleta deve visualizar o percurso para evitar enganos, mesmo quando seguir as bolhas de outros atletas.

Boias de viradas

A boia é um dos lugares mais caóticos em um triatlo ou nado de águas abertas. Uma multidão de nadadores tenta pegar o caminho mais curto e direto. Como resultado, muitas pessoas são empurradas para baixo da água, perdem os óculos ou sofrem algum outro tipo de contato hostil.

Para escapar do caos, um nadador pode escolher uma rota um pouco maior, mas longe da bagunça. Essa é uma boa escolha para nadadores rápidos ou tímidos e para atletas menores. Na maioria dos casos, a distância nadada a mais costuma ser insignificante, mas algumas competições são tão grandes e tumultuadas que nadar externamente pode ser uma má ideia. Nesse caso, a decisão mais curta e inteligente é se manter próximo da boia. Use braçadas curtas com uma cadência maior para cruzar o caos ao redor da boia. Braçadas maiores costumam ser impossíveis; braçadas rápidas permitirão que você permaneça acima da água e avance.

Ritmo

Manter o ritmo durante a natação de águas abertas pode ser desafiador, pois você não tem relógios ou marcadores de distância. Qualquer triatleta experiente sabe que uma reação incorreta ao estouro natural de adrenalina que ocorre no começo da competição pode prejudicar o nado. O aprendizado para manter o ritmo começa bem antes do dia da competição, e cada treino é importante para uma natação de águas abertas bem-sucedida.

Pode ser simples manter o ritmo em águas abertas se você escutar seu corpo e associar um nível de esforço a uma velocidade. Durante o treinamento, rotule suas velocidades pessoais com um nível de esforço similar à escala de esforço percebido (RPE) que você aprendeu no Capítulo 9:

- *Nível 1 (RPE 1-3)* – Posso nadar nesse nível por uma hora.
- *Nível 2 (RPE 4-6)* – Posso nadar nesse nível por 30 minutos.
- *Nível 3 (RPE 7-8)* – Posso nadar nesse nível por 10 minutos.
- *Nível 4 (RPE 9)* – Posso nadar nesse nível por 5 minutos.
- *Nível 5 (RPE 10)* – Posso nadar nesse nível por 60 segundos.

Você deve associar cada nível de esforço a uma sensação interna, para reconhecer determinado nível sem dados externos. Por exemplo, é possível associar a mudança do nível 2 para o nível 3 a uma necessidade de respirar com mais frequência. Outras pistas pessoais que podem ser percebidas facilmente incluem frequência cardíaca, ritmo de pernadas e sensações musculares. Use seus níveis de esforço pessoais para mapear um plano bem-sucedido de natação de águas abertas. Reconheça suas pistas pessoais durante a competição, para ajustar seu nível de esforço e nadar da maneira como você treina.

Finalização

De acordo com a duração do percurso, a etapa de natação de um triatlo pode durar entre 10 minutos e 2 horas. Seu corpo se ajustará a uma posição horizontal durante esse tempo. As pernas permanecem em uma posição relativamente reta sem muito esforço, sobretudo graças ao traje de mergulho. Por isso, pode ser difícil levantar-se e caminhar em uma posição vertical quando você terminar a prova de natação. Utilize os últimos 400 metros do percurso de natação para ajudar seu corpo a se preparar para a rápida transição do nado para a corrida até a bicicleta. Comece fortalecendo a pernada para fortalecer os músculos da perna. Algumas pernadas estilo peito são úteis para afrouxar os quadríceps e flexionar levemente o tornozelo e a panturrilha.

Muitos atletas passam por um aumento na frequência cardíaca durante a finalização. Prepare-se com mais pernadas e um nível de esforço maior durante os últimos 100 metros. O primeiro passo é fazer o sangue fluir para as extremidades inferiores e aumentar a frequência cardíaca. O segundo passo é nadar o máximo possível até o raso. Caminhar ou se arrastar pela água não é prático e mergulhar como um golfinho é perigoso, pois o chão é inclinado para cima. Nade até que suas mãos toquem o fundo, levante-se no raso e comece a correr imediatamente.

Treinar mais duro não é o único caminho para uma natação de águas abertas mais rápida e bem-sucedida. Aprenda com seus erros, observe atletas experientes e use algumas dicas sensatas para transformar uma competição agitada, fria e tumultuada em uma experiência agradável e bem-sucedida. Os pequenos detalhes de um evento são a primeira coisa que sua memória esquece. Anote alguns lembretes após a competição, quer esteja satisfeito com os resultados, quer não. Reveja suas anotações após se recuperar dos efeitos da endorfina, da adrenalina e da fadiga muscular. Encontre pequenas áreas que precisem de melhorias. Aborde essas mudanças durante o treinamento, para que sejam automáticas e naturais. Fale com outros triatletas e compartilhe histórias pessoais de fracassos e sucessos na jornada para liderar o pelotão para fora d'água.

CAPÍTULO 17

Estratégias para competições que permitam ou não pegar o vácuo

Scott Schnitzspahn

Andar de bicicleta pode parecer muito simples, especialmente porque muitas pessoas aprendem o básico do ciclismo durante a infância. Entretanto, o treinamento pode ajudar você a se tornar ainda mais eficiente e a aprimorar habilidades como pedalar, fazer curvas e manter uma posição forte e aerodinâmica na bicicleta.

Contudo, você precisa de mais do que um bom condicionamento físico e habilidades treinadas para obter uma boa velocidade na etapa de ciclismo de um triatlo: também é necessária inteligência tática. As competições de triatlo mais comuns para amadores não permitem que os atletas peguem o vácuo de outro ciclista para obter um benefício aerodinâmico. Um esforço regular durante o percurso é a melhor tática para esse tipo de competição. Um atleta com um ritmo apropriado pode terminar a etapa de ciclismo com bastante energia para a corrida, mas um bom tempo na bicicleta melhorará o tempo geral na competição (e sua posição final).

Competições que legalizam a pegada do vácuo permitem que você pedale atrás de outro ciclista. Esse formato de competição não é só para profissionais, mas, também, para aspirantes a atletas olímpicos em competições para a elite jovem (13 a 15 anos, nos Estados Unidos), júnior (16 a 19 anos), sub-23 e até algumas competições para atletas amadores. As táticas utilizadas em uma competição que permite o vácuo são muito diferentes, pois os atletas precisam interagir de acordo com suas forças e fraquezas para terminar a etapa de ciclismo em uma posição que maximize sua colocação, seja qual for o tempo final.

Competições sem vácuo

Como já mencionamos, as regras tradicionais do triatlo proíbem que você pedale muito perto dos outros atletas para obter uma vantagem por meio do vácuo, ou seja, usar outro atleta para se proteger do vento. Todavia, é possível manobrar cuidadosamente sua bicicleta para conseguir uma competição individual rápida e tranquila.

Ao subir na bicicleta e começar a pedalar, posicione-se na sua raia de acordo com as regras da competição. Você terá de pedalar na mesma direção do tráfego automobilístico durante muitas competições, o que, com exceção de ultrapassagens, significa pedalar no lado direito da pista. Esse lado da pista costuma ter uma linha branca. Se você conseguir seguir essa linha, ela pode oferecer uma superfície mais lisa do que a pista e reduzir a resistência da roda no chão, o que aumentará sua velocidade, de acordo com a superfície da estrada. Apesar disso, mantenha a cabeça erguida para procurar ciclistas mais lentos que você terá de ultrapassar.

A ultrapassagem em um triatlo que não permite pegar o vácuo exige pensamento tático. Você precisa ultrapassar de maneira rápida e intencional para não pegar o vácuo do outro atleta e obter uma vantagem ilegal, o que pode resultar em uma penalidade de tempo. De acordo com as regras da USAT, o vácuo ocorre quando um ciclista está a 7 metros de distância da roda frontal (cerca de três bicicletas de distância) do ciclista à sua frente. Entretanto, as regras permitem um tempo para que você possa ultrapassar o vácuo de outro atleta legalmente. As regras da USAT determinam um limite de tempo de 15 segundos para que o atleta saia da zona de vácuo. Para ultrapassar os outros atletas, um ciclista forte deve pedalar diretamente atrás do ciclista a ser ultrapassado e entrar em sua zona de vácuo; depois, deve progredir alguns metros atrás do outro ciclista (Figura 17.1), ir para o lado e completar a ultrapassagem. Essa breve proteção contra o vento pode aumentar temporariamente a velocidade ou diminuir o esforço necessário para mantê-la. Você pode utilizar o vácuo legalmente durante grande parte da competição se ultrapassar ciclista após ciclista. Além disso, também pode utilizar o vácuo temporário criado por ciclistas mais rápidos que ultrapassem você. As regras estipulam que é necessário sair imediatamente da zona de vácuo de outro ciclista, mas esses segundos podem ser úteis e, em muitas ocasiões, o acúmulo desses momentos pode deixá-lo mais descansado e preparado para a corrida.

Os ciclistas também devem saber a direção do vento e barreiras contra ele, como prédios, árvores ou veículos que possam oferecer uma proteção momentânea, e usar esses momentos para pedalar próximo ao objeto e acelerar um pouco, o que poupará tempo no percurso.

As curvas também oferecem uma oportunidade tática. Se você for o primeiro a chegar à curva, poderá escolher a velocidade e o caminho (ou linha) que lhe for mais rápido. Se fizer a curva atrás de um ciclista menos habilidoso, talvez tenha que desacelerar para evitar uma colisão ou alterar seu percurso, o que prejudicará seu tempo. Você deve ultrapassar bem antes da curva para escolher a melhor raia. Se acelerar próximo à curva, terá de brecar abruptamente para evitar fazer uma curva muito rápida. Isso desperdiçará suas energias e prejudicará o ímpeto que poderia usar para fazê-la. Você pode economizar energia se utilizar táticas inteligentes de vácuo legal e se monitorar o movimento dos outros ciclistas nas curvas.

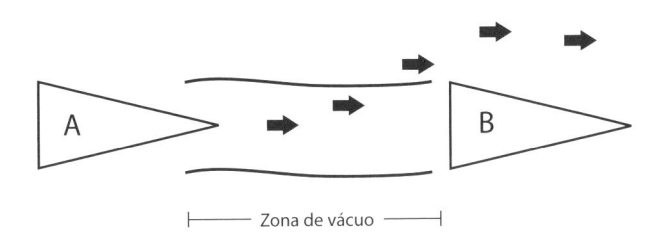

├──── Zona de vácuo ────┤

FIGURA 17.1 – O ciclista A utiliza a zona de vácuo para ultrapassar o ciclista B e poupar tempo.

Competições que permitem pegar o vácuo

Este tipo de competição, utilizado nas Olímpiadas, nas competições internacionais de elite e em competições de juniores, permite e encoraja que os atletas peguem o vácuo de outros ciclistas. Competições assim são muito mais táticas, pois os ciclistas duelam pela posição em uma partida de xadrez ciclístico parecida com uma competição de ciclismo.

A maior diferença entre uma competição de ciclismo e um triatlo é o final desse jogo de xadrez aerodinâmico. Em uma corrida de bicicletas, a estratégia envolve a busca de uma boa posição para a disparada final em direção à linha de chegada. Em um triatlo, a linha de chegada da etapa de ciclismo é o local em que você terá de desmontar, o palco para a corrida. Contudo, essas duas competições são similares, pois o objetivo é alcançar a linha de chegada com vantagem de tempo e energia suficiente para o esforço final da competição, seja ele uma disparada frenética em direção à linha de chegada ou uma mudança para a etapa de corrida do triatlo. A estratégia de um atleta dependerá de seus pontos fortes e fracos em relação aos pontos fortes e fracos dos adversários.

Movimentando-se dentro do pelotão

Descrevemos a etapa de ciclismo de um triatlo que permite pegar o vácuo como um jogo de xadrez, por isso, pense na pista como um tabuleiro e nos ciclistas como peças. A exemplo das peças de xadrez, cada ciclista tem um conjunto único de habilidades ou "movimentos". Se você já jogou xadrez, reconhecerá as peças a seguir e seus ciclistas análogos.

Peões

Os peões do xadrez são trabalhadores numerosos. Seus movimentos são limitados; eles só podem cruzar uma casa por vez em linha reta, e só podem avançar na diagonal para capturar uma peça adversária. Muitos pelotões de ciclismo também apresentam uma grande quantidade de peões. Esse tipo de ciclista gosta de manter sua posição no pelotão, de vez em quando, avançando lentamente em direção à liderança do grupo antes de ser ultrapassado novamente. Como no xadrez, a função dos peões é proteger as peças mais valiosas do tabuleiro (atletas com chances de vencer a competição) e atacar ocasionalmente as peças mais vulneráveis (criando problemas para os adversários de seus colegas).

Torres e bispos

Essas peças movem-se em linha reta (torre) ou na diagonal (bispo) e podem cruzar quantas casas quiserem. Os ciclistas que são torres e bispos têm a força necessária para ultrapassar os peões e alcançar a liderança do pelotão. Essas peças não têm muita habilidade técnica, mas são muito fortes e agressivas.

Cavalo

No xadrez, o cavalo pode atravessar duas casas em uma direção horizontal ou vertical e, a seguir, uma casa a um ângulo de 90 graus. Essa peça não pode cruzar tantas casas quanto uma torre ou um bispo, mas pode realizar movimentos táticos ofensivos e defensivos. Em uma competição, o cavalo é aquele atleta que pode não ter muita força, mas tem a habilidade técnica necessária para se movimentar facilmente dentro do pelotão, fazer curvas com rapidez e facilidade, gastando pouca energia.

Rei

O rei é a peça mais valiosa do xadrez e sua captura faz terminar o jogo, mas ele também é extremamente fraco e vulnerável a ataques. O rei pode se mover em todas as direções, mas só pode cruzar uma casa por vez e, por isso, deve utilizar todas as outras peças para se proteger e evitar problemas. No ciclismo, o rei costuma ser muito habilidoso, mas, por não ser tão forte quanto os outros competidores, precisa fazer o possível para se proteger dentro do pelotão e poupar suas energias. Nas competições de ciclismo, os reis são especialistas que, se conseguirem alcançar a linha de chegada à frente do pelotão, podem vencer qualquer competição com uma disparada devastadora. No triatlo, os reis são os melhores corredores. Durante a etapa de ciclismo, eles utilizam o pelotão como esconderijo e economizam energia para a corrida, quando podem utilizar suas habilidades dominantes para vencer a competição.

Rainha

A rainha combina os movimentos da torre e do bispo: ela pode cruzar quantas casas quiser em qualquer direção. A rainha não pode fazer curvas como o cavalo, mas sua movimentação livre e fácil a torna a peça mais valiosa do tabuleiro, tanto ofensiva quanto defensivamente. A rainha é a parceira perfeita para o rei, pois pode protegê-lo ou atacar de modo rápido o oponente. Ela costuma ser a peça que derrota o rei adversário. Em uma competição, a rainha é o atleta com habilidades balanceadas que pode atacar, bloquear o movimento dos outros ciclistas, pedalar com facilidade dentro do pelotão e proteger um colega que pode ser o especialista em corrida ou disparada da equipe e, por isso, precisa alcançar a linha de chegada com energia de sobra.

Agora que você conhece as peças de xadrez e suas habilidades e tendências, tenho certeza de que você pode nomear triatletas, membros de sua equipe ou colegas de treinamento que têm essas características. Em uma corrida, você precisa saber quais peças estão no tabuleiro e como elas estão posicionadas, para fazer escolhas táticas que beneficiarão você e seus colegas.

Transição 1 (T1)

Após o caos da primeira etapa de um triatlo – a natação –, todos os atletas entram na primeira área de transição, montam suas bicicletas e começam a pedalar freneticamente. Os primeiros 400 metros ou jardas do percurso podem determinar o resultado da competição, pois os atletas formam vários pelotões e tentam encontrar um parceiro para trabalhar em equipe e pegar o vácuo um do outro. Antes das "jogadas de xadrez", eles também tentam fechar brechas para que seus pelotões continuem na frente da competição. Uma transição lenta pode ser a diferença entre participar do pelotão líder e competir por uma medalha ou ser relegado ao purgatório de um pelotão retardatário incapaz de perseguir os líderes, que se arrasta pelo percurso e sela o destino de todos os atletas capturados por ele.

Se você não for um nadador forte ou ficar para trás durante a confusão da primeira transição (algo que será discutido na próxima seção), pode ficar perdido na terra de ninguém do começo da competição. Você tem uma escolha imediata após a transição: pedalar fortemente para alcançar a liderança do pelotão à sua frente ou ficar para trás e esperar outro pelotão. Se você souber quem está à frente ou atrás de você e quais "peças de xadrez" eles são, poderá determinar sua própria posição no tabuleiro. Caso contrário, a melhor opção é pedalar fortemente até os pelotões serem formados após a primeira volta e notar quem você está ultrapassando e quem está pegando carona no seu vácuo, e vice-versa. Após entrar em um pelotão, utilize o vácuo dos outros ciclistas para descansar, pedalar com menos energia e consumir água ou outros nutrientes.

Em competições que permitem pegar o vácuo, o erro mais comum cometido por triatletas durante essa etapa crucial é começar a calçar os sapatos imediatamente após montar a bicicleta durante a T1. O ciclista deve manter a cabeça erguida, atravessar o caos inicial do percurso e só calçar o sapato quando estiver dentro de um pelotão ou no vácuo de outro ciclista.

Grupo à parte e pelotão-líder

Após a natação e a T1, os líderes da competição se dividem entre um grupo à parte (formado por, aproximadamente, dez atletas, ou menos) e o pelotão líder (o primeiro grande grupo, formado por dez ou mais atletas).

Um pequeno grupo à parte é ideal para os seus integrantes, pois oferece vantagens físicas e psicológicas. Fisicamente, um grupo menor pode fazer curvas com rapidez e realizar manobras técnicas com mais eficiência do que um grande grupo de ciclistas perseguindo o pelotão líder. O "efeito sanfona" faz um grande grupo de atletas que desacelera para fazer uma curva ou evitar um obstáculo ser esticado à medida que a frente do grupo acelera e prejudica o restante do grupo. Uma sanfona comprida é estendida muito mais lentamente que uma sanfona menor, e isso também ocorre com um grupo de ciclistas.

Psicologicamente, um grupo menor e à parte sabe que precisa trabalhar em equipe para dividir os louros da vitória e, por isso, os membros são motivados a trabalhar duro. Em grupos maiores, muitos atletas acreditam que podem usar o grupo para obter vantagens e atuam como parasitas, deixando que os outros façam todo o trabalho. Esses grupos costumam ter muitos parasitas e, por isso, grupos grandes perdem a motivação com facilidade e desaceleram, o que beneficia ainda mais o grupo à parte.

Se você entrar em um desses dois tipos de pelotão, avalie rapidamente os outros atletas e determine quais "peças de xadrez" eles representam. Um grupo pequeno, com quatro a oito membros e formado por torres e bispos, tem grandes chances de ultrapassar os outros atletas e deve trabalhar imediatamente para aumentar sua vantagem. Um grupo formado sobretudo por peões e reis não terá a força necessária para escapar dos bispos, torres e rainhas.

Caso entre em um pequeno grupo de bispos, torres e rainhas, ponha a mão na massa e comece a trabalhar. Provavelmente, você terá uma competição muito dura, mas com grandes recompensas no final. O primeiro passo para um grupo como esse é estabelecer uma formação firme, adaptada para aproveitar os ventos do percurso. Em geral, o caminho mais rápido é uma linha reta e os atletas devem se revezar na frente para criar um vácuo para os outros ciclistas. Cada ciclista deve adotar uma posição aerodinâmica baixa; o líder da fila deve utilizar o *clip* da bicicleta, se tiver um, e os outros ciclistas devem manter as mãos abaixadas no guidão e um dedo no breque. Os ombros devem ser dobrados para endireitar as costas e abaixar a cabeça. Essa posição abaixada em forma de bala se move rapidamente pelo ar e abaixa o centro de gravidade do ciclista, o que ajuda a realizar curvas mais rápidas.

Após a formação da fila, os atletas devem revezar intervalos rápidos para "puxar" na frente. Normalmente, é melhor realizar intervalos de 5 a 15 segundos de acordo com o tamanho do grupo e os pontos fortes individuais dos ciclistas. Atletas mais fortes ou em grupos maiores podem aguentar mais tempo. Após cumprir sua parte, o líder deve sinalizar com o cotovelo para o próximo ciclista e se mover para o lado, permitindo que a fila o ultrapasse. O ex-líder deve desacelerar um pouco e permitir que a fila o ultrapasse, o que oferece aos outros ciclistas uma proteção contra o vento e o benefício aerodinâmico de um ciclista à frente (Figura 17.2). Quando alcançar o fim da fila, o ciclista deve aumentar seu ritmo e retornar à fila. O último ciclista do grupo pode avisar que o ex-líder alcançou o fim da fila com um gesto manual, algumas palavras ou, até mesmo, um grunhido, pois o esforço exigido para a ultrapassagem pode impedir gestos mais enérgicos.

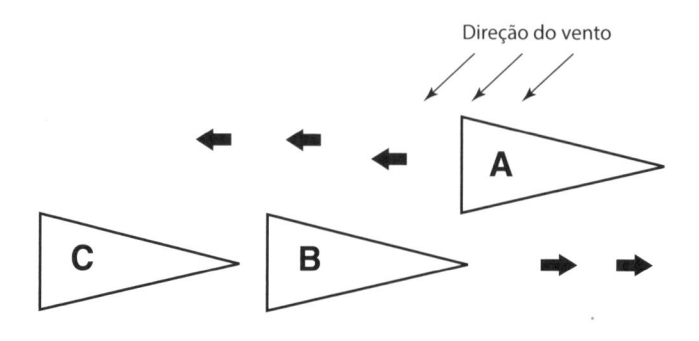

FIGURA 17.2 – **O ciclista A finaliza seu turno como líder e se movimenta em direção ao vento, diminuindo seu ritmo para permitir que os ciclistas B e C o ultrapassem antes de retornar para o fim da fila.**

A chave para o sucesso desse grupo é a cooperação entre os atletas para que o grupo se mova sem problemas, sem acelerações ou desacelerações repentinas. Muitas vezes, um ciclista pode ficar animado por liderar a fila e aumentar sua velocidade. Os outros atletas também têm de acelerar para manter o grupo, o que gera fadiga e cria brechas entre os ciclistas que fazem o pelotão ficar menos aerodinâmico. Esses excessos devem ser evitados, pois podem sabotar o grupo e desperdiçar tempo. Entretanto, toda regra tem exceções e, como veremos mais tarde, um grupo disfuncional pode ser uma ótima tática.

Esperar

Apesar de um grupo ideal ter bispos, torres e rainhas, você pode preferir se tornar um peão se estiver em um pelotão de reis e peões. Para fazer isso, você precisa pegar o vácuo de outro peão e "esperar" até que o próximo grande grupo de ciclistas se junte ao seu pelotão e mude a dinâmica do grupo. Esse tipo de atleta não é forte o bastante para evitar seus perseguidores. Além disso, se todos os reis (os melhores corredores da competição) estiverem no pelotão-líder, eles perceberão isso imediatamente e não se esforçarão tanto, poupando energias para o duelo de corrida que ocorrerá a seguir. Os reis irão querer que suas rainhas e outros lacaios se unam ao grupo e os protejam, para que eles consigam chegar à etapa final com tanta energia quanto os outros reis, mas raramente pressionarão sem ajuda durante a etapa de ciclismo.

Prejudique o pelotão-líder

Se você não for um rei, mas um peão, e entrar em um pelotão-líder forte, com muitos bispos, torres e rainhas, poderá ajudar seu rei (que está lá atrás, no pelotão de perseguição) se continuar no pelotão-líder e sabotá-lo. Você tem muitas opções de acordo com suas habilidades para desacelerar seu pelotão e melhorar a chance dos perseguidores.

Uma maneira de prejudicar o pelotão é pedalar mais rapidamente, mas na hora errada. Como descrevemos anteriormente, liderar o pelotão com acelerações súbitas faz o grupo se estender, o que força os outros ciclistas a acelerarem para fechar as brechas (Figura 17.3). Desacelere quando os ciclistas estiverem perto de você, e eles serão forçados a brecar, para evitar uma colisão, ou ultrapassar você, para tomar a liderança. Esses esforços para prejudicar o pelotão podem parecer contraproducentes e, talvez, até aumentem temporariamente o ritmo do grupo, mas movimentos constantemente ruins irão cansar os outros atletas e prejudicar o pelotão. No mínimo, as pernas dos ciclistas estarão mais cansadas durante a corrida do que estariam se o grupo tivesse mantido um ritmo regular. Essa tática não conquistará a amizade dos membros de seu pelotão; na melhor das hipóteses, você receberá uma bronca, mas, se os outros ciclistas forem espertos, eles tentarão se livrar de você.

Outra maneira de prejudicar o grupo é pedalar um pouco mais lentamente do que a velocidade ideal para o pelotão. Isso pode ser feito de várias maneiras, como desacelerar quando estiver à frente do grupo, fazer curvas com uma lentidão excessiva e criar brechas entre você e os ciclistas à sua frente, que serão fechados pelos ciclistas atrás de você, que por sua vez, terão de acelerar até você. Seus colegas de pelotão não vão gostar muito dessa atitude e tentarão acelerar para abandonar você; desse modo, prepare-se para perseguir o grupo repetidamente.

FIGURA 17.3 – **O ciclista A acelera para abrir uma brecha entre ele e os outros ciclistas.**

Livre-se de ciclistas do seu pelotão

Um ciclista forte em um grupo com outros ciclistas fortes deve trabalhar em equipe e fazer a sua parte. Muitas vezes, porém, seu grupo terá alguns "passageiros" que só querem pegar carona. Se você ou seu rei puderem ultrapassá-los com facilidade e esses passageiros forem apenas peões ou ciclistas que simplesmente não são fortes o bastante para contribuir, você pode permitir que eles sigam o grupo e peguem carona no vácuo do pelotão. Encoraje-os a não criar problemas ou atrapalhar o ritmo do grupo. Se um passageiro prejudicar o grupo com as táticas mencionadas anteriormente ou for um corredor forte usando seu grupo como esconderijo para poupar energia, entretanto, você deve expulsar o passageiro do trem.

Para se livrar de um ciclista de seu pelotão, você e os outros membros deverão coordenar seus esforços para cansar o passageiro, até que ele não tenha mais energia para seguir o grupo ou avalie que o esforço não vale a pena. Se ele liderar o grupo de vez em quando, o ciclista mais forte do pelotão deve se posicionar logo atrás do passageiro-alvo quando ele assumir a liderança. Quando o passageiro estiver um pouco cansado e permitir que o ciclista mais forte assuma a liderança, o grupo poderá acelerar usando os esforços do ciclista mais forte à frente da fila (Figura 17.4). A aceleração repentina e o esforço de liderar o grupo deverão pegar o passageiro desprevenido e evitar que ele pegue o vácuo do pelotão, que estará acelerando para longe. Para criar ainda mais problemas para o passageiro, o ciclista forte deve liderar o pelotão para longe desse passageiro e isolá-lo no vento. Faça isso algumas vezes e esse atleta irá desistir ou, no mínimo, abandonar a liderança do grupo.

Uma vez que o passageiro tenha se resignado a continuar no fundo do trem, será um pouco mais difícil expulsá-lo, e o pelotão pode até ter que sacrificar um ciclista para se livrar desse atleta. O ciclista à frente do passageiro pode sair subitamente do vácuo do pelotão e acelerar, o que criará uma brecha à frente do passageiro e eliminará seu vácuo. Esse ciclista precisará acelerar e gastar energia para pegar novamente o vácuo, ou não conseguirá retornar ao grupo. Se o pelotão reconhecer essa tática, deverá permitir que o ciclista que "atacou" o passageiro retorne ao pelotão e descanse no vácuo. Um sacrifício poderá ser necessário se esses esforços para se livrar do passageiro não surtirem efeito.

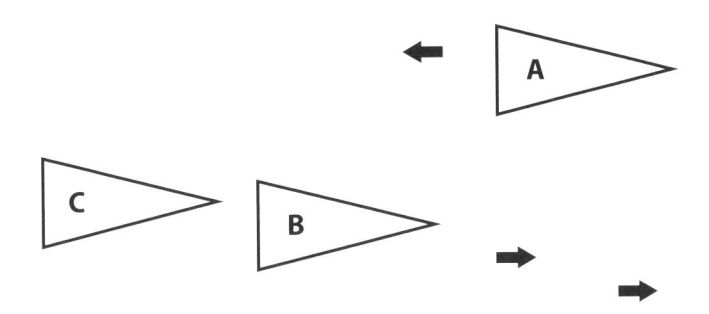

FIGURA 17.4 – Após o "passageiro" (ciclista A) abandonar a liderança, o ciclista mais forte do grupo (ciclista B) lidera fortemente o grupo para longe do ciclista A, a fim de tentar se livrar dele.

Um ciclista subordinado a um colega no pelotão pode se sacrificar e levar o passageiro com ele. Essa tática também exige que o passageiro esteja no fundo do grupo. Em uma situação ideal, o sacrifício será feito por um ciclista forte o suficiente para retornar ao grupo sem ajuda após se livrar do passageiro. Esse ciclista antagônico deve se posicionar à frente do passageiro, mas, em vez de atacá-lo, deve, simplesmente, pedalar um pouco mais devagar e abrir uma brecha à sua frente (Figura 17.5). O passageiro estará em "xeque" (para continuar a analogia com o xadrez) e deverá fazer uma escolha – ultrapassar o ciclista à sua frente e tentar voltar ao grupo ou continuar no vácuo do ciclista e observar a partida do pelotão. Se o passageiro perseguir o grupo, o ciclista sacrificado pode pegar o vácuo do outro atleta e conseguir uma carona até o grupo ou observar a implosão do passageiro que tenta, em vão, retornar ao pelotão. Em uma situação ideal, o ciclista sacrificado poderá atacar o passageiro pelas costas se conseguir separar-se dele e disparar em direção ao grupo.

FIGURA 17.5 – Após "o passageiro" (ciclista A) assumir seu lugar no fundo, "o antagonista" (ciclista C) cria uma brecha entre eles e o ciclista à frente. O passageiro deve escolher entre pegar o vácuo do antagonista ou ultrapassá-lo para fechar a brecha e pegar o vácuo do ciclista B.

Pelotão de perseguição

Em um triatlo que permite pegar o vácuo, o pelotão de perseguição é parecido com o pelotão-líder ou com o grupo à parte, mas com muito mais peças de xadrez para desvendar e manipular. Dependendo de quem lidera o pelotão-líder ou o grupo à parte, o pelotão de perseguição pode tentar alcançá-los ou deixar que eles se cansem sozinhos.

Se uma perseguição for necessária porque o pelotão líder tem corredores perigosos, você deve aplicar o mesmo princípio. A perseguição exige um esforço persistente, forte e ritmado. O grupo precisa de comunicação para manter o ritmo e deixar os passageiros sob controle. Ciclistas mais fracos podem ser expulsos de um pelotão de perseguição bem organizado, mas se livrar de passageiros pode ser muito mais difícil. Os reis do grupo devem ser protegidos por seus peões, que devem procurar por obstáculos no percurso, liderar seus corredores com segurança dentro do pelotão e prestar atenção aos acontecimentos da competição.

Todos juntos

Muitas vezes, especialmente em percursos mais planos e menos técnicos, os pelotões se juntam e formam um grande grupo de ciclistas, com representantes de todas as peças. Nessa situação, os ciclistas têm muitas opções. Todos precisam economizar energia para a corrida, mas alguns ciclistas vão perceber que precisam se distanciar do grupo se quiserem concorrer por medalhas. O posicionamento dentro do pelotão é importante. Existe um ditado para essa situação: "O primeiro terço do pelotão faz acontecer. O segundo terço observa o acontecimento. O resto pergunta o que aconteceu".

Ciclistas inteligentes que precisam evitar o pelotão-líder esperam até que seus principais rivais para a corrida estejam no fim do pelotão e incapazes de contra-atacar. Eles continuarão na liderança para reagir aos ataques de outros ciclistas e tentarão unir-se a eles para abandonar o pelotão ou esperarão o momento certo para o ataque.

Competições em terrenos planos podem ser emocionantes, se o pelotão for agressivo e realizar muitos ataques. Alguns atletas desistem do ataque rápido demais. Muitas vezes, um ciclista que tenta abandonar o pelotão e se distanciar dos perseguidores olha para trás para avaliar seu progresso. Frequentemente, o atleta desiste e retorna ao grupo se for perseguido por alguns ciclistas, o que diminui o ritmo até o próximo ataque. O marasmo no ritmo do grupo após o fracasso de um ataque pode ser uma ótima oportunidade para um contra-ataque, então, os ciclistas devem manter a guarda quando o ritmo desacelerar demais.

O ataque terá mais chances de sucesso se o atleta seguir sua estratégia com convicção e manter um ritmo forte durante, no mínimo, 30 segundos. Os ciclistas mais fortes iniciarão uma perseguição, mas ela terá um ponto fraco: um ciclista que não consegue manter o ritmo. Quando esse competidor mais fraco "ruir", o ciclista que realizou o ataque vai abrir uma brecha e escapar. Ataques solitários quase nunca são bem-sucedidos em um triatlo, por isso, o atleta atacante deve querer um grupo pequeno à parte do pelotão principal. Quando atacar, mantenha seus esforços até que a bomba estoure e você escape com outros ciclistas fortes que o ajudarão a realizar seu plano agressivo, que poderá mudar o rumo da competição.

Contudo, "ataque falsos" também podem ser muito úteis para inspirar um falso senso de segurança em seus rivais. Se você atacar várias vezes, mas sempre desistir logo e retornar ao grupo, o pelotão começará a achar que não vale a pena perseguir você. Isso pode ajudá-lo a escapar de verdade com alguns companheiros.

Também é importante calcular o momento certo para o ataque. Se você planeja escapar com alguns outros ciclistas fortes, espere até a vez deles de liderar o pelotão antes de atacar. Eles estarão descansados e prontos para juntar-se a você em seu plano. Se você atacar quando um ciclista forte abandona a liderança do grupo, provavelmente, ele não terá energia para acompanhá-lo.

Cabeça a cabeça

Se você realmente conseguir formar um grupo à parte, seja qual for a etapa da competição, a primeira tarefa será estabelecer uma distância confortável. Encoraje o grupo, comunique-se e trabalhe em equipe para beneficiar a todos. Entretanto, você também precisará de táticas inteligentes para vencer a competição.

Caso você esteja cabeça a cabeça com outros atletas, a uma distância grande o suficiente do resto do outros pelotões, sabendo que o vencedor da competição certamente sairá do seu grupo, precisará estabelecer qual o melhor corredor em seu duelo. Se você for o favorito na corrida, simplesmente faça sua parte ou até um pouco mais e contribua para manter a distância entre seu grupo e os outros competidores. Se seus rivais forem corredores mais fortes, você precisará poupar suas forças e forçá-los a gastar energia, mas sem se esquecer de manter a superioridade de seu grupo.

A situação com passageiros descrita anteriormente pode oferecer uma vantagem tática. Você pode simplesmente desacelerar quando estiver à frente do grupo para forçar seu concorrente a gastar energia para ultrapassar você ou perder tempo. Se ele fizer sua parte, você pode pegar o vácuo e começar a etapa de corrida descansado. Se ele também desacelerar e não assumir a liderança, ou utilizar a mesma estratégia e também desacelerar quando estiver na liderança, você poderá atacá-lo e tentar conseguir uma vantagem para a corrida ou, no mínimo, cansar seu concorrente. A situação definitiva é uma competição dois contra um ou três contra um, em que vários atletas se unem e usam as táticas de passageiro para eliminar ou exaurir o melhor corredor do grupo.

Transição 2 (T2)

Em competições que permitem pegar o vácuo, as medalhas costumam ser decididas por apenas alguns segundos. O posicionamento durante a transição do ciclismo para a corrida é crucial para garantir medalhas. Não importa em qual pelotão você esteja, ser o primeiro a sair da transição é uma vantagem para a corrida.

A situação mais desafiadora durante uma competição que permite pegar o vácuo, tanto tática quanto tecnicamente, ocorre no último quilômetro do percurso de ciclismo, quando os atletas removem seus sapatos de ciclismo e competem pelo primeiro lugar de seus grupos para a transição. De modo parecido com o momento em competições de ciclismo em que os atletas avançam para a disparada final, os ciclistas que atuaram como passageiros durante a competição aparecem subitamente na liderança do pelotão para obter uma vantagem contra os outros atletas em seus grupos que fizeram todo o trabalho. Como os atletas já estão fadigados por causa da natação e do ciclismo, costumam correr riscos imprudentes. Você precisa ser agressivo para garantir uma boa posição durante a desmontagem, mas avalie os riscos e suas habilidades de corrida. Um corredor forte pode decidir evitar a bagunça e pedalar com segurança no fim do grupo, mas outro corredor tão habilidoso quanto ele pode decidir agir agressivamente e conseguir alguns segundos de vantagem durante o final da etapa de ciclismo, e essa decisão pode decidir a competição.

Alcançar a liderança

Normalmente, os ciclistas avançam do fundo até a frente do grupo pelos lados, à medida que o pelotão se aproxima da linha de chegada (Figura 17.6). Se você prestar atenção e for decisivo, pode aproveitar esse momento para pegar o vácuo de um ciclista forte e conseguir uma carona até a frente. Tome cuidado para não se movimentar erraticamente e trombar com outro ciclista. Se você for um ciclista forte, tire os sapatos rapidamente e avance pelo grupo enquanto os outros atletas estiverem descalçando os sapatos. Caso não seja um ciclista muito forte ou habilidoso, o segredo é planejar seus movimentos cuidadosamente para não avançar cedo demais e ser sugado para trás antes da linha de desmontagem ou avançar tarde demais e perder a corrente que avança após os ciclistas mais fortes estabelecerem a liderança.

Quando você conseguir avançar para a frente do grupo e se aproximar da linha de chegada, o desafio será manter sua posição e não ser empurrado de volta para o meio do pelotão à medida que mais ciclistas avançam. Uma tática para manter seu *status* é conseguir uma posição externa à frente do pelotão, forçando os ciclistas do fundo a avançarem pelo seu lado interno. Assim, você pode evitar a bagunça e, com sorte, ser o primeiro a sair da bicicleta.

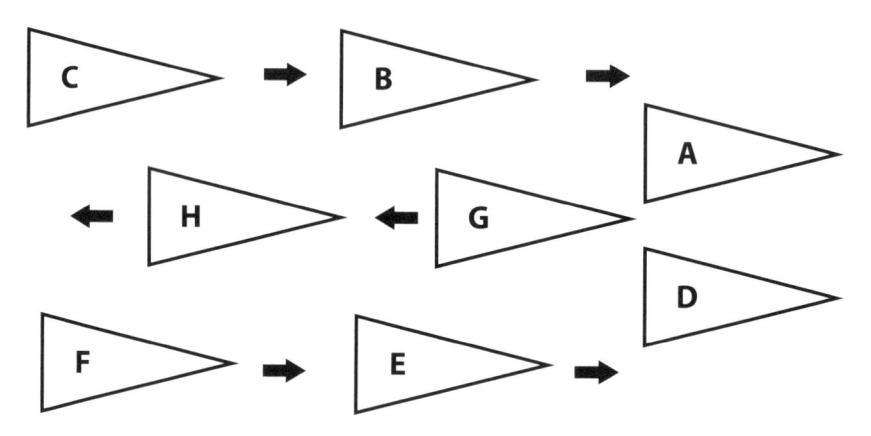

FIGURA 17.6 – **O fluxo típico do pelotão durante o final da etapa de bicicleta. Os ciclistas A, B e C avançam pelo lado esquerdo e os ciclistas D, E e F avançam pelo lado direito. Os ciclistas G e H estão presos e são forçados a voltar para trás do pelotão.**

Estratégias e táticas serão cruciais para determinar seu sucesso se você participar de triatlos que permitam ou não pegar o vácuo. Conheça seus pontos fortes e fracos (e, em competições que permitem pegar o vácuo, os de seus concorrentes), e pratique as habilidades e "jogadas de xadrez" que garantirão um recorde pessoal ou vitória para você ou para um colega de equipe.

CAPÍTULO 18

Dicas para melhorar seu desempenho em qualquer distância

Michael Ricci

Existem alguns tópicos gerais que podem ajudar você a treinar para triatlos com mais eficiência. Nós tentamos fazer coisas demais e, muitas vezes, acabamos perdendo nossa capacidade de focar o que realmente importa, arregaçar as mangas e executar o plano correto. Para conseguir esse plano, é necessário reconhecer e corrigir qualquer limitação. Acredito piamente que conseguir mais velocidade é uma questão de trabalhar mais duro, não de trabalhar mais, ou seja, é uma questão de qualidade, não quantidade.

Reconhecendo limitações

Um atleta deve reconhecer suas limitações e começar devagar sua temporada de treinamentos. Você deve aumentar a intensidade e a quantidade de treinamento de maneira gradual. Em geral, os atletas costumam exagerar no treinamento, com volumes desnecessários em horários inapropriados, o que não ajuda a obter desempenhos positivos.

Para muitos, o inverno é a época para começar a entrar em forma e preparar nossa aptidão física para a próxima temporada. É o começo do ciclo de treinamento, e a grande competição do ano está a meses de distância. Nessa época do ano, muitos atletas planejam um repertório intenso e volumoso demais. Em vez de entrar em forma, eles perdem algumas sessões de treinamento e terminam com semanas produtivas. Deveriam manter um treinamento estável todas as semanas. Uma semana de treinamento típica de um triatleta entusiasmado demais pode ser parecida com o exemplo abaixo:

- *Segunda-feira, quarta-feira e sexta-feira*: natação coletiva organizada com alta intensidade e treinamento muscular com alta intensidade.
- *Terça-feira e quinta-feira*: bicicleta ergométrica com alta intensidade.
- *Terça-feira, sábado e domingo*: corrida.
- *Sábado*: bicicleta ergométrica com alta intensidade ou ciclismo coletivo com exercícios.
- *Domingo*: corrida coletiva pesada.

Nesse ritmo, três semanas são o suficiente para que o atleta pegue um resfriado, não possa treinar e perca toda a sua suposta aptidão física. Isso soa familiar? Se a resposta for afirmativa, como você pode mudar esse padrão de autoabuso? Existem dois passos cruciais para a criação de um plano semanal mais produtivo:

- *Primeiro passo*: criar uma agenda com base no conceito difícil/fácil, em que um dia difícil é seguido por um dia (ou 36 horas) fácil. Se você estiver muito cansado, tire dois dias de folga. Parece fácil, mas os atletas costumam abusar. Acredite, eu sei como é!
- *Segundo passo*: aplique o fator de repetição (por exemplo, por quantos dias seguidos você consegue repetir o que faz?). O treinamento é diário, mas não precisa ser apenas de baixa intensidade – e nem deve ser. Você pode acrescentar alguns exercícios aeróbios, alguns nados mais rápidos e algumas corridas. No fim, você deve se perguntar se conseguiria repetir a mesma carga de exercícios no dia seguinte. Se não conseguir, deve diminuir o ritmo.

Veja o exemplo de dois atletas e seus planos de treinamento diferentes: John e Bob participam da mesma aula de bicicleta ergométrica nas quintas-feiras. É uma carnificina de 90 minutos e, ainda pior, o professor é um desses instrutores invocados que berra porque você não conseguiu maximizar sua frequência cardíaca. Bob tenta extrair o máximo possível desses 90 minutos. Ele se acaba todo, sua frequência cardíaca dispara e, durante a noite, ele fica tão dolorido que nem consegue dormir. Na verdade, ele fica tão cansado que não consegue praticar exercícios na sexta-feira ou no sábado. Corre durante o domingo, mas em ritmo lento, e pensa: *"Uau, eu dei tudo de mim na quinta-feira. Estou entrando em forma"*.

Entretanto, John sabe que precisa descansar para participar do grupo de natação na noite de sexta-feira e não pode esquecer do ciclismo em grupo no sábado. Seu plano de treinamento tem um propósito e ele sabe o que tem de fazer. Por isso, ele limita sua frequência cardíaca a cinco batidas acima da zona 2, o alvo de 85% de seu treinamento. John vai fundo em sua zona aeróbia e até aumenta sua frequência cardíaca para a zona 3, um esforço ritmado durante o ciclismo em superfícies inclinadas, mas ele se recupera rápido. Está pronto para suas outras sessões de treinamento mesmo após participar de sua aula de bicicleta ergométrica.

Vamos supor que essa situação ocorre durante seis semanas, nas quais os atletas estão treinando sua aptidão física; John participa de quase todas as suas sessões de treinamento, mas Bob desiste de três sessões por semana. Quem você acha que conseguirá mais aptidão física? Bob, que acaba consigo mesmo sempre que consegue treinar? Ou John, que quase nunca perde uma sessão de treinamento e simplesmente treina de maneira constante, semana após semana, mês após mês? Você deve apostar em John, pois o treinamento constante fará sua base aeróbia e seu nível de aptidão física continuarem crescendo. O corpo dele estará pronto para praticar exercícios específicos para a competição e absorver esses esforços mais intensos, pois ele construiu a fundação necessária para isso. A capacidade de John para compreender os limites de seus exercícios diários, semana após semana, permitirá que ele mantenha seu ciclo de exercícios sem problemas. Contudo, Bob está com problemas, e seu treinamento está estagnado por mais uma temporada. É óbvio que ele vai se perguntar o motivo. Afinal, ele se esforça ao máximo durante a aula de bicicleta ergométrica e consegue elevar sua frequência cardíaca. Por algum motivo, ele só não consegue manter um padrão semanal de treinamento estável.

Por isso, para que você possa aproveitar seu treinamento ao máximo, aqui está uma verdadeira lista de treinamentos semanais de exercícios para triatlo:

- *Segunda-feira, quarta-feira e sexta-feira*: treinos de natação em que a segunda-feira é difícil, a quarta-feira é fácil e a sexta-feira é ritmada.
- *Segunda-feira e sexta-feira*: exercícios com pesos com muitas repetições e pouco peso.
- *Terça-feira e quinta feira*: aulas de bicicleta ergométrica em que a terça-feira tem foco na cadência e na forma e a quinta-feira tem foco em pesos e cadência baixa, com uma frequência cardíaca baixa.
- *Sábado*: bicicleta ergométrica ou ciclismo coletivo (mantenha uma frequência cardíaca baixa, bem abaixo do topo da zona 2) e corra por 30 a 60 minutos após o ciclismo.
- *Terça-feira, quarta-feira, sexta-feira e domingo*: exercícios de corrida em que a terça-feira é uma corrida fácil de 30 minutos, a quarta-feira é uma corrida longa de 75 minutos ou mais (com uma frequência cardíaca na zona 2) e a sexta-feira é um dia aeróbio em que os atletas não devem se esforçar muito. O domingo é outra corrida longa de 75 minutos ou mais.

Fortaleça suas fraquezas

Muitos atletas dizem que são muito bons em um ou dois eventos, mas parecem fracos no terceiro. As perguntas são: "Como mudar esse padrão?", "Como transformar a natação de fraqueza em algo respeitável?", "Como fazer a mesma coisa para eventos de ciclismo ou corrida?". Não é fácil, mas é possível. Quando eu tinha por volta de 20 anos, trabalhava em uma cidade grande, pegava o trem para o trabalho todos os dias e treinava para o triatlo 6 horas por semana. Consegui melhorar minha aptidão física e meu ponto fraco mesmo nessas condições imperfeitas de treinamento e aprendi algo chamado *rotação esportiva*. Encontrei essa teoria esportiva por acidente – pois o clima ditava minha agenda de treinamentos –, mas ela funcionou para mim. Eu não podia pedalar durante o inverno. Não podia nadar o ano inteiro, pois tinha de dirigir por 30 minutos para chegar lá. O tempo era um fator limitante para mim.

Se examinarmos os melhores atletas de resistência do mundo, veremos que eles costumam correr ou nadar duas vezes por dia. Até os ciclistas pedalam por algumas horas, recarregam e pedalam mais um pouco. Quando esses atletas treinam, concentram-se em um esporte de cada vez. Se você deseja melhorar, deve pensar em incorporar a rotação esportiva em sua temporada de treinamento. Deixar que seu corpo se concentre em uma modalidade por vez ajudará você a se adaptar mais rapidamente e melhorará sua técnica e resistência. Se você não estiver progredindo com seu treinamento atual, o que tem a perder se tentar essa abordagem?

Caso tenha interesse em tentar a rotação esportiva (alguns técnicos chamam esses programas de campos de corrida, campos de natação ou campos de ciclismo), desse modo, sugiro que se concentre em um esporte durante 3 semanas, tenha uma semana fácil e repita o ciclo. Se você gastar 2 meses em cada esporte, uma rotação completa levará 6 meses. Após esse período, você poderá tentar uma abordagem mais equilibrada. Se você vive em uma parte do mundo com estações definidas, deixe que elas ditem seu treinamento. Sua rotina seria parecida com isso: você começaria seu foco na corrida por volta do dia 1º de novembro. Seu foco em natação começaria no início de janeiro e, em março, começaria seu foco em ciclismo. Sua rotina não precisa ser tão rígida – todos nós temos dias em que não nos sentimos bem, resfriados no inverno e problemas pessoais que atrapalham o treinamento. Isso acontece.

Para estabelecer um ciclo de rotação esportiva, examine seu treinamento em termos de tempo e frequência. Você quer que 50% a 75% de seu treinamento seja focado em um esporte. Vamos examinar a corrida, por exemplo: se você corre 3 dias por semana, aumente essa quantidade para 5 ou 6 dias, mesmo se o quinto ou sexto dia for apenas uma corrida de 15 ou 20 minutos. Isso utiliza o componente da frequência; quanto mais correr, melhor correrá. Você continuará treinando os outros esportes duas vezes por semana (por exemplo, uma sessão de treinamento na piscina e uma na bicicleta, mais uma sequência de resistência para ambas as modalidades). Como a corrida é o foco, os treinamentos que não envolvem essa modalidade são só sessões para manter suas habilidades.

Após um ciclo de 2 meses, mude para a natação e pratique-a com mais frequência na piscina. Durante esse foco na natação, você treinaria corrida e ciclismo duas vezes por semana, com ênfase em treinamentos de resistência. A próxima etapa é a fase de ciclismo, em que ele se torna o foco e o objetivo para os outros dois esportes é manter os ganhos e continuar melhorando suas habilidades e sua resistência.

O mais importante de tudo: torne-se um corredor durante o foco na corrida. Corra com pessoas melhores do que você. Observe o treinamento delas. Pratique com nadadores durante o foco na natação. Torne-se um peixe. Observe o nado de atletas rápidos. Analise seus estilos e veja o que pode aprender. Na bicicleta, torne-se um ciclista durante o foco em ciclismo. Pedale com um grupo. Aprenda habilidades de controle da bicicleta. Aprenda a pedalar em um pelotão. Você pode aprender muito durante esses meses de foco, e também pode aumentar seus níveis de aptidão física. Não se torne um escravo do treinamento. Use essas ideias como uma diretriz, mas não como uma regra definitiva para seu treinamento. Tentei essa abordagem com muitos atletas, e eles apresentaram melhorias mesmo quando fizeram apenas um bloco de 3 semanas de treinamento focado. Por isso, se você realmente deseja melhorar seu ponto fraco, passe algum tempo focado nele e, após algumas semanas, talvez transforme um ponto fraco em um ponto forte.

Aumente sua força

Uma das vantagens de ser um técnico de triatlo é que você pode vangloriar-se sobre o desenvolvimento de seus atletas. Tenho tanto orgulho do sucesso dos meus atletas quanto tenho do meu próprio sucesso. Vimos a melhora de muitos atletas com o passar dos anos e, nesta seção, quero esclarecer como esses atletas melhoraram sem quantidades enormes de volume ou meses de treinamento de base. Atletas experientes não precisam de enormes quantidades de treinamento de base. Acredito piamente que um mínimo de 6 semanas desse tipo de treinamento é importante para atletas de todos os níveis de experiência, mas, depois disso, gosto de introduzir exercícios mais pesados ao programa de treinamento.

O doutor Max Testa é considerado um dos melhores treinadores de ciclismo do mundo. Tive o prazer de ouvir um de seus discursos na minha aula de certificado de treinamento Nível III da USA Triathlon (USAT) em 2005. O doutor Testa me impressionou, e saí da aula com o lema "força é velocidade" gravado em minha mente. Quanto mais forte você for, mais rápido irá correr. Quanto mais forte for, mais watts conseguirá gerar na bicicleta, mais rápido conseguirá correr por uma colina e mais rápido conseguirá nadar. Aumentar sua força exige mais trabalho duro do que você pratica atualmente e melhorar sua base aeróbia ou velocidade de zona 2. Observação: eu não disse para trabalhar mais duro, mas, sim, para fazer mais trabalho duro. Existe uma grande diferença.

Para elaborar esse argumento, é útil notar o que os treinadores de força pensam sobre força e resistência. Mike Boyle é o treinador de força e condicionamento mais importante dos Estados Unidos e, talvez, do mundo. Alwyn Cosgrove é um treinador olímpico de força para triatletas, boxeadores, futebolistas e outros esportistas. Alwyn acredita que o atleta deve alcançar seus níveis máximos de força antes de desenvolver sua resistência ou sistema de energia. Diz Cosgrove (2005): "Se não tivermos níveis consideráveis de potência, velocidade e força, então, para que diabos serve o treinamento de resistência? Um nível baixo de potência? Um nível baixo de velocidade?". O técnico de condicionamento Mike Boyle mencionou uma vez que "é mais fácil fazer um atleta explosivo entrar em forma do que fazer um atleta em forma ser explosivo. A primeira opção leva semanas; a segunda pode levar anos".

Isso aciona os alarmes da sua cabeça? Se você não tem velocidade e pedala por um longo tempo, está desenvolvendo resistência ao quê? Pedalar devagar? Pedalar com nível baixo de potência? Você compreende que pedalar a 26 km/h só vai ajudar você a... pedalar a 26 km/h por hora? Por exemplo, não seria melhor desenvolver sua velocidade básica até alcançar mais de 32 km/h durante o treinamento e adicionar treinos de resistência para conseguir praticar seu ciclismo a uma velocidade de 31 a 32 km/h? Melhor ainda, conseguir alcançar 400 watts durante o treinamento o fará alcançar 400 watts *muito* mais fácil. Uma média de 200 watts durante uma competição Ironman como Arizona ou Flórida fará um triatleta de cerca de

73 quilogramas conseguir um tempo de ciclismo de 5:15. Por isso, ser mais forte significa ser mais rápido.

Vamos examinar um exemplo da vida real: Mark Allen dominou o campeonato mundial de Ironman de 1989 a 1995. Ele participava de competições de distância olímpica até agosto, quando começava seu treinamento de resistência em preparação para a competição no Havaí. Fez isso por muitos anos. Correr e treinar duro durante meses permitia que ele desenvolvesse sua força e sua velocidade, o que, combinado com sua resistência, aumentava ainda mais a sua velocidade. Como Mike Boyle diz, "é mais fácil fazer um atleta explosivo entrar em forma" – e ali estava nosso futuro campeão mundial de Ironman dando duro (tornando-se explosivo) para vencer competições de distância olímpica *antes* de começar seu treinamento para competições de longa distância. Boyle continua: "A primeira opção leva semanas; a segunda pode levar anos". Exatamente! Se o atleta já tem velocidade, tudo o que ele precisa fazer é treinar para longas distâncias e estará preparado para competições longas e duras. De qualquer modo, o mesmo atleta também venceu o campeonato mundial da International Triathlon Union (ITU), em 1989, depois do Ironman Havaí. Portanto, ele não estava participando de competições de distância olímpica só por participar.

Após a última competição da temporada, dou até 6 semanas de folga para muitos de meus atletas, sem qualquer estrutura de treinamento. Eles podem fazer o que quiserem durante esse tempo. Quando retornam ao programa, costumamos começar com algumas semanas fáceis, para que eles se acostumem novamente ao treinamento e, depois disso, introduzimos algumas coisas mais difíceis. Isso pode significar uma pequena corrida ritmada de 10 minutos ou exercícios na bicicleta.

Se você trabalhar duro durante toda a temporada para se preparar para uma competição, tirar um mês de folga e passar 4 meses construindo uma base, o que você fez além de regredir em seu treinamento? Você precisa de dois meses de treinamento para recuperar as perdas de um mês de folga; se passar um mês sem treinar, precisará de dois meses para recuperar sua aptidão física.

Os atletas trabalham muito para conseguir ganhos, então, por que desperdiçar tudo isso e jogar fora toda essa força e potência? Sou a favor de folgas ocasionais e não estou sugerindo, de jeito nenhum, que você deva martelar seu corpo 52 semanas por ano; só estou dizendo que, se você quer ser rápido, deve ganhar força, manter essa força e treinar para ficar ainda mais forte. Pedalar e correr longa e lentamente durante meses não tornará você nem mais rápido nem mais forte. Treinar com um plano e um propósito é que o tornará mais forte e mais rápido. Afinal, basta olhar para os resultados de nossos atletas, ano após ano, para confirmar essa teoria. Se você quer ser mais rápido, renuncie às longas horas de treinamento aeróbio de baixa intensidade e adicione exercícios mais intensos ao seu treinamento inicial para a temporada.

Individualize seu treinamento

A pergunta mais recebida por qualquer treinador de triatlo é: "Como posso ficar mais rápido?". A pergunta é muito simples, mas, infelizmente, a resposta não é. Minha resposta usual é: "Quanto tempo você tem para treinar? E quais são seus pontos fortes e fracos?". Esses dois fatores determinarão a estrutura do seu treinamento. As pessoas falam tanto sobre intervalos, exercícios ritmados, novos equipamentos que o farão mais rápido e assim por diante. O que realmente importa é o básico: quanto tempo você tem para treinar e o que faz com esse tempo. Como meu antigo treinador, Rick Niles, diz: "O importante não é *quanto* você treina, mas *como* você treina". É necessário se lembrar disso ao projetar seu plano de treinamento.

Em 2008, assumi o posto de treinador principal do time de triatlo da Universidade do Colorado. Essa equipe tem uma história de sucesso, dez títulos nacionais em 12 anos, mas estavam passando por uma seca de 5 anos sem títulos. A equipe estava presa a um estilo arcaico de treinamento que envolvia muito volume, pouca natação (duas vezes por semana) e quase nenhum exercício específico para a competição. Durante minha primeira semana, adicionei exercícios de $\dot{V}O_2$, provas contrarrelógio e mais exercícios de natação. Eliminei os longos períodos de ciclismo e corrida sem estrutura. Em vez disso, adicionei corridas mais rápidas e difíceis, muito ciclismo em superfícies inclinadas, corridas semanais em um ritmo de competição e desmontagem da bicicleta e corrida duas vezes por semana.

Um dos membros seniores da equipe veio falar comigo após o primeiro mês e disse: "Mike, o que você está fazendo é completamente diferente da maneira como fizemos as coisas durante os últimos anos. Normalmente, começamos com exercícios lentos de longa distância e só treinamos as coisas mais rápidas antes das competições nacionais". Respondi, tentando não parecer pomposo: "Entendo, mas o que vocês estão fazendo não está funcionando, então, pode ser hora de virar as coisas de cabeça para baixo e tentar um resultado diferente". Eu não sabia se ia funcionar e estava bastante nervoso, mas ia fazer o meu melhor. Do meu ponto de vista, não tínhamos nada a perder. Foram necessários 18 meses sólidos desse treinamento e um pouco de guerra psicológica com alguns de meus pupilos relutantes para que a Universidade do Colorado pudesse recapturar o título de "campeões".

Uma das primeiras coisas que fiz com minha equipe foi pedir aos atletas que respondessem a um formulário com informações como melhores tempos para competições de 5.000 e 10.000 metros, melhores tempos de natação, melhores tempos de ciclismo, esporte favorito para treinamento, quantas vezes por semana eles treinavam cada esporte e assim por diante. Eu queria um formulário de cada atleta para ajudar a todos e criar uma rotina de treinamento específica para cada um e seus pontos fortes e fracos.

O modelo a seguir (Tabela 18.1) foi criado nessa temporada. Isso me ajudou a perceber como é fácil individualizar o treinamento com base em apenas alguns fatores:

- O número de horas disponível para o treinamento é limitado.
- Todo atleta tem um ponto fraco.
- Todo atleta tem um ponto forte.
- É necessário um mínimo de quatro sessões por semana para observar melhoras, pois duas ou três sessões por semana são apenas trabalho de manutenção.

Tabela 18.1 – Modelo de treino de triatlo

Horas de treinamento	Limite	Força	Nº de nados por semana	Nº de horas de NADO	Nº de sessões de ciclismo por semana	Nº de horas de CICLISMO	Nº de corridas por semana	Número de horas de CORRIDA	Nº de sessões com pesos por semana	Nº de horas de treinamento com PESOS	Exercícios totais	Horas totais
0	Natação	Corrida	5	4	3	3	2	2	2	1,5	12	10,5
10	Natação	Ciclismo	5	4	2	2	3	2,5	2	1,5	12	10
10	Ciclismo	Natação	2	2	5	5	3	2	2	1	12	10
10	Ciclismo	Corrida	2	2	5	5	3	2	2	1	12	10
10	Corrida	Natação	2	2	2	2	4	4	2	2	10	10
10	Corrida	Ciclismo	2	2	2	2	4	4	2	2	10	10
10-12	Natação	Corrida	5	4	3	3	3	3	2	1,5	13	11,5
10-12	Natação	Ciclismo	5	4	2	2	3	3,5	2	1,5	12	11
10-12	Ciclismo	Natação	2	2	5	6	3	3	2	1	12	12
10-12	Ciclismo	Corrida	3	2,5	5	6	3	3	2	1	13	12,5
10-12	Corrida	Natação	2	2	3	3	4	5	2	2	11	12
10-12	Corrida	Ciclismo	3	3	3	3	4	4	2	2	12	12
14-15	Natação	Corrida	6	5	4	5	4	3	2	1,5	16	14,5
14-15	Natação	Ciclismo	6	6	3	4	4	3	2	1,5	15	14,5
14-15	Ciclismo	Natação	3	3	5	7	3	3	2	1	13	14
14-15	Ciclismo	Corrida	3	3	5	7	3	3	2	1	13	14
14-15	Corrida	Natação	3	3	3	4	5	6	2	1	13	14
14-15	Corrida	Ciclismo	3	3	3	4	5	6	2	1	13	14
16+	Natação	Corrida	6	6	4	6	4	3	2	1,5	16	16,5
16+	Natação	Ciclismo	6	6	3	4,5	4	4,5	2	1,5	15	16,5
16+	Ciclismo	Natação	3	3	5	8	3	4	2	1	13	16
16+	Ciclismo	Corrida	3	4	5	8	3	3	2	1	13	16
16+	Corrida	Natação	3	3	3	5,5	5	6,5	2	1	13	16

A Tabela 18.1 lista tanto o esporte mais forte quanto o mais fraco e, com base nisso, você saberá como dividir a semana em termos de quantas vezes precisa treinar em cada esporte (frequência) e duração (volume). Antes de usar esse modelo, faça as seguintes perguntas cruciais:

- Quanto tempo tenho para treinar?
- Quais são meus pontos fortes?
- Quais são meus pontos fracos?

Normalmente, utilizamos esse modelo para focar o treinamento até, aproximadamente, 12 semanas da competição A da temporada. Isso dá aos nossos atletas o tempo necessário para entrar em forma com treinamentos e esforços específicos para a competição. Entretanto, não se entusiasme demais e tente treinar a toda hora. Você precisa de consistência. Se é um nadador fraco e precisa melhorar seu nado, entre na água quatro ou cinco vezes por semana. Não existe atalho para o trabalho duro, mas isso não significa "endurecer" o tempo todo. A definição de trabalho duro é fazer o trabalho todas as semanas. Repetirei novamente: você não precisa se arrebentar o tempo todo para trabalhar duro. Só precisa ser estável em seus exercícios. O segredo para o sucesso em qualquer coisa, seja no trabalho, no treinamento ou na vida, é a estabilidade.

Se você aprender uma única coisa com este capítulo, espero que seja como organizar seu treinamento e fazer seus exercícios valerem a pena, e não serem apenas desperdício de quilômetros e toneladas de volumes. Às vezes, nós treinadores chamamos essa estratégia de muito volume "bater o ponto", ou seja, você não queria treinar e não gostou de fazer isso, mas fez e "bateu o ponto". O problema é que esse tipo de treinamento é mentalmente exaustivo e não tem um propósito específico.

Prometo que, se você conseguir criar um plano de treinamento com base no conceito difícil/fácil, considerar o fator repetição, abordar suas fraquezas e adicionar uma dose de treinamentos de força, terá um plano eficiente que gerará resultados de uma maneira segura e rápida. Usei esses conceitos durante mais de duas décadas de treinamento e competição, e vejo provas dos resultados todos os anos com atletas de todos os níveis.

CAPÍTULO 19

Estratégias mentais para treinos e competições

Barb Lindquist

Muitos atletas conseguem um desempenho acima de seu potencial durante situações estressantes, mas muitos outros esportistas talentosos são derrotados pela pressão. Esses competidores podem estar no auge da forma física, contudo, o sucesso ou fracasso é determinado pelo que está acontecendo dentro de suas cabeças. Todo esportista, de triatletas novatos a olímpicos, sabe que a mente pode ajudar ou atrapalhar o desempenho na competição.

Da mesma forma, bons atletas podem prever o tempo que esperam conseguir em uma competição com base em seu treinamento, mas sua mentalidade pode impedi-los de alcançar o tempo que eles sabem ser capazes de atingir. Entretanto, os atletas ótimos são aqueles que não se limitam aos resultados do treinamento. Sua capacidade mental permite que eles façam no dia da competição coisas que não poderiam ser previstas com base no treinamento. O objetivo deste capítulo é esclarecer áreas de pensamento que podem transformar um bom atleta em um atleta ótimo, talvez, até um campeão.

Os campeões fazem o sucesso parecer fácil e natural, mas, também, sabem que ele não acontece por acaso ou por causa de habilidades físicas. O sucesso exige planejamento e preparação, inclusive, preparação mental. Os campeões veem a competição da maneira como querem que ela aconteça antes mesmo do evento começar, mas não ficam perturbados quando a competição não segue o *script* planejado. Eles trabalham para criar um ambiente mental positivo que permita um desempenho vencedor.

Sabem os campeões que são as pequenas coisas que separam os bons atletas dos ótimos. Treinar estratégias mentais para o dia da competição é uma das maiores pequenas coisas que um atleta pode fazer. É uma dessas pequenas coisas que é difícil quantificar em um registro, porém, 1 hora por semana de preparação mental pode ser muito mais benéfica que mais 1 hora de ciclismo. Você deve avaliar suas habilidades mentais atuais – seus pontos fortes e fracos – e aprender quais ferramentas mentais podem fortalecer suas fraquezas para treinar essas habilidades e tornar-se um campeão no dia da competição.

Avalie suas habilidades mentais

Como em qualquer programa de treinamento, você deve avaliar seu estado mental atual para a competição. Examine competições passadas para avaliar suas áreas vulneráveis honestamente. Elas são padrões recorrentes de quando e onde a mente pode se tornar uma inibição para o desempenho físico. A mesma situação (por exemplo, ladeiras, quando você está na liderança) inspira padrões após a corrida como autoestima negativa, dúvida ou falta de concentração? Esses padrões atrapalham você e precisam de atenção.

A avaliação deve incluir os pontos cruciais listados abaixo:

- *Uma semana antes da competição*: Que situações inspiram sentimentos positivos de animação, pensamentos negativos, nervosismo ou falta de confiança?
- *Na linha de partida*: O que sente e pensa quando está próximo aos concorrentes? Quando vê todos aqueles corpos treinados? Quando pensa na "máquina de lavar" na qual você entrará logo?
- *Durante o nado*: O que sente e pensa nos primeiros cinco minutos? Quando é ultrapassado pelos outros nadadores? Quando fica cansado? Quando está na liderança? Quando não consegue enxergar a boia?
- *Transições*: O que sente e pensa quando não consegue encontrar a bicicleta? Quando comete erros? Quando seus amigos estão olhando?
- *Na bicicleta*: O que sente e pensa nos primeiros cinco minutos? Em ladeiras? Contra o vento? Quando é ultrapassado? Quando tem dificuldade para ultrapassar os outros competidores em um percurso lotado? Quando está calor? Quando recebe uma penalidade?
- *Na corrida*: O que sente e pensa nos primeiros cinco minutos após a transição? Quando suas pernas estão pesadas? Quando está calor? Durante uma ultrapassagem? Quando você quer andar?

Após responder a essas perguntas sobre seu *processo mental* durante partes específicas da competição, você precisará avaliar se os pensamentos foram negativos ou positivos. Foram negativos se impediram você de alcançar seu desempenho físico máximo, mas foram positivos se o ajudaram a superar os resultados previstos durante o treinamento. As estratégias mentais da próxima seção oferecerão ferramentas para transformar pensamentos negativos em pensamentos positivos.

Segue a autoavaliação de Barb, autora deste capítulo, no começo de sua carreira no triatlo: "Comecei a nadar durante meu último ano na faculdade porque tinha medo do fracasso. Minha autoestima dependia de como eu nadava. Sentia-me bem quando nadava bem. Sentia-me mal quando nadava mal. Identifiquei esse padrão antes de tornar-me uma triatleta profissional e superei esse problema quando defini meus objetivos e decidi nadar por diversão, não por medo. Como muitos atletas, eu temia o começo da natação. Sou uma nadadora de longa distância, então, a velocidade não me era um ponto forte. Identifiquei meus pensamentos na linha de partida como um ponto fraco, e, assim, abordei o problema por meio de afirmações, imagens mentais e objetivos. Meus pensamentos costumavam divagar durante o ciclismo. Essa era uma área de vulnerabilidade, especialmente na segunda etapa de ciclismo. Usei imagens mentais para me concentrar no presente. Eu não tinha confiança em minhas táticas durante eventos que permitiam pegar o vácuo, então, usava visualizações para ganhar confiança durante cenários táticos. Pensei em mim como 'a nadadora' durante muitos anos; depois, como 'a nadadora/ciclista', mas sempre ouvi que não era 'uma corredora'. E eu acreditava nisso. Tinha tantos pensamentos negativos quando estava cansada durante competições, especialmente em ladeiras ou quando podia observar os concorrentes me perseguindo. Percebi que precisava acreditar que era uma corredora e, por isso, usei afirmações, visualizações e imagens mentais para permitir que minha mente ultrapassasse os limites de minhas habilidades físicas".

Utilize estratégias de habilidades mentais

Um atleta precisa de um objetivo fisiológico durante cada treinamento, mas também precisa de um objetivo no treinamento mental para fortalecer a conexão positiva entre a mente e o corpo. Esta seção descreve quatro técnicas para fortalecer a mente – estabelecimento de objetivos, visualizações, afirmações e imagens mentais – e exemplos da autoavaliação descrita na seção anterior.

Estabelecendo objetivos

Os objetivos são os alvos para os quais um atleta direciona seus esforços. Objetivos relacionados ao resultado, como vencer uma competição ou conseguir um tempo específico, podem motivar o atleta se forem específicos, mensuráveis, desafiadores e realistas. O propósito de objetivos para a competição é criar passos de ação durante o treinamento para direcionar o atleta em sua busca pelo resultado desejado.

Estabelecer objetivos durante um triatlo pode ser difícil. Nosso esporte não é como a natação ou a corrida, pois a área de atuação nem sempre é consistente. Por exemplo, um objetivo pode ser conseguir um tempo de 1 hora na etapa de ciclismo durante o triatlo local em agosto. Esse objetivo é específico, mensurável, desafiador e realista (o tempo no ano passado foi 1:03), mas fatores externos como chuvas, ventos fortes ou pneus furados podem interferir. Objetivos relacionados ao resultado podem ser perigosos, pois não podem ser controlados pelo atleta. Entretanto, você pode controlar suas mudanças mentais, e, dessa maneira, estabelecer objetivos para mudanças nesse aspecto que possam ajudá-lo a alcançar o objetivo desejado é a melhor solução. Exemplos de objetivos mentais incluem permanecer relaxado e confiante no início da natação por meio de exercícios de respiração e afirmações, focar mentalmente na segunda etapa de ciclismo e permanecer no presente, seguir seu plano para a competição, mesmo se os outros atletas forem rápidos demais e utilizar estratégias mentais durante pontos cruciais da competição. Esses objetivos mentais podem ser controlados e, se alcançados, aumentarão suas chances de alcançar seu resultado desejado.

"Começar a nadar rapidamente era difícil para uma nadadora de longa distância como eu. Usava o objetivo de ser a primeira nadadora a alcançar a primeira boia para mudar minha abordagem mental. Tornei-me mais agressiva durante a largada e, com esse objetivo, conseguia manter a concentração mesmo quando era atingida pelos outros competidoras durante o nado. Eu nem sempre conseguia ser a primeira a alcançar a primeira boia, mas a mudança mental conseguia manter-me focada no resultado."

Visualização

Visualizar é ver seu desempenho na competição antes que ela aconteça. É criar um filme de sucesso por meio da imaginação para ensaiar mentalmente o desempenho perfeito. Usar todos os sentidos, não apenas o visual, amplifica a força dessa estratégia mental.

Quando visualizar uma competição, você deve estar tranquilo e em um ambiente silencioso, sem distrações. Observar o filme do ponto de vista de uma câmera montada em sua cabeça lhe dará uma posição privilegiada para observar seu futuro desempenho na competição. Essa posição fará que você viva o momento em vez de observar a imagem geral da competição, uma distração que não pode controlar.

A visualização reforça o sucesso, por isso, é importante sentir como você quer que a competição ocorra. Contudo, a visualização também pode ser usada para revisar os planos B, C e D. O que você fará se seus óculos forem derrubados ou se precisar trocar o pneu? A visualização pode ajudá-lo a escapar dessas situações imprevisíveis e voltar mentalmente para a competição, algo que os campeões fazem muito bem. É importante pensar nas situações mais complicadas, mas você sempre deve finalizar uma sessão de visualização com a competição perfeita. Voltar a fita antes do plano de contingência entrar em ação permite que você continue com sua corrida ideal.

"Eu usava visualizações o tempo todo para transições, especialmente quando já conhecia o percurso da competição. Via-me saindo da água, correndo para a bicicleta (contando cavaletes se necessário), realizando a transição 1 (T1) de maneira tão elegante e poderosa como uma bailarina, ouvindo os aplausos do público e montando a bicicleta perfeitamente. Também usava visualizações para situações que discutiria com meu treinador, sobre o que fazer quando estivesse com o pelotão de ciclismo. Via situações diferentes e como poderia bloquear ataques, atacar e pedalar de maneira inteligente. Após visualizar as muitas situações possíveis, terminava pensando em como gostaria que a etapa de ciclismo terminasse se pudesse controlar todas as possibilidades."

Afirmações

Pensamentos negativos são a ladainha que acontece na mente do atleta, dizendo que ele não é bom o bastante, não pode fazer o que deseja e provavelmente não vai ter sucesso. Esse é o fator mais devastador para seu desempenho. Ele deve fazer uma autoavaliação para identificar tendências sobre o que e como sua mente fala. Quando essa conversa destrutiva começar durante o calor da batalha, o atleta provavelmente não conseguirá responder "não, não diga isso" ou "lá-lá-lá, não estou ouvindo". Ele estará cansado demais para fazê-lo durante uma competição. Todavia, o atleta pode criar ativamente afirmações positivas para substituir seus pensamentos negativos. Se um atleta já sabe que sua mente vai dizer algo como "você é só um nadador que tropeça em terra firme", ele poderá criar uma afirmação positiva antes da competição e substituir o pensamento negativo por algo como "eu sou um corredor". E não só substituir, mas, também, usar a frase como um mantra para que os pensamentos negativos não retornem a uma mente cheia de pensamentos positivos. É importante notar que o atleta não precisa realmente acreditar na afirmação para que as palavras mágicas funcionem.

Criar afirmações pode ser um processo divertido e criativo. Aqui estão algumas diretrizes para torná-las mais eficientes:

- Use a primeira pessoa, por exemplo: "Cresço com os desafios em meu caminho".
- Utilize o infinitivo no presente para denotar uma ação que ocorre agora e no futuro, por exemplo: "A primeira boia é minha".
- As afirmações devem ser curtas e impactantes, algo fácil de repetir e que acompanhe o ritmo da respiração durante a competição, como "sou corredor", uma frase com quatro sílabas, perfeita para quatro passos.
- Substitua e atualize afirmações para mantê-las atuais.

> "As afirmações foram a maior transformação no aspecto mental de meu desempenho em competições. Quando começava a perder a concentração durante o nado, tentava conseguir o máximo de cada braçada e pensava que 'sou esguia e forte'. Quando minhas pernas ficavam fadigadas durante o ciclismo, pensava que 'minhas pernas são como pistões de ferro, lisos e fortes'. Na segunda etapa da corrida, pensava que 'quanto mais longe eu for, mais forte ficarei'."

Imagens mentais

Elas são usadas para criar uma imagem positiva que afete a mente e o corpo de um atleta. Imagens podem ser poderosas. Como humanos, recordamos cenas de filmes ou do passado muito mais facilmente do que recordamos palavras. Uma imagem mental é aquela foto que inspira uma sensação no atleta, seja um sentimento de calma antes da competição ou de força durante a travessia de um terreno inclinado. Para descobrir quais imagens funcionam para você, pergunte quais delas inspiram a sensação que deseja durante certos pontos da competição. Por exemplo: você deseja irradiar confiança e serenidade no início da competição? Então, pode querer memorizar a imagem de um mar com ondas suaves, que pode mudar de calmo para dinâmico assim que for dada a largada. Você deseja manter sua velocidade no final da corrida? Talvez uma imagem do chão em brasas o ajude a pensar em pés rápidos.

> "Correr em ladeiras era um de meus pontos fracos. Uma vez, eu estava competindo na Austrália durante a Copa América de vela. Vi os atletas usarem seus grandes braços para içarem a vela de maneira forte e rápida. Criei uma imagem mental em que um iatista estava no topo de cada ladeira e, quando eu começasse a percorrer o terreno inclinado, uma corda seria pendurada em minha cintura e eu seria puxada para cima. Em outra ocasião, usei a imagem de balões amarrados em meus joelhos para erguer minhas pernas enquanto corria pela ladeira."

Treine habilidades mentais

O objetivo final é treinar as estratégias mentais listadas na seção anterior para finalizar um plano mental para a competição. Um atleta não experimentaria uma nova estratégia de nutrição no dia da competição e, da mesma forma, também não deve tentar novas estratégias mentais. Elas devem ser praticadas em sessões importantes durante o treinamento.

Isso testará quais habilidades são mais úteis em quais situações e tornará o atleta mais confiante. Se há uma lição a aprender neste capítulo, é que também deve existir um plano mental para treinar. Como qualquer outra habilidade, as habilidades mentais exigem tempo, mas, quando você dominar o básico, poderá utilizá-las naturalmente. E é divertido! É parecido com treinamentos de técnicas de corrida, por exemplo. No começo, você pode precisar de mais tempo para os exercícios. No final, a nova técnica se torna algo natural. Isso também é verdadeiro no treinamento de técnicas mentais. Seguem algumas sugestões de treinamento.

Definição de metas

- Escreva um objetivo como resultado de sua própria competição. Determine três objetivos mentais que ajudarão você a alcançar esse resultado. Por último, escreva como e quando você treinará esses objetivos mentais a cada semana antes da competição.
- Compartilhe seus objetivos com alguém, para não evitar suas responsabilidades.

Visualização

- Reserve três sessões por semana para visualizar sua competição. Use uma dessas sessões para visualizar situações que não estejam em seu plano A.
- Visualize suas habilidades de transição em uma área específica antes da competição.
- Visualize uma manhã ideal para a competição, desde o despertar até a largada.

Afirmações

- Crie duas ou três afirmações para cada área vulnerável identificada na autoavaliação. Escolha uma afirmação para praticar durante um treinamento importante que inspire pensamentos negativos. Repita outras afirmações durante outros treinos importantes para que, no dia da competição, você possa escolher aquelas que funcionem para você.
- Crie uma lista de informações para áreas vulneráveis gerais uma semana antes do triatlo crucial. Repita as afirmações quando sentir pensamentos negativos, dúvidas ou nervosismo.

Imagens mentais

- Identifique a imagem que você tem de si mesmo quando pensa em suas fraquezas. A seguir, pense em uma imagem oposta e forte que gere o sentimento positivo necessário para superar a situação. Use a imaginação, deixe a mente divagar e seja criativo. Após criar as imagens, tente invocá-las durante treinamentos cruciais.
- Pratique o controle de sua motivação por meio de imagens. Escolha uma que aumente seu nível de preparação e outra que o acalme. Durante o treinamento, use a primeira imagem como motivação durante um treinamento enfadonho e use a segunda para relaxar e manter o controle quando estiver nervoso durante uma sessão de treinamento.

Você também pode combinar as afirmações com outras estratégias mentais:

- Combine imagens mentais e afirmações durante o treinamento. Com a imagem de correr pela ladeira com balões no joelho, por exemplo, a afirmação pode ser algo como "minhas pernas estão leves à medida que subo a ladeira".
- Combine visualizações e afirmações. Ouça as afirmações que você usará quando observar a competição em sua mente.
- Combine objetivos e afirmações. Tente "a primeira boia é minha" para o objetivo de ser o primeiro a alcançar uma boia.

Uma última observação: muitos atletas jovens gostam de ouvir música durante cada sessão de treinamento. A música é comovente, motivadora, maravilhosa. Entretanto, também torna os atletas mentalmente preguiçosos e impede o uso de suas habilidades mentais. Você deve utilizar a música durante o treinamento com cautela, especialmente porque atletas não podem ouvir música durante uma competição.

Utilizar as habilidades listadas previamente é um elemento crucial para o sucesso em competições. Além disso, as seções posteriores oferecem dicas úteis para a semana da competição, para a manhã da competição e para a própria competição, as quais podem reduzir o desperdício de energia causado pelo estresse e maximizar o desempenho.

A semana da competição

Essa é a semana na qual você deve solidificar seu plano para a competição e suas estratégias mentais para obter um desempenho sobre-humano. O ponto de partida é o plano para a competição: uma descrição por escrito do que você fará no dia do evento. Prepare-o uma semana antes da competição e revise-o diariamente.

Escrever as estratégias para revisá-las ajudará você a se concentrar no que pode controlar. Compartilhar essas estratégias com outras pessoas também tornará o plano mais real. Por último, você pode recordar o plano para avaliá-lo após a competição. Aqui estão alguns itens comuns que podem ser incluídos nesse plano:

- Quais equipamentos e roupas usará em casos de vendavais, chuvas, neve, calor, frio, sol forte ou céu nublado?
- Quando levantará da cama na manhã da competição?
- O que vai comer e beber? Quando?
- Quando chegará ao local da competição?
- Como estabelecerá sua área de transição?
- Quais produtos de nutrição (ou nenhum) você consumirá durante a competição?
- Como vai avaliar e regular sua intensidade no ciclismo? Usará a taxa de esforço percebido (RPE), a frequência cardíaca ou a potência?
- Qual será seu objetivo de intensidade, seja qual for a ferramenta usada? Vai variar durante a competição?

- Como vai reagir se for ultrapassado pelos outros ciclistas?
- Como fará as transições T1 e T2 de maneira rápida e eficiente?

Durante a semana da competição, você também encontrará coisas que não pode controlar. Talvez seu chefe exija um novo projeto. Seu filho pode ficar doente. Você pode analisar demais seus sentimentos durante o treinamento e ficar preocupado. Esses fatores não podem ser controlados, mas você pode controlar como lidar com eles. Adaptar-se aos fatores externos e lidar com os detalhes que podem ser controlados permitirá que continue focado e calmo.

Detalhes que podem ser controlados incluem arrumar as malas: prepare suas coisas com antecedência e use listas para não levar coisas demais ou esquecer itens. Você pode ganhar confiança e diminuir o estresse se aprender detalhes sobre o percurso, reuniões antes da competição, direções do hotel para o local do evento, e muito mais. O estresse diminui a energia e o distrai; o corpo não diferencia estresse mental de estresse físico.

A manhã da competição

Escrever uma rotina para a manhã dará a você algo que pode controlar. A rotina deve incluir assuntos de logística como hora de acordar, locomoção para o local da competição, aquecimento e comida.

É preciso falar sobre os tipos de personalidade antes da competição. Alguns atletas são faladores e extrovertidos quando nervosos, e alguns chegam a ser irritantes. Outros são introvertidos e introspectivos antes de uma competição. É importante que cada atleta mantenha sua personalidade. O introspectivo não deve tentar ser extrovertido, mesmo se estiver preparando sua transição próximo a uma pessoa faladora.

A competição deve ser vista como uma celebração das maravilhas do corpo em movimento. Criar um momento de silêncio para respirar fundo e agradecer pode ajudar um atleta a relaxar. Relembrar a jornada e repetir afirmações pode ajudar você a começar a competição com o pé direito.

A competição

Quanto mais treinar uma estratégia mental para a competição, mais os pensamentos positivos fluirão da sua mente (interna) para os resultados físicos (externos). Tenha paciência e saiba que dominar as habilidades mentais exige tempo e esforço contínuo.

Concentre-se no presente e naquilo que pode controlar, e não pense sobre o que acabou de acontecer ou acontecerá. Você terá o melhor desempenho possível se maximizar cada braçada, cada pedalada e cada passo com uma mentalidade positiva. Pensar sobre seus concorrentes, sobre o clima ou sobre qualquer coisa que não pode ser controlada só desperdiçará sua energia.

Planejar e treinar foram o tema até aqui. Os campeões, porém, sabem que uma competição raramente acontece como planejado. Eles são adaptáveis. Gostam de um desempenho vitorioso que ocorreu de acordo com o plano, mas também gostam de desafios durante a competição que permitem que eles superem um desempenho normal e previsível e conquistem algo realmente impressionante. Os desafios permitem que o atleta cresça e aprenda lições sobre seu caráter que não se limitam ao triatlo. Cada competição é uma aventura. Um atleta que encare as competições com animação e deslumbramento, entretanto, com base na preparação, estará em condições de investigar o reino desconhecido que existe além de seu potencial.

"Duas das melhores competições de minha carreira não aconteceram conforme o planejado. Durante a etapa de natação em uma competição que não permitia o vácuo, eu estava me sentindo muito mal apesar de estar próxima à líder. Os pensamentos negativos diziam que o dia seria longo. Então, substituí esses pensamentos com uma afirmação positiva que tinha praticado durante o treinamento: 'Sou uma nadadora boa demais para permitir que meus sentimentos afetem meu desempenho'. Tive uma competição incrível e ganhei o maior prêmio de minha carreira. Em outra competição que permitia o vácuo, meu grupo de natação se desintegrou após sair da água. Acabei entrando no pelotão principal com um grupo de corredoras. Os pensamentos negativos começaram na etapa de ciclismo: 'Droga, eu deveria vencer essa competição, estou tão em forma, mas, agora, a competição é das corredoras'. Levei metade de uma volta para relembrar uma de minhas afirmações: 'Gosto de desafios! Quando eu já corri descansada após o ciclismo só para ver quão rápido eu conseguiria correr?', pensei. Tinha visualizado duelos pessoais, pois sabia que teria que enfrentar essa situação. Comecei a ficar animada com as possibilidades. No final, ultrapassei todas as corredoras e venci a competição. Essas duas competições foram desafios aos quais tive que me adaptar, e meu treinamento mental permitiu que meu foco continuasse na competição mesmo após o fracasso do plano inicial."

Após a competição

Um atleta deve avaliar sua estratégia mental da mesma forma que avalia a competição de um ponto de vista de treinamento. Após a corrida, avalie se as estratégias mentais usadas em suas áreas vulneráveis permitiram que você superasse seu nível de treinamento ou se alguma fraqueza foi revelada. Identificar o que funcionou ou não é o primeiro passo para aprimorar uma estratégia mental para competições futuras. Note que, às vezes, uma estratégia mental que funcionou em uma competição não funcionará na próxima. O processo está sempre evoluindo. Se a competição foi ótima, o sentimento de sucesso deve ser guardado em uma imagem para uma competição futura. Relembrar um sucesso pode ser uma motivação futura. Após uma competição, você pode reescrever sua estratégia mental e estabelecer um plano de treinamento antes do próximo evento.

▶ Lidar com o medo

Muitos atletas competem com medo – medo do fracasso, medo do sucesso, medo da opinião dos outros, medo de abandonar sua zona de conforto. Para superar o medo, o primeiro passo é responder "e daí" para a pergunta "e se?". Identifique o pior caso possível para cada medo. Ignorar o medo não fará que ele vá embora. A melhor maneira de enfrentar um monstro debaixo da cama é acender a luz e perceber que as coisas não são tão assustadoras assim.

O que pode acontecer se você fracassar em uma competição? O que é um fracasso? Alguns atletas acham que o fracasso é "morrer em uma competição". É fato que um atleta não morre de verdade. Ele só sai de sua zona de conforto e aprende os limites de seu nível de aptidão física. Não terminar a competição é um fracasso? Esse atleta certamente aprendeu alguma coisa para a próxima competição, por isso, não houve realmente um fracasso. O que os outros podem pensar sobre o desempenho desse atleta? As outras pessoas o amarão menos ou pensarão mal dele? Alguém que realmente se importa com o competidor deixará de amá-lo ou de respeitá-lo com base no resultado da competição. O antídoto para o medo é a confiança, uma confiança na preparação física e mental do atleta com base em um treinamento estruturado.

Competir com um objetivo específico, além de benéfico para si mesmo, é mais divertido e recompensador. Alcançar objetivos é ótimo. Vencer competições é maravilhoso. Contudo, existem razões bem mais profundas do que objetivos pessoais para que um triatleta treine e compita: em memória de alguém querido; para perder peso e ficar mais saudável para a família; para inspirar mães a participarem de triatlos; para angariar fundos para uma causa que é considerada importante; ou, simplesmente, para ter contato com outras pessoas que adorem nadar, pedalar e correr. Quando participamos de uma competição por algo maior que nós mesmos, nosso propósito deliberado e altruísta fortalece o corpo além de seus níveis normais.

CAPÍTULO 20

Viagens para competições

Joe Umphenour

A logística de viajar para um triatlo pode ser desafiadora. Não parece tão fácil quanto jogar as coisas no carro e dirigir por algumas horas na manhã da competição. As preparações para uma competição em uma região distante exigem um bom planejamento. Como voos são uma forma comum de transporte, saiba que viajar de avião pode desorientar o corpo. Desse modo, você precisa planejar para estar bem durante a competição. Não é necessário levar muitas coisas durante um voo, por isso, basta empacotar apenas o essencial. Levar sua bicicleta também é um desafio, pois você precisa não apenas empacotá-la, mas, também, saber como desmontá-la e montá-la novamente. Ao longo dos anos, aprendi os atalhos e procedimentos essenciais sobre viagens para competições que permitirão que você faça uma boa jornada.

Prepare-se para a viagem

Todas as viagens começam com um objetivo. Concentre-se nas prioridades de sua viagem. A competição é o mais importante ou ela é apenas um dos eventos de suas férias? A seguir, você deve estabelecer horários para sua chegada e saída do local da competição. Não se esforce demais durante a viagem. O novo ambiente estressará seu corpo, portanto, lembre-se de algumas habilidades de triatlo: simplifique as coisas e preste atenção no próximo passo, não no percurso como um todo. Acesse o *site* da competição para descobrir informações importantes, como reuniões ao longo dela, instruções para o percurso, quando entregar bicicletas e equipamentos antes da competição e quando pegá-los de volta.

Também faça pesquisas sobre a cidade a ser visitada. Saiba qual será o clima na época da competição. Descubra o estilo de culinária prevalente. Saiba as diferenças entre os fusos horários. Esse tipo de informação ajudará você a decidir quais roupas levar, quando viajar e se deverá levar provisões extras para comer algo familiar no dia da competição. Certifique-se de que seu passaporte esteja em dia quando viajar para outro país. Você também deve descobrir as exigências para receber o visto e quando deve começar o processo para conseguir um. Investir em um seguro-viagem pode ser uma boa ideia, pois muitos países têm sistemas de saúde com os quais você não está acostumado.

Após estabelecer seus horários, comece a fazer reservas. Iniciar pelo hotel é uma boa ideia, pois você precisará escolher o local e o preço. Normalmente, os diretores da competição reservarão hotéis em bons locais ou que ofereçam descontos para atletas. Um hotel próximo ao local da competição pode ser conveniente, mas um quarto longe de bagunças é menos estressante e pode ser a melhor opção se você estiver viajando com sua família. Entretanto, lembre-se de suas prioridades. Se você valorizar a competição, escolha a melhor opção para o seu desempenho.

Planeje sua viagem para chegar com dois dias de antecedência para competições domésticas e quatro dias para competições internacionais. Os dias adicionais servirão para montar sua bicicleta antecipadamente, consertar qualquer problema ocorrido durante a viagem e realizar reuniões e preparações antes da competição. Os dias adicionais para outros países servirão para se adaptar ao fuso horário distinto e solucionar qualquer problema imprevisto.

Arrume as malas

Você deve arrumar as malas para sua aventura de triatlo como se estivesse de férias, mas com materiais para três esportes além dos itens normais. Felizmente, é mais fácil decidir o que levar com base nesses esportes. Você pode retirar alguns pertences pessoais para ter espaço para seu equipamento esportivo. Empacotar sua bicicleta pode parecer um desafio formidável, mas pode ser a parte menos estressante da viagem se houver planejamento correto.

Itens pessoais

Arrumar as malas não será tão difícil quanto pode parecer se você levar o mínimo possível e escolher objetos multifuncionais (por exemplo, dois pares de roupas íntimas e meias podem ser lavados e vestidos várias vezes para economizar espaço). Entenda que você não verá as mesmas pessoas com frequência, por isso, não vai precisar de uma roupa diferente por dia. Compre itens menores para higiene pessoal, como secadores de cabelo. Descubra a voltagem local e leve um adaptador, se necessário. Existem muitas malas no mercado que minimizam o amontoamento e ajudam na organização. Lembre-se de deixar espaço para a roupa da competição: você pode querer vesti-la no avião quando voltar para casa como uma medalha de honra, especialmente porque ela pode ser sua única roupa que ainda esteja limpa.

Equipamento para a competição

Você provavelmente já sabe como arrumar seu equipamento esportivo, mas, mesmo assim, preparar uma lista de equipamento para suas competições é uma boa ideia.

Durante viagens, use uma versão reduzida da lista (ver boxe *Checklist de equipamentos para a competição*). Leve apenas o essencial e deixe as coisas supérfluas em casa. Em vez de usar uma grande jaqueta na manhã da competição, use casacos, e aquecedores de braço e perna para ciclismo. Eles podem ser transportados com mais facilidade, podendo ser usados durante a competição se o clima estiver frio. Versões portáteis de talcos e óleos também reduzem o tamanho geral de sua bagagem. A sacola com seus equipamentos costuma ficar com a mala da bicicleta, mas considere colocar equipamentos específicos como seu uniforme para competições, óculos, estepes e sapatos de ciclismo em sua bagagem. Se a mala da bicicleta se extraviar durante o caminho, você ainda poderá salvar o fim de semana se pedir emprestado ou alugar uma bicicleta, pois ainda terá equipamentos específicos para você e seu corpo. A bicicleta pode ser diferente, mas você ainda terá equipamentos familiares importantes para a competição.

Checklist de equipamentos para a competição

__ Óculos de natação	__ Capacete de ciclismo	__ Aquecedor de joelho
__ Uniforme de competição	__ Óculos de ciclismo	__ Jaqueta corta vento
__ Roupa de mergulho	__ Sapatos de corrida	__ Luvas de corrida
__ Óleo corporal	__ Bonés ou visores de corrida	__ Touca de lã
__ Sapatos de ciclismo	__ Cinto de corrida	__ Cadarços extras para sapatos
__ Talco	__ Protetor solar	__ Gel extra
__ Faixa elástica	__ Aquecedor de braço	

Caso já tenha feito seu dever de casa sobre as opções alimentares locais, poderá comparar o que espera encontrar com o que costuma consumir antes de uma competição. Sua refeição na manhã da competição não pode ser mudada, desse modo leve o que funciona para você. Cereais instantâneos, chás ou cafés podem ser preparados em seu quarto. Os atletas norte-americanos que foram para os Jogos Olímpicos de Pequim em 2008 receberam uma pequena panela para isso. Levar seus alimentos preferidos pode ser uma boa maneira para diminuir o estresse de um local novo. Adaptadores de voltagem são importantes em alguns países, pois queimar seus aparelhos eletrônicos na manhã da competição pode prejudicar sua rotina.

Bicicleta

Com malas arrumadas, sacola de equipamentos cheia e dieta preparada, é hora de preparar com segurança seu maior equipamento: sua bicicleta.

Transportar sua bicicleta

Transportar sua bicicleta de maneira econômica está cada vez mais difícil. Os custos dobraram e, em alguns casos, até triplicaram, graças ao aumento do preço de combustíveis e aos esforços das empresas aéreas para conseguir mais lucros. Você tem duas escolhas quando procurar uma mala para sua bicicleta: algo pesado e resistente que possa protegê-la ou algo menor e mais leve que não ofereça tanta proteção.

Malas duras são muito resistentes e aguentam quase qualquer tranco, mas é necessário pagar mais para transportá-las. Empresas aéreas domésticas cobrarão mais caro se sua mala medir mais de 157 centímetros lineares (altura + comprimento + profundidade) ou pesar mais de 23 quilogramas. Muitas empresas aéreas internacionais reduzem o limite para 19 quilogramas, especialmente em voos intereuropeus. Elas não aceitam malas com bicicletas que pesem mais de 32 quilogramas. Transportes domésticos em terra firme custam menos, mas é preciso uma semana para que sua bicicleta chegue a tempo. O custo tem como base os mesmos princípios das empresas aéreas, portanto, é uma boa ideia descobrir os preços para determinados pesos e tamanhos. Malas mais leves se tornaram uma escolha mais popular por esses motivos. Elas podem evitar as taxas de peso extra se forem leves o bastante e, com as devidas precauções, podem ser tão seguras quanto uma mala pesada. No fim, isso é uma escolha pessoal.

Transportes domésticos podem ser uma boa opção, se você não se importar em não ter a bicicleta durante a semana antes da competição. Muitas empresas têm um serviço de retorno que permite o pagamento antecipado das viagens. Quando estiver pronto para enviar a bicicleta de volta após a corrida, apenas fixe a etiqueta de retorno na mala da bicicleta e organize a entrega. Para reduzir os preços, é melhor enviar a mala para outro local de negócios, já que isso será considerado parte das entregas usuais. Envie para o hotel da competição ou para uma loja de ciclismo local. Muitos estabelecimentos não se incomodarão se forem avisados com antecedência.

Como a mala da bicicleta é sua maior bagagem, você pode colocar muitas coisas nela. Roupas de mergulho e sapatos de corrida são uma boa opção para forrar sua bicicleta (que pode estar guardada naquela sacola de plástico de sua última competição). Todavia, tome cuidado com esse peso adicional. Certifique-se de não ultrapassar 23 quilogramas, para não ter que pagar pelo peso extra. Uma boa maneira para verificar isso é saber o peso da mala com a bicicleta e pesar os objetos adicionais na balança do banheiro. Algumas empresas de viagem disponibilizam uma balança de mão para isso.

Manutenção e desmontagem de sua bicicleta

Leve sua bicicleta para uma loja especializada com duas ou quatro semanas de antecedência e peça que eles façam uma manutenção. Certifique-se de que eles chequem as condições do freio e dos cabos, a corrente, o desgaste nos pneus e qualquer outra coisa que você queira aprimorar para a competição. Esse tempo extra é sempre uma boa ideia para você se acostumar com novas partes e ter paz de espírito.

Antes da viagem, você também precisará aprender como desmontar certas partes da bicicleta, para que caibam na mala. Participar de um curso sobre manutenção de bicicletas é um bom começo, mas, como todas as bicicletas são diferentes, você provavelmente precisará aprender sozinho. As partes básicas são o assento, os pedais, as rodas e o guidão. Além disso, remover o câmbio traseiro pode evitar danos, mesmo em uma mala pesada. Se você integrou as barras aerodinâmicas, pode querer removê-las. Descobrir essas peculiaridades e treinar com antecedência economizará tempo e evitará estresse quando for arrumar as malas.

Para desmontar sua bicicleta, pegue uma sacola de náilon pequena, mas grande o bastante para guardar as ferramentas necessárias para o desmonte, os pedais e talvez um pouco de óleo para as correntes (embale-o duas sacolas de plástico, pois a pressão dos compartimentos de carga pode fazer o óleo vazar). As únicas ferramentas necessárias são um conjunto de chaves hexagonais ou uma ferramenta multiuso e, talvez, uma chave crescente para os pedais se não usarem uma chave hexagonal. Para proteger de impactos a estrutura de sua bicicleta, vá até uma loja de ferramentas e compre 3 metros de isolante elétrico. Você terá de cortá-lo para conseguir o tamanho certo. Compre, também, um rolo de velcro, que será usado para colar o isolante. Esse método é mais fácil e reaproveitável do que usar fita adesiva.

Existem algumas coisas que você precisa fazer antes de começar a desmontar sua bicicleta. Meça a distância do topo do assento até o centro do parafuso. Essa é altura de seu assento: se necessário, você poderá ajustar sua bicicleta ou uma outra bicicleta sobressalente, para que a altura do assento não atrapalhe seu desempenho. Após gravar isso, marque o local em que o assento entra na bicicleta com tinta permanente branca ou cinza, ou, até mesmo, fita isolante. Você também deve fazer isso com qualquer outra peça ajustável ou removível, para que saiba exatamente como encaixar a peça novamente. Isso facilitará o desmonte e recriará o mesmo padrão com o qual você treinou e está acostumado. Qualquer mudança nessas medidas durante uma competição pode afetar drasticamente o seu desempenho.

O primeiro passo do desmonte é desacoplar as rodas da corrente para evitar que ela seja danificada ou danifique a mala. A seguir, tire os pedais. Use uma chave hexagonal no eixo ou uma chave crescente na manivela. Para afrouxar os pedais, faça um movimento horário no lado esquerdo da bicicleta e anti-horário no lado direito. Após retirar os pedais e qualquer outra parte associada a eles, coloque-os em uma sacola de plástico, para que não sujem as outras coisas.

Certifique-se de que seu assento esteja marcado na altura correta antes de removê-lo e afrouxe os parafusos com uma chave hexagonal. Corte uma parte do isolante elétrico para cobrir o assento e cole-o com as tiras de velcro. Arranque a roda dianteira e coloque as partes acopladas a ela na sacola com os pedais. Corte pedaços de isolante elétrico para revestir individualmente cada tubo da parte dianteira da estrutura, incluindo os garfos. Use as tiras de velcro para colá-los.

O triângulo traseiro e os garfos são duas áreas problemáticas durante a desmontagem da bicicleta. Se não forem reforçados, podem ser esmagados mesmo em uma mala resistente. Para solucionar esse problema, consiga um par de cubos velhos ou dois parafusos longos. Quando remover as rodas, você poderá acoplar os cubos aos garfos frontais e ao triangulo traseiro, com a corrente em repouso no cubo traseiro.

Após remover a roda traseira, corte peças de isolante elétrico para revestir os tubos traseiros da bicicleta. Quanto mais você cobrir, mais protegida sua bicicleta estará. Lembre-se de que a equipe de segurança do aeroporto revistará a mala da bicicleta e sacudirá seu conteúdo. O isolante protegerá sua bicicleta contra o movimento dos outros objetos na bagagem.

Abrir sua mala ao chegar e descobrir que o câmbio quebrou durante o transporte não é uma boa maneira para começar o fim de semana da competição. Isso pode ser facilmente evitado se você remover o câmbio com uma chave hexagonal. Após separá-lo da estrutura, amarre-o à corrente, para evitar danos. Ter um câmbio sobressalente também é uma boa ideia. A loja na qual você comprou sua bicicleta deve ser capaz de conseguir um com o fabricante.

A última etapa do desmonte é remover o guidão da haste. Se sua haste tiver placas removíveis no local em que o guidão está ligado a ela, isso pode ser feito facilmente se você afrouxar os parafusos, remover o guidão, recolocar as placas e apertar os parafusos para não perdê-los. Você também pode precisar afrouxar os parafusos que prendem a haste ao garfo da bicicleta para que possa virá-la na direção da estrutura e encaixar o equipamento em uma mala menor.

Barras aerodinâmicas integradas são um pouco diferentes. O primeiro passo é afrouxar os parafusos que prendem a haste ao garfo. Desse modo, você terá de afrouxar o parafuso no topo da haste e removê-lo. Note a posição dos espaçadores acima e abaixo da haste antes de removê-los cuidadosamente do garfo. Insira uma haste velha no garfo e substitua os espaçadores. Isso evitará que o garfo fique solto durante a viagem.

Dobre o guidão de maneira paralela à estrutura da bicicleta. Talvez você precise afrouxar os cabos do breque para malas menores. Prender as barras aerodinâmicas à bicicleta com tiras de velcro evitará que eles se choquem contra a estrutura. Essa é a etapa na qual você deve acrescentar isolante elétrico nas partes que ainda não estejam protegidas.

Agora, você está pronto para colocar a bicicleta na mala, e pode precisar de algumas tentativas para encaixar as coisas corretamente, em especial, na primeira vez. Quando conseguir encaixar tudo, amarre a bicicleta à mala para que ela não sofra danos. Muitas malas já têm cintos, normalmente, na parte de baixo, e algumas até amarram o garfo frontal à mala. Se você estiver usando uma caixa de papelão, a melhor maneira de proteger a bicicleta é usar roupas de mergulho, sacolas de equipamento, sapatos de treinamento ou jornais, para forrar a caixa.

As rodas costumam ser colocadas após a bicicleta, ao lado ou no topo da estrutura, separadas por uma camada de espuma. As rodas podem ser cobertas para uma proteção adicional. Coloque sua bomba de bicicleta, mas não coloque cartuchos de CO_2 que você pode querer usar durante a competição, pois eles são proibidos em aeroportos. Você pode encontrá-los na competição ou em uma loja de ciclismo por perto. Por que levar a bomba? As empresas aéreas exigem que os pneus estejam murchos e é uma coisa a menos para se preocupar antes da competição.

Garanta uma viagem sem estresse

Agora que sua bicicleta e suas sacolas estão empacotadas corretamente, é hora de começar sua aventura de triatlo. Sempre reserve um tempo extra no aeroporto se levar sua bicicleta no avião. Leve alimentos reconfortantes e algo para entretê-lo. Pense no voo como uma oportunidade para fazer o que quiser. É uma das poucas vezes em que você não tem tarefas para fazer ou telefonemas para atender. Essa é sua chance para ler aquele livro ou revista que você ainda não teve tempo para começar. Relaxe completamente e deixe tudo de lado.

Durante a viagem, existem maneiras simples para evitar que você fique doente e se mantenha confortável no avião. Traga uma pequena garrafa de detergente para utilizar antes das refeições. Beba muito líquido para se manter hidratado, e um pouco de vitamina C não faz mal a ninguém. A prática de colocar antibióticos dentro do nariz para evitar doenças ou secura tem apoiadores e detratores. Muitos médicos dizem que colocar produtos à base de petróleo no nariz não é uma boa ideia, pois eles são rapidamente absorvidos pelas membranas sinoviais e incorporados ao fluxo sanguíneo. Um *spray* nasal salino é uma boa solução para um nariz seco. Leve uma loção hidratante para manter sua pele confortável no ar seco da cabine.

A descompensação horária é criada pela combinação de vários fatores. Em primeiro lugar, o relógio interno de seu corpo não está acostumado ao horário do novo local. Em segundo lugar, seu corpo está desregulado após passar horas no ambiente seco do avião. Existem maneiras fáceis para lutar contra isso. Algumas pessoas acreditam que você deve ajustar seu ciclo de sono ao novo ambiente vários dias antes da viagem, em um ritmo de 1 hora por dia. Alguns locais são tão distantes que uma mudança de mais de 6 horas pode não ser realista.

Quando estiver no avião, desligue seu relógio para começar a se adaptar ao novo fuso horário. Você já não estará mais em casa quando entrar no avião. Durante o voo, durma quando estiver anoitecendo em seu local de chegada. Máscaras para os olhos e fones de ouvido podem reduzir a luz e o barulho. Tomar melatonina, uma substância química produzida naturalmente pelo cérebro, ajudará a convencer seu corpo de que é hora de dormir. Mantenha-se acordado durante qualquer outro horário. Essa é uma boa hora para ler ou ver um vídeo. O ar de um avião é extremamente seco, por isso, beba muita água. Evite álcool e cafeína, pois eles causam desidratação. Movimente-se quando estiver acordado: faça alongamento ou caminhe pelos corredores. Isso também ajudará a evitar o sono.

Muitos voos que atravessam o oceano Atlântico em direção ao leste saem no fim do dia para chegarem na manhã do dia seguinte ao outro lado do oceano. Isso causa sonolência durante o voo. Entretanto, faça o possível para não cair no sono durante o dia; isso atrapalhará tudo até você se acostumar ao novo horário. Viajar pelo Oceano Pacífico, em direção ao oeste, é mais fácil para o corpo, pois muitos voos saem de tarde e chegam na tarde do dia seguinte. Durma durante a primeira parte do voo e fique acordado durante o resto da viagem. Sua recompensa será uma boa noite de sono em seu local de destino. Outro truque é vestir meias de compressão durante qualquer voo. Isso reduzirá inchaços e ajudará você a se recuperar rapidamente.

Lidar com a possibilidade de um clima muito diferente ao qual você está acostumado também é importante para sua competição. Pode-se ajustar camadas de roupas em preparação para o clima do local da competição. Se o local de destino for mais quente, use mais roupas para aumentar sua temperatura. Se for mais frio, use menos roupas. Evite exagerar e correr o risco de sofrer insolação ou hipotermia. Beba mais líquido para se ajustar a um clima mais quente.

Chegar ao seu local de destino

Monte sua bicicleta assim que chegar: siga as instruções descritas na seção anterior, mas em ordem reversa. Certifique-se de que todos os sistemas estejam funcionando e de que tudo esteja em ordem. Você terá algum tempo para solucionar qualquer problema antes da competição.

Lembre-se de manter-se hidratado, ter uma boa refeição e adicionar sal ao seu alimento, para ajudar seu corpo a recuperar o que foi perdido. Se tiver tempo, corra ou pedale um pouco para se recuperar da viagem. Essa também é uma oportunidade para conhecer o terreno e descobrir a localização de tudo. Para facilitar sua jornada, leve uma câmera pequena e tire algumas fotos.

Tente não ficar muito animado com o novo ambiente antes da competição. A noite de sono e a refeição mais importantes ocorrem dois dias antes da competição. A noite da véspera nunca é muito relaxante, pois você estará focado no evento do dia seguinte, por essa razão, precisa descansar bastante com dois dias de antecedência. Deixe qualquer alimento diferente para depois da competição. Lembre-se do mantra: evite qualquer novidade no decorrer e *antes* da competição.

Além disso, a manhã da competição será muito mais fácil se você arrumar as malas com antecedência e só precisar vestir suas roupas para o evento. Coloque sua bomba de bicicleta na mochila, para garantir que os pneus estejam pressurizados. Faça uma corrida de 10 minutos assim que levantar da cama, para acordar seu corpo e seus sistemas. Tome um café da manhã leve, para energizar seu corpo, mas não se esqueça de fazer sua última refeição "real" três horas antes da competição, para que seu estômago tenha tempo de processar o alimento. Como você já terá pesquisado a área durante suas corridas, poderá visitar o local da competição e se preparar para um evento incrível. Termine com a certeza de que você fez seu melhor e aproveite o resto de sua aventura.

Visitar locais diferentes em seu país e no mundo ao mesmo tempo que pratica uma atividade da qual gosta é matar dois coelhos com uma cajadada só. Prepare-se para a viagem da mesma maneira como se prepara para a competição. Esteja atento às diferenças à sua rotina em competições na sua cidade e às pequenas diferenças necessárias quando viajar para um novo local. Aprenda a ser seu próprio mecânico de bicicleta para facilitar o transporte de seu equipamento. Cuide-se antes, no decorrer e depois da competição, para que suas aventuras com o triatlo sejam algumas de suas melhores experiências. Tenha uma viagem feliz e segura!

PARTE IV

O estilo de vida do triatlo

CAPÍTULO 21

Concilie o triatlo com uma vida ocupada

Linda Cleveland

Muitos adultos têm dificuldade para incorporar o treinamento de triatlo em suas agendas. Você quer dar o seu melhor no escritório e passar seu tempo com a família e os amigos, mas também adora treinar e competir. Como pode encontrar algum tempo para si mesmo enquanto cuida de sua carreira e de seus relacionamentos? Se você tem filhos, sabe que é especialmente difícil manter a forma, treinar o bastante para melhorar ou se preparar para um evento de longa distância. Gostaria de compartilhar algumas recomendações que uso pessoalmente e que aprendi por meio de pesquisas e conversas com outras pessoas.

O treinamento e a sua agenda

Todas as pessoas têm horários diferentes. Não importa se você estuda, fica em casa com os filhos, trabalha fora de casa, trabalha em casa ou está aposentado, precisa encontrar um horário de treinamento apropriado para sua situação doméstica e profissional. Treinos matutinos podem ser ideais se você gostar de acordar cedo para treinar antes de começar o dia. Se não gosta de acordar cedo e prefere fazer exercícios durante a hora do almoço, pode preferir treinos vespertinos. Se preferir fazer exercícios no fim do dia para aliviar o estresse e extravasar, talvez treinos um pouco antes ou depois do jantar sejam mais apropriados para seu estilo de vida. Tente integrar seu horário de treinamento à sua agenda, para que ele se torne parte de seu estilo de vida.

Treinos matinais

Você tem um horário de trabalho flexível? Se seu chefe permitir que chegue ao escritório uma hora mais tarde e trabalhe uma hora a mais, terá tempo para uma boa sessão de treinamento antes do trabalho. O treinamento matinal é perfeito para estudantes que gostam de praticar exercícios antes da aula ou que só começam a estudar no fim da manhã. Se você tem filhos, sabe que creches, visitas ao médico, brincadeiras e doenças podem bagunçar sua agenda cotidiana. Muitos pais acham mais fácil acordar muito cedo para usar a bicicleta ergométrica ou a esteira antes que a loucura do dia comece. Você sabe que sua vida pode ser caótica e que projetos profissionais ou filhos doentes podem mudar sua agenda imediatamente. Há muitos locais para treinar de manhã, incluindo academias, piscinas e treinos fora e dentro de casa.

Muitos clubes, piscinas e academias oferecem aulas matutinas de natação. Reunir-se com os amigos na piscina alguns dias por semana para treinar pode ser a motivação perfeita para sair da cama e entrar na água. Você vai querer treinar para não desapontar seus amigos. Comprometa-se a encontrar um amigo ou parceiro de treinamento para não ficar tentado a dormir e desistir do treinamento. Provavelmente, também poderá encontrar aulas matutinas de bicicleta ergométrica, o que é especialmente útil durante o inverno, quando pedalar fora de casa é difícil.

O sol costuma raiar às 5 horas da manhã durante o verão, por esse motivo, pode-se pedalar por 2 horas ou correr por 90 minutos antes do trabalho. Certifique-se de ter um parceiro, treinador ou atleta dedicado com o qual você possa se encontrar uma vez por semana para treinar de manhã. Você tem cachorros? Os meus adoram acordar cedo e correr comigo. É ótimo para eles e eu me sinto mais segura nas montanhas do Colorado com a presença deles. Quem disse que seu colega de treinamento precisa ser humano? Pedalar até o trabalho é uma ótima maneira para matar dois coelhos com uma cajadada só. Se fizer isso, você pode levar uma sacola com suas roupas para o dia ou deixar algumas roupas no escritório durante a semana, para poder se trocar quando chegar ao trabalho. Você também pode planejar e levar roupas extras para correr até o trabalho. Se correr para casa, é fácil levar sua roupa de corrida e vesti-la após o expediente.

Durante o inverno, é possível usar um aparelho elíptico para correr antes do nascer do Sol. Ele não ocupa muito espaço e pode ser guardado em qualquer lugar – no porão, na garagem ou perto da televisão. Você pode facilmente ver televisão ou ler um jornal ou livro enquanto usa o aparelho. Esteiras também são ótimas, porém, ocupam mais espaço e são um pouco mais caras. Nesse caso, você pode correr sem se preocupar com estradas congeladas, calçadas escorregadias e escuridão.

Exercícios no meio do dia

Exercícios durante a hora de almoço são perfeitos se você não gosta de manhãs, mas teme treinar após um longo dia com os filhos, no escritório, na escola ou com qualquer outra coisa que tenha ocupado seu dia.

Por exemplo, os funcionários de meu escritório são muito sortudos. Ele está localizado próximo a pistas de ciclismo e de corrida e temos vestiários e chuveiros, o que torna o exercício durante a hora do almoço uma ótima opção. Trabalhamos com muitas pessoas que estão treinando para triatlos, competições de corrida, de ciclismo e outros eventos esportivos, e aproveitam a oportunidade para treinar com um colega ou grupo de pessoas durante a hora do almoço. Às vezes, as melhores reuniões acontecem durante corridas com um colega. É uma chance para sair, arejar a cabeça e voltar refrescado e mais preparado para a tarde. Você pode ter sorte e trabalhar para uma empresa com um centro de aptidão física ou um local para trocar de roupa e treinar durante o almoço. Você pode usar a criatividade e a pia do banheiro para se lavar se não tiver o luxo de ter ginásios ou chuveiros à disposição em seu local de trabalho.

Organizar exercícios em grupo durante o almoço é uma ótima maneira para incentivar aptidão física e melhorar a saúde de todos os funcionários. Estudos demonstram que funcionários saudáveis, que treinam e comem bem, faltam menos ao trabalho e são mais produtivos. Se a sua agenda estiver repleta de reuniões e obrigações, você deve optar por reservar a hora do almoço para, quando as pessoas agendarem reuniões, possam ver que você não tem horário disponível. Outras pessoas levam uma hora para almoçar, então, por que não usar esse horário para treinar?

Treinamentos noturnos ou no fim da tarde

A ideia de acordar às 5 da manhã não é atraente? Algumas pessoas preferem treinar de noite, depois do trabalho ou dos estudos. Você provavelmente precisará de um aparelho elíptico ou esteira em casa ou de acesso a uma academia, especialmente durante o inverno. No verão, os dias são mais longos e você pode pedalar ou correr por algumas horas no fim da tarde (se pedala ou corre para o trabalho, pode fazer a mesma coisa para voltar). Você, provavelmente, poderá treinar logo após o serviço, se não tiver família. Se tiver filhos, porém, sabe que o fim da tarde é a hora em que pode passar o tempo com eles. Discutiremos a conciliação de treinamento e família mais tarde.

Chegar mais cedo ao trabalho alguns dias por semana para treinar à tarde é outra opção. Entretanto, cuidado: é muito fácil ficar envolvido com um projeto, com uma reunião e não sair do escritório a tempo, o que impede que você tenha uma sessão de treinamento mais longa de tarde. Outra maneira para sair um pouco mais cedo durante o dia é atualizar *e-mails* ou outros projetos depois de treinar, jantar e colocar as crianças na cama.

Gerenciamento de tempo

A chave para qualquer programa de treinamento bem-sucedido é seguir um plano de treinamento gerenciável. Muitos atletas são do tipo A e, por isso, são bons gestores de tempo, mas todos nós precisamos de ajuda de vez em quando. Não importa se você esteja entrando em forma após o parto, treinando para sua primeira competição ou se preparando para seu sexto Ironman, precisará de um plano para gerenciar seu tempo. Aqui estão algumas maneiras para fazer isso:

Contrate um treinador

Considere a possibilidade de contratar um treinador de triatlo ou *personal trainer* para estruturar seus planos de treinamento. Um treinador deve ser capaz de ajudar você a aproveitar ao máximo o tempo disponível para seu treinamento (o Capítulo 23 apresenta informações sobre o que procurar em um treinador).

Crie uma agenda

Com a ajuda da família, você pode criar uma agenda na cozinha que inclua aulas de bicicleta ergométrica ou treinamento após o trabalho e as aulas de futebol e natação das crianças. Assim, todos saberão quem deverá cuidar das crianças e do jantar naquele dia. Meu marido gosta de pedir *pizza* nos dias em que chega tarde em casa. É uma coisa a menos para me preocupar e, por isso, posso me concentrar em passar o tempo com nosso filho.

▶ Treinamento durante viagens

Seu trabalho exige que você viaje bastante? Todos nós sabemos que viagens bagunçam nossos padrões de sono, alimentação e treinamento. Contudo, você pode fazer várias coisas para manter a forma durante uma viagem. Certifique-se de que o hotel tem um centro de treinamento antes de se hospedar. Assim, você poderá se exercitar em um ambiente seguro mesmo quando precisar acordar cedo ou após um longo dia de reuniões. Muitos hotéis têm esteira, bicicleta ergométrica, aparelho elíptico e pesos, para que você possa pedalar, correr ou realizar treinamentos de força. É possível levar bandas elásticas e praticar exercícios simples no quarto do hotel. Você também pode nadar um pouco, se o hotel tiver uma piscina. Se você gosta de correr, peça para que seu treinador desenvolva um bloco de treinamento focado em corridas enquanto estiver viajando. Brechas entre um dia de reuniões e o jantar são comuns, por isso, aproveite esse tempo para relaxar e realizar uma sessão de treinamento. Você também pode planejar seus voos para que possa correr ou pedalar de manhã, antes de ir para o aeroporto. Pode ter que acordar mais cedo, mas, se seu voo atrasar ou você não alcançar seu destino a tempo, pelo menos teve a chance de treinar.

Os exercícios a seguir podem ser feitos no seu quarto de hotel com bandas elásticas. Elas têm vários níveis de resistência, por esse motivo, escolha uma banda desafiadora, mas móvel.

Remada sentada

Sente-se com a banda elástica enrolada e cruzada entre seus pés. Segure as pontas da banda em cada mão (Figura 21.1*a*). Faça uma extensão do ombro com flexão do cotovelo (Figura 21.1*b*) e volte lentamente para a posição inicial. Comece com duas séries de 15 repetições, com um intervalo de 20 segundos entre elas.

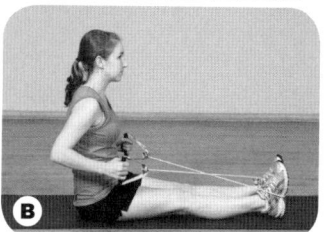

FIGURA 21.1 – **Remada sentada.**

Continua

Continuação

FIGURA 21.2 – **Elevação lateral.**

Elevação lateral

Fique em pé, com a banda elástica sob os pés, e segure as pontas dela com as mãos. Faça uma abdução unilateral de ombros, até alcançar a altura dos ombros (Figura 21.2), e solte lentamente o braço. Comece com duas séries de 15 repetições, com um intervalo de 20 segundos entre elas.

Rosca bíceps

Fique em pé, com a banda elástica sob os pés, e segure as pontas da banda nas mãos (Figura 21.3a). Faça uma flexão de cotovelos (Figura 21.3b) e solte lentamente os braços. Comece com duas séries de 15 repetições, com um intervalo de 20 segundos entre elas.

FIGURA 21.3 – **Rosca bíceps.**

Continua

Continuação

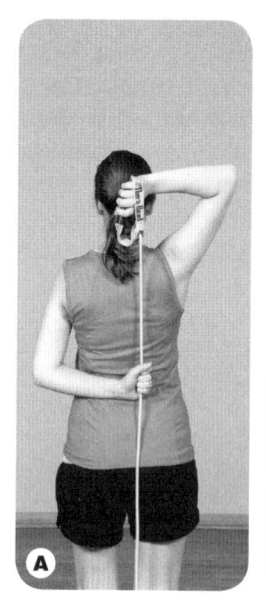
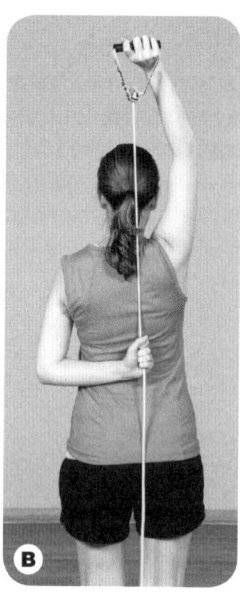

Extensão de tríceps

Fique em pé (ou sentado) e segure a banda elástica atrás da cabeça. Uma mão deve segurar a banda próxima à base do pescoço e a outra deve se manter próxima ao cóccix (Figura 21.4*a*). Estenda o cotovelo, direcionando a mão para cima (Figura 21.4*b*), e abaixe-a lentamente. Comece com duas séries de 15 repetições, com um intervalo de 20 segundos entre elas.

FIGURA 21.4 – **Extensão de tríceps.**

Supino

Deite com a banda elástica em suas costas e segure as pontas da banda nas mãos (Figura 21.5*a*). Você pode ter que amarrar a banda em volta dos pulsos para obter a tensão necessária. Levante os braços e junte-os, até suas mãos se encontrarem no centro do peito (Figura 21.5*b*), e abaixe-os lentamente. Comece com duas séries de 15 repetições, com um intervalo de 20 segundos entre elas.

FIGURA 21.5 – **Supino.**

Você também pode fazer outros exercícios comuns, como agachamentos, afundos, levantamento de perna, abdominais ou flexões, durante sua estadia em hotéis. Cheque o centro de aptidão física do hotel, para maximizar seus ganhos longe de casa.

Compartilhe o fardo

Em muitas famílias, ambos os pais treinam e competem em triatlos e, por isso, cada um deve ter o mesmo tempo para treinar. Por exemplo, eu sou muito mais ativa durante as manhãs do que meu marido. Estou disposta a acordar às 5 horas da manhã para fazer exercícios, ao passo que meu marido cuida dos cachorros e se prepara para o dia. Ele prefere fazer exercícios à tarde ou à noite, por isso, ele pedala e corre enquanto eu vou buscar nosso filho na creche. Quando nós dois precisamos treinar antes do trabalho, um de nós fica em casa e usa o aparelho elíptico enquanto nosso filho dorme e o outro cônjuge treina fora de casa. Depois, revezamos alguns dias por semana com base nas nossas agendas.

Aproveite fins de semana e feriados

Os fins de semana são uma ótima oportunidade para trocar dias com seu cônjuge. Você gosta de pedalar semanalmente no sábado? Nesse caso, pode sugerir que vai treinar nas manhãs de sábado, mas ficará com o domingo livre para que seu parceiro possa treinar de manhã e, depois, vocês poderão passar o resto do dia juntos. Se seu filho ainda tira sonecas ou vai para cama cedo, os fins de semana e as noites são uma ótima oportunidade para treinar enquanto ele dorme. Isso pode exigir que você treine dentro de casa, mas é melhor do que não fazer nada. Pessoalmente, nunca usei tanto o aparelho elíptico quanto agora que tenho um filho. É muito conveniente, e posso usá-lo para ter uma ótima sessão de treinamento enquanto meu filho dorme.

Envolva seu filho

À medida que seu filho cresce, você pode pensar em acoplar um *bike trailer* à bicicleta e levá-lo junto. É um ótimo exercício e crianças adoram sair ao ar livre. Você também pode comprar um carrinho de bebê e levar seu filho quando correr. É necessário esperar até que o bebê seja forte o bastante para erguer a cabeça (pergunte isso para seu pediatra), mas, a partir daí, ele estará preparado até superar o andador (ou fique muito pesado e você não consiga puxá-lo). É um exercício incrível e uma ótima maneira para recuperar a velha forma, especialmente para novas mães. Idealmente, seu filho já estará pedalando quando já não tiver mais idade para carrinhos e andadores. Essa é uma ótima época para que a família pedale junta, ou para que seu filho acompanhe você de bicicleta durante corridas. Seu filho pode nadar, pedalar e correr com você se tiver idade para isso, o que é uma ótima maneira para ajudá-lo a desenvolver um estilo de vida ativo.

Arrume uma babá

Talvez você precise de mais de uma hora de treinamento quando estiver se preparando para uma competição de longa distância. Pode contratar uma babá aos fins de semana, para ter mais tempo para treinar. Também pode ser criativo e compartilhar uma babá com outro tri-pai, tri-mãe ou tri-família para treinarem juntos. As crianças farão amizade e vão se divertir, e você só terá que arrumar uma babá.

Vocês também podem revezar turnos como babá para evitar gastos. Como mencionado antes, isso também pode ser feito com seu próprio cônjuge. Avós, vizinhos confiáveis e amigos da família também são ótimas babás. O vovô e a vovó costumam gostar de passar um dia com os netos enquanto você e seu cônjuge podem passear de bicicleta. Eles aproveitam a companhia das crianças, e você e seu parceiro podem treinar como antigamente. O truque é agendar sessões que funcionem para sua família e permitam que você aproveite sua companhia. Isso significa que muitos triatletas de Ironman precisam sair de casa às 5 horas da manhã e treinar para que possam ficar com a família durante o resto do dia.

O gerenciamento do tempo é essencial para manter sua agenda de treinamento. Você terá mais chances de conquistar seus objetivos de treinamento e de competição se reservar tempo para treinar de acordo com as estratégias previamente mencionadas. É importante ser flexível e perceber que nem mesmo os melhores planos e agendas funcionam sempre. As coisas nem sempre são fáceis, e a vida costuma atrapalhar, mas você terá muito mais chances de sucesso se gerenciar seu tempo de maneira eficiente e seguir seu plano.

Rede de apoio

Será que, com toda essa conversa de treinamento, eu esqueci que você pode ter família, amigos e compromissos profissionais ou escolares? Não, eu sei que você é pai, cônjuge, parceiro, amigo, empregado ou estudante em primeiro lugar, e atleta em segundo. Filhos, famílias, estudos e empregos são mais importantes que treinamentos. E nenhum triatleta obtém sucesso sem uma boa rede de apoio.

A primeira coisa que precisa fazer é compartilhar seus objetivos com seu parceiro. Por exemplo, você precisará do apoio de sua família para investir o tempo necessário para participar de um Ironman. E se a sua cara-metade não participa de triatlos ou não treina tanto quanto você, mas o apoio dela é necessário para conquistar seu objetivo pessoal? Bem, é possível incorporar suas competições em férias de família. Pode-se escolher eventos em lugares agradáveis e levar a família toda para viajar. As crianças adorariam ir à Disney, e quem não gostaria de um feriado no Havaí? Mais modestamente, os eventos Xterra são realizados em áreas próprias para acampamentos, desse modo, arrume a tenda e leve a família inteira. Sim, você sofrerá pressões para se qualificar para certos eventos, mas não seria ótimo mostrar para seus filhos que todo aquele treinamento que você faz resultou em férias divertidas para a família?

É bom incluir sacrifícios que você esteja disposto a fazer ao solicitar apoio significativo de sua cara-metade. Por exemplo, você levará as crianças para passear nas tardes de domingo para que seu parceiro tenha um tempo livre ou fará o jantar com mais frequência para aliviar o fardo de seu cônjuge. Você também deve preparar um plano e apresentá-lo para sua família, para garantir que tudo vai funcionar. Essa é a parte em que você deve fazer a lição de casa e alistar babás e avós para ajudar. Gerencie seu treinamento e suas responsabilidades familiares com criatividade. Uma vez, um triatleta me disse que leva seu aparelho elíptico para o treino de futebol de seu filho, a fim de poder treinar enquanto assiste aos jogos, o que gera olhares desconfiados dos outros pais.

Acredite ou não, também é possível conquistar o apoio de seus filhos. Centros de aptidão física que ofereçam creches e atividades divertidas para as crianças enquanto você treina são uma ótima maneira para expor crianças mais jovens à aptidão física e a um estilo de vida saudável. Isso também pode fazê-las se interessarem por outros esportes: podem ser tornar atletas mais equilibrados se experimentarem vários esportes. Além disso, muitas competições apresentam um evento para crianças na véspera da competição adulta, por essa razão, você pode entusiasmar as crianças com o evento e envolvê-las no treinamento. Você pode inscrever seus filhos em aulas de natação ou permitir que eles participem de uma equipe de natação local. Alguns clubes e centros comunitários oferecem programas de triatletas para jovens. É uma maneira fantástica para que seus filhos aprendam mais sobre habilidades de triatlos, façam exercícios e sejam parte de uma equipe. Mesmo crianças que não tenham a idade necessária para participar de uma equipe de triatlo ou natação podem ajudar monitorando seus treinamentos e assistindo a suas competições. Crianças mais velhas podem criam placas que digam "Vai, mãe!" ou "Meu pai é um triatleta!". Completar uma competição após ter um bebê também é extremamente recompensador. O sentimento de conquista, de saber que você tinha um objetivo, continuou tentando e conseguiu equilibrar as exigências da vida, vale a pena.

▶ Equilibrar os papéis de mãe e de atleta

Manter a forma bem como equilibrar a carreira e a família pode ser estressante, especialmente para uma mulher. As pressões sociais e familiares para que ela seja mãe, cozinheira e dona de casa podem impedir que acredite ser capaz de manter a forma. Se você é uma mãe novata – ou se ainda não tem filhos, mas planeja ter um dia – e uma atleta, deve continuar lendo este boxe para obter conselhos para a manutenção de sua identidade como atleta, ao mesmo tempo que adiciona a de "mãe" ao seu currículo.

Estudos comprovam que exercícios ajudam a aliviar o estresse, e não existe nada mais estressante do que filhos. Sim, eles são maravilhosos, e, depois que você aprende a criá-los, eles tornam sua vida mais alegre. Entretanto, bebês com padrões esporádicos de sono e de alimentação podem irritar até mesmo a mãe mais calma e relaxada. Além disso, muitas mães trabalham fora de casa (e costumam ter sentimentos de culpa por deixar os filhos aos cuidados de outra pessoa o dia todo). Não é surpreendente que muitas atletas duvidem que conseguirão retomar a velha forma e participar novamente de competições. É possível: só exige tudo o que já foi discutido, incluindo gerenciamento de tempo e uma rede de apoio.

Você se pergunta como conseguirá treinar com seu novo encargo? Como discutimos anteriormente, é possível utilizar carrinhos, *bike trailers*, aparelhos elípticos e esteiras enquanto as crianças forem pequenas. Também ficaria surpresa com a quantidade de pessoas dispostas a cuidar do bebê durante a natação ou a realização de exercícios na academia. Você também pode participar de aulas que incorporam seu filho ao exercício. Dará um ótimo exemplo se incorporar atividades físicas

Continua

Continuação

ao seu dia e incentivar seu filho a fazer isso também. O ciclismo e a corrida em família são ideais para crianças mais velhas. Se você levar seus filhos consigo, não se sentirá culpada por abandoná-los para treinar. Contudo, não esqueça: não há nada de errado em deixar seus filhos com um adulto confiável, como o marido ou os avós, para que você possa ter um tempo só "seu". Isso não é egoísmo – você também precisa de um pouco de sanidade. O exercício melhora seu humor, e seus filhos aproveitarão mais o tempo com você se estiver feliz.

O propósito deste capítulo foi apresentar algumas ideias sobre como equilibrar o trabalho, a família e o treinamento de triatlo. Os truques são gerenciar bem o tempo, ter uma boa rede de apoio, ser flexível no treinamento, incluir seus filhos e ser um bom exemplo. É importante perceber que, mesmo um profissional ocupado, pode encontrar tempo para família, treinamentos, competições e um estilo de vida mais saudável. O triatlo é uma ótima maneira para se tornar uma pessoa mais feliz e saudável, por isso, aproveite as oportunidades para treinar e competir quando puder.

CAPÍTULO 22

Escolha o equipamento ideal

Timothy Carlson

Desde o primeiro triatlo, disputado na baía de San Diego no dia 25 de setembro de 1974, até o primeiro Ironman havaiano, disputado em fevereiro de 1978, não existe um padrão de equipamento para esse jovem esporte, que combina natação, ciclismo e corrida. Isso é que pode ter ajudado no crescimento do triatlo.

O ciclismo, a natação e a corrida são esportes com longas tradições e regras técnicas e elaboradas, mas os primeiros triatlos foram eventos espontâneos e improvisados, que atraíam um grupo eclético de atletas determinados, os quais buscavam um desafio informal. Esses eventos iniciais tinham regras simples e incentivavam uma atitude casual e decidida. "A falta de uma lista de equipamentos predefinida abriu as portas para o espírito de inovação que permeia o esporte atualmente", diz Jordan Rapp, especialista técnico que venceu a competição Ironman duas vezes.

O esporte oferecia uma proposta clara e ficou famoso como o esporte de praticantes inovadores – atletas inteligentes que buscavam usar as mais recentes inovações tecnológicas. Em alguns momentos, triatletas pioneiros desbravaram o caminho. Também ajudaram a refinar as inovações originais e sempre encontraram e utilizaram as melhores novidades de outras áreas.

Marcos tecnológicos cruciais para o desenvolvimento do triatlo

Embora a emoção de desafiar várias distâncias sempre tenha sido uma das atrações do triatlo, esse esporte não teria alcançado sua popularidade mundial sem algumas inovações essenciais que o tornaram mais acessível para um humano normal. Quando Dan Empfield, por exemplo, desenvolveu um traje de mergulho específico para natação que protege contra a hipotermia e facilita o impulso, foi aberto o portal que permite que nadadores iniciantes e fracos sobrevivam em oceanos e em lagos ventosos.

Bebidas repositoras de eletrólitos e energéticos em gel ajudam triatletas de elite, mas também permitem que atletas medianos percorram distâncias heroicas durante o treinamento e participem de competições longas sem entrar em colapso. Monitores de frequência cardíaca e de potência exercida durante o ciclismo oferecem *biofeedback* que ajuda a determinar a intensidade de treinamento ideal, o que melhora o desempenho de atletas de todos os níveis. Como o triatlo é focado em competições sem pegada de vácuo, os ângulos eficientes dos assentos e das barras e rodas aerodinâmicas de bicicletas específicas para triatlo são ferramentas que economizam energia, melhoram a velocidade e tornam o esporte mais confortável, rápido e seguro. Sem esses novos produtos, o triatlo provavelmente não seria tão popular e esse esporte de natação-ciclismo-corrida ainda seria um nicho ocupado por poucos.

Bicicletas de triatlo

Enquanto patrocinava competidores em suas roupas de mergulho, Dan Empfield, o dono da empresa Quintana Roo, percebeu que mulheres tinham dificuldades com as novas barras aerodinâmicas, pois elas alongavam demais o quadro da bicicleta. O desejo inicial de Empfield era ajudar a diminuir a disparidade entre gêneros no *design* de bicicleta, mas ele acabou repensando completamente o *design* de bicicletas para triatlo. "Eu estava pedalando com as barras aerodinâmicas de Boone Lennon e percebi que elas eram a coisa mais rápida da bicicleta", disse ele em uma entrevista para Jason Sumner, da revista *Inside Triathlon* (2007a). "Então, por que não construir um quadro que otimizasse as barras?". Para encaixar todos os componentes, Empfield decidiu diminuir a bicicleta proporcionalmente, usando rodas de 650 milímetros.

Ele achava que as barras aerodinâmicas de Scott DH eram desconfortáveis e que o selim precisava ter uma posição mais dianteira em relação a outras bicicletas. Em 1988, Empfield decidiu inclinar o ângulo do assento. Sua primeira tentativa, a bicicleta Quintana Roo Superform, apresentava um assento num ângulo de 80 graus, reduzido depois para 78 graus. Ray Brawning estreou a Superform com uma vitória dominante no Ironman da Nova Zelândia, conseguindo 30 minutos de vantagem sobre os favoritos Scott Tinley e Richard Wells.

Barras aerodinâmicas

Em 1987, o ciclista e projetista de equipamento de esqui Boone Lennon adaptou e aprimorou as primeiras barras aerodinâmicas, feitas por Richard Bryne para uso de Chris Elliott no evento Race Across America e aprimoradas pelo vencedor da RAAM de 1986 Pete Penseyres, que adicionou apoiadores de braço em uma plataforma em frente às barras. A versão de Lennon fazia a diferença na velocidade, pois colocava o ciclista na posição aerodinâmica curvada de um praticante de esqui descendo uma montanha. Lennon patenteou seu *design* e vendeu-o para a empresa Scott USA. Em 1988, a Profile investiu em *marketing* e patrocinou triatletas profissionais, como Mike Pigg, para aumentar seus lucros. Em 1989, Greg LeMond usou as barras aerodinâmicas para vencer heroicamente o Tour de France com uma vantagem de 8 segundos.

Rodas baratas

Empresas como a JDisc desenvolveram coberturas baratas de plástico para melhorar a aerodinâmica de rodas normais, mas o *designer* inovador Steve Hed, de Minnesota, pegou materiais futuristas como fibras de carbono e transformou-os em armas baratas e rápidas para competições. Quando o italiano Francesco Moser quebrou o recorde mundial de ciclismo contrarrelógio de 1 hora em 1984, Hed pensou que o preço de US$ 6.000 pelas rodas era ruim para o esporte. "Eu estava preocupado com a vantagem obtida pelos ricos", disse Hed, que experimentou com vários *designs* e materiais até criar sua primeira roda por US$ 395 (2007a). Ele vendeu sua loja de ciclismo para lançar um negócio de rodas de bicicleta e criou o primeiro molde manualmente. Ele criou também uma das primeiras rodas de carbono e várias outras que ainda são o padrão no mundo do ciclismo e do triatlo.

Trajes de mergulho para triatlo

Em 1987, o triatleta Dan Empfield viu que Scott Tinley usava uma roupa de mergulho espessa, pesada e constritiva durante dias frios e, mesmo assim, conseguia igualar seu tempo em águas quentes sem o uso de roupas de mergulhos. "Calculei que, se você produzisse uma roupa de mergulho específica para a natação, poderia facilitar o nado em águas geladas", disse Empfield (2007b). Ele inventou uma fórmula vencedora quando a empresa fabricante de trajes de surfe Victory permitiu que ele observasse uma fábrica em Huntington Beach: um material mais flexível e fino nos ombros. Um exterior liso e hidrodinâmico combinado com material mais espesso para aprimorar o impulso e corrigir a postura corporal. Fácil de tirar e fechado na região do pescoço para impedir a entrada de água. Quando ele experimentou o protótipo do traje, Empfield disse a Sumner (2007b): "Nadei 100 jardas e fui 7 segundos mais rápido do que teria sido sem o traje. Naquele momento, descobri o que iria fazer durante os próximos dez anos". Os trajes de mergulho da Quintana Roo encorajaram muitos novatos a praticar o esporte, pois tornavam a vida confortável na água gelada e aumentavam a velocidade de todos, especialmente dos nadadores mais lentos. Além disso, as roupas de natação Fastskin, que dominaram os Jogos Olímpicos de Pequim e ajudaram a detonar com recordes mundiais – acabaram também sendo banidas –, operavam com base nos mesmos princípios das roupas de mergulho para triatlo.

Medidor de potência de ciclismo

Em 1986, o sistema de treinamento SRM (Schoberer Rad Messtechnik) possibilitou a medição da potência do ciclista em watts não apenas em laboratórios, mas também durante o ciclismo em estradas. Antes de fundar o sistema SRM, o engenheiro médico Ulrich Schoberer passou anos tentando encontrar uma maneira para medir a potência de um atleta nos pedais. Uma vez que Schoberer desenvolveu um aparelho que podia medir a potência no ponto em que a descarga ocorria, desde então, vários aprimoramentos tornaram possível a medição completa da potência gerada em comparação à velocidade, distância e frequência cardíaca durante o ciclismo. O medidor de potência foi popularizado no fim dos anos 1990, quando foi divulgado que Lance Armstrong usava o aparelho em seus treinamentos e competições. A partir daí, o medidor de potência se tornou uma ferramenta essencial para ciclistas e triatletas de elite.

Monitores de frequência cardíaca

Em 1978, a empresa finlandesa Polar Electro Oy desenvolveu o primeiro monitor de frequência cardíaca com um cinto peitoral conectado por cabos. Em 1984, a Polar desenvolveu um pequeno monitor parecido com um relógio de pulso, com um transmissor conectado ao peito. Esse modelo revolucionário media precisamente a frequência cardíaca e funcionava em condições reais de treinamento, o que revolucionou a avaliação de aptidão física. Triatletas e seus técnicos foram os primeiros a utilizar essa nova ferramenta que oferece uma precisão inigualável para determinar os níveis de treinamento aeróbio e anaeróbio mais eficientes.

Bebidas esportivas

Em meados dos anos 1960, o doutor Robert Cade desenvolveu uma bebida que chamou de Gatorade para evitar a desidratação dos membros da equipe de futebol americano da Universidade da Flórida. Em 1967, o Gatorade foi comprado pela empresa Stokely-Van Camp e vendido nacionalmente. Em 1969, Bill Gookin, bioquímico e competidor na maratona de San Diego, experimentou o conceito do Gatorade para criar uma bebida mais próxima aos níveis de concentração de glicose e íons (sódio e potássio) perdidos durante exercícios em comparação com os níveis encontrados nos fluidos de atletas em forma. Ele também adicionou magnésio e vitamina C e determinou o pH certo para evitar doenças gástricas. Sua bebida, Gookinaid (atualmente, Hydralyte), foi usada pelo clube de corrida de San Diego durante o primeiro triatlo de 1974 e no Ironman do Havaí de 1981; ela foi um passo crucial para o refinamento e desenvolvimento das bebidas repositoras de eletrólitos usadas atualmente por triatletas.

Energético em gel

No começo dos anos 1980, o doutor Tim Noakes, um fisiologista de esportes da Universidade de Cape Town, desenvolveu um polímero de carboidratos com baixa osmolaridade, o que significa que o corpo poderia absorver níveis mais altos de água e energia durante exercícios intensos. Após alguns testes, Noakes e Leppin desenvolveram a forma ideal – líquido concentrado. O produto foi embalado em pacotes de plástico similares aos usados para *ketchup*. Os triatletas inovadores logo começaram a comprar o produto, nomeado Leppin Squeezy. Nos anos 1990, o parceiro de Brian Maxwell na PowerBar, William Vaughan, ph.D. em Biofísica e Física Médica pela Universidade da Califórnia, em Berkeley, aprimorou a fórmula com seu revolucionário Gu, um energético em gel.

Essas inovações cruciais ajudaram a popularizar o esporte, mas o volume e a intensidade das mudanças são ainda maiores no século XXI, pois novos materiais e conceitos digitais estão impulsionando o triatlo como uma revolução técnica constante.

Escolha o equipamento apropriado para seu nível de habilidade

Mesmo se você tivesse uma quantidade infinita de dinheiro, não faria sentido entrar em uma loja especializada em triatlo para comprar a Ferrari das bicicletas, monitores de frequência cardíaca e medidores de potência desenvolvidos pela NASA, capacetes aerodinâmicos extremamente modernos, calçados de corrida complexos e reforçados e todos os outros equipamentos avançados desenvolvidos para os triatletas mais experientes e bem-sucedidos. Em primeiro lugar, os equipamentos de triatlo oferecem tantas opções e respostas para questões de conforto e desempenho que começar com equipamentos de natação, ciclismo e corrida básicos, seguros e razoavelmente baratos oferece a oportunidade para descobrir o que é importante para você – além de não esvaziar a carteira.

Uma das coisas maravilhosas sobre o triatlo é que o esporte oferece emoções durante a mais prosaica primeira competição que podem igualar até a alegria de um vencedor do Ironman. Seria uma pena desencorajar qualquer pessoa que queira participar de seu primeiro triatlo fazendo-a acreditar que precisa se igualar à elite do esporte apenas para começar. Você pode fazer seu primeiro triatlo com alguns itens velhos encontrados na garagem e no armário; na verdade, essa talvez seja a melhor maneira de começar. Os equipamentos sofisticados produzidos pelo esporte se tornam um investimento cada vez mais vantajoso à medida que o iniciante evolui até se tornar um atleta de elite.

Iniciante

Talvez você tenha visto uma competição de Ironman ou o triatlo olímpico na televisão. Pode ser que tenha visto bicicletas retumbando durante uma pequena competição local ou um exército de nadadores, ciclistas e corredores invadindo o triatlo de uma cidade grande. Pode ser que você tenha notado os sorrisos e a exuberância na linha de chegada e sentido uma vontade inexplicável de participar da festa. De qualquer maneira, a centelha virou fogo, e você ficou determinado a fazer parte do grande quadro de triatletas ativos no mundo – ou, pelo menos, a experimentar. Assim, do que você precisa e como conseguir isso?

Pode ser surpreendente, mas alguns estudos de análise demográfica do mercado de triatlo afirmam que a renda média de um atleta é de seis dígitos, e que o místico triatleta médio gasta de US$ 2.000 a US$ 5.000 por ano em equipamentos, geralmente aparelhos brilhantes e exóticos. E no caso de estudantes famintos e pais e mães trabalhadores com um orçamento apertado, mas que desejam tentar o triatlo? Sem problemas. Na verdade, uma pesquisa feita com 135.000 membros da USA Triathlon (USAT, 2009) demonstrou que o triatleta ativo médio gasta, aproximadamente, US$ 150 por ano em equipamentos de natação, US$ 350 por ano em equipamentos de ciclismo (sem contar bicicletas) e US$ 200 por ano em equipamentos de corrida.

Para começar, você pode participar de um evento local que não é esgotado antes do tempo, para satisfazer seus impulsos e não ter um desfalque na sua carteira. Se você não se importar com *status* ou com seu desempenho, poderá obter a alegria e a satisfação centrais no esporte mesmo sem muitas pompas. Apenas duas habilidades são indispensáveis – você precisa saber nadar e andar de bicicleta. Fora isso, não existem muitas exigências. Se a água não for muito fria, é possível participar de um triatlo munido de *shorts*, um velho par de tênis, uma bicicleta enlameada e enferrujada, uma camisa desgastada e, claro, no caso da USAT, seu capacete de ciclismo aprovado pela CPSC, a Comissão para a Segurança do Consumidor dos Estados Unidos. Contudo, existem muitas opções se você quiser cruzar sua primeira linha de saída com equipamentos razoáveis. Não compre muitas coisas para sua primeira competição. Você não saberá o que realmente deseja ou precisa antes de treinar e competir algumas vezes.

O crescimento do esporte e a internet permitem que você descubra competições locais. Talvez uma das melhores maneiras de fazer isso seja participar de um clube de triatlo em sua cidade. Alguns eventos são compostos por apenas algumas dúzias de entusiastas, mas clubes populares em grandes cidades podem envolver milhares de pessoas. Se você tiver a sorte de morar em uma dessas grandes cidades, poderá utilizar clubes de triatlos como uma grande fonte de informações (e treinamento) e de equipamentos usados, pois os membros estarão sempre trocando ótimas bicicletas. Fóruns de triatlo também são outro recurso. O < Slowtwich.com > , o maior *site* sobre o assunto, reúne mais de 14.000 membros que compartilham suas experiências e dão conselhos sobre qualquer pergunta legítima que é feita. Lojas de ciclismo, multiesportivas e de triatlo são ótimas para oferecer um toque pessoal cara a cara. Todas venderão equipamentos, mas muitas também oferecerão bons conselhos, pois sabem que você voltará se estiver satisfeito. Além disso, *sites* como o eBay, lojas de triatlo e anúncios em jornais podem oferecer materiais usados ou alugar equipamentos.

Equipamento de natação para iniciantes

Você pode usar um traje de banho ou *shorts* para triatlos *sprint* de 200 a 500 metros de distância em águas quentes. A temperatura da água de muitos triatlos é de 21 °C, e uma roupa de mergulho para triatlo é uma boa ideia, pois ajuda você a flutuar e a se manter aquecido. Os melhores trajes custam de US$ 450 a US$ 650, mas é possível alugar um bom equipamento em uma loja de triatlo por US$ 25 a US$ 60. Alguns *sites* alugam trajes excelentes por US$ 45 e entregam por FedEx e UPS. Também vendem roupas usadas por US$ 50 a US$ 150. Você também pode pedir o equipamento do vizinho emprestado, se ele for um triatleta do seu tamanho. Modelos sem mangas (Farmer Johns) são úteis se a água estiver relativamente quente, pois são fáceis de tirar, mas absorvem água e dificultam seu trabalho. Uma roupa de mergulho completa vale a pena se a água estiver abaixo de 19 °C, e o percurso for maior que 800 metros. O mais importante, de acordo com o famoso técnico de triatlo Joe Friel, é "descobrir o que você gosta e não gosta nas roupas de mergulho antes de comprar uma".

Você pode nadar sem óculos, mas o custo benefício de um par, que pode custar de US$ 12 a US$ 35, é muito bom. Por quê? O nado pode ser muito turbulento, porém, você não precisará fechar os olhos se usar óculos. Além disso, eles ajudam a manobrar pelas boias e impedem que seus olhos ardam em piscinas com muito cloro. Entretanto, experimente todas as marcas de uma loja, pois os óculos variam muito de pessoa para pessoa e de marca para marca.

Equipamento de ciclismo para iniciantes

Você pode participar de um triatlo com uma bicicleta empoeirada ou emprestada por um vizinho, mas também pode alugar ou comprar uma bicicleta de triatlo bem conservada por um preço razoável. Antes de aceitar, porém, o profissional de Ironman Jordan Rapp recomenda que você "encontre uma bicicleta adequada para você. Não compre a bicicleta primeiro e tente adequá-la depois". A melhor estratégia para iniciantes é encontrar uma loja de ciclismo ou triatlo e ser medido por um mecânico qualificado para determinar o seu tamanho ideal de bicicleta. Você provavelmente terá que utilizar o básico para bicicletas alugadas e usadas – uma estimativa aproximada com base na sua altura e tamanho de roupa. Pessoas mais altas, por exemplo, com 1,96 metro e com 89 centímetros de entreperna, usariam normalmente um quadro de bicicleta de 60 a 62 centímetros. Um homem de 1,78 metro e com 81 centímetros de entreperna provavelmente usaria uma bicicleta com um quadro de 55 a 56 centímetros. Uma mulher de 1,52 metro e com 74 centímetros de entreperna poderia utilizar um quadro de 42 a 44 centímetros. Após seu primeiro triatlo, você poderá investir em uma medição mais aprofundada e cuidadosa feita por profissionais qualificados como mecânicos certificados e treinados ou técnicos em um laboratório de medicina de esportes, como o Boulder Center for Sports Medicine. Esse procedimento vale cada centavo, pois ajudará a evitar ferimentos e melhorar seu desempenho.

Para bicicletas usadas, triatletas veteranos recomendam desde um "trambolho de US$ 50", provavelmente um quadro de ferro com tiras baratas (de US$ 15 a US$ 17) nos pedais (para que você possa simplificar as coisas e utilizar calçados apropriados tanto no ciclismo quanto na corrida) até uma bicicleta básica de triatlo por US$ 500 com um quadro de alumínio que inclua barras aerodinâmicas, tiras decentes para os pedais e calçados básicos para ciclismo. "Não compre uma bicicleta nova", Joe Friel recomendou em uma conversa por telefone. "Espere um ano por uma bicicleta melhor". Craig Turner, chefe da XlaB USA, fundador da Nytro Multisport Technology e guru de equipamento de triatlo para estrelas, por telefone, disse: "Quando comprar uma bicicleta usada, tome cuidado com câmbios gastos e com o movimento central. Também examine o quadro em busca de defeitos, especialmente próximo ao selim". Naturalmente, é melhor que o vendedor permita que você leve a bicicleta para uma loja local e faça uma avaliação profissional.

Muitas cidades grandes têm lojas bem equipadas para o aluguel de bicicletas de ciclismo. Em uma loja de triatlo popular em Washington, D.C., o preço do aluguel para um dia de corrida é de US$ 50 por uma bicicleta comum com barras aerodinâmicas removíveis, US$ 75 por um quadro de carbono e US$ 100 por uma bicicleta de carbono com componentes de primeira linha e barras aéreas embutidas; o preço para um aluguel de fim de semana para treinar e se adaptar antes da competição é de US$ 125 a US$ 150. Se você estiver viajando para uma de suas primeiras competições, note que US$ 150 para alugar uma bicicleta bem cuidada por um fim de semana não é mais caro que o preço cobrado por muitas linhas aéreas para o transporte de uma mala de bicicleta.

Um ciclômetro simples (um velocímetro e odômetro para a bicicleta) que meça a velocidade e a distância pode ajudar você a manter seu ritmo, mas um triatleta novato não precisa disso. É melhor se concentrar no percurso para evitar acidentes ou trombadas com outros competidores. Se você não tiver experiência com a posição curvada e aerodinâmica, é melhor evitá-la em uma competição. Leve garrafas de sua bebida repositora de eletrólitos favorita penduradas em um cesto no quadro, mesmo em competições de curta distância. Todavia, reserve o cinto de munição com cartuchos, parecidos com uma bandoleira, cheios de pacotes de gel Gu e bebidas durante a corrida para competições maiores.

Equipamento de corrida para iniciantes

Os iniciantes não precisam de muitos equipamentos de corrida para um evento *sprint* com uma corrida de 5 quilômetros. Muitos atletas iniciantes têm experiência em corrida e, por isso, têm calçados apropriados. Além disso, até um novato pode se beneficiar de estratégias simples de transição em triatlos de curta distância – mesmo que apenas para reduzir o estresse. Por isso, tiras para os pés nos pedais – que permitem que o competidor mantenha os mesmos calçados durante o ciclismo e a corrida – são uma boa opção para o primeiro evento. Novatos que insistirem em experimentar pedais mais avançados com calçados para ciclismo podem facilitar a transição para a corrida se utilizarem calçados de corrida com cadarços elásticos.

Em competições *sprint*, também é recomendável vestir um traje específico para triatlos ou corridas durante as etapas de natação, ciclismo e corrida. Alternativamente, você pode utilizar roupas de banho durante todas as etapas da competição para não ter que passar longos minutos trocando de roupa. Novatos que planejam continuar com o esporte podem comprar roupas para triatlo (US$ 80 a US$ 160) resistentes, aerodinâmicas, elegantes, coloridas e funcionais – mesmo que não sejam absolutamente necessárias.

Bonés e óculos de sol são comuns em eventos de distância olímpica ou mais, mas são opcionais para um *sprint* e podem ser ignorados para simplificar a situação. Óculos de sol podem ser úteis durante o ciclismo, pois impedem que a poeira entre em seus olhos quando você estiver pedalando 32 a 40 quilômetros por hora, mas essa função não exige um equipamento esportivo de US$ 150 a US$ 250. Um protetor solar à prova d'água, porém, não é opcional.

Atletas intermediários

O triatleta novato provavelmente se divertiu bastante em suas primeiras competições com equipamento emprestado, alugado e usado. Muitas vezes, esse triatleta está interessado e quer tentar o esporte seriamente por um ano ou mais. Entretanto, a bicicleta, os *shorts* e os tênis provavelmente foram um pouco desconfortáveis, e esse novo triatleta entusiasmado e comprometido quer ver quão bom ele pode ser. Por isso, quais são os equipamentos mais eficientes, inteligentes e razoavelmente baratos que ele deve adquirir?

Uma estratégia para seu orçamento pode ser útil quando decidir comprar uma lista mais extensa de equipamentos melhores para utilizar durante uma temporada completa ou mais. Para começar, você pode vender sua bicicleta usada de US$ 500 por um preço parecido pelo qual a comprou e vender sua primeira roupa de mergulho pela metade do preço. A seguir, quando se avultam os preços de bicicletas e outros equipamentos para triatlo de qualidade mediana, pense que esse valor depreciará dentro de dois ou três anos. Se o investimento inicial for muito caro, parcele essas compras durante um ano ou 18 meses e classifique-as de acordo com a necessidade. Tente se inscrever em um clube de triatlo para ter acesso a equipamentos que não conseguiu comprar.

Uma pesquisa feita com treinadores, donos de lojas, escritores especializados e atletas declarou que existe uma certa ordem lógica para a compra de equipamentos de triatlo medianos.

Equipamento de natação para atletas intermediários

A lista de acessórios de natação para triatletas intermediários pode não ser tão grande ou cara quanto a lista de equipamentos de ciclismo, mas oferece benefícios quase tão grandes. Nem todos os gastos com equipamentos de natação se encaixam na mesma categoria, mas todos estão relacionados. A primeira prioridade é entrar em um curso de natação local. A segunda prioridade é pagar por algumas lições particulares com um ótimo professor para aprimorar sua braçada. Além desse treinamento, um triatleta dedicado deve comprar pranchas e boias para seus treinos. Cordas elásticas de borracha com 3 metros podem ser usadas para treinos em terra firme e exercícios de aquecimento. O atleta em evolução também deve experimentar novos óculos de natação em busca de um modelo mais apropriado. Finalmente, se você achar que sua técnica de natação atingiu seu ápice – e se tiver lugar no orçamento –, pode pensar em comprar uma roupa para mergulho feita em borracha, hidrodinâmica, para uso profissional, por US$ 450 a US$ 650.

Equipamentos de ciclismo para atletas intermediários

Atletas intermediários podem querer uma bicicleta melhor. Tire suas medidas em uma loja antes de comprar. Se você tiver dinheiro disponível, uma medição completa por especialistas pode custar entre US$ 80 e US$ 250, mas prevenirá ferimentos, aumentará sua velocidade e facilitará o uso da bicicleta. Nessa etapa, pode valer a pena examinar a pesquisa feita com os membros da USAT para saber quais marcas e componentes são favorecidos. Quase todas as bicicletas modernas seguem um padrão de desempenho e qualidade, portanto, conhecer as marcas mais populares pode ser um atalho para sua decisão. Se seu objetivo final for participar de eventos meio-Ironman e Ironman, examinar a lista de bicicletas do Ironman Havaí será uma boa maneira para descobrir qual bicicleta funciona bem – triatletas são bem exigentes.

Se seu orçamento para bicicletas for de US$ 500 a US$ 1.000, suas escolhas provavelmente serão limitadas a quadros de alumínio com componentes básicos. Muitas bicicletas excelentes por US$ 1.000 a US$ 1.500 têm um quadro de alumínio e componentes decentes, como a popular Shimano 105, com barras aerodinâmicas removíveis, um ciclômetro decente e uma escolha entre pedais que inclui o pedal em forma de pirulito Speedplay (US$ 185) ou os pedais de base larga Look, próprios para o uso de calçados de ciclismo para fortalecer o movimento de cima para baixo. Para não ultrapassar a marca de US$ 1.000, você não deverá comprar rodas aerodinâmicas por um bom tempo e competirá com rodas normais em pneus regulares com tubos. Outra dica: se planeja subir muitas colinas íngremes, mas não é tão forte como Alberto Contador ou Chris Lieto, pode pedir que sua loja de ciclismo instale equipamentos de escalada por US$ 125 a US$ 200.

Você terá muito mais opções se estiver disposto a pagar de US$ 1.500 a US$ 3.000, quantias consideradas altas para uma bicicleta mediana. Esse preço pode incluir bicicletas específicas para triatlos com selins a um ângulo de 78 graus e barras aerodinâmicas integradas. A opção mais significativa para muitas pessoas provavelmente é o uso de quadros de fibra de carbono, mais leve que o alumínio e muito mais resistente a choques, o que encoraja o ciclismo a longa distância. Esse preço também pode incluir componentes de qualidade para competições, como alavancas de câmbio Shimano DuraAce ou Campagnolo.

Em geral, uma pessoa disposta a pagar esses preços treina regularmente e está sempre melhorando, dessa forma, pneus superiores das marcas Continental, Vittoria ou Michelin podem fazer parte do conjunto. Se você consegue se qualificar para os eventos nacionais da USAT ou para os campeonatos mundiais da International Triathlon Union (ITU), pode pensar em comprar um disco traseiro ou outras rodas de carbono, cujo custo pode ir de US$ 400 por um bom par usado até US$ 2.500 por rodas de última geração de Zipp, Hed ou outros fabricantes. Além disso, o Xlab produz quadros aerodinâmicos para garrafas d'água montadas atrás do selim.

Outra dica aerodinâmica: use cartuchos de CO_2 para consertar um pneu murcho, o que evitará o peso e as desvantagens aerodinâmicas de carregar uma bomba de ar no quadro.

Capacetes de ciclismo começam a fazer a diferença em competições mais rápidas e disputadas. Quando você for competitivo e estiver disposto a pagar mais por capacetes, terá de escolher entre capacetes compostos com grandes canais de ventilação para arejar a cabeça, como os das marcas Giro, Bell e outros modelos especializados, e modelos puramente aerodinâmicos, que permitem velocidade até 2% maior, mas sem ventilação e, por isso, mais quentes, trazendo risco de desidratação. Como o triatlo é uma equação de energia total, esses minutos ganhos com capacetes quentes podem gerar um resultado final negativo se afetarem a corrida na competição.

O treinamento científico é eficiente e apropriado para níveis intermediários – não importa se ele é feito por um treinador local ou pela internet. No mínimo, um monitor de frequência cardíaca sem a capacidade de registrar outros dados pode ser muito útil e custa entre US$ 80 a US$ 120. As marcas Polar, Timex e Garmin oferecem ótimos monitores de US$ 120 até US$ 450 que oferecem dados mais completos como sons cardíacos, taxas de frequência cardíaca médias para treinamentos e, até mesmo, GPS e informações sobre a altitude. Alguns treinadores defendem o uso de medidores de potência para a bicicleta, que podem custar de US$ 300, para versões de medição indireta, até US$ 4.000, para modelos completos das marcas CycleOps, PowerTap e SRM DuraAce.

Você também tem muitas opções para dias muito frios de inverno para treinos fora de casa, como aparelhos que simulam a resistência do vento por US$ 120 até CompuTrainers completos. CompuTrainers têm vários níveis de resistência nos pedais para simular vídeos sincronizados de triatlos famosos. Custam, aproximadamente, US$ 1.200 e oferecem uma maneira precisa para medir a potência e manter a forma durante dias de inverno.

Equipamentos de corrida para atletas intermediários

Após estabelecer uma rotina de treinamento regular, você poderá pensar em comprar muitos tipos de equipamento avançado.

Comece pelos calçados. Com o avanço de corridas com o pé descalço – ou, de maneira mais conservadora, a popularidade de calçados de corrida minimalistas – pode ser a hora ideal para explorar cuidadosamente o conceito por meio do tênis Newton ou de modelos minimalistas oferecidos por grandes empresas como Nike, Asics e Saucony. Muitos desses modelos não são muito diferentes de tênis de corrida leves estabelecidos, mas a teoria de que o uso de tênis com acolchoamento mínimo pode gerar um passo mais leve e um ritmo mais natural, rápido e saudável pode ter algum mérito. Todavia, essa abordagem só pode ser utilizada com o acompanhamento de um treinador de corrida. Se você preferir versões mais acolchoadas, lembre-se de que elas são usadas por milhares de corredores e triatletas.

Outra tática que funciona para alguns atletas de elite durões é o uso de meias altas de compressão, que os fazem parecer um bando de estudantes ingleses. A teoria declara que as meias impedem que o sangue se acumule na parte inferior das pernas durante corridas de longa distância – e muitos atletas de elite juram que funciona. Se você estiver considerando eventos mais longos, como meio-Ironman e Ironman, um cinto de munição contendo garrafas d'água e cartuchos de gel Gu será muito útil para treinamentos e competições. Para corridas, os trajes para triatlo são à prova d'água, limpam o suor estimulado por corridas longas, são hidrodinâmicos na água e aerodinâmicos na bicicleta, além de elegantes. Eles custam de US$ 75 a US$ 175.

Agora que você estabeleceu um regime de treinamento regular em longo prazo, também deve monitorar valores como frequência cardíaca, milhagem, altitude e cadência na corrida: para esse fim, você pode utilizar uma agenda de treinamento à moda antiga, um programa de treinamento computadorizado ou uma planilha pessoal. Os monitores de frequência cardíaca de última geração dos modelos Garmin, Polar ou Ironman Timex podem guardar esses dados e outros como múltiplas voltas e sons cardíacos, bem como calcular a média de sons cardíacos em comparação com a frequência cardíaca. Alguns também medem a temperatura do ar, a altitude e, até mesmo, estimam o consumo de calorias.

Seu técnico, se você tiver um, certamente terá uma câmera para analisar seu ritmo. Se você armazena muitos dados em seu computador, porém, uma pequena câmera de vídeo ou *camcorder* – disponível por US$ 100 a US$ 350 – pode ser útil para monitorar seu ritmo de corrida durante a temporada e avaliar sua evolução. Isso também é muito mais prático se você trabalha com um treinador *online* que possa observar o vídeo e utilizar um olhar crítico e experiente para analisar sua forma e ajudá-lo a manter suas técnicas na direção certa.

Especialistas

O *status* de especialista indica que um triatleta tem experiência, talento comprovado com aspirações à vitória e patrocinadores dispostos a ajudá-lo. Se estivéssemos falando de futebol, eles corresponderiam à primeira divisão. Amadores com talentos mais modestos também podem utilizar alguns desses produtos.

Bicicleta de triatlo de alto desempenho

Bicicletas de triatlo por até US$ 3.000 têm várias maneiras para melhorar o rendimento, incluindo um perfil aerodinâmico de ponta. De acordo com Aaron Hersh da *Triathlete Magazine*, porém, a maior mudança na estrutura dos quadros de bicicleta é uma tendência a tornar os tubos mais longos da dianteira até a traseira e mais finos lado a lado do que o padrão utilizado durante os últimos dez anos.

Hersh diz que, durante a última década, muitas bicicletas de triatlo utilizavam uma das especificações padrões do Comitê Nacional para Aconselhamento sobre Aeronáutica (NACA, na sigla em inglês) sobre o formato de contrapontos de aviões, que mede aspectos como curvatura e espessura máxima. Hersh diz que a nova tendência para quadros de bicicletas de triatlo substitui o antigo contraponto mais estreito e profundo por um mais largo e raso, cortando a porção traseira do tubo dianteiro em 40%.

Rodas aerodinâmicas

Durante muitos anos, os fabricantes de rodas aerodinâmicas acreditaram que um aro estreito e profundo era a melhor opção. Contudo as novas teorias sobre o formato do quadro trouxeram novas rodas aerodinâmicas mais largas e o desafio de criar um novo formato de roda que sincronizasse o pacote inteiro. Os rivais Hed e Zipp uniram forças para enfrentar esse projeto revolucionário. Durante anos, Hersh explica, o padrão da indústria foram rodas de 19 milímetros de comprimento com linhas de freios estreitas e aros ovais e largos. A nova roda projetada por Hed e Zipp eliminava as linhas de 19 milímetros e alargava o aro. Outras empresas tentaram se adaptar a essa nova tendência criando rodas com aros de 21 a 22 milímetros, mas os novos aros de Hed e Zipp tinham uma largura de 25 a 27 milímetros.

O motivo para isso era a aerodinâmica. Os velhos aros em forma de bola de futebol americano não eram apenas uma questão de moda – esse é o formato mais aerodinâmico. O problema era que as velhas rodas não conseguiam conciliar os novos pneus largos com as velhas linhas estreitas. A combinação criava uma figura oito, não uma forma realmente toroide (uma rosquinha tridimensional), o que diminuía o desempenho aerodinâmico em ventos cruzados. "A nova geração de rodas muito largas integra as linhas de freio e aro em uma única forma verdadeiramente toroide e rápida", disse Hersh durante uma conversa telefônica.

Essas novas rodas são muito rápidas e caras. Um conjunto Hed Stinger custa de US$ 2.100 a US$ 2.200, mais US$ 1.600 por uma única roda Stinger. Um conjunto novo dos modelos Zipp Speed Weaponry custa de US$ 1.900 a US$ 2.100.

Câmbios automáticos

As empresas Shimano, Campagnolo e SRAM continuam melhorando seus câmbios excelentes, mas a Shimano, em particular, criou um grupo de componentes completamente único que parece pertencer a um carro de Fórmula 1. O Shimano DuraAce Di2 é um câmbio elétrico e motorizado que custa, aproximadamente, US$ 4.000 a US$ 5.000. Por que é tão caro? Ele é melhor porque o câmbio é trocado automaticamente. Exige pouco esforço, a troca é rápida e muito precisa e o câmbio não se desajusta tão facilmente quanto um modelo tradicional. Esse câmbio não é muito usado por causa do preço, mas Craig Alexander, duas vezes campeão mundial de Ironman, está muito satisfeito com o modelo oferecido pelo seu patrocinador. O produto foi lançado há poucos anos, mas já mostrou ser muito confiável – e pesa apenas 150 gramas a mais que o DuraAce regular.

Medidores de potência de última geração

Os modelos completos CycleOps PowerTap e SRM DuraAce, que custam US$ 4.000 e são integrados à bicicleta, podem valer a pena para competidores especialistas. A popularidade desses aparelhos cresceu muito quando foi divulgado que eram usados por Lance Armstrong e outros triatletas de alto nível, mas eles são utilizados porque são considerados ferramentas úteis e poderosas. Uma medida crucial para o desempenho em alto nível é o limiar de lactato, que reflete a capacidade dos músculos de utilizar o suprimento de energia para satisfazer a demanda. O limiar de lactato, medido em termos de potência, é o fator fisiológico mais importante para o desempenho, e isso se aplica tanto ao formato *sprint* quanto ao formato Ironman. Mais especificamente, o limiar funcional de potência (FTP, sigla em inglês) é a maior quantidade de potência que um atleta pode manter em um estado relativamente estável sem sofrer fadiga. Uma vantagem crucial do medidor de potência é que ele pode determinar o limiar de lactato e o FTP sem exames de sangue intrusivos. A informação obtida tanto em uma bicicleta ergométrica quanto em competições e atividades externas é crucial para melhorar seu desempenho. Muitos profissionais de elite usam os modelos mais avançados e precisos, contudo, praticantes medianos com um orçamento mais modesto podem utilizar medidores de potência mais básicos e baratos.

> ### ▶ Alta ou baixa tecnologia: uma questão de perspectiva

Cory Foulk tem 52 anos e já completou 47 competições de Ironman e 21 eventos Ultraman. Arquiteto e atleta com um excelente senso de humor, ele também tem uma aderência firme ao esporte. Além disso, é uma boa pessoa para visitar se você ficar obcecado com as maravilhas tecnológicas que fazem parte do triatlo – ou se tiver uma fixação pela moda antiga e não conseguir enxergar o valor das belas máquinas modernas. Foulk está envolvido com o esporte desde o começo da modalidade, e ainda segue firme e forte. Ele participou do Ironman Havaí pedalando descalço em uma bicicleta verde-limão de US$ 200 e 27 quilos, com labaredas de espumas anexadas ao seu capacete, mas também participou do mesmo evento em uma bicicleta moderna que diz custar US$ 12.000. Encontrou alegria e realização nas duas experiências.

"A melhor coisa de participar de um evento como o Ironman com um equipamento da idade da pedra é que não existe pressão nenhuma", disse Foulk, que cumpriu essa façanha em 1996 – o ano em que Luc Van Lierde estabeleceu o recorde atual de 8:04:08. "Com uma bicicleta dessas, você pode relaxar e aproveitar a corrida – porque não existe outra opção. Você pode pegar sua personalidade tipo A e jogar pela janela. Com uma bicicleta dessas, cumprir o tempo mínimo já é um desafio. Com uma bicicleta dessas, eu sempre percebia que podia estar exagerando um pouco. Talvez não conseguisse terminar a prova. E essa sensação é legal. Nos velhos tempos, terminar a prova não era certeza. E foi isso que me atraiu para o esporte. Por isso comecei a praticar triatlo".

"Minha bicicleta de US$ 12.000 é ótima, nem posso descrever a alegria de possuir um equipamento como esse. É como uma BMW, uau! É tão precisa e fácil de manobrar. Para mim, a melhor parte é que eu posso pedalar dos dois lados do espectro. Realmente percebo a diferença após usar a velha e grande bicicleta". Tanto a bicicleta verde-limão quanto a bicicleta de última geração estão guardadas confortavelmente em seu condomínio em Kailua-Kona. "Minha bicicleta de US$ 12.000 é ótima", diz, com igual entusiasmo. "Nem posso descrever a alegria de possuir um equipamento como esse".

A apreciação de Foulk pela tecnologia moderna é profunda. Em 2005, ele realizou uma cirurgia de quadril que o resgatou de uma aposentadoria no triatlo e permitiu que ele fizesse mais uma dúzia de competições Ironman e Ultraman.

PowerCranks

Uma das ferramentas de última geração mais eficientes é a PowerCranks, desenvolvida por Frank Day, formado na Academia Naval com estudos em engenharia – e um dos 12 finalistas originais do Ironman de 1978. As PowerCranks são manivelas de ciclismo independentes que substituem as manivelas regulares de bicicletas ou máquinas de exercício. Isso significa que você não pode simplesmente usar uma perna para ajudar a outra a mover os pedais. Você não pode simplesmente relaxar e utilizar a pernada de volta para pedalar, mas precisa erguer ativamente o pedal com os quadris e os músculos isquiotibiais. Essa mudança garante que os músculos das pernas fiquem balanceados (esquerda e direita, frente e trás) e treina músculos adicionais importantes para a saúde e para o desempenho atlético. Basicamente, a PowerCranks força o atleta a pedalar com uma postura perfeita. A empresa diz que o aparelho pode melhorar tanto o ciclismo quanto a corrida e cita ciclistas do Tour de France, o maratonista e treinador lendário Alberto Salazar e muitos triatletas, incluindo Paula Newby-Fraser, Chris McCormack, Mirinda Carfrae e Conrad Stoltz, que buscam aperfeiçoar suas posturas. O preço varia de US$ 999 para a PowerCranks básico até US$ 1.299 para a PowerCranks X-Lite.

Tendas de altitude

Uma tenda de altitude limita as porcentagens de oxigênio para simular os efeitos de viver e treinar em altitudes entre 1.600 e 9.000 metros. A adaptação do corpo a essas condições estimula a produção natural de glóbulos vermelhos, cruciais para esportes de resistência. Essas tendas e geradores de ar hipóxico costumavam custar quase US$ 10.000, mas empresas competitivas atuais vendem as tendas por até US$ 2.500. Uma prova de sua eficiência? A União Ciclística Internacional (UCI) até pensou em bani-las.

Para resumir, o triatlo exige muitas escolhas de equipamento, o que pode ser avassalador para muitos atletas. Que tipo de bicicleta você deve comprar? Precisa de um medidor de potência? Precisa ter rodas especializadas e barras aerodinâmicas? Muitas escolhas dependerão tanto de sua experiência quanto de seu orçamento. Espero que este capítulo tenha ajudado você a escolher o equipamento esportivo perfeito.

CAPÍTULO 23

Como escolher um treinador

Linda Cleveland

Membros e atletas da USA Triathlon (USAT) costumam fazer uma pergunta: "Por que eu deveria contratar um treinador de triatlo? O que um treinador pode fazer que eu não posso fazer sozinho?". Muitos atletas treinam sozinhos, mas muitos outros têm dificuldades em seus programas de treinamento. Deficiências nutritivas, braçadas ineficientes e outros problemas podem impedir que o atleta alcance seu potencial total. Além disso, você precisaria de cursos sobre anatomia, biomecânica, nutrição e fisiologia de exercícios para realmente entender o que acontece com seu corpo e como treinar sistemas de energia específicos. Criar um plano de treinamento para competições cruciais também pode ser desafiador, se você não estiver acostumado com o processo. Compromissos profissionais e pessoais também podem dificultar seus planos de exercício. Passei os últimos sete anos ensinando e também aprendi muito com os treinadores e seus atletas. Este capítulo discute todas as coisas que você precisa levar em consideração para escolher um treinador de triatlo que possa ajudá-lo a alcançar seu potencial.

Qualidades necessárias para um treinador

Um treinador pode ajudar você em muitos aspectos de seus treinamentos e competições, mas você precisa considerar muitas coisas antes de escolher um.

Estudos e credenciais

Você precisa descobrir o nível de educação de um treinador em potencial. Ele é diplomado em Ciência do Exercício, Fisiologia ou Biomecânica? Essas áreas de estudo enfatizam anatomia, fisiologia, biomecânica, testes de exercício, prescrições de exercícios e nutrição. Esses cursos costumam durar quatro anos e exigem estudos teóricos, exercícios em laboratório e aplicações práticas. Um treinador com um diploma em uma dessas áreas provavelmente escreveu uma tese ou uma dissertação que envolveu estudos relacionados ao exercício, análises de resultados e uma artigo formal tão bom quanto uma defesa. Assim, a pessoa diplomada deve ter conhecimentos sobre sistemas de energia, funcionamento do corpo e como aplicar exercícios e treinamentos para obter os melhores resultados.

O treinador possui quais outros certificados? Ele é certificado pela organização governamental que rege o esporte nacionalmente? Por exemplo, as organizações que regem o triatlo, o ciclismo, a natação e a corrida nos Estados Unidos oferecem cursos de certificação. O treinador possui um certificado do American College of Sports Medicine (ACSM), um certificado de especialista em força e condicionamento da National Strength and Conditioning Association (NSCA) ou um certificado de *personal trainer* pela National Academy Sports Medicine (NASM)?

Se um treinador comentar que alguém pode conceder conselhos nutricionais, certifique-se de que essa pessoa seja um dieteta registrado (RD, na sigla em inglês). Procure por alguém com experiência com atletas e Certificado de Especialista em Nutrição Esportiva (CSSD, na sigla em inglês). Esse certificado é reservado para profissionais com um mínimo de dois anos de experiência como dieteta registrado e com pelo menos 1.500 horas de experiência praticando sua especialidade. Pessoas com doenças metabólicas ou cardiovasculares específicas precisam trabalhar com um dieteta registrado. O termo *nutricionista* é mais comum, mas não existem regulamentos ou restrições para um nutricionista. Por esse motivo, procure por um profissional registrado ou certificado.

Independentemente do que um treinador afirma deter, sempre pergunte se o certificado dele é atual. Todos os certificados mencionados exigem que o treinador continue estudando para aperfeiçoar suas habilidades e conhecimentos. Isso exige que ele participe de conferências e seminários, pessoalmente ou pela internet. Isso ajudará você a identificar um treinador disposto a gastar tempo e dinheiro para manter suas credenciais e, por isso, bem-equipado para ajudar seus atletas.

Experiência

Como saber se o treinador é adequado para você? Uma boa maneira é perguntar se ele tem experiência com vários tipos de atleta. Ele já trabalhou com novatos treinando para a primeira competição, atletas que já competem, mas que queiram melhorar seus tempos, ou qualquer atleta de longa distância treinando para competições de Ironman? O treinador tem experiência com atletas treinando para competições da ITU? Ele sabe quais são as qualificações necessárias para participar da Copa Continental? Seu treinador também precisa entender o sistema de pontuação da ITU se você deseja participar em campeonatos mundiais e, eventualmente, nos Jogos Olímpicos. Um treinador que conheça os critérios de qualificação e as competições necessárias para conseguir uma licença de elite será extremamente útil para um atleta promissor. Talvez você queira um treinador especializado em trabalhar com iniciantes, mulheres, atletas experientes ou com uma variedade de atletas. O treinador tem experiência com pessoas de todas as idades ou com atletas profissionais? Treinar um atleta profissional especializado em curtas distâncias e treinar um atleta amador de longa distância são coisas muitos diferentes. Algumas dessas diferenças incluem tempo disponível para treinos, tempo necessário para percorrer certa distância, habilidades físicas, objetivos dos treinamentos e treinos específicos.

Você também deve perguntar quais as qualificações e conquistas dos atletas supervisionados pelo treinador. Isso lhe dará informações sobre o sucesso desse treinador. Muitos atletas profissionais começam carreiras como treinadores enquanto ainda estão competindo, mas nem por isso eles são necessariamente bons treinadores. Sim, experiência em competições é muito útil quando o treinador está tentando explicar detalhes técnicos, mas você deve preferir profissionais com as credenciais discutidas anteriormente.

Personalidade

A personalidade de um treinador deve complementar a do atleta para que eles possam trabalhar juntos e alcançar um objetivo. No mínimo, ambos devem ter um nível mútuo de respeito e cooperação. Todos sabemos como é difícil trabalhar com pessoas determinadas do tipo A se a sua personalidade for completamente diferente. Muitos triatletas, porém, são do tipo A e precisam de um treinador que apresente motivos para um treinamento específico, opiniões honestas quando as coisas dão errado e motivação e encorajamento constantes. É importante entrevistar ou conversar com um treinador em potencial para perceber se vocês trabalharão bem juntos ou não.

Integridade e confiança também são importantes. O treinador é honesto sobre como trabalha e recruta os atletas? Ele é honesto sobre a plausibilidade de seus objetivos? Você provavelmente gastará muito tempo e dinheiro para trabalhar com esse treinador; poderá revelar informações pessoais e ter certeza de que ele não as revelará para seus outros atletas, alguns dos quais talvez sejam rivais ou amigos? Existem muitos estilos diferentes de treinamento e, além disso, atletas também reagem de maneiras diferentes. Se você quiser um treinador que diga a verdade sobre a razão pela sua falta de progresso no passado ou que diga que seu objetivo de conseguir terminar um triatlo Ironman em menos de 10 horas não é realista nas condições atuais, faça esse tipo de pergunta durante a entrevista.

Alguns atletas encontram um treinador com o qual trabalham muito bem durante vários anos. Outros atletas mudam de treinadores com frequência, à procura de alguém que preencha seus requisitos. Você deve sentir-se completamente à vontade com seu treinador. Se algo estiver errado, converse com ele. Às vezes, um atleta abandona um treinador ou vice-versa porque eles simplesmente não se dão bem. Isso acontece frequentemente com atletas de elite que não conseguem alcançar bons desempenhos e querem saber a razão. Eles costumam culpar o treinador e talvez procurem outra pessoa para substituí-lo.

Filosofia

Descubra a filosofia de um treinador antes de contratá-lo. Ele acredita em dar um tempo para que o atleta se recupere? Está disposto a adaptar o treinamento de acordo com suas necessidades profissionais e pessoais? Ele quer que você se divirta e aproveite o treinamento? Quando você está doente, ele recomenda descanso ou faz você se sentir culpado por perder um dia de treinamento? Você deve se comunicar com seu treinador. Ele deve perguntar quais são seus objetivos para a temporada e, com base em uma avaliação atual de sua aptidão física, habilidades e tempo disponível para treinos, deve declarar se seus objetivos são realistas ou não. Um treinador deve ser honesto com você, avisar que se inscrever em sua primeira competição Ironman sem nenhum treinamento prévio e com apenas cinco horas de treino por semana não foi uma boa ideia e, nesse caso, recomendar ajustar seus objetivos e mudar o foco para competições menos intensas. Muitos treinadores se recusam a treinar atletas jovens para eventos de longa distância, pois isso não é fisicamente seguro. Esse é o tipo de treinador que você quer, o tipo que prioriza sua saúde e segurança. Outros treinadores podem oferecer qualquer tipo de treinamento que você pedir, mas, no fim das contas, seu treinador é responsável por sua saúde e segurança.

Programas

Ao escolher um treinador, você terá de decidir se prefere um treinador que trabalhe presencialmente ou alguém que trabalhe por telefone ou *e-mail*. Os benefícios de reuniões pessoais com um treinador são tremendos. Ele será capaz de analisar suas braçadas, técnicas de ciclismo, bem como mecânica de corrida e dar conselhos para corrigir sua técnica durante o treinamento, o que lhe será um *feedback* imediato. Muitos treinadores oferecem sessões de treinamento semanais para todos os atletas com os quais trabalham, desse modo, aproveite a oportunidade para conversar com seu treinador e outros atletas. Outros benefícios de um relacionamento pessoal é que o treinador poderá observar seu rosto e sua linguagem corporal para determinar se você está pronto para uma sessão pesada de treinamento ou se deve descansar. Muitos atletas gostam do *feedback* imediato oferecido por um treinador pessoal, que pode estar no *deck* da piscina, pedalando lado a lado no ciclismo, ou fazendo acompanhamento na pista de corrida.

Embora trabalhar pessoalmente com um treinador tenha benefícios, também há desafios. Coordenar o horário é um deles. Se a sua agenda não bate com a de seu treinador ou se você viaja bastante, pode ser difícil encontrar um horário apropriado para sessões pessoais. O custo também pode ser desafiador. Muitos treinadores cobram mais caro por sessões pessoais; por essa razão, se seu orçamento estiver apertado, peça encontros pessoais com seu treinador algumas vezes por mês e crie um plano de treinamento e de comunicação por *e-mail*, o que pode economizar algum dinheiro. Participar de sessões de treinamento oferecidas pelo treinador é uma opção boa e barata para conseguir treinamento pessoal e uma atmosfera de equipe.

Além disso, programas de treinamento e métodos de comunicação são outra consideração para a escolha de um treinador. Muitos treinadores estabelecem vários níveis de planos e programas de treinamento. Os níveis mais elevados podem permitir acesso ilimitado a *e-mails* ou telefonemas e ajustes ilimitados aos programas, o que custa mais caro. Um programa de nível mais baixo talvez permita um plano de treinamento customizado, mas talvez apenas algumas chamadas ou *e-mails* por semana. Desse modo, você precisa se perguntar quanto pode pagar e quais serviços deseja. Se você deseja que seu treinador participe de sua primeira competição de longa distância, prepare-se para pagar as despesas da viagem. Muitos treinadores oferecem sessões de treinamento pessoais por um preço adicional, portanto, você pode considerar essa opção se quiser uma análise biomecânica de suas braçadas e técnicas de ciclismo ou corrida.

Todavia, se você precisar de um treinador para aproveitar ao máximo seu tempo de treinamento e organizar suas sessões de modo progressivo para alcançar seus objetivos, deve ser capaz de encontrar alguém apropriado dentro de seu orçamento.

Alguns treinadores vendem planos de treinamento *on-line* em que você paga por um programa, mas nunca se comunica com o treinador. Isso pode funcionar para atletas muito motivados, mas tome cuidado, pois o plano não será específico para suas necessidades. Você não quer treinar demais ou se machucar seguindo um plano que não foi personalizado. Lembre-se de que treinar é uma profissão, por isso, não espere que um treinador ofereça tudo o que você quer por apenas US$ 20 mensais.

Equipe de apoio e recomendações

São uma parte integrante dos negócios de muitos treinadores que beneficiarão seus atletas. Muitos treinadores inteligentes têm uma rede de profissionais em áreas nas quais não são especialistas. Peça a seu treinador recomendações sobre doutores, massoterapeutas, psicólogos especializados em esportes, dietetas registrados ou especialistas em ciclismo dos quais ele possa ter referência. Muitas vezes, esses profissionais também recebem treinamento do seu treinador e apreciam recomendações. Por exemplo, seu treinador pode ser muito bom para escrever planos de treinamento e oferecer testes básicos de aptidão física. Contudo, o que acontece se você precisar de conselhos nutricionais específicos ou se machucar? Peça ajuda ao seu treinador e ele responderá.

> ### ▶ Perguntas para um treinador de triatlo em potencial

Aqui está uma lista de questionamentos úteis para se fazer a um treinador que você está pensando em contratar.

- Os planos de treinamento são customizados?
- Você revisará os planos com frequência?
- O plano pode ser modificado? Quantas vezes?
- Quantas vezes posso telefonar ou enviar *e-mails* para você?
- Você exige um tempo mínimo de compromisso?
- Você tem uma cláusula para ferimentos ou gravidez?
- Sou obrigado a assinar um contrato?
- O preço inclui outros serviços?
- Qual o preço de uma reunião pessoal?
- Conselhos nutricionais custam quanto?
- O que exatamente está incluído no programa de treinamento?
- Como serei cobrado pelo programa (por mês, por trimestre?)
- Quais são seus atletas mais bem-sucedidos? Como você os ajudou?
- Qual é a sua filosofia de treinamento?
- Com quantos atletas você trabalha atualmente?
- Você viajará para alguma competição de que eu participe? Quem pagará os custos?
- Em que você é formado? Quais certificados você tem?

Além disso, muitos treinadores têm um *site* no qual colocam depoimentos de atletas. Você pode ler esses comentários para saber a opinião deles sobre o treinador. Uma ótima maneira para aprender mais sobre um treinador é ouvir as opiniões de alguns de seus atletas atuais. É possível simplesmente perguntar a opinião de um colega de exercícios sobre o treinador ou falar com os membros do clube de corrida local. Atletas costumam oferecer opiniões honestas e informações para contato sobre o treinador com o qual trabalham.

Como um treinador pode ajudar você

Treinar para um evento esportivo que envolve três disciplinas é complicado. Muitos triatletas têm empregos em horário integral, família e vida social, desse modo, você precisa aproveitar ao máximo o tempo disponível para treinos (*vide* Capítulo 21 sobre esse assunto). Talvez você não nade ou ande de bicicleta há 15 anos e não saiba como começar. Um bom treinador pode ajudá-lo de várias maneiras a como criar seu plano de treinamento ou a como superar seu medo de nadar em águas abertas.

Habilidade física

Um treinador poderá analisar suas braçadas, pedaladas e técnicas de corrida, o primeiro passo rumo ao caminho certo. Um bom treinador desenvolverá um plano de treinamento estruturado que abordará quaisquer fraquezas, equilibrará seu treinamento com o resto de sua vida e ajudará você a cruzar a linha de chegada com um sorriso. Ele pode criar rotinas de treinamento que motivarão, desafiarão e animarão você a acordar às 5 da manhã para treinar antes do trabalho. Ter alguém para criar um plano customizado para sua vida é ótimo e remove o estresse de tentar descobrir como treinar diariamente. Você deve trabalhar com um treinador flexível, que saiba que um plano de treinamento é um documento mutável. Mesmo atletas com as melhores intenções terão imprevistos, como um grande projeto, um filho doente ou férias em famílias que prejudicarão a agenda programada.

Um treinador versado em Ciências do Exercício entenderá melhor as mudanças fisiológicas geradas como resultado do treinamento e quais estressores precisam ser pressionados para seu corpo se aprimorar e se adaptar. Se você deseja nadar 10 minutos mais rápido em sua próxima competição, por exemplo, seu treinador poderá estabelecer um teste de natação e avaliar quanto tempo você tem para determinar seu ritmo semanal. Ele poderá estabelecer um plano de treinamento progressivo, incluindo exercícios de natação realizados no ritmo que você deseja. Com sorte, será possível alcançar seu objetivo à medida que continua a treinar e melhorar sua aptidão física e suas habilidades de natação.

Seu treinador também pode oferecer conselhos básicos de nutrição para ajudá-lo a se alimentar de maneira mais saudável. Como mencionado anteriormente, pessoas com doenças metabólicas ou cardiovasculares precisam dos serviços de um dieta registrado. Entretanto, um treinador deve ser capaz de oferecer conselhos nutricionais gerais para um adulto saudável, como grupos alimentares recomendados, quais alimentos têm fibras e, por isso, deveriam ser evitados antes de uma competição e como a forma de evitar a desidratação durante o treinamento. As clínicas da USAT ensinam treinadores sobre quais informações eles podem divulgar e como calcular a frequência de suor de um atleta para prescrever a quantidade e o tipo de fluido que o esportista precisará repor durante treinos e competições. A ajuda de um especialista tornará seu plano de treinamento mais claro e preciso.

Habilidades mentais

Quando foi a última vez em que você nadou em águas abertas, frias e escuras? Se você fica nervoso com a natação, especialmente em águas abertas, recomendo que encontre um treinador que o acompanhe até uma piscina, lago ou oceano para enfrentar seus medos. Você provavelmente terá que superar barreiras mentais antes de sua primeira competição. No começo, a ideia de ter que nadar, pedalar e correr duas ou três vezes por semana pode ser avassaladora. Se você estiver apenas voltando aos exercícios depois de não praticá-los muito, seu treinador o motivará a treinar e prescreverá exercícios desafiadores, mas realistas. Se já treina e compete há algum tempo, mas não está satisfeito com os resultados, seu treinador deverá ser capaz de avaliar alguns problemas, incluindo o aspecto mental do treinamento. Um dos benefícios de um bom técnico é que ele explicará seu plano de treinamento geral e a razão por trás de cada exercício, além de dar conselhos sobre como superar seus pensamentos negativos. O treinador pode trabalhar com você para desenvolver mantras durante exercícios difíceis e períodos de pouca motivação que o manterão focado em seus objetivos.

Muitos treinadores prescrevem planos e pedem para que os atletas registrem quando o exercício foi terminado, o que aconteceu e como eles se sentiram naquele dia. Isso ajuda o treinador a acompanhar sinais de fadiga, mau humor e exaustão. Os treinadores também podem usar vários questionários para avaliar como o treinamento afeta seu humor e seu bem-estar geral. Um exemplo é o questionário de recuperação de estresse para atletas (Kellmann e Kallus, 2001). Esse questionário faz perguntas relacionadas ao humor em um sistema de escala para determinar se os atletas estão em situação de *overreaching* ou *overtraining*. É uma ferramenta muito útil para ajudar um treinador a determinar se precisa diminuir a carga de exercícios de um atleta ou permitir que ele descanse. A USAT também aborda treinamentos de habilidades mentais em suas clínicas, por isso, os treinadores terminam o curso com ferramentas específicas para ajudar seus atletas.

Avaliação de aptidão física e testes

Após preencher um questionário sobre sua saúde, muitos treinadores pedirão que você faça alguns testes basais para determinar sua aptidão física. Isso não só ajuda o treinador a avaliar seu estado atual, mas, por meio de vários testes, permite que seu treino seja ajustado conforme o necessário. Um bom técnico sabe que uma maneira eficiente para demonstrar o progresso de um atleta é testá-lo no início do programa e após um determinado período de tempo, para mostrar aos atletas seus ganhos visíveis de aptidão física. Alguns testes que podem ser feitos em laboratórios ou academias incluem limiar de lactato, $\dot{V}O_2$máx, medidas antropométricas e testes de força. Se você não tiver acesso a um laboratório ou academia, seu treinador pode realizar testes práticos durante treinos de natação, ciclismo e corrida. Um desses testes pode envolver correr 5 quilômetros em uma pista, por exemplo. Simplesmente, faça um aquecimento e cronometre o tempo levado para percorrer a pista. Talvez você consiga diminuir esse tempo após vários meses de treinamento.

Gerenciamento de tempo

Ter alguém para gerenciar seu tempo de treinamento é outro benefício de ter um treinador. Você terá um propósito para cada treinamento e poderá usar menos tempo, porém, com exercícios de maior qualidade. Em muitos casos, você precisará discutir antecipadamente com seu treinador sobre horas disponíveis para o treino, sua rotina diária e quando poderá realizar exercícios mais longos. Os atletas tendem a superestimar o tempo disponível a cada semana. Por essa razão, é importante avaliar sua agenda atual e determinar uma rotina realista. Você também deve dizer quais dias são melhores para a natação e quais dias apresentam outras obrigações inadiáveis, como o jogo de futebol semanal de seu filho.

▶ Onde encontro um treinador?

Agora que você decidiu contratar um treinador para ajudá-lo a completar seu primeiro triatlo, escrever um relatório pessoal durante seu próximo Ironman ou, simplesmente, fazer mais exercícios, onde pode encontrar um treinador qualificado? Existem muitos lugares para isso. A USAT oferece uma função de procura de treinadores em seu *site* que lista treinadores certificados pela organização que decidiram postar suas informações de contato. Se você mora nos Estados Unidos e quer um treinador que more perto de sua área, pode procurar por estado e encontrar alguém na região. Você também pode pesquisar treinadores de triatlo e encontrar muitas opções. Pode especificar especialidades, locais e certificados, para limitar os resultados da pesquisa. Além disso, pode visitar uma academia ou um clube local para procurar programas de triatlo. Locais com um programa de triatlo provavelmente terão um treinador para supervisionar o projeto, escrever planos de treinamento e conduzir exercícios em grupo.

Boca a boca é outra boa maneira para descobrir um treinador. Você pode perguntar se outros nadadores ou amigos têm um técnico ou iniciar uma conversa com os outros competidores de um evento, para descobrir se eles trabalham com alguém. Curiosamente, muitos treinadores com certificados da USAT fizeram o curso porque um grupo de pessoas da área estava procurando um treinador local, então, eles decidiram conseguir um certificado para exercer a profissão. Empresas de treinamento também oferecem treinamento *online* ou pessoal, dependendo do local em que você vive. Existem atletas que não têm problemas com treinadores *online* e outros que precisam de interação pessoal. É necessário decidir o tipo de treinamento que deseja.

O propósito deste capítulo foi demonstrar como um treinador de triatlo qualificado pode ajudar no seu treinamento e como encontrar um. Procure um treinador que tenha diplomas, certificados, filosofias de treinamento e programas. Um bom treinador o ajudará a planejar seu tempo e seu treino, verificará seu progresso e lhe dará suporte físico e mental. Ele oferecerá programas sólidos de treinamento, motivação para alcançar seus objetivos e um ambiente em que treinar para o triatlo seja divertido. Faça várias perguntas e garanta que sua personalidade seja compatível com a de seu treinador e que ele seja confiável.

CAPÍTULO 24

A criação de novos atletas

Karl Riecken

Uma vez, a mãe de uma integrante de uma equipe de triatlo perguntou para um dos treinadores: "Por que você está ensinando futebol para minha filha? Quero que ela seja uma triatleta olímpica!". O treinador, especialista em fisiologia adolescente, respondeu: "Você está certa. Se sua filha se tornar uma triatleta olímpica, ela nunca terá que chutar uma bola durante uma competição ou aprender a matar no peito. Só que ela está aprendendo a responder rapidamente em uma idade em que essa habilidade pode ser desenvolvida facilmente. Imagine que sua filha esteja na competição final para se classificar para os Jogos Olímpicos. Ela está na etapa de ciclismo e uma das competidoras tromba nela. O equilíbrio que ela desenvolveu movimentando e controlando a bola aos 6 anos de idade será lembrado quando ela tiver 24 anos".

Você precisa ensinar mais do que natação, ciclismo e corrida para criar atletas jovens. Muitos atletas bem-sucedidos na vida adulta não eram especialistas no esporte quando crianças. Matt Chrabot não participava de uma equipe de triatlo quando tinha 10 anos de idade. Em vez disso, jogava hóquei com seus amigos e entregava jornais nos subúrbios de Chicago (Chrabot, 2011). Quando terminava de entregar jornais, ele pegava o equipamento de hóquei e pedalava para a casa dos amigos. Na época, ele estava muito mais interessado em construir fortalezas, jogar *videogames* e brincar na rua. A família de Matt se mudou para a costa oeste dos Estados Unidos, onde ele nadava na equipe do colégio e surfava. A especialização começou durante o último ano do ensino médio. Naquele ano, a equipe contratou um novo treinador durão, que exigia que os nadadores dessem seu melhor. Ele forçava os alunos a correrem duas a três milhas após o treinamento de natação. Isso significa que Matt só começou a se tornar um triatleta quando tinha 17 anos. Antes disso, ele era uma criança que amava esportes cujos pais o encorajaram a se tornar um atleta, o que costuma ser uma combinação vencedora no mundo dos esportes profissionais.

Neste capítulo, examinaremos como criar jovens triatletas na ordem de importância prática para seu crescimento como seres humanos. O mais importante é que crianças precisam ser crianças antes de se tornarem atletas. Depois disso, elas podem se especializar em um esporte. Também convidamos triatletas ativos para falar sobre o início de suas carreiras, revelando a base de seu sucesso.

Promova uma infância atlética

Nos dias atuais, é fácil esquecer que jovens precisam ser crianças em primeiro lugar e atletas, músicos ou atores em segundo. Os jovens têm um instinto natural e fascinante para brincar e competir que costuma ser esquecido pelos adultos. Brincar na rua, com os amigos, em um ambiente sem organização formal, permite que as crianças desenvolvam suas habilidades, reforcem seus talentos naturais e descubram habilidades novas. Vejam a atleta olímpica Sarah Haskins, por exemplo. Ela buscava competições antes mesmo de se tornar uma triatleta (Haskins, 2011). Quando tinha 8 anos, desafiava seu primo mais velho para corridas pela vizinhança. Ela conseguia acompanhá-lo até a linha de chegada e, em seguida, atacava com os ombros para garantir a vitória. Essa tática é proibida nos Jogos Olímpicos, mas a competitividade desenvolvida nessas corridas pela vizinhança, em desafios com seus irmãos para corridas até o mercado ou em brincadeiras de pega-pega no ponto de ônibus criaram a atleta que ela é atualmente.

Uma simples brincadeira infantil de pega-pega desenvolve fundamentos aeróbios, força anaeróbia, velocidade, agilidade e coordenação tão bem ou até melhor do que qualquer treinamento organizado desenvolvido pelos melhores treinadores. Por que isso acontece? Porque o pega-pega introduz a imprevisibilidade e competição do mundo real. A criança tem duas opções: (1) ser pega ou (2) ser mais rápida e ágil que a criança perseguidora. A brincadeira é simples, com regras fáceis de seguir e o objetivo é claro. Obviamente, é preciso um treinador ou outro supervisor adulto para garantir a segurança dos competidores. Mesmo assim, atletas muito jovens devem se concentrar na alegria da atividade. Um treinador prudente deve expor os atletas com menos de 7 anos de idade a uma vasta gama de atividades atléticas e táticas, como futebol, natação, boliche e xadrez.

Atletas que treinam durante a adolescência passam por três etapas gerais de progresso. Os fisiologistas do exercício apresentam nomes especiais para essas etapas, mas elas são fáceis de entender. Cada etapa corresponde a idades diferentes para cada esporte, mas os princípios são os mesmos.

Prática

Nessa etapa, os jovens se divertem explorando vários esportes. As crianças descobrirão seus esportes favoritos por meio de competições saudáveis. Elas aprenderão movimentos atléticos gerais que serão a base para o progresso por meio de biomecânicas otimizadas e trilhas de energia.

Especialização

Crianças envolvidas em esportes mais organizados como clubes de futebol, equipes de natação e ligas de tênis ou basebol começarão a aprender habilidades específicas para o esporte. Essas habilidades vão de movimentos atléticos gerais a técnicas especializadas que preparam as crianças para se tornarem mais fortes, rápidas e ágeis à medida que decidem quais esportes preferem. Os esportes se tornarão mais competitivos conforme os jovens progridem por essa etapa. Isso costuma ocorrer durante a puberdade, o que significa que os atletas amadurecerão em ritmos diferentes durante a etapa de especialização. Os jovens devem escolher esportes em um bom ambiente para competições saudáveis.

Execução

Esta é última etapa de desenvolvimento de um atleta adolescente. É quando os atletas alcançam o nível mais elevado do esporte, mas só conseguirão alcançar esse nível se progrediram pelas etapas anteriores como crianças ativas, depois, adolescentes atléticos, e, então, escolhendo o esporte ao qual se dedicar. O atleta utilizará todas as habilidades e técnicas aprendidas durante a sua trajetória.

Note que nem todo jovem esportista se tornará um atleta de elite. Contudo, também é importante perceber que atividades atléticas são ótimas ferramentas para ensinar a importância da aptidão física, o prazer de um estilo de vida ativo e a realidade da competição diária. Esse nível de maturidade influenciará todos os aspectos da vida do jovem, incluindo escola, família, relacionamentos e outras atividades extracurriculares.

Início do triatlo

Muitos pais que entendem a importância de atividades atléticas inscrevem seus filhos em programas como ligas de futebol, *dojo* de caratê e equipes de natação. Esses lugares são ótimos para o desenvolvimento das habilidades dos jovens. Programas para o triatlo juvenil se tornam mais comuns à medida que essa modalidade se torna mais popular. Em breve, esses programas provavelmente serão parte dos esportes tradicionais para jovens. Isso significa que os jovens terão mais acesso ao nosso esporte. Treinadores com conhecimento e experiência ajudarão atletas jovens a escolher uma equipe de triatlo e a progredir em qualquer atividade física desejada. É imprescindível encontrar um bom treinador durante essa etapa. Ele saberá como desenvolver um jovem para que participe e tenha sucesso em qualquer esporte.

Natação

À parte todos os sonhos e todas as aspirações de glória atlética, os jovens triatletas devem saber nadar, mesmo no sentido mais básico, e sentir-se confortáveis na água. Obviamente, este capítulo não é apenas sobre como garantir que o Joãozinho e a Mariazinha saibam nadar até o outro lado da piscina, mas a discussão seria incompleta sem mencionar as habilidades aquáticas básicas necessárias para evitar afogamentos. Crianças menores devem ser expostas à água e aprender a brincar dentro dela. Isso significa que elas devem ter aulas de natação o quanto antes (normalmente, na mesma época em que aprendem a usar o banheiro). Aulas de natação ajudam as crianças a terem confiança na água, mas também dão a elas outra oportunidade para brincar com os amigos, encorajando jogos e competições.

De acordo com Bob Seebohar, especialista em desenvolvimento de crianças para triatlo, meninos e meninas podem começar aulas de natação quando completam 7 anos. Nessa época, os atletas podem aprender as habilidades necessárias para a natação competitiva. Muitos triatletas profissionais dizem que aprender a nadar na infância é crucial. Na verdade, provavelmente quase todos os triatletas de todas as idades concordariam que aprender a nadar na infância é crucial para uma carreira bem-sucedida, pois aprender a nadar com 45 anos pode ser muito difícil. Saiba, entretanto que isso pode "acontecer com qualquer um". Muitos corredores de nível mundial costumam visitar o centro de treinamento olímpico de Colorado Springs para treinar com os triatletas locais. Eles assumem que podem aprender a nadar rapidamente e alcançar um nível competitivo. Esses atletas podem ter habilidades fenomenais, mas costumam descobrir que, como não estabeleceram suas técnicas de natação durante a infância, apresentam imensas dificuldades.

Entre as três atividades do triatlo, a natação é a que precisa ser dominada em primeiro lugar, mas oferece muitos benefícios para um triatleta novato. As crianças desenvolvem um motor aeróbio poderoso quando nadam. Um bom treinador estabelecerá exercícios curtos e técnicos para que, mais tarde, o motor aeróbio da criança não seja poderoso demais para o corpo. Se a Ferrari investisse todos os recursos para desenvolver um ótimo motor, por exemplo, mas não se preocupasse em desenvolver uma estrutura sólida, o carro cairia em pedaços antes que o motor pudesse usar todo o seu potencial. Desse modo, atletas jovens precisam estabelecer a técnica de suas braçadas, para que seus corpos estejam preparados para aguentar grandes velocidades.

À medida que os atletas ficam mais velhos, os treinamentos e exercícios se aproximam da especialização. O treinador tem a palavra final sobre a estruturação de sua equipe, porém, normalmente, nadadores jovens são agrupados de acordo com idade cronológica (tempo desde o nascimento) e idade de crescimento (maturidade fisiológica). De acordo com o manual de treinamento para jovens e juniores da USAT, atletas jovens (de 7 a 15 anos) são agrupados em quatro faixas etárias (USAT, 2011). Cada faixa etária tem um foco específico:

- *7 a 8 anos*: um ou dois treinamentos por semana, durante 30 minutos cada um, normalmente, ao longo do verão, com foco no prazer da natação e em técnicas básicas, como respiração e equilíbrio na água.

- *9 a 10 anos*: dois ou três treinamentos por semana, durante 30 minutos cada um, normalmente, ao longo do verão, com foco no prazer da natação, técnicas básicas e técnicas mais avançadas, como mergulho.

- *11 a 12 anos*: dois ou três exercícios por semana, durante 30 a 45 minutos cada um, geralmente, ao longo de todo o ano, com aumento no número de séries e foco contínuo na técnica e no desenvolvimento do sistema de energia.

- *13 a 15 anos*: três ou quatro exercícios por semana, durante 40 a 60 minutos cada um, ao longo de todo o ano, com foco na técnica e no desenvolvimento e no domínio.

Um bom treinador que possa guiar o aprendizado de cada atleta é muito importante durante todas as faixas etárias, mas, especialmente, durante os 13 a 15 anos, pois os jovens passam pela puberdade durante essa faixa etária. Desenvolvimentos críticos também ocorrem durante essa época, e um treinador profissional com conhecimentos sobre o desenvolvimento atlético é vital para o futuro sucesso dos atletas.

Ciclismo

As crianças são praticamente obrigadas a aprender a andar de bicicleta, mesmo que apenas para brincar na vizinhança. Também é quase certo que elas participarão de competições informais "até o fim da rua" ou "pelo parque" assim que aprenderem a pedalar. Entretanto, é raro que uma criança obtenha as habilidades necessárias para manter o equilíbrio em um pelotão de 20 outros ciclistas quando o atleta mais próximo faz uma curva repentina para evitar um buraco. E isso não ocorre apenas em competições que permitem pegar o vácuo. Muitos ciclistas em competições que proíbem essa prática sofreram acidentes, mesmo quando não tinham nenhum outro ciclista por perto, pois não aprenderam as habilidades necessárias quando jovens. Um atleta precisa aprender as técnicas e habilidades necessárias antes de se especializar em ciclismo. Essas habilidades costumam incluir:

- segurar uma garrafa de água e beber enquanto pedala em uma linha reta;
- trocar de marcha;
- evitar obstáculos;
- fazer curvas;
- pedalar com uma mão só;
- pedalar com posições variadas das mãos.

O ciclismo é um esporte com uma especialização relativamente tardia. Isso significa que uma especialização precoce pode até causar consequências negativas. De acordo com Tudor Bompa, autor de *Total training for young champions* (Bompa,1999) e outros livros influentes sobre fisiologia moderna, os atletas não devem começar a treinar ciclismo antes dos 12 anos. Na maioria dos casos, as crianças aprendem a pedalar muito antes dessa idade e experimentam muitas das habilidades mencionadas anteriormente. Embora essas habilidades sejam práticas úteis para ciclistas de todos os níveis, vários adultos têm dificuldades com elas. Por isso, assim que crianças entram em clubes de triatlo, além de simplesmente pedalar com seus amigos, desenvolverão a aptidão física, mas, também, as habilidades necessárias para prosseguir de maneira rápida e segura. Assim, elas podem começar a especialização aos 16 anos e alcançar o ápice de seu desenvolvimento aos 18 anos ou após a puberdade.

Corrida

Imagine-se com 8 anos. Pense no que fazia, nas brincadeiras e nas atividades das quais participava. O que você adorava fazer? O que adorava fazer com amigos? Se tivesse que adivinhar, eu imaginaria que a resposta não seria "Eu treinava corrida com meus parceiros de treino por 3 horas; organizávamos nossa nutrição e gostávamos de completar a distância necessária para terminar uma maratona em menos de 4 horas".

Na verdade, eu nem preciso adivinhar, pois sei a resposta para essas perguntas de uma maneira geral. Com 8 anos, você ainda tinha recreio na escola e brincava no parquinho, talvez brincasse de pega-pega e participasse de uma liga de futebol. Durante as partidas de futebol, você e o resto de sua equipe perseguiam a bola como um enxame de jornalistas entusiasmados ao redor de uma estrela de cinema. Entretanto, o que acontecia quando causava problemas durante o treinamento? Provavelmente, seu treinador o forçava a correr como punição e não exigia intervalos ou nada de interessante durante as corridas. Felizmente, os treinadores atuais têm mais conhecimento sobre psicologia infantil e estão abandonando esse tipo de punição, mas o uso de corridas como castigo ainda é uma ideia prevalente. Pergunte para qualquer adulto sedentário (ou mesmo para alguns atletas) o que eles acham de corridas de longa distância ou de corridas em geral. Muitos deles dirão que "parece tortura".

A corrida deve ser realmente agradável para que pessoas jovens queiram praticá-la. Isso não significa que toda sessão de treinamento deva ser cheia de diversão e brincadeiras, mas deve existir um equilíbrio saudável entre diversão, competição, desenvolvimento de habilidades e aprendizado para que os jovens atletas sejam preparados para corridas de longa distância.

É crucial que pais e treinadores vejam um jovem atleta como um "jovem de 26 anos em construção", de acordo com o especialista em corrida mundialmente renomado Bobby McGee (McGee, 2001). Ele cita a possibilidade constante de esgotamento de corridas muito longas por tempo prolongado sem resultados positivos. Por esse e por muitos outros motivos fisiológicos fora da alçada deste capítulo, a corrida é a disciplina do triatlo que deve ser especializada por último. De acordo com Tudor Bompa, os atletas nem devem começar a correr antes dos 13 anos (Bompa, 1999). Isso significa que eles só começarão a especialização no esporte com 16 anos e só apresentarão desempenhos avançados com 22 anos ou mais.

Criar campeões

"Achei que ter meu nome publicado no jornal era a coisa mais legal do mundo", disse Hunter Kemper, campeão olímpico duas vezes (Kemper, 2011). Ele venceu sua primeira competição IronKids em 1986 e ficou emocionado quando viu seu nome em um jornal da cidade de Orlando, Flórida. Esse tipo de reconhecimento fez que ele percebesse seu talento. Isso significa que todos os pais devem tentar colocar o nome de seus filhos nos jornais sempre que puderem? Absolutamente não. De acordo com Hunter, esse nível de reconhecimento precisa ser conquistado. Ele reconta a história da primeira bicicleta de competição que ganhou e lembra que seu pai exigiu que houvesse prática e esforço para fazer que o investimento valesse a pena. "Aquela bicicleta não era barata", Hunter recorda, "e eu queria que meus pais tivessem orgulho de mim". Os pais de Hunter ensinaram a ele o valor do trabalho duro desde cedo. O pai dele queria que ele entendesse que, se fosse fazer alguma coisa, teria de fazê-la 100%. Essa familiarização precoce com o significado do sucesso fez que Hunter Kemper se tornasse o triatleta de elite que ele é hoje em dia.

O sucesso é extremamente importante para o desenvolvimento de qualquer pessoa, mas ele tem de ser merecido. Se você quiser que os jovens atletas desenvolvam suas habilidades e não se tornem complacentes com seu desempenho atual, não basta recompensá-los por qualquer coisa. Essa interpretação de reforço positivo é simples demais. É correto dizer que reforços positivos para o sucesso estimularão a frequência dos comportamentos que levarão a esse sucesso (Luiselli e Reed, 2011). Vamos examinar o que Hunter estava dizendo. Em primeiro lugar, ele participou de muitos programas esportivos que permitiram que descobrisse suas atividades favoritas. Ele obteve sucessos moderados na natação e, até mesmo, no futebol. Contudo, percebeu uma coisa quando viu seu nome no jornal: "Ei, eu sou bom nisso". Isso, ele disse, "estimulou seu interesse" por triatlos. Jovens atletas escolhem um estímulo que seja porque eles sejam bons em um esporte, que gostem da atividade porque todos os seus amigos também a praticam ou porque alguma coisa intrínseca ao esporte os desperta.

É aí que entra o desenvolvimento. Pais e treinadores têm a responsabilidade de responder a perguntas difíceis. Por exemplo, vamos assumir que você conheça um garoto chamado James. Ele tem 12 anos e nada em uma equipe local, joga futebol no colégio e tem ótimas notas na escola. Ele costuma fazer parte dos 10% mais bem colocados em todas as competições em que entra e venceu o último evento do qual participou. Digamos que seu treinador é bom, mas lida com uma equipe muito grande e, por isso, tem dificuldade para se concentrar em atletas individualmente. Entretanto, sua equipe de futebol é apenas mediana na lista do distrito. O treinador está sempre parabenizando James, pois ele é um ótimo corredor e sempre tenta melhorar. Todavia, seus colegas de equipe não são tão dedicados, e o colégio está cortando verbas para o time de futebol. James costuma ficar frustrado com o desempenho da equipe, pois sabe que pode melhorar. Além disso, ele é um bom estudante, mas muitos outros alunos conseguem notas melhores. Seus professores costumam dar mais atenção para os alunos que conseguem notas perfeitas do que para aqueles que, como James, costumam errar uma ou duas perguntas.

Agora, você sabe os fatos básicos sobre o ambiente no qual James passa seus anos formativos. É difícil saber a direção que ele escolherá. É bom em todas essas coisas, mas não é o melhor em nenhuma delas.

Um dia, James chega da escola e diz para a mãe que derrotou seu melhor amigo em uma corrida de bicicleta pela vizinhança. A mãe percebe sua animação e sugere que James entre no triatlo para jovens que acontecerá em breve. Entretanto, James está relutante. Diz que nenhum de seus amigos está fazendo isso. Ele prefere continuar jogando futebol, pois todos os seus amigos também praticam o esporte. James sente satisfação em jogar futebol, porque, apesar de seu time não ser muito bom, há muita diversão em grupo.

Considere o efeito do ambiente em um atleta. Pense em si mesmo aos 12 anos. Lembre-se de aspectos motivadores dos quais você gostava. Lembre-se, também, de aspectos desconfortáveis, dos quais você não gostava. O ambiente é importante para o desenvolvimento de James ou de qualquer outro jovem. Após identificar os aspectos agradáveis e desagradáveis, pense sobre como essas qualidades foram atribuídas a esses aspectos de sua vida. Agora, coloque-se no papel de James.

James e sua família podem prosseguir de diversas maneiras. Ele pode continuar a ser o melhor jogador de um time de futebol medíocre e nunca ser capaz de jogar no ensino médio ou profissionalmente, pois sua equipe não é notada por olheiros e treinadores. O garoto pode ir muito bem em uma competição de matemática e conquistar a atenção dos professores. Também pode participar do triatlo, vencer e decidir se tornar um triatleta. Todas essas possibilidades, e muitas outras, podem ocorrer. A moral da história é que pessoas jovens responderão ao ambiente. Elas evitarão coisas das quais não gostam e serão atraídas pelas coisas que gostam. Sim, o jovem é responsável pela decisão final, mas essas experiências são resultado do ambiente. Os pais, os professores, os treinadores, os irmãos e as outras pessoas são responsáveis por criar o melhor ambiente para o desenvolvimento de uma criança em um jovem atlético e, por fim, em um atleta.

Fisiologicamente, jovens não são especialistas. Criar uma base atlética é imprescindível para o sucesso de um atleta em todos os níveis. Permitir que cada criança adore fazer exercícios é a melhor maneira para solidificar o sucesso do jovem atleta quando ele escolher uma especialização atlética. Não importa qual seja seu papel na vida da criança, a ideia básica é a mesma: crie o melhor ambiente possível. Atletas de elite precisam de dedicação, paixão e atenção aos detalhes, qualidades valorizadas em qualquer área da sociedade. Esses valores darão a qualquer criança as ferramentas necessárias para obter sucesso em qualquer objetivo que ela escolher.

CAPÍTULO 25

Lidando com lesões comuns

Suzanne Atkinson, MD

Três entre quatro pessoas que lerem este capítulo já sofreram lesões durante treinamentos ou competições. Muitos leitores são antigos corredores, ciclistas ou nadadores, mas adotar o triatlo só aumentará seus riscos de se machucar. Na verdade, o risco de lesões é mais alto do que antes de ingressar no triatlo.

Estresse cumulativo causado pelo treinamento cruzado

Triatletas de todos os níveis tendem a treinar mais horas por semana e a acumular mais lesões do que outros esportistas, o que significa que existe uma "frequência ideal" em que lesões são menos comuns. Um estudo realizado com triatletas medianos descobriu que aqueles que treinavam de 8 a 10 horas por semana eram menos suscetíveis a lesões (Shaw et al., 2004).

Mesmo assim, o estresse cumulativo gerado pelo treinamento em três esportes ao mesmo tempo faz triatletas acumularem mais lesões (Tuite, 2010). Quase 75% de todos os triatletas sofreram pelo menos uma lesão quando começaram o esporte (Vleck, 2010; Egermann, 2003). Triatletas que participam de competições Ironman sofrem duas vezes mais lesões do que atletas que participam de competições olímpicas (Vleck, 2010). Um estudo realizado com finalistas do Ironman havaiano revelou que 90% dos participantes tinham lesões um ano antes do evento (O'Toole et al., 1989).

Além disso, triatletas costumam treinar com lesões leves – o que pode causar dores crônicas ou problemas recorrentes – especialmente em casos como deslocamento de ombro, considerados desimportantes ou apenas irritantes. Quando sofrem lesões crônicas, triatletas tendem a treinar mais em outras atividades para manter a mesma carga total de exercícios. Muitas lesões causadas pelo ciclismo, especialmente no joelho, também têm como causa corridas e vice-versa. Um corredor com dores no joelho provavelmente não melhorará se começar a treinar mais em ciclismo (Tuite, 2010; Vleck, 2010).

Surpreendentemente, a presença de treinadores ou médicos não afetou a frequência de lesões em um grupo de alemães finalistas de competições Ironman. Egermann (2003) não encontrou diferenças na frequência de lesões entre atletas com ou sem treinadores. Embora um treinador possa ajudar um atleta a melhorar suas técnicas e projetar bons planos de treinamento, o atleta precisa cuidar de seu corpo e tentar se recuperar assim que um padrão de lesões for identificado.

Além disso, os equipamentos ou as técnicas de triatletas podem não ser tão sofisticados quanto os utilizados por atletas focados em apenas um esporte (Tuite, 2010). Desenvolver uma boa memória muscular é muito mais difícil para alguém que adotou o esporte na vida adulta. A natação é provavelmente o melhor exemplo de diferenças técnicas entre triatletas adultos e nadadores competitivos de todos os níveis. Jovens nadadores recebem treinamentos diários e suas braçadas são monitoradas. Atletas que começaram a nadar competitivamente na vida adulta, entretanto, geralmente, não têm esses benefícios.

Tipos de lesões

Triatletas costumam sofrer os mesmos tipos de lesões observados em atletas que praticam apenas um esporte. Um estudo da equipe de elite britânica comparando as distâncias dos eventos com os padrões de lesões (distância olímpica *versus* distância Ironman) atribui a maioria das lesões à corrida (65% *versus* 60%), seguido por ciclismo (26% *versus* 32%) e natação (15% *versus* 16%). Em alguns casos, os atletas atribuíram suas lesões a mais de um esporte (Vleck, 2010).

O local da lesão parece variar de acordo com a distância do evento. Atletas de elite focados em triatlos de distância olímpica reclamaram de lesões nas costas (18%), no tendão calcâneo (14%) e nos joelhos (14%), ao passo que atletas com foco em eventos de longa distância reclamaram, principalmente, de dores nos joelhos (44%), na panturrilha (20%), nos músculos isquiotibiais (20%) e nas costas (20%). Contudo o joelho parece ser a área do corpo que responde por mais da metade das lesões relatadas por outros grupos (Tuite, 2010).

Lesões na natação

Ocorrem durante a natação 5% a 10% de todas as lesões de triatlo (Tuite, 2010). A natação estilo livre exige dois movimentos que podem forçar as articulações dos ombros, incluindo o movimento manual acima da cabeça e a rotação interna das articulações. Isso pode causar três variedades de lesões que causam dores nos ombros de nadadores: síndrome do impacto do ombro, tendinite do manguito rotador e ombro de nadador. O ombro é uma articulação extremamente móvel, que costuma ser descrita como "uma bola de golfe em um pino". A parte superior do osso do braço é uma grande bola colocada na cavidade do ombro localizado abaixo da clavícula, em frente à escápula e adjacente a uma pequena cavidade chamada glenoide. Ela é o "pino de golfe".

Síndrome do impacto do ombro

Refere-se ao movimento dos tendões do manguito rotador entre o topo do úmero e a parte da escápula estendida no topo das articulações do ombro. Esse espaço pode ser reduzido por movimentos como erguer a mão acima da cabeça, curvar os ombros e realizar rotações internas da parte superior do braço, o que pode causar irritações repetitivas nos tendões. Essa dor pode piorar durante o ciclismo (Tuite, 2010).

Tendinite do manguito rotador

A tendinite é uma inflamação geral dos tendões do manguito rotador. Como esses músculos são muito menores que os usados para erguer o braço acima da cabeça (deltoides), pelo peito (peitorais) e abaixá-lo (latíssimos), esses movimentos mais amplos podem mudar o alinhamento da bola e do pino, especialmente quando o manguito rotador está relativamente fraco. Na natação, isso acontece quando a força do puxão é forte demais para que os músculos estabilizem a articulação. A tendinite do manguito rotador costuma causar dores quando o braço é erguido ou abaixado na mesma posição. Nos casos mais severos, a pessoa talvez só consiga erguer os braços algumas polegadas ou centímetros para os lados do corpo.

Ombro de nadador

Essa condição é mais comum em nadadores competitivos e refere-se a uma combinação das lesões descritas anteriormente, além de uma frouxidão da articulação do ombro. Nadadores competitivos costumam alongar agressivamente as articulações do ombro, o que pode afrouxá-las ainda mais.

Se você desenvolver dores nos ombros enquanto nada, não as ignore. Considere descansar por alguns dias se você começou a nadar após um período de pausa. Volte a nadar com volumes e intensidades iniciais muito menores. Nadadores de todos os níveis podem ser beneficiados por avaliações técnicas. Empurrar a água quando o braço está completamente estendido (por exemplo, quando seu braço está estendido em frente a uma parede na direção para qual você está nadando) e pressionar as articulações do ombro é um dos erros mais comuns da natação. Corrigir esse equívoco por meio de uma técnica mais aprimorada aliviará a dor e a pressão das articulações e fará que o nado seja uma experiência mais agradável.

Aqui estão algumas dicas para manter ombros saudáveis:

- Avalie sua técnica de natação para descobrir erros comuns.
- Aplique gelo no local dolorido. Uma prática comum é colocar gelo por 20 minutos durante três ciclos. Algumas pessoas recomendam aplicar gelo uma vez a cada hora durante 20 minutos.
- Considere o uso *provisório* de analgésicos, como ibuprofeno ou naproxeno. Sempre use uma dose pequena, mas eficiente.
- Após a dor inicial, comece a praticar exercícios para estabilizar os ombros durante os dias nos quais você não nada. Em outras palavras, não fadigue os

músculos do manguito rotador na academia e vá nadar logo em seguida, pois isso é pedir problemas.

- Procure um médico se a dor continuar após sete a dez dias (a duração típica de torsões e luxações).

Lesões no ciclismo

Durante o ciclismo, ocorrem 10% a 20% das lesões sofridas por triatletas. Muitas são causadas por esforços excessivos, mas, aproximadamente, um terço dos acidentes a cada ano são causados por quedas durante treinamentos ou competições. Esta seção discutirá as diferenças entre esses tipos de lesões.

Traumatismos causados pelo ciclismo

Traumatismos ocorrem após quedas ou colisões durante o ciclismo. Arranhões mínimos e lesões catastróficas podem ser causados por colisões com outros ciclistas, quedas provocadas por obstáculos ou colisões com automóveis. Essas lesões podem ser minimizadas por meio de habilidades de manejo da bicicleta, comunicações com parceiros de atividade e precauções no trânsito. Uma ciclista que conheço acena para os motoristas para garantir sua visibilidade.

Lesões na pele, torções e fraturas estão incluídas nos traumatismos. Procure cuidados médicos se você sofrer dores e inchaços após uma queda.

Pele

A pele é o maior órgão do corpo. Ela protege você de elementos externos, é a prova d'água, repele bactérias, retém fluidos, regula a temperatura corporal por meio do suor, tem glândulas que mantêm a pele hidratada e contém as pequenas fábricas que produzem pelo. Abrasões e cortes são comuns durante o ciclismo. Esta seção também discute queimaduras e riscos de câncer de pele.

Abrasões

Uma abrasão é causada pelo contato com o chão quando uma pessoa se move a grandes velocidades. A fricção entre a pele e a superfície do chão arranca camadas da pele. Grandes áreas podem ser arrancadas durante uma queda, geralmente nos quadris, coxas, panturrilhas ou ombros. Qualquer ciclista deve ser apto a tratá-las.

1. Lave a lesão e a parte afetada da pele.

O primeiro passo é lavar a área com sabão e água. Irrigue lesões abertas com água corrente, para desinfetar a área. O sabão ajudará a remover partículas de sujeira na pele. O uso direto de peróxido e iodo na pele não é recomendado, pois isso pode danificar células saudáveis necessárias para a recuperação. Você pode usá-los na pele intacta ao redor da ferida ou diretamente, se forem diluídos na água. A pele ao redor da ferida deve ser lavada.

2. Aplique três camadas de curativo.

O próximo passo é proteger a área afligida e permitir que o processo curativo natural do corpo comece.

- *Primeira camada: a camada não adesiva.* Feridas abertas costumam vazar durante os primeiros dias. Por isso, você precisa usar um curativo não adesivo como primeira camada na lesão. Também pode passar uma camada de pomada antibiótica em uma tira de gaze e colocá-la por cima da lesão, para evitar bactérias.

- *Segunda camada: a camada absorvente.* Use uma camada de quadrados de gaze para cobrir toda a área afligida. O propósito dessa camada é absorver os fluidos que vazam da pele danificada. Se esses fluidos estiverem opacos, brancos ou esverdeados, a ferida pode estar infectada e você deverá procurar um médico imediatamente.

- *Terceira camada: juntando tudo.* Fitas de papel podem ser usadas para segurar as pontas da gaze. Almofadas de ABD (ABD *pads*) podem ser usadas para feridas maiores. Elas são grandes curativos usados após cirurgia abdominal que podem ser coladas nas pontas. Redes tubulares são perfeitas para os membros. Elas podem ser obtidas em vários diâmetros e esticadas para cobrir todo o curativo e mantê-lo no lugar.

3. Mantenha cuidados constantes.

Limpe a ferida diariamente com sabão e água, e renove os curativos quando necessário. É melhor evitar que a superfície da ferida seque e cicatrize. As novas células precisarão de uma superfície lubrificada à medida que crescem e se encaixam nos cantos da ferida. É normal que a pele fique vermelha no fundo do ferimento. Se a pele ao redor da área afetada estiver vermelha ou roxa, entretanto, isso pode significar infecção, e você deverá procurar um médico.

Cortes

Cortes, também chamados de lacerações, podem ser causados por um impacto em uma área óssea como o queixo, os ombros ou os joelhos, o que pode abrir a pele ao redor. Eles também podem ser causados por instrumentos cortantes, como vidro quebrado, metal ou outros detritos.

Você deve avaliar um corte imediatamente, para verificar se está sangrando; se estiver, pressione a área que está vertendo sangue durante 10 minutos por vez, até que o sangramento passe. Se você não tiver gaze estéril disponível, poderá utilizar qualquer material limpo, incluindo uma camisa. Use seus dedos para pressionar diretamente a ferida sangrando. Em casos extremos, você poderá ter que pressionar uma artéria para diminuir o sangramento. Torniquetes não são mais recomendados, pois outros métodos quase sempre são suficientes. Se o sangramento continuar, mantenha a pressão e ligue para a emergência ou procure um médico imediatamente.

Após controlar o sangramento, o corte deverá ser lavado com água corrente para remover partículas menores, visíveis ou não. Segurar a parte ferida sob a água por um minuto é uma maneira eficiente para irrigar e esterilizar a ferida.

Depois disso, você terá algumas horas para conseguir tratamento médico e realizar suturas. Uma boa regra geral é: se você acha que precisa de suturas, provavelmente, está certo. Além disso, em clínicas ou prontos-socorros pode-se tratar a ferida, limpá-la e avaliá-la em busca de outras lesões.

Insolação e câncer de pele

Atletas que praticam esportes a céu aberto correm mais risco de câncer de pele. A radiação ultravioleta é um dos maiores fatores de risco para vários tipos de câncer de pele. Estudos demonstram que ciclismo e triatlo expõem os atletas a níveis extremos de radiação ultravioleta. Além disso, o suor durante atividades esportivas aumenta a sensibilidade da pele a feridas causadas por raios ultravioletas. Atletas de resistência expostos ao sol têm mais distúrbios de pele, incluindo nevos melanocíticos (pintas) e lentigo solar (áreas de pigmentação escura). Essas descobertas são benignas por si só, mas são fatores de risco para melanoma, um tipo de câncer de pele.

Sempre use protetor solar (fator 30, no mínimo), especialmente em climas mais frios, em que você ainda pode ser afetado pelos raios ultravioletas mesmo sem calor. Não se esqueça de proteger os lábios também, e de reaplicar frequentemente o protetor durante uma sessão de ciclismo. Procure um médico se descobrir qualquer mudança na pele, incluindo pintas ou áreas descoloridas da pele.

Torções

O ombro e o pulso são áreas comuns para torções. Um deslocamento de ombro é uma torção da articulação acromioclavicular (AC). Torções do pulso podem ocorrer em vários locais, de acordo com a posição do pulso e o local de impacto durante uma queda. Uma queda em cima de uma mão aberta (chamada, comicamente, de FOOSH – *fall on an out stretched hand* – pelos médicos plantonistas) é o mecanismo que mais resulta em torções e fraturas.

Deslocamento de ombro

Um deslocamento de ombro é uma ferida no ligamento que segura a parte inferior da clavícula contra a parte superior do ombro. Esse ligamento pode ser esticado quando um triatleta cai de lado, impactando o ombro. A forma mais leve é uma torção dos ligamentos sem rasgos. Isso causa uma dor imediata na articulação acromioclavicular e também pode causar dor com o uso do braço. O tratamento envolve descanso, gelo e remédios anti-inflamatórios.

Formas mais graves de deslocamento de ombro envolvem rompimentos nos ligamentos que seguram a clavícula, o que resulta em uma protuberância na parte inferior do osso em que o ligamento rompido não consegue mais segurar a clavícula em contato com o ombro. O tratamento é o mesmo utilizado para uma separação leve, mas a recuperação leva mais tempo. Normalmente, deslocamento de ombro não exige cirurgia.

Se você acha que sofreu um deslocamento de ombro ou outro ferimento relacionado ao ombro ou à clavícula, coloque seu braço em uma tipoia e procure tratamento médico o mais rápido possível. Coloque gelo na área mais dolorida para reduzir tanto a dor quanto o inchaço.

Dor no pulso após uma queda

Essa situação merece uma discussão especial. O osso navicular ou escafoide é um pequeno osso triangular na base do polegar que permite que o dedo se movimente livremente. Polegares opositores são uma das melhores partes de ser humano, desse modo, é importante cuidar de lesões nessa área.

O osso navicular é diferente dos outros, pois tem uma "cintura" estreita e recebe seu suprimento de sangue da parte distal (distante) do osso. Uma fratura na cintura estreita pode impedir que o osso seja curado corretamente. Se você sentir dores persistentes na fossa radial do pulso após uma queda, deve procurar um médico imediatamente. Provavelmente, receberá uma tala e deverá procurar um ortopedista se o exame de raios X inicial não apresentar fraturas.

Fraturas

O ombro, o pulso e a clavícula são áreas comuns para fraturas. Muitas pessoas percebem imediatamente se quebraram um osso, pois ouvem um "estalo", sentem o osso quebrando ou observam uma deformidade óbvia no osso ou na articulação. Contudo, pequenas rachaduras em alguns locais podem não ser tão óbvias. Quase todos os ossos quebrados causam dor imediata, mas alguns podem demorar horas para começar a incomodar.

Se houver dificuldades para movimentar normalmente as articulações, deformidades óbvias no osso ou em uma articulação e angulações ósseas nos membros, pode ser sinal de ossos quebrados. Fraturas óbvias, em que o osso perfura a superfície da pele, exigem cuidados imediatos por um profissional treinado, como um paramédico, e uma visita a um ortopedista. Fraturas anguladas ou abertas (ossos salientes na superfície da pele) podem causar danos permanentes aos nervos ou apresentar infecções. Além disso, dores severas ou persistentes são um sinal de que um exame de raios X é necessário, mesmo sem deformidades visíveis.

Tratamentos imediatos para ossos quebrados incluem avaliações do pulso e do movimento das mãos e dos pés, mesmo nas áreas não danificadas, assim como uma imobilização da área ferida com uma tala temporária. Isso pode ser improvisado com materiais que você pode ter consigo como bomba do quadro e manguito de compressão, para imobilizar um braço ou pulso, até que a pessoa receba tratamento médico.

Lesões causadas por repetição em ciclistas

É natural que triatletas apresentem os mesmos problemas nos joelhos observados em ciclistas puros. A técnica das pedaladas é importante, mas o ciclismo apresenta menos variações técnicas do que a natação ou a corrida. Se a bicicleta não for adaptada ao ciclista, o movimento repetitivo pode acumular estresse nos quadris, nos joelhos, nos tornozelos e nos pés, e o tornozelo é a área da qual os triatletas mais reclamam (Tuite, 2010).

Joelho   O joelho é uma articulação em dobradiça. Embora tenha movimentos simples, sua estrutura é relativamente complexa. Além das áreas de contato dos ossos da perna (o fêmur com a tíbia), existem dois discos cartilaginosos ao redor da articulação, chamados meniscos, um protetor do joelho (a patela) embebido no tendão dos músculos quadríceps, ligamentos nos lados e no meio da articulação e muitos grupos distintos de ligações musculares tanto na parte inferior quanto na parte superior da perna.

Algumas causas comuns de dor no joelho entre ciclistas e triatletas são o uso excessivo, uma bicicleta não adaptada ao ciclista ou uma combinação das duas coisas. As três lesões mais comuns são a tendinite patelar, a síndrome patelofemoral e a síndrome do trato iliotibial.

Tendinite patelar

A tendinite é uma inflamação do tendão logo abaixo da patela. Quando os quadríceps são contraídos, como durante a pedalada, o joelho é endireitado à medida que a força é transmitida pelo tendão patelar até o ligamento na ponta da tíbia (rádio). Isso pode irritar o tendão patelar, especialmente durante a primavera, quando ciclistas entusiasmados exageram na quilometragem ou na intensidade.

Síndrome patelofemoral (síndrome PF)

A síndrome patelofemoral refere-se ao deslocamento da patela em relação ao osso fêmur. Quando o ciclismo causa essa síndrome, ela é chamada de joelho de ciclista. Da mesma forma, ela é chamada de joelho de corredor quando causada por corridas. A síndrome PF é causada por um grupo lateral (exterior) de músculos quadríceps relativamente fortes. Cada pedalada puxa a patela para o lado externo do joelho.

Em razão da repetição do movimento, isso causa dor e desgaste com o tempo. A condição é mais comum em mulheres, pois o ângulo é maior da patela da pelve até o joelho. O tratamento pode incluir ajustes de calçados e o fortalecimento do grupo de músculos quadríceps medial ou interno por meio de exercícios de terapia física.

Síndrome do trato iliotibial

Essa síndrome também é chamada de ITBS ou de síndrome do trato IT. O trato IT é uma banda espessa de tecidos originária no quadril e conectada abaixo do joelho. Durante o ciclismo, a banda IT é friccionada contra a patela logo acima do joelho. Um selim muito alto ou afastado pode piorar a condição (Tuite, 2010; Farrell, Reisinger e Tillman, 2003).

Cabeça e coluna   A cabeça, o pescoço e as costas são, literalmente, o centro de suas funções humanas. O crânio e as vértebras são o lar do cérebro e da medula espinhal, componentes do sistema nervoso central. Proteger a cabeça e a coluna é importante para evitar traumatismos e lesões por uso excessivo.

Dores nas costas

Em um estudo sobre ferimentos em triatlos, 17% a 20% dos triatletas relataram dores nas costas durante o ano de treinamento anterior. Mais triatletas de longa distância relataram dores do que triatletas de distância olímpica, o que sugere uma relação com o tempo geral de treinamento (Vleck, 2010). Em outro estudo feito com finalistas do Ironman havaiano, 72% dos triatletas relataram dores nas costas no ano anterior (Villavicencio et al., 2007). Descobrir maneiras para avaliar, tratar e prevenir dores nas costas é uma preocupação importante para todos os triatletas.

Dores no pescoço

Quase 45% de todos os triatletas sofrem dores no pescoço em algum ponto de suas carreiras (Villavicencio et al., 2007). Todas as estruturas mencionadas sobre as costas também podem gerar dores no pescoço. A dor pode começar como resultado de uma lesão (queda da bicicleta) ou de uma torção causada pelo ato de olhar para a frente em uma posição curvada (hiperlordose). Triatletas experientes com outras lesões relacionadas ao esporte correm mais riscos de dor no pescoço.

Se você sentir dores nas costas ou no pescoço, descanse por alguns dias e evite atividades que causem a dor. Considere o uso de anti-inflamatórios e de gelo durante as primeiras 48 horas. Se a dor for severa e não responder ao descanso e aos anti-inflamatórios, seu médico poderá recomendar o uso de esteroides, com ou sem relaxantes musculares.

Leve sua bicicleta para ser ajustada por um profissional ou por um amigo ou treinador habilidoso. Se você utiliza bicicletas de triatlo constantemente, tente assumir uma posição menos curvada ou utilizar uma bicicleta mais casual para manter a forma.

Identificar a fonte da dor no pescoço e nas costas pode ser difícil até para médicos experientes. Essas dores costumam ser menores, mas existem alguns sinais que devem alertar você a procurar um médico imediatamente. Três-quartos dos triatletas que sofrem dores nas costas relatam que elas desaparecem sozinhas após algumas semanas. Aproximadamente um quarto dos triatletas relatam dores nas costas com uma duração de mais de três meses, e cerca de 10% deles relatam dores no pescoço com essa duração (Villavicencio et al., 2007).

Dores com uma duração de mais de três meses costumam ser causadas pelos discos ou articulações que compõem a coluna. Com a idade, o material do disco pode ficar quebradiço e apresentar rachaduras. Em casos severos, isso pode fazer que fluidos vazem do disco e pressionem os nervos espinhais. Isso é comumente chamado de hérnia de disco.

Procure um médico se sentir dores lancinantes, entorpecimentos ou fraquezas na coluna, pois isso pode sugerir uma hérnia de disco com pressões em um nervo. Sintomas de dores nas costas incluem dificuldade para urinar, perda de controle das funções intestinais e entorpecimento ao redor do ânus. Esses sintomas são raros, mas exigem que você procure assistência médica imediata.

Lesões e traumas na cabeça   Seu cérebro é, provavelmente, o órgão mais importante de seu corpo. Capacetes podem ajudar a prevenir danos cerebrais, pois dissipam o impacto de quedas. Uma concussão causa uma variedade complexa de sintomas e não pode ser identificada com raios X, tomografias ou ressonância magnética. Os sintomas podem incluir problemas de memória, julgamento, reflexos, fala, equilíbrio, coordenação e padrões de sono (PubMed Health, 2011).

Procure assistência médica imediata se você ou um parceiro de treinamento apresentar um ou mais dos sintomas a seguir. Essa não é uma lista completa; se estiver com dúvidas, vá para o hospital:

- vômito persistente;
- perda prolongada de consciência;
- problemas de coordenação;
- dificuldades de fala;
- dificuldades de visão;
- convulsões;
- pupilas de tamanhos distintos;
- fluidos opacos ou sangrentos vazando do nariz, das orelhas ou da boca.

Após eliminar a possibilidade de lesões mais graves, como sangramentos no cérebro e fraturas cranianas, o tratamento para um trauma envolve descanso cerebral.

Mantenha-se seguro durante o ciclismo e proteja seu cérebro! Sempre use um capacete, mesmo quando pedalar em locais sem tráfego. Seja previsível e não faça movimentos erráticos no tráfego ou em pistas de ciclismo. Aprenda sinais manuais de tráfego. Fique bem visível. Use roupas claras e refletoras, bem como lanternas quando pedalar à noite.

O tornozelo A lesão no tendão de Aquiles (tendinite do calcâneo) é a lesão de tornozelo mais comum causada pelo ciclismo. O tendão calcâneo é uma banda espessa de tecido fibroso que conecta os músculos da panturrilha (o gastrocnêmio e o sóleo) ao osso do calcanhar. O tendão transmite toda a força da pedalada.

Um possível fator para a tendinite em triatletas é a natação seguida pelo ciclismo. Durante o nado, o tendão é encurtado pela posição dos dedos dos pés. A transição imediata para o ciclismo, em que o tendão é esticado, pode causar irritações. Casos severos de tendinite podem criar protuberâncias ou inchaços que podem se romper, se a causa não for tratada (Tuite, 2010).

Se você sofrer dores de tendinite, deve fazer um tratamento com descanso, gelo e anti-inflamatórios, além de avaliar sua bicicleta para garantir que a altura, a posição e os ajustes do selim não pressionem ainda mais o tendão.

Lesões de corrida

Como a corrida envolve o suporte de todo o peso corporal após cada passo, ela é o esporte que mais causa ferimentos e desgastes. Ferimentos causados pela corrida são responsáveis por três quartos dos treinamentos perdidos por triatletas.

Joelho

Assim como no ciclismo, o joelho é o local onde ocorre a maioria das lesões relatadas na corrida. A atividade causa um terço das lesões relatadas por triatletas. A variedade de lesões é similar aos notados no ciclismo e incluem síndrome patelofemoral, síndrome do trato iliotibial e joelho de corredor (tendinite patelar), condições discutidas na seção sobre feridas de ciclismo.

Além do que já foi mencionado sobre essas três condições, alguns fatores que contribuem para lesões durante a corrida incluem (Tuite, 2010):

- aumento rápido de quilometragem em superfícies duras (tendinite patelar);
- corridas em uma pista lotada e inclinada (ITBS);
- corridas em superfícies inclinadas (síndrome patelofemoral).

Pé e tornozelo

O tornozelo é uma articulação em dobradiça que conecta a parte inferior da perna ao pé. Lesões no tornozelo podem ser agudas (tornozelos torcidos ou lesionados) ou crônicas, como a lesão no tendão de Aquiles. Esse tipo de lesão é comum entre corredores e triatletas, e é responsável por 15% a 25% das lesões de corrida relatadas por triatletas (Tuite, 2010). Lesões no pé incluem metatarsalgia e fascite plantar.

Metatarsalgia

Esse é um termo geral para dores nos ossos longos do pé, tipicamente na parte inferior logo atrás das articulações dos dedos. A metatarsalgia pode ser causada por ciclismo ou corrida. Os ossos do pé (metatarsos) absorvem muita energia, e o uso repetitivo pode causar uma reação estressante localizada no eixo do osso. Fraturas causadas pelo estresse também podem ocorrer ocasionalmente. Calçados de ciclismo também podem aumentar a pressão na área, o que contribui para a dor. Pedais e calçados com uma área de superfície maior podem ajudar a diminuir o desconforto. Um dos tratamentos para dores no metatarso e fraturas causadas pelo estresse é um calçado que não flexione a sola, uma característica de muitos calçados de ciclismo. Utilizar calçados com uma sola inflexível e uma combinação de pedais e calçados com uma área de superfície larga pode ser um bom treinamento enquanto a ferida do metatarso não for curada.

Fascite plantar

A fascite plantar é responsável por aproximadamente 50% das feridas de corrida no pé e no tornozelo (PubMed Health, 2011). A fáscia plantar é uma cobertura de tecidos que percorre a sola do pé e ajuda a manter seu formato arcado, absorve choques e permite que o recuo elástico devolva energia para a corrida. Esse tecido pode causar dores quando inflamado, especialmente no calcanhar. A dor costuma piorar de manhã, especialmente após levantar da cama, e tende a melhorar com o decorrer do dia.

Tratamentos incluem calçados com apoio para manter o formato arcado, especialmente ao levantar da cama de manhã ou à noite. Você pode rolar uma bola de tênis ou lata de refrigerante com os pés para alongar a fáscia plantar. Guarde latas na geladeira para combinar terapia de frio e alongamento de uma vez só.

O enrijecimento dos músculos da panturrilha pode contribuir para a dor, pois o pé tende a apontar naturalmente para baixo durante o sono à medida que o músculo da panturrilha puxa o tornozelo. Você também pode utilizar talas noturnas que mantenham a fáscia plantar alongada em uma posição neutra durante a noite.

Parte inferior da perna

Lesões na parte inferior da perna compõem aproximadamente 10% das feridas observadas em triatletas. A parte inferior da perna tem dois ossos, a tíbia e a fíbula. As duas lesões mais importantes para essa área da perna são feridas na canela e fraturas de estresse na tíbia.

Lesões na canela

Causam dor na parte frontal da canela que pode vir de irritações e inchaços na membrana do rádio que conecta os músculos, conhecida como periósteo. Após cada passo, esses músculos puxam a área do osso com a qual estão conectados e podem fazer o tecido ao redor tornar-se sensível e inchado. A área mais comum costuma ser o interior da porção média da canela. O tratamento inclui descanso e modificação de atividades (ciclismo e natação provavelmente não causarão problemas), gelo e medicamento anti-inflamatório.

Fraturas de estresse na tíbia

Às vezes, feridas na canela podem progredir e fraturar a tíbia se a causa não for tratada e não houver descanso adequado. A dor é aguda e tem foco em uma área pequena. É preciso realizar um exame de ressonância magnética para diferenciar entre uma fratura de estresse e feridas na canela. O tratamento inclui quatro a seis semanas de descanso, ou até mais.

Lesões na parte superior da perna, no quadril e na virilha

Lesões na pelve, no quadril e na parte superior da perna são responsáveis por 10% a 20% das lesões de triatletas (Tuite, 2010). O quadril é uma articulação de bola e pino muito mais estável do que o ombro, outra articulação similar no corpo.

A lesão mais importante nessa área é uma fratura femoral. Fraturas causadas pelo desgaste podem ocorrer na parte do fêmur em que o osso se estreita para entrar no quadril. Uma fratura femoral não identificada pode danificar permanentemente essa área. Em casos extremos, o atleta pode precisar de uma cirurgia de reposição de quadril para recuperar funções motoras completas.

Fraturas femorais são mais comuns em atletas de longa distância acostumados a correr enquanto sentem desconforto. Esses atletas podem ter dificuldade para modificarem seus níveis de atividade após a detecção da dor. Quando a fratura for diagnosticada, o atleta não poderá correr até que a lesão seja curada, o que pode levar mais de seis semanas.

As lesões de triatletas são similares às observadas em atletas de um único esporte. Apesar de sempre treinarem em mais de uma modalidade, os triatletas tendem a sofrer mais lesões que outros esportistas. Os triatletas com menos lesões tendem a treinar de 8 a 10 horas por semana, ao passo que aqueles que treinam menos de 8 horas ou mais de 10 horas tendem a acumular mais lesões. Com sorte, essas descrições breves de várias condições que podem afligir triatletas ajudarão você a descobrir a causa quando sentir sintomas e a procurar assistência médica quando necessário.

CAPÍTULO 26

Nutrição para atletas de resistência

Bob Seebohar

Muitos triatletas sabem que a nutrição é importante para o planejamento do dia da competição, mas você deve lembrar-se de que a nutrição tem um impacto profundo durante suas sessões de treinamento diárias; isso pode afetar a maneira como se adapta e se prepara para a competição. Deve haver equilíbrio entre bebidas e alimentos consumidos, quando e onde podem ser ingeridos, e na implementação de um plano nutricional que fortaleça sua saúde e proveja suas necessidades físicas. A nutrição esportiva evoluiu muito e, hoje em dia, é necessário examinar a situação de uma maneira geral para implantar um plano de nutrição adequado e saudável a fim de otimizar seu desempenho, o que significa que você precisa alinhar seu plano nutricional com seu plano de treinamento. Um plano nutricional periódico que apoie seu plano de treinamento físico permitirá que você tenha mais saúde e um desempenho melhor.

A *periodização nutricional* é o termo que descreve o ato de combinar sua nutrição com suas sessões de treinamento. Seu programa de nutrição deve variar e ter o objetivo de complementar seu treinamento físico, para que você possa começar suas sessões de treinamento abastecido e hidratado. Não importa se esteja treinando para triatlos de curta ou longa distância, adotar a periodização nutritiva o ajudará a se tornar um atleta melhor. A nutrição ajuda no treinamento ou, como gosto de dizer, "coma para treinar, não treine para comer".

Utilize o conceito da periodização nutritiva

Se você não estiver nutricionalmente preparado antes de uma sessão de treinamento, não obterá as mesmas adaptações fisiológicas positivas conseguidas por outros triatletas que prestam atenção à alimentação. Muitos triatletas seguem fases similares de treinamento que costumam incluir etapas preparatórias (base e construção), pré-competitivas, competitivas (competição) e transitórias (fora de temporada). Neste capítulo, apresentarei o método quantitativo de periodização nutritiva, com foco no uso de números em um plano de nutrição, mas outros métodos como o qualitativo (contando também calorias e gramas) também são recomendáveis. Esses métodos utilizam respostas de fome e satisfação, além de ensinar os atletas sobre fome biológica, habitual e emocional. Eles costumam ser escolhidos por atletas que preferem configurar um plano nutricional com base em sua conexão emocional com a comida.

O método quantitativo oferece informações sobre a quantidade de carboidratos, proteína e gordura que você deve consumir diariamente (em calorias por quilograma de peso corporal). Os valores são determinados por pesquisas científicas sobre a quantidade de macronutrientes necessários para ciclistas, corredores e nadadores. Esses nutrientes podem variar bastante, pois abrangem tanto atletas de distâncias e durações muito curtas como atletas de longa duração que são classificados como ultrarresistentes. Essas variações oferecem algumas informações sobre como e, o mais importante, por que seguir um plano de periodização nutritiva. Separei essas variações em cada fase de treinamento para demonstrar como seus macronutrientes devem ser mudados com base nas mudanças de seus treinamentos e objetivos. Lembre-se de que entender a parte quantitativa da periodização nutricional é importante no começo, mas ela também é limitativa, pois não ensina as características qualitativas associadas aos hábitos alimentares, como conexões psicológicas com a comida e as respostas de fome e satisfação do corpo. No fim, você passará a usar menos números e se concentrará nos hábitos alimentares qualitativos.

Aqui estão os objetivos associados ao conceito de periodização nutricional para que você entenda melhor:

- *Manipular o peso corporal.* Alguns triatletas querem ganhar ou perder peso, o que pode ser um objetivo importante de um plano nutricional.
- *Manipular a composição corporal.* Alguns atletas querem atingir uma porcentagem de gordura corporal específica e manipularão seus planos de nutrição de acordo com esse objetivo.
- *Melhorar a eficiência metabólica.* A periodização nutricional aprimora a capacidade do corpo para utilizar gordura acumulada como energia durante o exercício e preservar as reservas de carboidrato.
- *Desenvolver um sistema imunológico saudável.* Seguir um bom plano nutricional ajudará seu sistema imunológico, especialmente durante uma carga pesada de exercícios.
- *Ajudar a periodização física.* Um plano nutricional deve apoiar todas as variações físicas de volume e intensidade em um ano de treinamento e, por isso, periodizar o plano nutricional deve ser o primeiro passo para avaliar as necessidades nutricionais do atleta.

Como um dieta esportivo, costumo encontrar atletas com o objetivo de perder gordura corporal ou aumentar a massa muscular magra. Esses objetivos são populares entre triatletas, e a periodização nutritiva pode ajudar a realizá-los. Lembre-se de que esse conceito implica que você mudará seu consumo de comida com base em seu treinamento e, assim, poderá manipular seu peso e sua composição corporal durante o ano. Você perderá energia se treinar mais, mas consumir o mesmo volume de alimentos. Da mesma forma, ganhará peso se consumir a mesma quantidade e não treinar muito. Esses não são os objetivos da periodização nutricional. Sua nutrição deve variar de acordo com o treinamento.

Veja os números. De acordo com pesquisas científicas, os valores de macronutrientes consumidos diariamente por atletas de resistência incluem 3 a 19 gramas de carboidrato por quilograma de peso corporal, 1,2 a 2,0 gramas de proteína por peso corporal e 0,8 a 3,0 gramas de gordura por quilograma do peso corporal. Se você utiliza libras para medir seu peso, divida esse número por 2,2 para descobrir o valor em quilogramas. A seguir, multiplique os valores deste capítulo para individualizar seu plano. A variação entre esses valores é grande e reforça a mensagem desses números: eles permitem que você observe que o plano alimentar diário de um atleta de resistência (1) não se mantém constante durante o ano todo e (2) varia muito. Interpretar e usar esses números é o primeiro e mais importante passo para entender seu plano físico de treinamento.

Alimente-se com base em seu treinamento físico

Você precisa saber seus objetivos físicos durante cada fase de treinamento antes de usar a periodização nutricional. Seguirá um programa de periodização física tradicional que enfatiza resistência, flexibilidade e força durante o treinamento básico e acrescenta intensidade, potência e velocidade durante a fase de desenvolvimento? Ou tentará aumentar sua velocidade durante o treinamento básico? Pensar em seus objetivos físicos de treinamento durante um capítulo sobre nutrição pode parecer estranho, mas tenha em mente que a nutrição apoia seu treinamento físico, por isso, você deve saber seus objetivos físicos antes de desenvolver um plano nutricional. O Capítulo 27 apresenta estratégias específicas para hidratação e, por isso, esse assunto não será discutido agora.

Alimentação durante a fase preparatória

É provável que você tente aprimorar resistência, força, flexibilidade e técnica durante a fase preparatória (base). O treinamento básico costuma ser iniciado após as festas de fim de ano. Desse modo, você pode querer perder alguns quilos ou gordura corporal. Todos esses objetivos reforçam o fato de que você precisa periodizar sua nutrição para aprimorar seu treinamento. Isso pode ser difícil no começo, pois sua carga de treinamento (um produto de volume e intensidade) não será tão grande na fase inicial, se você seguir um modelo de periodização tradicional. Assim, é necessário aumentar lentamente a quantidade de comida ingerida à medida que seu treinamento aumenta. Lembre-se: a nutrição apoia seu treinamento diário. Você certamente não poderá comer muito nessa fase se não estiver treinando bastante, e talvez até ganhe peso se não equilibrar sua nutrição e seu treinamento. Isso acontece com muitos triatletas novatos que não entendem a ideia básica de periodizar seus programas de treinamento.

De volta aos números, a periodização nutricional para essa etapa do treinamento declara que você deve comer entre 3 e 7 gramas de carboidrato por quilograma de peso corporal. Não é necessário comer muito até que seu volume de treino aumente para mais de 3 horas por sessão. Tente obter carboidrato de frutas e vegetais, ótimas fontes de vitaminas, minerais, antioxidantes e fibras. Não se preocupe em consumir produtos esportivos de nutrição como barras, soros e bebidas energéticas. Você só precisará dessas calorias extras quando começar a treinar mais.

A recomendação para proteína é consumir entre 1,2 e 1,7 gramas por quilograma de peso corporal. Escolher proteínas adequadas pode ser difícil, pois algumas fontes são mais gordurosas; tente escolher fontes mais leves, como laticínios com pouca gordura e cortes de carne sem gordura. Fontes não animais de proteína, como *tofu*, edamame, nozes e feijão também são boas opções. A gordura não deve ser considerada inimiga de sua dieta. Seu corpo precisa de uma certa quantidade de gordura saudável para funcionar corretamente. Tente comer quantidades moderadas de gordura (0,8 a 1,0 grama por quilograma de peso) e escolha opções saudáveis como gordura monoinsaturada (abacate, azeitonas, nozes) e poli-insaturada, especialmente ômega-3 (salmão, truta, nozes e linho). Tente minimizar seu consumo de gordura saturada e trans encontradas em alimentos processados, lanches e carnes gordurosas.

Se um dos principais objetivos durante o treinamento de base é perder peso ou mudar a composição corporal, você está em boa companhia, pois são os objetivos mais populares. Para perder peso, recomendo que você mude um pouco os números, para que seu consumo de carboidrato seja de 3 a 4 gramas por quilograma de peso diariamente, seu consumo de proteína seja de 1,8 a 2,0 gramas por quilograma de peso e seu consumo de gordura seja de 0,8 gramas por quilograma de peso. O segredo é diminuir seu consumo de carboidratos, para um nível menor (mas seguro), e aumentar o consumo de proteína, para aumentar o controle de açúcar no sangue e satisfazer seu apetite por mais tempo.

Estabilizar e controlar o açúcar sanguíneo também pode aumentar a eficiência de seu metabolismo, o que beneficia qualquer triatleta, velho ou jovem, amador ou profissional. A eficiência metabólica é a relação entre a oxidação de carboidratos (consumo) e a oxidação de gordura por meio de exercícios de várias intensidades. Seu corpo precisará de mais carboidratos para realizar treinamentos mais intensos. Isso é verdade, mas, mesmo assim, você não deve consumir carboidratos em excesso (em especial, açúcares simples) durante o dia ou durante o treinamento. Alimentar repetidamente seu corpo com grandes quantidades de carboidratos simples e refinados pode gerar problemas de saúde, como diabetes causado por resistência à insulina; lipídios sanguíneos anormais, como excesso de triglicerídeos; e excesso de peso. Equilibrar sua nutrição diária e controlar o açúcar em seu sangue é um objetivo crucial para manter sua boa saúde. Isso pode ser feito se houver a periodização de seu plano nutricional durante o ano.

Do ponto de vista profissional, aumentar sua capacidade para utilizar a gordura pode gerar um uso maior da gordura acumulada como fonte de energia para abastecer suas sessões de treinamento e competições. Esse fato reduz a necessidade de calorias durante o treinamento, o que diminui o risco de problemas gastrointestinais (GI). É extremamente importante para atletas de longa distância (meio-Ironman ou acima), pois alguns atletas às vezes comem demais na bicicleta para conseguir energia durante as etapas de ciclismo e corrida. Trata-se de uma receita para o desastre, já que costuma provocar problemas gastrointestinais como vômito ou diarreia. Isso também é importante para atletas de curta distância (*sprint* e distância olímpica), porque a intensidade durante a competição é maior e, por isso, há menos oportunidades para digerir e processar as calorias consumidas durante o exercício. Isso ocorre porque, durante o exercício, o sangue sai do estômago e é levado para os músculos em atividade (para abastecer a movimentação). Se você praticar exercícios intensos e consumir muitas calorias, entretanto, o corpo precisará redirecionar esse sangue de volta para o estômago para garantir uma digestão adequada. Problemas gastrointestinais são comuns nessa situação. Logo, triatletas de longa e curta distância serão beneficiados (no que tange à saúde e ao desempenho) se aprenderem a usar seu metabolismo de maneira eficiente, ensinar o corpo a utilizar mais suas reservas internas de gordura e preservar suas reservas de carboidrato até que sejam realmente necessárias (durante treinamentos mais intensos). Treinar seu corpo para fazer isso aumentará seu consumo de gordura a grandes intensidades, o que significa que você poderá usar mais gordura para abastecer seus treinamentos intensos.

Além de treinamentos aeróbios, uma das maneiras mais fáceis para desenvolver um metabolismo mais eficiente é por meio de uma nutrição adequada – mais especificamente, por meio da implantação de um bom plano de periodização nutritiva que sustente sua carga de treinamento à medida que ele aumenta e diminui durante o ano. Muitos atletas têm dietas ricas em carboidrato incompatíveis com seus planos de treinamento. Isso simplesmente ensina seu corpo a usar mais carboidratos como energia e a acumular gordura, o que pode causar aumento de peso em alguns casos. Fazer uma dieta rica em carboidrato também aumentará sua oxidação de carboidrato. Isso diminuirá a capacidade do corpo para oxidar gordura por causa de uma resposta maior de insulina observada com altas taxas de açúcar no sangue, o que, por sua vez, inibe a oxidação de gorduras. Logo, o consumo de carboidratos deverá ser menor durante o início da fase básica de treinamento, para que seu corpo aprenda a utilizar a gordura de maneira eficiente. Isso não significa que você deva seguir uma dieta com poucos carboidratos, mas, sim, que precisa encontrar um equilíbrio entre seu consumo de carboidratos, proteínas e gorduras para controlar o nível de açúcar no sangue e obter mudanças metabólicas positivas.

Você poderá melhorar sua eficiência metabólica em, aproximadamente, quatro semanas se equilibrar sua nutrição diária e ingerir boas fontes de proteína magra e fibras, como frutas e vegetais. Não é preciso muito tempo para ensinar seu corpo a utilizar gordura como uma fonte de energia. Lembre-se, porém, de que você precisa manter essa condição após alcançá-la. É o mesmo princípio utilizado para seu nível de aptidão física. Seu programa de treinamento provavelmente começará com exercícios para melhorar sua aptidão aeróbia e, durante o ano, mantê-la por meio de várias sessões de treinamento. Desenvolver e manter a eficácia metabólica envolve os mesmos princípios de treinamento para uma competição. Não é uma mudança súbita, nem algo que possa ser esquecido. Por isso, periodizar sua nutrição durante o ano inteiro para apoiar seu treinamento físico é tão importante.

Alimentação durante os treinos da fase preparatória

Lembre-se de que a quantidade de calorias consumidas antes, no decorrer e depois de um treino variará durante o ano. Suas necessidades energéticas variarão de acordo com a carga de exercícios necessária para seus objetivos. Muitos programas de treinamento para competições de *sprint* ou de distância olímpica não excedem sessões de treinamento de 2 ou 3 horas, mas triatletas com foco em competições de longa distância, como o Ironman, podem facilmente ultrapassar a marca de 3 ou 4 horas para treinos individuais. Entretanto, até triatletas de longa distância não terão um volume muito grande durante o início da fase preparatória, o que significa que eles também não precisam de muitas calorias durante o treinamento.

O corpo costuma acumular um número suficiente de carboidratos para abastecer 2 a 3 horas de exercícios moderadamente intensos. Assim, qualquer sessão de treinamento de menos de 3 horas durante essa fase não exigirá o consumo de calorias. Consuma uma refeição ou um lanche metabolicamente eficiente (por exemplo, ovos mexidos com frutas ou manteiga de amendoim com iogurte), beba água e, talvez, consuma eletrólitos extras, de acordo com o clima.

Você deve comer uma refeição ou um lanche metabolicamente eficiente se estiver treinando para uma competição de longa distância e realizando sessões de mais de 3 horas, mas existem algumas diretrizes que você pode seguir após 3 horas de treinamento. Em primeiro lugar, consuma entre 10 a 50 gramas de carboidrato por hora de treinamento. A quantidade exata depende de muitos fatores determinantes de acordo com seu volume de treinamento e sua eficiência metabólica. As pesquisas de nutrição esportiva recentes recomendam o consumo de 30 a 90 gramas por hora, mas elas não periodizam as recomendações nutricionais. Como mencionamos previamente, você não precisa de tantas calorias durante essa fase de treinamento, porque não gastará tantas energias. Além disso, um atleta com um metabolismo eficiente não terá de comer tantas calorias durante o treinamento, pois seu corpo usará mais gordura durante essas sessões de treinamento de menor intensidade. Você pode escolher muitos alimentos de acordo com seu sistema digestivo, como bolachas de água e sal, bananas, nozes e, até mesmo, sanduíches. Muitos produtos esportivos calóricos não são necessários durante essa fase. Guarde-os para o próximo ciclo de treinamento mais intenso, no qual você gastará mais calorias.

Em segundo lugar, poucos triatletas pensam em comer proteínas durante uma sessão de treinamento, e isso é desnecessário, sobretudo durante a fase de treinamentos básicos, na qual o consumo de calorias é menor, pois, em geral, não é necessária uma alta quantidade de calorias. Por último, a gordura não é necessária, e só deve ser consumida se você estiver treinando para competições de muita resistência e realizar treinos de mais de 6 horas.

Recomenda-se fazer uma refeição ou um lanche equilibrado após a sessão de treinamento. Uma combinação de proteína magra, frutas e vegetais, uma pequena quantidade de carboidrato e um pouco de gordura dará a você os nutrientes necessários, especialmente durante treinos para triatlos de curta distância. Você simplesmente não precisa seguir um regime nutricional após treinos de menos de 3 horas sem intervalos de alta intensidade. Só precisa escolher um lanche equilibrado ou fazer sua refeição 1 hora depois do treinamento.

Alimentação durante a fase competitiva

Para triatletas, a fase competitiva significa treinamentos mais intensos. Não importa se você esteja treinando na piscina, subindo colinas, realizando intervalos de $\dot{V}O_2$máx ou sessões de corrida, o termostato do corpo será ligado e você gastará mais calorias. Triatletas de eventos mais curtos não aumentarão muito seu volume de treinamento, mas os de longa distância começarão a treinar mais de 4 ou 5 horas por sessão. Os objetivos físicos normalmente associados a essa fase envolvem aumento de velocidade, força e economia. Isso estressa ainda mais o corpo e aumenta o gasto de energia, o que aumenta a importância da periodização nutricional.

O maior erro cometido por triatletas durante essa fase é consumir calorias demais (sem uma abordagem de periodização nutritiva) e escolher alimentos sem eficiência metabólica. A pior coisa que você pode fazer durante sua temporada competitiva é alterar significativamente seu plano de nutrição. Pequenas variações que levem em consideração fatores como nível de aptidão física, ambiente ou duração da competição são permitidas, mas mudar drasticamente seu plano diário trará problemas.

Em razão da frequência e da intensidade mais altas nos treinamentos de depleção de glicogênio, o consumo de carboidratos pode aumentar para 5 a 10 gramas por quilograma. Contudo, esse valor depende da sessão específica de treinamento. Por exemplo, consumir mais carboidratos durante um dia de descanso não é necessário e prejudicará seu controle do açúcar no sangue (e de seu peso corporal). Tente equilibrar seu consumo de macronutrientes com base em seu treinamento diário. Treinos de maior intensidade e volume podem exigir mais carboidratos e vice-versa. Essa é a maneira como um plano periodizado de nutrição se encaixa em uma fase de treinamento competitivo. A quantidade de proteínas continua em um nível moderado, 1,4 a 1,6 gramas por quilogramas. Concentre-se em fontes magras e ricas em aminoácidos, encontrados em produtos animais, como carne e laticínios, e em suplementos proteicos em pó, como *whey protein* e proteína isolada de soja.

A quantidade de gordura é similar ao valor utilizado durante a fase preparatória, com a exceção de atletas treinando para competições de muita resistência. Mas poucos atletas se encaixam nessa categoria, definida como uma distância superior ao Ironman. Esses atletas podem aumentar o consumo diário de gordura para até 1,5 grama por quilograma, pois provavelmente precisarão de mais gordura para abastecer suas sessões de treinamento mais longas (mais de 8 horas). A gordura é mais densa e ajudará esses atletas a manter o equilíbrio energético de maneira mais eficiente. Obviamente, gorduras mais saudáveis, como gorduras poli-insaturadas (em especial, ômega-3) e monoinsaturadas são mais recomendáveis do que as gorduras saturada e trans.

Alimentação durante os treinos da fase competitiva

Durante as sessões da fase competitiva, não há apenas aumento no gasto de energia, mas, também, o aumento do risco de distúrbios gastrointestinais. Os objetivos principais da alimentação durante essa fase são prevenir ou reduzir o estresse gastrointestinal e repor as energias gastas em sessões de treinamento mais intensas. A fase de treinamento anterior deve ter ajudado você a determinar quais combinações alimentares funcionam antes de suas sessões de treinamento, e você deverá repetir esse procedimento. Algumas refeições e lanches que funcionaram bem na fase anterior podem não ser tão apropriadas para sessões mais intensas. O estômago de alguns atletas se torna mais sensível durante treinos de velocidade e de força. Nesses casos, o atleta deve consumir líquidos metabolicamente eficientes, como vitaminas, 1 ou 2 horas antes do treinamento. Em geral, isso diminui o risco de distúrbios gastrointestinais, mas, se você tiver um estômago especialmente vulnerável, tente consumir uma fonte líquida de calorias 3 horas antes do treino.

Reabastecer o corpo após sessões de treinamento intenso é importante, mas saber quando isso é necessário ou não é ainda mais importante: você não precisa ingerir nutrientes após cada sessão de treino. O reabastecimento das reservas de glicogênio é o motivo principal para seguir as recomendações científicas de nutrição pós-exercício, e a reidratação também é importante. Lembre-se, porém, de que refeições normais e diárias podem reabastecer as reservas de glicogênio, por isso, você pode não precisar das calorias extras oferecidas por produtos esportivos após cada treino. Aqui estão algumas diretrizes para implementar um plano nutricional pós-treino para sessões de mais de 4 horas, sessões intensas de mais de 90 minutos ou sessões múltiplas no mesmo dia.

Consuma 1,0 a 1,2 grama de carboidrato por quilograma corporal 60 minutos após uma sessão de treinamento. Em geral, isso resulta em 50 a 100 gramas ou 200 a 400 calorias. Também consuma 6 a 20 gramas de proteína magra (aminoácidos essenciais). Minimize o consumo de gordura imediatamente após essas sessões de treinamento, pois a gordura compete com a absorção de carboidratos. Após essa alimentação inicial, recomenda-se que você retome seu plano nutricional de controle de açúcar no sangue 2 a 4 horas após a refeição. Siga seu plano normal de nutrição diária durante dias de treinamento menos importantes (não específicos para intensidade ou não específico para a duração da competição) ou, até mesmo, durante dias importantes nos quais você não precisa repor suas reservas de glicogênio imediatamente.

Alimentação durante a fase de transição

Muitos triatletas gostam de temporadas sem competições, pois podem descansar e não têm estruturas tão rígidas. Infelizmente, eles também costumam cometer erros e ganhar peso e gordura corporal. Seu objetivo nutricional mais importante durante temporadas sem competições é controlar a quantidade de alimentos ingeridos por meio de mudanças no número de macronutrientes consumidos. Você não pode comer da mesma forma que comia durante a fase de treinamento anterior, pois não está mais participando de um programa de treinamento e queimando calorias. O controle do açúcar no sangue é extremamente importante nesse momento, e seu foco deve ser em proteínas magras, frutas e vegetais. Como você não estará treinando, não precisará dos produtos esportivos utilizados durante a temporada competitiva. Elimine esses suplementos e controle o açúcar em seu sangue com comidas reais.

Seu consumo diário de carboidratos deverá cair para 3 a 4 gramas por quilograma de peso, priorizando frutas e vegetais e em detrimento de grãos e amidos. Você gastará menos energia em uma temporada sem competições e, por isso, não precisará de tantos carboidratos. O consumo de proteína deve variar entre 1,6 a 2,0 gramas por quilograma de peso e o de gordura deve permanecer baixo, 0,8 a 1,0 grama por quilograma de peso, com prioridade em gorduras ômega-3 saudáveis.

Alimentação durante os treinos da fase de transição

A alimentação nessa fase é simples, pois você não precisa planejar meticulosamente como fazia ao longo da temporada competitiva. Agora, treinará por diversão e tentará melhorar sua técnica e recuperar-se para a temporada competitiva. Alimente-se bem antes do exercício, com um lanche ou refeição leve e equilibrada. Consuma apenas água durante o treinamento, e não tente seguir um plano nutritivo específico. Coma um lanche ou planeje uma refeição 2 horas após o exercício.

A Tabela 26.1 resume a quantidade e a variação de carboidrato, proteína e gordura durante seu ano de treinamento.

Tabela 26.1 – Sugestões de quantias de macronutrientes com base nas fases de treinamento

Fase de treinamento	Carboidrato	Proteína	Gordura
Preparatória	3-7 g/kg (ou 3-4 g/kg para perda de peso)	1,2-1,7 g/kg (ou 1,8-2,0 g/kg para perda de peso)	0,8-1,0 g/kg (ou 0,8 para perda de peso)
Competitiva	5-10 g/kg	1,4-1,6 g/kg	0,8-1,5 g/kg
Transitória	3-4 g/kg	1,6-2,0 g/kg	0,8-1,0 g/kg

Implemente um programa de nutrição anual da mesma maneira como planeja um programa de treinamento e aproveite os benefícios de melhores saúde, desempenho, composição corporal e controle de peso. Seu programa nutricional deve fluir com seu treinamento, e seu desempenho físico será muito melhor quando sua nutrição atender às necessidades de seu treinamento físico. Aproveite a jornada de periodização nutritiva e eficiência metabólica durante suas fases de treinamento físico.

CAPÍTULO 27

Hidratação durante treinos e competições

Alicia Kendig

A hidratação é um dos fatores mais importantes para que um atleta possa treinar e competir nos níveis mais elevados. Por alguma razão, ela continua sendo um dos aspectos mais difíceis de controlar e entender. Atletas de todas as disciplinas, idades e níveis têm dificuldades para encontrar o equilíbrio ideal. Você precisa entender o propósito dos fluidos corporais para compreender melhor as necessidades individuais de um atleta.

Papel fisiológico da água e da hidratação

Todos sabem o papel vital da água para a saúde e que grande parte da massa corporal de uma pessoa é composta por ela. A água compõe 65% a 75% da massa muscular e 10% da gordura, o que significa que 40% a 70% do peso corporal geral, dependendo da composição corporal, é composto por água.

A água pode ser encontrada em vários locais do corpo, sendo 60% intracelular (fluidos dentro das células) e 40% extracelular (água encontrada na parte externa de cada célula). Líquidos extracelulares incluem plasma, fluido ocular, secreções no sistema digestivo, fluidos na medula espinal e aqueles criados pelos rins e pela pele. O plasma compõe a maior parte (aproximadamente 20%) do fluido extracelular. O suor utilizado para refrescar o corpo é composto por esse plasma extracelular. A quantidade de fluido presente nesses locais está sempre em um fluxo constante.

A água do corpo também tem as seguintes características:

- As trocas gasosas no corpo ocorrem em membranas umedecidas pela água.
- Tanto a entrega de oxigênio e de nutrientes para os músculos ativos quanto a excreção de dejetos na forma de urina e fezes utilizam água.

- A água e muitos outros componentes lubrificam as articulações e amortecem os órgãos vitais.

- Ela apresenta uma densidade inalterável e cria um ambiente estruturado para os músculos e outros tecidos corporais. Por isso, essas estruturas precisam de água para manter tamanho e integridade.

- A resistência da água a mudanças de temperatura a torna ideal para resistir a mudanças de ambientais e internas na temperatura. Se a água mudasse de temperatura facilmente, exercícios em temperaturas elevadas seriam impossíveis, pois o corpo teria a tendência de superaquecer-se. Isso também valeria para temperaturas frias: o corpo congelaria rapidamente. O papel da água como um ingrediente importante do corpo é crucial para que ele possa lidar com as muitas mudanças ambientais as quais é submetido.

A euidratação é o estado normal de equilíbrio entre os líquidos para garantir que todas essas funções ocorram de maneira eficiente. Se absorver quantidades adequadas de líquidos e eletrólitos por meio de alimentos e bebidas, um sistema saudável monitorará e controlará a quantidade apropriada de líquidos retidos e excretados. Os eletrólitos, na forma de íons carregados, estabelecem um equilíbrio elétrico entre o interior e o exterior de cada célula. Em outras palavras, eles ajudam as células do corpo a reter a quantidade correta de fluido para contrabalancear perdas. Essas cargas geram impulsos nervosos para ativar e contrair as fibras musculares. Essa cascata de eventos é muito importante para exercícios e para o desempenho do atleta, mas também é essencial para a sobrevivência que os eletrólitos, especialmente o sódio, estejam em equilíbrio. A absorção de líquidos sem a inclusão de eletrólitos cruciais para repor perdas pode ser fatal. O sódio, o potássio e o cloreto são os três eletrólitos carregados principais encontrados nas células e dissolvidos em líquidos corporais. O sódio e o cloreto são componentes vitais do plasma e do fluido extracelular que ajuda a equilibrar os fluidos nas células do corpo.

Necessidade de líquidos para atletas

A necessidade de hidratação varia de atleta para atleta e depende de fatores individuais. Além de variações genéticas, existem outras tendências observadas em várias populações praticantes de esportes. Para iniciantes, mulheres atletas costumam apresentar níveis de suor menores em relação a suas contrapartes masculinas. Uma das razões para isso é uma área de superfície ou tamanho corporal menor. Outra razão é que uma quantidade menor de massa muscular gera menos calor e, por isso, não é tão dependente do suor para manter uma temperatura central adequada. No entanto, algumas pesquisas indicam que mulheres perdem água mais rapidamente do que homens, o que resulta em mais perda de líquido pela urina e uma necessidade maior de repor essas perdas. Por último, existem mais relatos de hiponatremia entre mulheres, o que pode ser atribuído a vários fatores fisiológicos e psicológicos. A hiponatremia é a absorção exagerada de líquidos sem os eletrólitos necessários, o que gera um desequilíbrio líquido (falaremos mais sobre essa condição neste capítulo).

A idade também é um fator. A idade avançada (mais de 65 anos) pode diminuir a percepção de sede de uma pessoa e aumentar o risco de desidratação. Além disso, atletas mais velhos se recuperam e praticam exercícios mais lentamente do que os mais jovens, o que os faz precisarem de um tempo de recuperação adequado. Problemas renais também podem causar retenção de água e pressão alta em atletas mais velhos. As taxas de suor observadas em atletas de determinadas faixas etárias eram menores antes da adolescência e maiores em pessoas mais maduras. Isso deve ser levado em consideração, especialmente em casos de competições e exercícios em ambientes quentes e úmidos.

▶ Fatores de desidratação

Em um mundo ideal, você sempre estaria hidratado durante treinos, competições e sua vida cotidiana. Na realidade, porém, certos níveis de desidratação ocorrem como resultado da falta de equilíbrio entre perdas causadas pelo suor e líquidos consumidos para repor essas perdas. Muitos atletas de resistência já começam uma atividade desidratados, seja porque não se recuperaram corretamente de exercícios anteriores, seja por não prestaram atenção a necessidades corporais ou seja por tentarem perder peso.

Em resposta ao estresse causado pela falta de líquidos corporais, o corpo reage alterando funções biológicas normais. Isso gera aumento de temperatura e de frequência cardíaca, diminuição do volume sistólico (quantidade de sangue ejetada a cada batida do coração) e aumento de esforço percebido (mentalmente, as atividades parecem muito mais difíceis). Quanto maior a desidratação, maior o impacto dessas alterações geradas pelo estresse.

Muitas pesquisas realizadas com atletas treinados relatam que perdas mínimas de água corporal são o bastante para impactar negativamente o desempenho. Walsh et al. (1994) relataram que uma redução de massa corporal de apenas 2% reduzia o desempenho em até 44%. Um nível de desidratação na faixa de 3% (causado por diuréticos) produziu uma redução de 3% a 5% em corridas de 1.500 a 10.000 metros (Armstrong, Costill e Fink, 1985). Outros estudos indicam que atletas bem treinados podem tolerar certos níveis de hipo-hidratação. Laursen et al. (2006) descobriu que uma perda corporal de 3% era tolerada por triatletas bem treinados em uma competição de Ironman. Essas porcentagens são apenas uma média dos níveis de tolerância observados. A magnitude do efeito no desempenho é determinada por muitos fatores, como a temperatura do ambiente, o exercício executado e as características biológicas individuais de um atleta. Todos esses fatores juntos têm um efeito negativo no desempenho do atleta.

Além de alterar funções corporais, a desidratação também pode afetar os processos cognitivos e os níveis de motivação. A concentração é vital para o triatlo e pode ser prejudicada pela desidratação e pela hipertermia, e esta última condição tem um efeito maior. Os efeitos cognitivos da desidratação incluem problemas de memória e deterioração de habilidades visuais e motoras. Atletas desidratados pelo calor também sofrem perdas de memória em longo prazo (Cian et al., 2000).

Vamos começar com pessoas sedentárias como um parâmetro para determinar sua necessidade de líquidos. Uma pessoa sedentária em um ambiente não estressante necessita de cerca de 2,5 litros de água diariamente. Isso depende do tamanho e da composição corporal. Homens sedentários podem precisar de até 3 litros de água por dia, em geral, por serem mais altos e terem mais massa muscular. Mulheres sedentárias precisam de, aproximadamente, 2 litros. Essas pessoas costumam perder de 2 a 3 litros, e 50% desses líquidos são eliminados em forma de urina. Uma pessoa ativa pode perder muito mais água por meio do suor ou, no caso de pessoas vivendo em altitudes altas, por perdas respiratórias.

Pessoas ativas em um ambiente quente e úmido podem precisar de 5 a 10 litros diários dependendo de fatores como suor e outras perdas de líquido. Durante exercícios intensos, os litros perdidos em um dia por adultos sedentários podem ser perdidos em 1 hora por atletas. A quantidade de suor variará de atleta para atleta, mesmo entre aqueles com níveis similares de aptidão física, intensidade do exercício e fatores ambientais. Os valores típicos para atletas variam de acordo com condições individuais e climáticas. Um estudo australiano que observou a taxa de frequência de suor entre jogadores de polo aquático descobriu uma taxa média de 0,29 litro por hora, mas um estudo com jogadores de tênis revelou uma taxa de 2,60 litros por hora. Aqui estão algumas comparações de taxas de suor entre diversos esportes de acordo com o United States Department of Agriculture (USDA, 2010):

- Atletas masculinos de polo aquático perderam 0,29 litro por hora em treinos e 0,79 litro por hora em competições.
- Atletas masculinos de meia maratona perderam 1,49 litro por hora em competições de inverno.
- Homens e mulheres participantes do Ironman perderam 0,81 litro por hora em etapas de ciclismo em climas temperados e 1,03 litro por hora em etapas de corrida em climas temperados.

A hidratação é a peça mais importante do quebra-cabeças para manter seu corpo funcionando de maneira otimizada, especialmente para triatletas. Sem ela, as outras peças não se encaixam, e o atleta nunca alcançará seu melhor desempenho. Por isso, você deve seguir recomendações sobre hidratação em competições e treinos cotidianos. As seções a seguir apresentam recomendações para antes, ao longo e depois de competições e treinamentos, com o objetivo de alcançar uma hidratação equilibrada.

Antes de treinos e de competições

Como já declaramos muitas vezes, uma hidratação adequada é importante desde o início da atividade. O objetivo da hidratação é começar uma atividade física com níveis normais de eletrólitos no plasma, o que pode ser conseguido por meio de consumo de bebidas e alimentos. Se o tempo de recuperação após treinos anteriores não for adequado (menos de 8 horas), entretanto, o atleta de resistência pode começar a próxima sessão desidratado. Nesse caso, ele precisará realizar um programa vigoroso de hidratação antes de começar a atividade. Triatletas apresentam ainda mais dificuldade para absorver líquido durante suas atividades, pois as perdas excessivas superam a ingestão. Uma hidratação adequada pode melhorar a regulação térmica, porque minimiza aumentos na temperatura central, o que reduz perdas causadas pelo suor e melhora o desempenho no calor.

O American College of Sports Medicine (ACSM) (Sawka et al., 2007) recomenda entre 5 e 7 mililitros de líquidos por quilograma de peso corporal 4 horas antes do exercício. De maneira geral, 400 a 600 mililitros são recomendados para esse tempo de preparação de 4 horas. Assim, uma pessoa de 75 quilogramas multiplicaria 5 mililitros por 75 quilogramas (um total de 375 mililitros) para determinar a variação menor e multiplicaria 7 mililitros por 75 quilogramas (um total de 525 mililitros) para determinar a variação maior. Essa recomendação também vale para um atleta euidratado. Líquidos adicionais são recomendados caso a pessoa não urine ou produza urina escurecida ou muito concentrada. Uma ingestão adicional de 3 a 5 mililitros por quilograma é recomendável 2 horas após o início do exercício. A mesma pessoa de 75 quilogramas precisaria de mais 225 mililitros (3 mililitros × 75 quilogramas) a 375 mililitros (5 mililitros × 75 quilogramas) de líquido. Um atleta poderá evitar problemas urinários se determinar suas necessidades de líquido antes do exercício.

É importante incluir eletrólitos no consumo de líquidos antes de sessões de treinamento, especialmente para atletas que suam muito. A adição de 500 a 1.000 miligramas de sódio (aproximadamente, um quarto de colher de chá de sal) por litro ou a ingestão de comidas salgadas será o bastante para ajudar o corpo a se preparar para o exercício. Esquecer de incluir esses eletrólitos, sobretudo em casos de grandes perdas causadas pelo suor, pode aumentar o risco de hiponatremia. Tentativas de super-hidratação (por meio de glicerol ou quantidades excessivas de água) com líquidos que expandam os espaços extracelulares e intracelulares, provavelmente, não serão efetivas, pois a absorção intestinal será limitada. As pesquisas demonstram poucas evidências de qualquer vantagem fisiológica ou esportiva associada ao hábito de super-hidratação. Pelo contrário, essa prática dilui o sódio do plasma antes do exercício.

Durante treinamentos e competições

Lembre-se: o objetivo da hidratação durante o exercício é equilibrar as perdas para manter-se hidratado. O American College of Sports Medicine (ACSM) recomenda uma perda líquida máxima de 2% do peso corporal total (Sawka et al., 2007). Além disso, perdas líquidas são acompanhadas por perdas de eletrólitos que devem ser compensadas pela adição de sódio. A quantidade exata de líquidos e eletrólitos apropriada para um atleta depende de suas perdas individuais de suor e da duração do exercício. Por isso, os atletas precisam monitorar suas perdas durante sessões, especialmente se durarem mais de 3 horas. A reposição de líquidos e de eletrólitos pode não ser suficiente durante exercícios muito longos, o que pode deteriorar o desempenho do atleta.

As recomendações para hidratação durante o exercício dependem da perda de líquidos durante determinado período de tempo, o que varia de acordo com fatores como clima, níveis de aptidão física, aclimatização, estado de hidratação anterior e equipamentos. Essas variações dificultam a possibilidade de recomendações simples.

As perdas de suor observadas em atletas variam de 0,4 a 1,8 litro por hora de exercício. Essa grande variação faz os atletas monitorarem suas respostas pessoais aos diversos tipos de treinamento e desenvolverem seus próprios programas customizados de reposição de líquidos para prevenir perdas de mais de 2% da massa corporal total antes do exercício.

Existe uma maneira simples para fazer isso:

1. Pese-se sem roupas ou equipamentos antes de começar o exercício.

2. Durante o exercício, monitore o consumo de líquidos.

3. Pese-se sem roupas ou equipamentos após o exercício.

4. Determine a massa corporal perdida durante a atividade.

5. Adicione o líquido consumido durante a atividade, pois a quantidade perdida é uma indicação da quantidade necessária de líquido durante determinado período.

A inclusão de carboidratos e de sódio para exercícios que durem mais de 60 minutos reporá o líquido perdido e energizará a atividade sendo feita. A taxa de absorção de líquido é relacionada ao conteúdo de carboidratos da bebida. Carboidratos em excesso podem prejudicar a absorção. Por meio da parede intestinal, a absorção da água é maior na presença de açúcares e sódio. Bebidas esportivas com carboidratos e sódio são absorvidas mais rapidamente do que sódio ou água puros. De acordo com pesquisas, a concentração ideal de carboidratos (gramas de carboidrato por mililitro de líquido) é de 5% a 8%. Além disso, a concentração de sódio deve ser de 10 a 30 mmol por litro para maximizar a absorção e prevenir hiponatremia. Por isso, bebidas esportivas são benéficas para atividades que durem mais de 60 minutos.

Apesar de muitos triatletas saberem a importância da hidratação, fatores logísticos envolvidos no triatlo podem dificultar a hidratação na prática. É quase impossível beber durante a etapa de natação e, se demorarem muito para alcançar a bicicleta, os atletas podem iniciar a segunda etapa da competição em um estado desidratado. Isso faz que uma hidratação apropriada seja crucial durante o ciclismo, pois é difícil carregar a água necessária durante a corrida.

Para equilibrar a perda de líquidos, é importante perceber que a respiração também provoca perdas. Apesar de relativamente pequenas em triatlos de curta distância, essas perdas são muito importantes durante competições Ironman. Um estudo realizado com atletas de Ironman estimou as perdas de líquido em 940 mililitros por hora pelo suor, 41 mililitros por hora pela urina e 81 mililitros por hora pela respiração. Logo, esses atletas devem ingerir, aproximadamente, 1 litro por hora durante a corrida.

▶ Reponha perdas de sódio

As perdas de sódio com o suor dependem da taxa geral de suor e da concentração do líquido perdido. A concentração de sódio no suor costuma variar de 250 a 1.500 miligramas por litro. Como atletas diferentes têm taxas de suor diferentes, a quantidade necessária de sódio varia bastante. Uma coisa é certa: um triatleta que treina e compete várias horas por dia precisa de mais sódio do que pensa. Atletas engajados em eventos de resistência podem ter que monitorar seu consumo de sódio e repor perdas de maneira apropriada. Além disso, eles também podem perder outros eletrólitos essenciais. Os próximos da lista, em ordem concentração no suor, são o potássio, o cálcio, o magnésio e o cloreto. Esses nutrientes são essenciais na dieta, mas não são perdidos em quantidade suficiente para precisarem ser repostos por bebidas esportivas. Você deve ingerir alimentos sólidos durante competições longas o bastante para esgotar esses eletrólitos.

Muitas recomendações nutricionais disponíveis para o público têm a população sedentária como alvo. As diretrizes nutricionais publicadas pelo United States Department of Agriculture (USDA) em 2005 recomendavam um limite de 2.300 miligramas de sódio por dia. O departamento de agricultura atualiza suas recomendações a cada 5 anos; em 2010, o sódio foi reavaliado e mudado para 1.500 miligramas por dia, para lidar com uma população cada vez maior de pessoas com doenças crônicas, como diabetes, doenças cardíacas e obesidade. O USDA estimou que a dieta norte-americana média continha 3.400 a 4.000 miligramas de sódio.

É preciso distinguir entre as necessidades de pessoas com doenças crônicas e as necessidades de atletas de resistência. Acredita-se que a dieta de um atleta de resistência seja "mais saudável" e inclua menos sódio do que a dieta do norte-americano sedentário médio. Na realidade, isso está longe de ser verdade. Uma dieta com apenas 1.500 miligramas de sódio por dia só sustentaria um atleta de Ironman por menos de 1 hora de atividade física intensa.

A etapa de ciclismo de um triatlo é a melhor oportunidade para otimizar o equilíbrio entre líquidos, pois é a mais apropriada para ingerir e transportar bebidas. Contudo, atividades intensas desaceleram a absorção. O estudo realizado por Robinson et al. (1995) descobriu que a absorção gástrica era limitada a 0,5 litro por hora durante exercícios intensos. O líquido excessivo continuava no estômago e gerava uma sensação de satisfação.

Após treinos e competições

Descansar após o exercício é importante tanto para a saúde do corpo quanto para a preparação para o próximo treinamento. Treinos e competições em um ambiente úmido e quente podem estressar o corpo. Você só conseguirá se hidratar após o exercício se repuser tanto líquidos quanto sódio. Na verdade, a água por si só é menos eficiente para a hidratação.

O American College of Sports Medicine (ACSM) (Sawka et al., 2007) recomenda a reposição de 150% das perdas de suor na forma de líquidos para uma hidratação completa. A quantidade extra além do que foi perdido permite que o líquido sobressalente seja eliminado pela produção de urina. A inclusão de sódio (mais de 1.000 miligramas) permite uma maior retenção de líquidos e a restauração do equilíbrio entre os espaços extracelulares e intracelulares.

Bebidas esportivas com sódio têm benefícios, mas o paladar deve ser levado em consideração; muitos atletas não gostam de sódio em excesso. Por isso, recomenda-se que você experimente muitas bebidas esportivas, para encontrar uma que ofereça os nutrientes necessários para mantê-lo hidratado e cujo sabor o agrade.

Efeitos nocivos relacionados à hidratação

Muitos atletas estão familiarizados com recomendações constantes sobre hidratação, mas, muitas vezes, não pensam sobre por que isso é importante ou quais as consequências de se ignorar o assunto. Muitas pesquisas publicadas demonstram a importância de certo nível de hidratação para manter um desempenho ideal ou prevenir deteriorações causadas por suor e desidratação. Impedir o método natural do corpo para liberar calor pode causar problemas de saúde. A vasodilatação periférica, ou seja, o acúmulo de fluxo sanguíneo na superfície da pele, dissipa o calor, mas diminui o fluxo sanguíneo para o sistema nervoso central. A produção de suor aumenta a dissipação de calor, mas também aumenta o risco de desidratação. A presença do sódio no suor aumenta o risco de desequilíbrio de eletrólitos. Considerando essas condições, o papel do líquido no corpo de um atleta é vital.

Segue uma revisão das possíveis condições associadas a desidratações crônicas, assim como sinais e sintomas para identificar o problema antes que ele fuja do controle. Essas condições são listadas na ordem de mais leves para mais severas.

Doenças relacionadas ao calor

Uma hidratação adequada deve ser seu objetivo em qualquer situação. Como já foi dito, as consequências negativas da hipo-hidratação ou de uma hidratação inadequada são aparentes. Atletas que praticam esportes intensos podem desenvolver várias doenças relacionadas ao calor se não puderem esfriar seus corpos em um estado hidratado apropriado. O estereótipo é de que essa condição só ocorre em climas quentes e úmidos, mas, na verdade, também pode ocorrer em climas mais frios e secos.

Já foi estabelecido todo um espectro de doenças relacionadas ao calor, das mais leves até condições possivelmente letais como a insolação. É difícil dizer quais atletas são mais suscetíveis à exaustão causada pelo calor, e não se sabe se as formas mais leves inevitavelmente se tornarão insolação. Pesquisas continuam sendo feitas nessa área, mas todos os atletas de resistência devem estar cientes dos sinais e sintomas de doenças relacionadas ao calor.

Edema

O edema é classificado como um inchaço considerável em volta dos pés, tornozelos e mãos. Pode ocorrer como um resultado dos esforços do corpo para dissipar o calor para longe dos músculos em direção à pele. Essa vasodilatação periférica leva ao acúmulo de fluido intersticial nas extremidades distais, como pulsos, tornozelos, mãos e pés. A temperatura central não é afetada por essas variações, mas os atletas perceberão, especialmente se forem predispostos a esse tipo de condição. Pessoas mais velhas e atletas fora de forma são especialmente suscetíveis a essa condição.

Erupção cutânea

A erupção cutânea é outra condição originária do esforço para remover o calor por meio de suor excessivo. Conhecida por "pinicar", a erupção cutânea ocorre quando as roupas obstruem a secreção das glândulas sudoríparas da pele, o que irrita a epiderme. Áreas comumente afetadas incluem o tronco, a virilha, o pescoço e as áreas cobertas por sutiãs esportivos. Normalmente, a erupção cutânea começa subitamente e é comum em atletas que suam muito ou tenham um histórico com a doença.

Síncope pelo calor

A síncope pelo calor é classificada como um conjunto de sensações de fraqueza e tontura que desaparecem rapidamente após um descanso. A temperatura central não é afetada. Essa condição costuma ocorrer imediatamente após o término do exercício. A hipotensão, causada pela vasodilatação periférica, diminui o fluxo sanguíneo para o sistema nervoso central, o que causa desmaios ou confusões mentais. Isso também pode ocorrer quando alguém, após realizar atividades físicas exaustivas, senta e depois se levanta abruptamente. A mudança súbita de posição faz que o sangue venoso se acumule. Deitar-se após sentir esses sintomas pode aumentar o fluxo sanguíneo para o cérebro e aliviar os sintomas.

Câimbras

As câimbras são classificadas como contrações musculares dolorosas, muitas vezes, na panturrilha ou no quadríceps, que podem ser aliviadas por meio de descanso, recuperação e alongamento. A temperatura central permanece normal ou levemente elevada. Espasmos ou câimbras musculares são um dos primeiros sinais de doenças relacionadas ao calor notados pelos atletas. Essas câimbras costumam aparecer após exposição a um calor excessivo sem a hidratação apropriada ou níveis de eletrólitos apropriados. Nessa condição, o músculo sofre espasmos que geram contrações rápidas e dolorosas. A perda de sódio exacerba esses espasmos, mas o papel de outros eletrólitos, como magnésio, potássio e cálcio, ainda não está claro. A desidratação crônica e contrações musculares exageradas são outras causas possíveis para a câimbra.

Exaustão pelo calor

A exaustão pelo calor é classificada como uma elevação da temperatura central para até 40 °C. Alguns sintomas clássicos incluem desconforto, fadiga, tontura, náusea, vômito, dor de cabeça, desmaios, fraqueza e pele fria e pegajosa.

Insolação

A insolação é a doença relacionada ao calor mais perigosa e é classificada como um aumento da temperatura central para mais de 40 °C. A pele fica quente e sem muito suor, O atleta sente alterações em seu estado mental e pode até ficar inconsciente. Alguns resultados possíveis são irritabilidade, ataxia (perda de coordenação), confusão e coma. A severidade desses sintomas faz que a identificação imediata dessa condição seja vital para aumentar as chances de recuperação.

Existem dois tipos de insolação: a clássica e a causada pelo esforço. Elas são classificadas de acordo com a causa da exposição ao sol. A insolação clássica ocorre como resultado de fatores ambientais como temperaturas elevadas e úmidas. A insolação causada pelo esforço é gerada pelo calor interno produzido pelas contrações dos músculos corporais, geralmente, durante atividades exaustivas. Apesar de apresentarem causas distintas, o tratamento para as duas condições é igual.

Hiponatremia

A hiponatremia é um desequilíbrio dos fluidos causado por uma ingestão excessiva de líquidos sem os eletrólitos necessários. Essencialmente, a hiponatremia é uma toxidade da água. A baixa concentração de sódio no plasma cria um desequilíbrio osmótico pela barreira hematoencefálica, o que gera um acúmulo de água no cérebro, inchando o órgão e causando sintomas como dor de cabeça, confusão, náusea e câimbra.

O aumento de popularidade dos esportes de ultrarresistência (mais de 3 horas) também aumenta o número de casos de hiponatremia. Tipicamente, os atletas estão mais preocupados com a desidratação e a reposição de líquidos durante esses eventos. Beber água e produtos nutricionais esportivos sem ingerir uma carga apropriada de eletrólitos fará que esses eletrólitos se diluam no corpo, gerando, assim, a hiponatremia.

Os grupos a seguir correm mais riscos de desenvolver essa condição:

- atletas que suam muito, especialmente em climas quentes e úmidos;
- atletas com condicionamento físico ruim e muitas perdas de sódio;
- atletas com dietas de pouco sódio;
- atletas que usam medicamentos diuréticos para hipertensão;
- atletas que ingeriram altas quantidades de líquidos sem sódio ao longo de exercícios prolongados (mais de 3 horas).

Rabdomiólise

Considerando as funções do fluido no corpo, como manter a integridade das membranas celulares e facilitar reações normais nos músculos ativos, faz sentido que a desidratação seja perigosa para os músculos em um nível celular. A rabdomiólise é uma síndrome que causa a destruição das fibras musculares. Costuma ser vista em esportistas novatos e atletas que praticam muito exercício. As evidências clínicas sugerem que a desidratação pode aumentar as consequências dessa condição.

Clinicamente, os indicadores dessa condição são níveis elevados de creatina quinase (até cinco vezes maiores que o normal) e dores musculares. A desidratação, quando combinada com o estresse gerado pelo calor e treinamentos exagerados, pode causar sérios problemas de saúde. Soldados e policiais engajados em um aumento súbito de atividade – geralmente treinamento físico – sem a hidratação adequada costumam apresentar os sintomas da rabdomiólise. A condição pode causar insuficiência renal e o tratamento costuma envolver hemodiálise. Já foram relatados casos fatais de insolação, rabdomiólise e insuficiência renal aguda.

Uma hidratação apropriada é necessária para que todo tipo de atleta possa treinar, competir e dar o seu melhor. Repor perdas de líquidos e eletrólitos antes, no decorrer e depois dos treinamentos e competições, garantirá que seu desempenho físico e psicológico não seja prejudicado pelo ambiente. A quantidade necessária de líquidos e outros nutrientes, especialmente o sódio, varia de atleta para atleta. Perceber a importância de uma hidratação apropriada ajudará os triatletas a avaliarem e monitorarem suas perdas para criar um plano de hidratação personalizado que funcione para eles.

CAPÍTULO 28

Além do nado, do ciclismo e da corrida

Katie Baker

Chega uma época na vida profissional de muitos triatletas em que a rotina de natação-ciclismo-corrida se torna muito monótona. Quando isso acontece, uma pequena mudança é necessária. Essa é a ocasião perfeita para acrescentar outros esportes múltiplos, permitindo que os atletas descansem do treinamento às vezes monótono dos três esportes do triatlo.

O que são esportes múltiplos?

Muitos eventos esportivos são compostos por mais de um esporte. Nesse formato, os atletas competem em uma série contínua de etapas e mudam constantemente de disciplina atlética com o objetivo de completar a série inteira no menor tempo possível. Em geral, esses eventos são competições de resistência que podem incluir natação, ciclismo, corrida, esqui e canoagem. O triatlo, a modalidade mais comum de esportes múltiplos, consiste em etapas de natação, ciclismo e corrida a várias distâncias, do *sprint* até o Ironman. Há, ainda, muitos outros esportes além desses. Existem muitos eventos que combinam modalidades esportivas nos Estados Unidos e no resto do mundo, como duatlos (corrida, ciclismo, corrida), *off-road* (natação, ciclismo, trilha) e triatlo de inverno (corrida, ciclismo e esqui na neve). Além disso, essas modalidades não são limitadas aos esportes mais comuns do triatlo. Os atletas podem encontrar eventos com mais de três disciplinas que se parecem mais com aventuras. Entre outras coisas, esses eventos podem incluir canoagem, rapel, navegação, ciclismo em terrenos montanhosos e trilhas.

Eventos olímpicos como pentatlo, decatlo e pentatlo moderno não costumam ser considerados esportes múltiplos, pois seus componentes individuais não ocorrem consecutivamente. Esportes múltiplos são uma ótima maneira para aprender um novo esporte, melhorar sua aptidão física e aprimorar habilidades que podem ser aplicadas em outras atividades. Combinações entre os vários formatos não são incomuns. Por exemplo, muitos atletas de alto nível no triatlo da neve também triunfam em triatlos *off-road*.

Em 2010, a USA Triathlon (USAT), o órgão governamental nacional que responde pelo triatlo e outros esportes múltiplos, sancionou 2.265 eventos, dos quais 26% são disciplinas diferentes da natação, do ciclismo e da corrida. Eventos não tradicionais estão incluídos nesse número e apresentam um componente multiesportivo, mas não se encaixam nas categorias mencionadas previamente (por exemplo, corrida de 5 quilômetros na praia, *paddleboard* de quatro milhas ou *surf ski* de quatro milhas). Naturalmente, um evento assim não segue as normas e, por isso, pertence à categoria não tradicional. A USAT sancionou 156 eventos *off-road* em 2010, incluindo triatlos e duatlos. Além disso, ocorreram 28 eventos similares para jovens.

Os esportes múltiplos tendem a mudar e crescer a cada ano, oferecendo uma oportunidade para que todos os atletas de resistência demonstrem seus talentos em várias situações, como ciclismo em terreno montanhoso, esqui na neve, rapel ou canoagem. Seja qual for o caso, os esportes múltiplos continuam dando boas-vindas para novos formatos que entrem na família. Este capítulo discute a história de eventos como duatlo, triatlo *off-road*, triatlo de inverno e competições de aventura, além de equipamentos e sugestões de treinamento para completar esses eventos.

Tipos de esportes múltiplos

Muitos atletas de resistência que praticam apenas um esporte recorrem aos esportes múltiplos para tentarem algo novo e superar desafios inusitados e emocionantes. Aqui estão alguns esportes múltiplos comuns.

Duatlo

O duatlo combina corrida e ciclismo, geralmente, no formato de corrida, ciclismo e outra corrida, talvez mais curta. Muitas vezes, esse formato é considerado mais exaustivo que o triatlo. Muitos triatletas dirão que duatlos são mais extenuantes. Os participantes começam com uma corrida difícil, pulam para a bicicleta mais cansados do que estariam se tivessem nadado e terminam com outra corrida da mesma distância ou um pouco menor. Os atletas tendem a concordar que um duatlo exige mais tempo para recuperação do que um triatlo completado no mesmo período de tempo. Às vezes, os organizadores eliminam a segunda etapa de corrida para não assustar os participantes e produzem eventos apenas com corrida e ciclismo.

A USAT sancionou 383 duatlos em 2010. A Coors Light Series foi um dos primeiros eventos de duatlo nos Estados Unidos e envolvia paradas em grandes cidades, como Phoenix, Chicago e Denver. A participação de triatletas famosos não era incomum, e esses eventos eram até televisionados pela ESPN. A Coors Series oferecia experiência, dinheiro e popularidade. O Powerman Alabama e o Desert Sun no Arizona são alguns dos duatlos mais famosos. As séries de duatlo Dannon costumavam permitir que atletas de duatlo enfrentassem os participantes mais competitivos da modalidade.

Muitos atletas consideram o Powerman Zofingen, na Suíça, o evento de duatlo mais cansativo do mundo. A competição consiste em uma corrida montanhosa de 10 quilômetros, ciclismo por três voltas de 50 quilômetros em terreno montanhoso e, por fim, 30 quilômetros de corrida em terreno muito acidentado, divididos em duas voltas. Mark Allen, seis vezes campeão do Ironman Havaí, disse uma vez que o Powerman Zofingen foi o evento mais difícil do qual ele já participou.

Muitos atletas se voltam para o duatlo por serem corredores e ciclistas habilidosos, mas não se sentirem confortáveis na água. Greg Watson foi campeão de duatlo em 2004. Ele começou a competir em 1988, com experiência em corrida como membro de uma equipe de biatlo – Greg corria e seu parceiro pedalava. Após algumas vitórias, Greg decidiu variar e tentar os dois esportes por si só. Ele se divertiu e obteve sucesso, decidindo participar do campeonato mundial de 1991, em Palm Springs, e conquistou o título de campeão geral. No ano seguinte, Watson decidiu competir profissionalmente.

Equipamentos de duatlo

Felizmente, os equipamentos necessários para o duatlo não são tão complicados quanto os de outros eventos que envolvam esportes múltiplos. Os atletas só precisam de uma bicicleta e de calçados de corrida. Você pode escolher qualquer tipo de calçado. Lembro-me de minha primeira e única experiência de duatlo, quando escolhi minha Huffy de 18 quilogramas, que tinha recebido de presente no meu aniversário de 12 anos. Terminei uma das competições mais exaustivas das quais já participei, mas meu tempo no ciclismo não foi nada especial. É importante saber o tipo de terreno para escolher uma bicicleta apropriada; quadros de estrada são apropriados para terrenos inclinados, ao passo que bicicletas contrarrelógio são ótimas para pistas mais planas e menos técnicas. Duatlos *off-road* também são uma opção e, nesse caso, bicicletas para terrenos montanhosos são mais desejáveis.

Treinamento para duatlo

O treinamento para duatlo talvez seja mais estruturado do que os outros formatos de esportes múltiplos, simplesmente porque o evento consiste apenas de corrida e ciclismo. Os planos podem variar dependendo dos objetivos e das habilidades do atleta e da duração do evento.

Os treinos de iniciantes devem ser divertidos e encorajadores. O treinamento em ciclismo e corrida evita o desgaste sofrido por atletas com foco em um único esporte. À medida que o nível competitivo do atleta aumenta, as sessões de treinamento podem se tornar mais frequentes e intensas. Atletas de duatlo no auge costumam correr 97 quilômetros e pedalar 483 quilômetros por semana. O treinamento é regido por muitas variáveis, incluindo tempo disponível, objetivos do atleta e a capacidade de resistência de seu corpo. O Quadro 28.1 oferece sugestões para o treinamento semanal de um atleta de duatlo que queira manter seu peso e sua aptidão física. Lembre-se de que esse atleta trabalha 40 horas por semana e tem uma família, mas está participando das competições nacionais de duatlo da USAT (corrida de 5 quilômetros, ciclismo por 35 quilômetros e corrida de 5 quilômetros).

Triatlo off-road

O triatlo *off-road* também é chamado de Xterra, o nome da série de competições que ajudou a popularizar e desenvolver esse estilo de competição. Xterra é o título do patrocinador da série de competições produzida e desenvolvida pelo Team Unlimited, um grupo de eventos e publicidade sediado em Honolulu, no Havaí. A Xterra tem mais de 100 eventos em 16 países e acrescenta novos eventos a cada ano. Esses eventos culminam no campeonato mundial Xterra em Maui, no Havaí, em outubro.

Quadro 28.1 – Semana de treinamento para esportes múltiplos

	Ciclismo	Natação
Segunda-feira	90 min de bicicleta ergométrica em nível fácil	Descanso
Terça-feira	Descanso	Sessão de intervalo: 20 min de aquecimento; 5 × 1 a 5 km a um ritmo de competição com corrida de recuperação de 2 min entre cada série; 15 min de desaquecimento
Quarta-feira	60 min de esforço moderado em colinas	45 min fáceis e os últimos 10 min incluem 10 × 30 de apanhar objetos; a corrida deve ser feita antes do ciclismo (idealmente, o atleta deve correr de manhã e pedalar de tarde)
Quinta-feira	Sessão de intervalo: 20 min de aquecimento, repetições de 6 × 3 em terrenos íngremes com 2 min de descanso em descidas; 20 min de desaquecimento	Descanso
Sexta-feira	Descanso	Corrida ritmada: 15 min de aquecimento, 25 min a um ritmo de 10 km; desaquecimento de 10 min
Sábado	Treinamento combinado: 60 min de ciclismo com uma intensidade de 85% a 90% seguidos imediatamente por uma corrida de 20 min a um nível de esforço de 90%; marcha de 10 min para relaxar	
Domingo	Descanso	Corrida longa: corrida de 90 min; os primeiros 45 min devem ser feitos em ritmo de meia maratona

Antes desse evento, existiam triatlos montanhosos sem distâncias ou regras específicas. Os atletas pedalavam em pistas técnicas exaustivas e, quando terminavam, pedalavam até o oceano e mergulhavam para tirar a lama. Eventualmente, a corrida foi adicionada e, *voilà*, o triatlo *off-road* nasceu. Esse evento tende a favorecer ciclistas, ao contrário do triatlo comum, no qual os corredores normalmente têm a vantagem. Durante um triatlo em estrada, 50% a 55% do tempo total envolve o ciclismo, ao passo que esse número tende a atingir 60% no triatlo *off-road*. Embora 35% do triatlo em estrada envolva corrida, eventos *off-road* costumam envolver cerca de 25%.

Equipamento *off-road*

Os equipamentos necessários para esse tipo de triatlo são similares aos utilizados no triatlo mais comum, pois ambos apresentam as mesmas disciplinas: natação, ciclismo e corrida. O equipamento de natação não muda. Como em qualquer evento de natação, você precisará de óculos de proteção e roupas de mergulho. Eventos *off-road* costumam ser realizados em altitudes elevadas, o que significa que a temperatura da água será mais fria. As regras da USAT declaram que trajes de mergulho são permitidos quando a temperatura da água atinge 26 °C ou menos. Por isso, você pode querer investir em um traje de mergulho aprovado pela USAT. Nadar em águas geladas sem o equipamento necessário não é uma experiência agradável. Como a classificação indica, a etapa de ciclismo ocorre em terrenos acidentados e, desse modo, uma *mountain bike* é necessária. Algumas trilhas podem ser mais técnicas do que outras, desse modo, você deve decidir se uma suspensão completa ou *hard-tail* é mais apropriada. Uma suspensão completa é mais pesada e pode ser prejudicial durante subidas íngremes, mas é perfeita para descidas técnicas e perigosas, com muitas pedras e raízes.

Os dois tipos de bicicleta são utilizados nesses eventos, por isso, a opção é sua. Os calçados dependem de seu nível de experiência. Ciclistas mais experientes podem escolher pedais sem barras aerodinâmicas com calçados especiais para territórios montanhosos, mas alguns atletas se sentem mais confortáveis com pedais que tenham barras aerodinâmicas. Nesse último caso, o atleta pode utilizar calçados de corrida para eliminar a troca de calçados entre o ciclismo e a corrida. De acordo com as regras do triatlo, os atletas devem colocar capacetes durante a etapa de ciclismo. Alguns deles decidem usar luvas de ciclismo, especialmente durante pistas técnicas montanhosas que talvez exijam que o ciclista saia da bicicleta. Os atletas podem decidir amarrar os cadarços de seus calçados para trilhas durante pistas mais técnicas, mas calçados de corrida comuns costumam ser o bastante.

Treinamento *off-road*

Muitos atletas escolhem o triatlo *off-road* para evitar as atitudes intensas de outros triatletas. Mais relaxados e tranquilos são os triatletas *off-road*, por isso, suas agendas de treinamento podem não ter a estrutura que muitas pessoas consideram essencial para o sucesso. No fim das contas, o objetivo é se divertir e aproveitar a companhia durante dias de treinamento mais longos. Como mencionamos anteriormente, ciclistas tendem a escolher o triatlo *off-road*, porque as distâncias são mais apropriadas para seus pontos fortes. Muitos atletas passam grande parte de seu tempo pedalando e correndo em vários tipos de terreno e não têm muito tempo para a natação, não que essa seja a melhor maneira de treinar para um evento *off-road*. Tudo depende do atleta e de seus objetivos. O Quadro 28.2 oferece um exemplo de uma semana de treinamento *off-road*.

Quadro 28.2 – Semana de treinamento para o triatlo *off-road*

	Natação*	Ciclismo	Corrida
Segunda-feira	60 min de nado fácil	Descanso	Descanso
Terça-feira	Descanso	45 min de ciclismo na estrada	Aquecimento fácil de 10 min; 3 × 10 min a um ritmo de competição com uma marcha de recuperação de 5 min; 10 min de desaquecimento
Quarta-feira	Descanso	90 min de ciclismo *mountain bike* com grupo puxando o ritmo	Corrida fácil de 30 min
Quinta-feira	90 min de natação com intervalos	Descanso	Intervalos: 20 min de aquecimento, 8 × 400 m com uma marcha de recuperação de 200 m; 10 min de desaquecimento
Sexta-feira	Descanso	Intervalos de ciclismo: aquecimento de 20 min; 5 × 5 min de esforço com 3 min de bicicleta ergométrica; 20 min a um ritmo moderado; 10 min de desaquecimento	Descanso
Sábado	Descanso	Descanso	Trilha por 90 min
Domingo	Descanso	180 minutos de ciclismo *mountain bike*	Corrida de 15 min a 85% imediatamente após o ciclismo

* Alterne entre 2 e 3 nados por semana. Atletas podem determinar se o terceiro treino será um nado em nível fácil de 60 minutos ou uma sessão desafiadora de 90 minutos com intervalos com base em seu nível de aptidão física e disposição geral. Um atleta extremamente fadigado deve realizar uma sessão rápida de 60 minutos focada na técnica. Se um atleta está em forma, mas não está satisfeito com sua velocidade, pode precisar de treinamentos específicos para velocidade e mais intervalos.

Triatlo de inverno

O triatlo de inverno é uma boa opção para atletas que prefiram temperaturas frias e boas competições durante uma temporada tipicamente sem eventos. O esporte consiste em corridas de 5 a 8 quilômetros em superfícies nevadas duras, ciclismo de 10 a 15 quilômetros na neve e esqui por 8 a 12 quilômetros. Provavelmente, a modalidade foi introduzida por europeus nos anos 1980, pois existem relatos de triatlos de inverno organizados na França e na Espanha. A International Triathlon Union (ITU) só realizou o primeiro campeonato mundial de triatlo de inverno em 1997. As primeiras competições foram realizadas no asfalto, com exceção do esqui, mas tentativas e erros levaram à adoção de esportes na neve. Infelizmente, a Mãe Natureza pode ser temperamental e obrigar que alguns eventos não sejam realizados na neve, mas isso não é ideal.

Em 2010, a primeira competição mundial de inverno foi vencida por Rebecca Dussault, uma atleta dos Estados Unidos, campeã dos Jogos Olímpicos de 2006 na modalidade esqui nórdico. Ela foi recrutada por seu amigo Brian Smith e pediu para participar da equipe mundial mesmo não tendo muita experiência em corrida e ciclismo. Seu currículo atlético fez que ela conseguisse uma vaga na equipe de

2008 que competiu em Freudenberg, na Alemanha. Rebecca, 14 meses após dar à luz, aceitou o desafio, apesar de nunca ter competido em um triatlo de inverno. De acordo com uma conversa com ela, a falta de neve naquele ano fez que a introdução fosse brutal e incrível ao mesmo tempo: "Nunca tinha praticado esportes múltiplos antes, com exceção de um pouco de ciclismo de aventura, e estava entusiasmada para colocar minhas habilidades gerais de resistência à prova. Digo que foi brutal porque a corrida na superfície dura e seca foi muito dolorosa para alguém que não tinha corrido naquele inverno, e a etapa de ciclismo favorecia as ciclistas mais fortes, porque foi disputada em uma grande pista seca. Gosto de terrenos íngremes, então, isso também foi um grande desafio para mim. Tive de esperar até o ano seguinte para descobrir minhas habilidades de corrida e ciclismo durante o inverno! Terminei em sexto lugar, apesar de ser minha primeira competição de inverno, o que me deixou faminta por mais. Eu sabia que poderia ser a campeã mundial se tivesse treinamento adequado e condições apropriadas".

Equipamento para o triatlo de inverno

Dependendo das condições, os equipamentos a seguir podem otimizar sua experiência na modalidade. Você pode utilizar qualquer tipo de calçado especializado para a corrida. Atletas mais competitivos podem considerar algum tipo com mais tração de calçado de trilha. Alguns atletas podem até usar calçados com travas metálicas de 3 milímetros. Você precisa saber se a neve é dura e superficial ou mole e profunda para determinar qual sapato oferecerá uma vantagem competitiva. Bicicletas para terreno montanhoso costumam ser preferidas para a etapa de ciclismo. Sempre confirme as regras sobre a altura e a largura dos pneus com os organizadores do evento, pois isso pode variar de acordo com o evento. Como a neve geralmente oferece uma superfície mais macia, tente calibrar seus pneus com 10 a 20 psi. Pneus com menos pressão oferecem mais opções para que um atleta possa manobrar na superfície imprevisível da neve. Você pode escolher entre calçados de ciclismo ou de corrida. Capacetes são obrigatórios, pois você nunca sabe quando um pneu pode decidir não colaborar e causar uma queda.

Para a última etapa, você pode usar *skates* ou esqui clássicos. O *skate* pode ser uma maneira mais rápida e eficiente para praticar o esqui nórdico. Não é tão fácil quanto parece, entretanto, alguns atletas preferem usar esquis clássicos e demorar um pouco mais. De acordo com o nível do atleta, tudo depende do conforto e do que ele deseja conquistar. Muitas vezes, os atletas encaram esses desafios com o simples objetivo de chegar até o fim – mesmo se terminarem em último lugar – e, por isso, o conforto acaba triunfando. Muitos triatlos de inverno são disputados em centros nórdicos, desse modo, você pode alugar equipamentos de esqui sem precisar comprar algo que não sabe se utilizará no futuro.

Dussalt avisa que os atletas não devem ser intimidados pelo equipamento. "Tudo faz sentido e se encaixa no lugar quando você compete. Aproveite a existência de tantos elementos a dominar; se você for bom na maioria, será ótimo no esporte. A modalidade envolve enceramento, escolha de pneus e pressão, calçados de corrida, habilidades técnicas, força, capacidade de resistência (*stamina*), alimentação, transição, equilíbrio, solução de problemas, subidas íngremes, descidas íngremes, pneus murchos etc. Todos esses elementos significam que qualquer pessoa se identificará com alguma coisa".

Treinamento para triatlo de inverno

Como em outros esportes múltiplos, o treinamento para triatlo de inverno é atraente porque é tão diverso que pode criar um atleta mais equilibrado. Os praticantes não sofrem o mesmo desgaste sentido por atletas de outros esportes.

Não se sabe quando e se o triatlo de inverno será incorporado aos Jogos Olímpicos de Inverno, por isso, comece a treinar agora. A ITU está pressionando o Comitê Olímpico Internacional (COI) para incluir o triatlo de inverno no evento mundial. Se isso ocorrer, será o primeiro esporte a aparecer tanto nos Jogos Olímpicos de Verão quanto nos de Inverno. Do ponto de vista do COI, a preocupação principal é a falta de participação internacional. O comitê deseja esportes universais praticados, no mínimo, em quatro continentes e 25 países. O esporte ainda não chegou lá, infelizmente, mas o triatlo de inverno entrará nos Jogos Olímpicos quando se tornar mais popular. O Quadro 28.3 oferece um exemplo de uma semana de treinamento para o triatlo de inverno.

Quadro 28.3 – Semana de treinamento para triatlo de inverno

	Corrida	Ciclismo	Esqui
Segunda-feira	Descanso	60 min fáceis na bicicleta ergométrica	Descanso
Terça-feira	30 min de corrida fácil antes do esqui	Descanso	Intervalos: aquecimento de 20 min, 5 × 5 min a 95% de esforço, com 3 min de esqui para recuperação e 10 min de desaquecimento
Quarta-feira	45 min de trilha ou corrida na neve	90 min em nível moderado de esforço	Descanso
Quinta-feira	Descanso	Intervalos: aquecimento de 20 min, 4 × 10 min a 90% de esforço, com 5 min de recuperação na bicicleta ergométrica e 10 min de desaquecimento	Esqui fácil por 30 min após o ciclismo
Sexta-feira	Treinamento combinado: aquecimento de 15 min; 3 × 5 min de corrida/10 min de ciclismo/5 min de esqui a um nível de esforço de 85%, com 5 min de recuperação entre cada modalidade; esqui fácil por 20 min para desaquecimento		
Sábado	Corrida de 90 min; os últimos 25 min em ritmo de corrida de 10 km	60 min de ciclismo *mountain bike*	Descanso
Domingo	Descanso	45 min eum nível moderado de esforço	120 min de esqui após o ciclismo

Competição de aventura

Nos Estados Unidos, as competições de aventura também podem ser considera-das esportes múltiplos. Essas competições não são monitoradas pela USAT, mas, sim, pela United States Adventure Racing Association (USARA). Muitas pessoas pensam em eventos como Primal Quest e Eco-Challenge quando escutam o termo *competição de aventura*. Elas são diferentes dos esportes múltiplos apresentados anteriormente, porque costumam incluir competições em equipe. Você pode ter até cinco pessoas em sua equipe, dependendo do evento, portanto, nunca será mais forte que o integrante mais fraco de seu time.

Mike Kloser praticamente personifica o atleta de esportes múltiplos. Suas conquistas incluem quatro campeonatos mundiais de competição de aventura, três campeonatos Eco-Challenge, cinco campeonatos Primal Quest, além de vários títulos nacionais de aventura. Em um artigo da revista *Sports Illustrated* do dia 13 de outubro de 2003, Mike foi apelidado de "o intimidador". Barry Siff é outra lenda dos esportes múltiplos. Quando perguntado se acreditava se a competição de aventura era um exemplo de esportes múltiplos, sua resposta foi: "É realmente a personificação dos esportes múltiplos. Sua própria definição é a mesma de qualquer esporte ou exercício não motorizado; nós escalávamos montanhas, abríamos trilhas na selva, corríamos, pedalávamos, praticávamos rapel a 365 metros, andávamos de *skate*, esquiávamos, nadávamos, mergulhávamos, montávamos cavalos etc.". O que é tão atraente nesse esporte? Em uma conversa por telefone, Siff disse que foi atraído pela natureza multiesportiva do evento. "Eu acordava de manhã, ligava para minha companheira de equipe Liz e discutíamos quais esportes ou atividades praticaríamos naquele dia – sem estruturas, sem regimes, sem agendas... Só saíamos e nos divertíamos com dois esportes por dia, em um total de 2 a 5 horas diárias".

Equipamento de aventura

Muitas competições oferecem uma lista de equipamentos exigidos e sugeridos dependendo dos esportes praticados no evento. Aqui está uma lista para servir de exemplo.

Equipamentos obrigatórios

Sistema de hidratação
Cobertor de emergência
Capacete de ciclismo
Bicicleta
Arnês
Aparelho de rapel
Colete salva-vidas
Caiaque
Remos
Bússola

Celular
Mapas
Guias e passaporte

Equipamentos recomendados

Roupa de mergulho ou jaqueta e calças
Bomba de ar
Faca ou canivete
Isqueiro
Tubos, *kit* de conserto e ferramentas sobressalentes
Luvas para ciclismo e rapel
Camisa de manga comprida de polipropileno ou de lã
Lanterna frontal
Mochila seca para mapas e ferramentas
Roupas e equipamento para chuva
Espelho
Apito
Kit de primeiros socorros

Como você pode notar, competidores de aventura precisam de muitos equipamentos para uma participação segura em um evento.

Treino para aventuras

A beleza da modalidade é sua diversidade de treinos. Dependendo do evento para o qual você está se preparando, o treinamento pode envolver ciclismo, canoagem ou escalada. O mesmo princípio de treinamento é aplicável aqui. Tente praticar duas atividades por dia. Fatores como intensidade, frequência e duração devem variar diariamente para cada atividade. Você pode querer acrescentar um regime de treinamento com pesos quando se preparar para aventuras, pois a força geral será útil durante muitas atividades, especialmente quando não tem tempo para treinar cada modalidade várias vezes por semana. O treinamento com pesos permite que os atletas sejam mais eficientes e aproveitem ao máximo seu tempo limitado de treinamento.

Os esportes múltiplos não são limitados a duatlo, triatlo de inverno, triatlo *off--road* ou competições de aventura. Outros formatos aparecem o tempo todo. Dizem que a variedade é o tempero da vida, portanto, tempere seu treinamento e participe de um novo evento de esportes múltiplos hoje mesmo.

CAPÍTULO 29

Desenvolvimento em longo prazo do triatleta

Gordon Byrn

O triatlo é um esporte que pode ser praticado durante toda a vida de uma pessoa. Dessa maneira, um desenvolvimento adequado em longo prazo é crucial para a longevidade no esporte, pois ajuda o atleta a alcançar seu potencial e evita que seu desempenho atinja um platô. Os triatletas devem desenvolver as habilidades e aptidões necessárias para natação, ciclismo e corrida no começo de treinamento de triatlo para obterem sucesso ao longo dos anos. Na discussão sobre desenvolvimento em longo prazo, é essencial levar em consideração a natureza do atleta. A maioria não exige planejamentos sofisticados e periodização do treinamento. Apesar disso, será beneficiada pela especificidade focada nos tópicos explorados neste capítulo.

Desenvolver e aprimorar a aptidão física

Os tijolos para a construção do desenvolvimento físico são:

1. Habilidades de movimentação e a capacidade de realizá-las rapidamente.

2. Capacidade de manutenção (estamina) do limiar aeróbio, mais conhecido como resistência.

3. Força específica ao esporte ou a capacidade para aplicar força de maneira eficiente.

4. Capacidade de manutenção (estamina) do limiar de lactato; ou o ritmo, a potência; ou a duração máxima que um atleta pode produzir aerobiamente.

5. Limiar de desempenho funcional ou o desempenho do atleta durante 60 minutos de esforço máximo.

6. Desempenho do $\dot{V}O_2$máx ou o ritmo e força do atleta durante 5 minutos de desempenho máximo.

Esses tijolos formam uma pirâmide na qual um sustenta o outro. Os três primeiros criam a plataforma na qual o treinamento específico para competições é construído.

▶ Limitadores de desempenho

Quando você treina para alcançar um objetivo específico, inevitavelmente encontrará fatores que limitarão seu desempenho. Aloquei certos conceitos limitadores para cada esporte do triatlo, mas lembre-se de que todas as limitações podem ser aplicadas a todos os esportes (neste capítulo, também menciono treinamentos específicos para avaliar e lidar com o estado de desenvolvimento atual de um atleta).

A *natação* é o esporte que mais depende da habilidade e, por isso, o desenvolvimento em longo prazo exige treinamento constante e um compromisso com o desenvolvimento técnico. Faz sentido limitar o tempo total anual investido na natação, mas aproveitar ao máximo seu tempo limitado de treinamento é crucial. As habilidades melhoram mais rapidamente por meio de frequência de treinamento (prática) e revisões informadas por meio de vídeo (aprimoramento técnico direcionado). Triatletas com habilidades estabelecidas têm uma combinação de força e resistência que pode ajudar o desempenho na natação.

Entender o ritmo do nadador em curvas e distâncias de 50, 400 e 1.500 metros e descobrir a braçada apropriada para o corpo do atleta ajudará o treinador a avaliar os fatores limitadores para o nadador. Atletas menores e mais em forma devem treinar para sustentar uma frequência de braçada maior (o limiar funcional da aptidão física e habilidades de movimentação dominarão suas habilidades de natação). Contudo atletas maiores e menos em forma devem se concentrar na distância a cada braçada (a força específica e as habilidades de movimentação dominarão suas habilidades de natação).

O *ciclismo* é, provavelmente, o esporte mais justo do triatlo em termos de retorno do esforço aplicado. Os componentes de habilidade e riscos de ferimentos são muito menores do que na natação e na corrida, respectivamente. O tipo corporal influencia a abordagem necessária, mas compreender as necessidades específicas de desempenho e duração para os objetivos do atleta é muito mais importante. A bicicleta pode e deve ser usada para treinos durante toda a duração do triatlo (tempo total, natação-ciclismo-corrida) e também da duração específica da etapa de ciclismo (distância total, bicicleta). Um conhecimento íntimo do gasto energético durante o dia (total) e por hora (frequência) é necessário para esses dois objetivos. Os fatores limitadores para o trabalho total são mais comuns em competições a longa distância com atletas maiores (ou seja, mover 90 quilogramas durante um evento de 14 horas exige um esforço considerável, em *qualquer* ritmo). Os fatores limitadores para a frequência do trabalho costumam ser vistos em atletas experientes, especialmente em atletas menores com foco em distâncias mais curtas.

Continua

Continuação

Quando falamos sobre aptidão física, costumamos falar sobre a frequência do trabalho: o ritmo ou a força produzidos pelo atleta. Dependendo de fatores como tamanho do atleta, economia de movimento, eficiência metabólica e duração do evento, porém, o valor total exigido para a competição pode ser um fator limitador fundamental para o desempenho, especialmente para atletas amadores. Muitos atletas, especialmente novatos mais altos, simplesmente desenvolvem a aptidão física necessária para exaurir seu combustível durante uma competição. O ciclismo – em que informações sobre o esforço gasto podem ser obtidas facilmente por meio de um medidor de força – pode ajudar um atleta a identificar e lidar com problemas no "tanque de combustível".

O desenvolvimento em longo prazo na *corrida* exige que o atleta corra frequentemente durante muito tempo. Triatletas particularmente motivados querem começar logo o treinamento "real" ou o que consideram competições de alta intensidade. Antes de começar uma série de exercícios intensos, pense se sua velocidade sustentável máxima está realmente limitando seu desempenho.

Apesar de atletas terem uma atração intrínseca para treinos dolorosos, a capacidade para tolerar dor raramente é um fator limitante no triatlo. Em vez disso, recomendo as orientações a seguir:

- Desenvolva a *força dos tecidos conectores* e enfrente limites biomecânicos pessoais por meio de corridas frequentes, exercícios de fortalecimento (com a panturrilha e o quadril) e tensão muscular adequada (músculos tensos, não contraídos).

- Melhore suas *habilidades* e sua *velocidade*, em termos de economia de movimento e rapidez, respectivamente. As habilidades precisam ser aprendidas em um ambiente sem estresse ou intensidade e aumentar de modo gradativo, em termos de ritmo e estresse.

- Treine a capacidade para operar de maneira eficiente em todos os sistemas de energia descritos no Capítulo 9, com um foco específico na *capacidade de resistência aeróbia progressiva*. Desempenhos referenciais são um pouco mais importantes do que o ritmo específico durante a competição. Avalie seu ritmo com base em seu desempenho real, não em seus objetivos, e certifique-se de que o programa tenha a realidade como base.

- Leve em consideração o papel da *composição corporal* no desempenho geral. Quando a composição corporal limita o desenvolvimento em longo prazo, as cargas de estresse geral (no treino e na vida) devem ser reduzidas para que o atleta possa construir novos hábitos. Saiba que esportes de resistência podem incentivar distúrbios alimentares e procure ajuda médica profissional quando necessário.

Considere esses "tijolos" como a fundação para construir um atleta em forma. Quando as habilidades de um atleta deterioram ou este não apresenta um bom desempenho durante a competição, as causas costumam ser deficiências em habilidades de movimentação, capacidade de resistência e força específica ao esporte. Esses três últimos tijolos são focados na criação de um atleta pronto para a competição em um evento específico. Existe outra maneira para enxergar essas duas classes de aptidão física – atlética e específica – para o evento: a capacidade para trabalhar deve ser estabelecida antes que um atleta seja capaz de absorver treinamentos de frequência de trabalho. "Trabalho antes da frequência de trabalho" é um mantra eficiente.

A aplicação consistente de um plano equilibrado entre os três esportes (natação, ciclismo, corrida) e com foco, sobretudo, na aptidão física específica para o atleta ajudará você a atingir seu potencial atlético. Além disso, dar 110% de si durante treinamentos e competições pode aumentar suas chances de sucesso em longo prazo na sua vida geral.

Para progredir apropriadamente por essas etapas de desenvolvimento, você terá de integrar técnicas para melhorar sua aptidão física. Considere as cinco técnicas a seguir para melhorar sua aptidão física em longo prazo.

Estímulos variáveis

Recomenda-se que você siga um programa de treinamento consistente e moderado à medida que continue a progredir. É tentador aumentar a carga de treinamento para tentar superar limites. Isso é eficiente, mas populações atléticas podem aprimorar variando o estresse, não o aumentando. Essa técnica é muito importante para atletas frágeis e propensos a ferimentos.

Renovação mental

Aprimoramentos mentais exigem tempo e motivação. Abordagens diferentes dentro de uma temporada e entre temporadas é uma maneira eficiente para manter a motivação.

Sobrecarga específica

Triatletas em geral, em particular, os que estão em atividade, costumam não ter o volume necessário em um único esporte para conseguir um progresso drástico em qualquer outra área de seus portfólios atléticos. Além disso, é muito mais fácil sustentar um nível de desempenho mais alto do que atingir um novo nível de desempenho. Assim, a aplicação inteligente de períodos específicos de sobrecarga pode ajudar você a alcançar níveis mais altos em um único esporte, que serão mantidos durante a temporada competitiva.

Longevidade atlética

Atletas e treinadores precisam considerar – e lidar – com os atributos necessários para o sucesso em longo prazo. Atributos como agilidade, flexibilidade, equilíbrio muscular e força máxima podem não afetar o desempenho em curto prazo, mas sua ausência, eventualmente, prejudicará o desempenho, em especial para atletas veteranos. Nos Estados Unidos, a idade mediana de triatletas é relativamente alta. Considere as exigências para o desempenho atlético em 10, 20 e 30 anos para populações adultas. Tome cuidado com estratégias de treinamento que podem prejudicar seu desempenho atlético no futuro. Nossa espécie tende a favorecer o presente em vez de maximizar ganhos em longo prazo.

Desenvolvimento aeróbio

Para muitos triatletas, o maior fator limitador do desempenho é a resistência a um nível de esforço apropriado. O triatlo atrai atletas muito motivados e, normalmente, eles não querem exercer o esforço necessário para desenvolver força e resistência superiores. Um treinador pode conseguir um aumento significativo no desempenho em curto prazo se incentivar a base de desenvolvimento em longo prazo do atleta.

As técnicas anteriores têm foco no desenvolvimento de suas habilidades atléticas, no entanto, lembre-se de que seu desempenho em um objetivo específico – em todas as três modalidades do triatlo – também depende de uma progressão simples de aprimoramento:

1. Completar a distância da competição após muitos dias.
2. Completar a distância da competição em um único dia.
3. Completar a distância da competição em um único dia, sem paradas.
4. Completar a distância da competição em um único dia, sem paradas e com mudanças de ritmo projetadas para otimizar o tempo (ou posição) final.

Os passos dessa progressão devem ser trabalhados enquanto você aprimora sua economia e as habilidades mentais necessárias para otimizar sua experiência na competição.

Avaliar o âmbito atlético e a profundidade da aptidão física

Uma das melhores técnicas para o desenvolvimento atlético constante é a repetição consistente de um plano equilibrado entre natação, ciclismo e corrida e com foco na aptidão física específica do atleta.

Populações atléticas amadoras costumam encontrar limites causados pela falta de uma carga de treinamento consistente. Acrescentar variabilidade ou intensidade a um programa de treinamento inconsistente é uma distração, pois estabelecer um treinamento consistente é o mais importante. A estratégia ideal é manter o foco em um plano simples e balanceado que remova hábitos e escolhas prejudiciais. Dito isso, qual deve ser o foco desse plano e como avaliar seu progresso? Para determinar isso, considere essas perguntas:

- Qual é o meu estado de desenvolvimento atual?
- Quais são meus objetivos?
- Quanto tempo tenho para o treinamento?
- Um foco maior no triatlo faz sentido para minha vida de maneira geral?

Suas respostas devem ser consistentes e em harmonia com a sua vida. Antes de investir muita energia para melhorar seu desempenho atlético, você deve ter certeza de que o triatlo se encaixa em seus objetivos de vida.

As avaliações a seguir permitirão que você e seu treinador examinem sua aptidão física e apresentarão referências para monitorar seu aprimoramento. Sempre considere as referências de desempenho em relação à duração e ao desempenho desejados na competição. Desempenhos aeróbios modestos podem ser referenciados diariamente. Desempenhos de alta intensidade e esforços sustentados só precisam ser testados a cada três ou seis semanas.

Para ajudar com essas avaliações, pense que você tem cinco marchas em seu motor aeróbio:

1. Fácil.
2. Regular.
3. Moderadamente difícil (mod-difícil).
4. Limiar.
5. $\dot{V}O_2$máx.

Essas cinco marchas correspondem aos sistemas de energia delineados no Capítulo 9 e são usadas para ajudar você a entender a intensidade necessária para cada segmento dessas avaliações.

Escala de esforço percebido (RPE)	Frequência de respiração/capacidade de fala	Esforço	Marcha
1	Repouso	Muito pouco	Fácil
2	Falar é fácil	Pouco	Fácil
3	Falar é fácil	Moderado	Regular
4	Você pode falar, mas com mais esforço	Um pouco difícil	Regular
5	Você pode falar, mas com mais esforço	Difícil	Mod-difícil
6	É difícil respirar ou você não quer falar	Difícil	Mod-difícil
7	É difícil respirar ou você não quer falar	Muito difícil	Limiar
8	Você está ofegante ou com dificuldade para conversar	Muito difícil	Limiar
9	Você está ofegante ou com dificuldade para conversar	Muito, muito difícil	$\dot{V}O_2$máx
10	Não consegue sustentar essa intensidade por muito tempo	Máximo	$\dot{V}O_2$máx

Avaliação de natação 1: 400 e 200 metros

Este treinamento avalia a percepção de controle de ritmo do atleta e referencia o ritmo a níveis distintos de esforço. Esse exercício deve progredir de fácil para máximo à medida que os intervalos avançam. Apesar de tempos de descanso de 10 e 15 segundos existirem, nadadores bem treinados conseguirão uma avaliação mais precisa com descansos de 5 e 10 segundos, respectivamente:

- 12 × 25 *fácil*, com 10 segundos de descanso;
- 6 × 50 *regular*, com 10 segundos de descanso;
- 4 × 75 (25 *fácil*, 25 *mod-difícil*, 25 *regular*), com 10 segundos de descanso;
- 3 × 100 *regular*, com 10 segundos de descanso;
- 5 × 400 *limiar*, com um máximo de 15 segundos de descanso;
- 5 minutos *fácil*;
- 5 x 200 *máximo*, com 10 segundos de descanso;
- desaquecimento.

Avaliação de natação 2: mudança de ritmo de 200 metros

Este treinamento avalia o controle de ritmo do atleta e referencia o ritmo em níveis distintos de esforço. Use os ritmos derivados da primeira avaliação para estabelecer a duração do intervalo para cada passo da série principal (as séries de 200 no treinamento). A série de maior duração e sua natureza sustentada revelarão seu nível de aptidão para o nado ou sua capacidade para manter o ritmo com o tempo. Nadadores bem treinados conseguirão referências mais claras se estabelecerem um ritmo esperado para os 200 metros finais e acrescentarem 10 segundos por série. Por exemplo, um atleta em forma que espera nadar 2:40 durante a etapa final estabeleceria referências a 3:20, 3:10, 3:00, 2:50 e 2:40, respectivamente, para os cinco 200 metros da série principal. Outra maneira para completar essa série é realizar 10 segundos de descanso a cada 200.

- 16 × 50 com 10 segundos de descanso e esse padrão: 3 *fáceis*, 1 *limiar*, 1 *regular*, 1 *mod-difícil*, 1 *limiar* (2×);
- 200 nado relaxado em um estilo escolhido pelo atleta;
- 5 × 200 *fácil*, com 10 segundos de descanso;
- 4 × 200 *regular*, com 10 segundos de descanso;
- 3 × 200 *mod-difícil*, com 10 segundos de descanso;
- 2 × 200 *limiar*, com 10 segundos de descanso;
- 200 $\dot{V}O_2$máx;
- desaquecimento.

Avaliação de natação 3: intervalos longos

Este treinamento avalia a capacidade do atleta para manter ritmos aeróbios durante durações longas. Use os dados de ritmo obtidos em treinos prévios para estabelecer objetivos de ritmo. Ajuste o intervalo de distância usando 400, 600, ou 800 metros até ter resistência o bastante para uma distância total de 5.000 metros. Muitos atletas devem progredir de ritmos fáceis para ritmos moderadamente mais difíceis. Nadadores bem treinados serão capazes de passar facilmente para ritmos intensos.

- 5 × 1.000, 1 para 5, com 15 segundos de descanso;
- 1º 1.000: ritmo moderado, com 15 segundos de descanso;
- 2º 1.000: mais rápido que o primeiro, com 15 segundos de descanso;
- 3º 1.000: mais rápido que o segundo, com 15 segundos de descanso;
- 4º 1.000: mais rápido que o terceiro, com 15 segundos de descanso;
- 5º 1.000: mais rápido que o quarto, com 15 segundos de descanso.

Uma estrutura alternativa na qual o ritmo aumenta a cada série é outra opção:

- 10 × 100 com 5 segundos de descanso;
- 8 × 125 com 10 segundos de descanso;
- 4 × 250 com 15 segundos de descanso;
- 2 × 500 com 20 segundos de descanso.

Avaliação de natação 4: ritmo prescrito para 100 metros

Os exercícios anteriores avaliam ritmo e a capacidade para mantê-lo. Este treinamento permitirá que você descubra seu limite para sustentar ritmos de limiar e mais altos. A duração da série principal deve ser de 40 a 60 minutos. Use um ritmo fixo um pouco mais longo do que o limiar. Se o limiar for 1:27 por 100, por exemplo, um objetivo de 1:30 pode ser apropriado e a estrutura principal poderia ser 30 × 100, começando a 1:27 e terminando a 1:30. Note que muitos atletas superestimam suas capacidades e usam um ritmo mais parecido com a velocidade a $\dot{V}O_2$máx. Se você deseja treinar o ritmo de $\dot{V}O_2$máx, use uma série principal de 12 a 30 minutos, com intervalos entre 35% a 100%. Se o ritmo de $\dot{V}O_2$máx for 1:20 por 100, uma estrutura apropriada seria 12 × 100, começando a 1:40 e terminando a 1:20.

- 500 *fácil*, com 20 segundos de descanso;
- 3 × 100, com 15 segundos de descanso;
- 4 × 75 (25 desenvolvimento, 25 *regular*, 25 *fácil*), com 10 segundos de descanso;
- 4 × 50 *limiar*, com 15 segundos de descanso;
- 100 *fácil*;
- 12-40 × 100, com ritmo prescrito e descanso;
- desaquecimento.

Avaliação de ciclismo 1: teste progressivo

O objetivo deste treinamento é avaliar tanto o nível aeróbio quanto o desempenho de alto nível. O teste pode ser feito de maneira máxima ou submáxima. Se você não tiver acesso a um medidor de força, a melhor maneira para realizar esse teste é começar 10 batidas por minuto abaixo de sua zona de frequência cardíaca regular e monitorar a distância a cada passo. Use 5 batidas por minuto como sua medida de passo e continue até ultrapassar o limiar funcional da frequência cardíaca (FTHR, na sigla em inglês).

Para começar, você vai precisar de uma estimativa de seu limiar de força funcional (FTP, na sigla em inglês) e terá de fazer um aquecimento por 20 a 30 minutos em um nível de força abaixo de 50% do FTP. O teste de verdade deve começar a 50% da FTP. Essa intensidade é propositadamente fácil. Você precisa começar de baixo para conseguir uma avaliação clara de suas zonas aeróbias e pontos de impacto. O erro mais comum ao estabelecer referências é começar muito rápido, pois isso adultera os dados.

Use passos de 10 watts se o FTP for menor que 125 watts, passos de 15 watts para 125 a 174 watts, passos de 20 watts para 175 a 249 watts, passos de 25 watts para 250 a 349 watts e passos de 30 watts para 350 watts. Saiba que o comprimento do passo é outra área que pode embaralhar os dados. Passos muito largos podem ultrapassar um ponto de impacto importante ou uma zona de treinamento. Por isso, é melhor usar passos menores se estiver inseguro.

Cada passo deve durar 5 minutos quando o teste for realizado. Grave sua frequência cardíaca a intervalos de 1 minuto. Os fatores mais importantes para avaliação são frequência cardíaca, força e esforço (como se sente). Você decide o quanto progredirá e poderá obter benefícios se continuar o teste até falhar (prestando atenção na fadiga e nos níveis de frequência cardíaca), mas esses aspectos não precisam ser testados frequentemente. Se você planeja fazer esse teste com frequência, só precisará ir até o fim uma vez a cada quatro tentativas. Durante as outras vezes, continue até ultrapassar o FTP.

Avaliação de ciclismo 2: avaliação progressiva de campo

O objetivo deste teste é avaliar seu progresso em durações mais longas. Você poderá utilizar um medidor de força durante o treinamento para monitorar suas zonas de força. Mesmo sem o aparelho, porém, poderá realizar o teste se estabelecer uma referência da distância percorrida a cada segmento das séries do teste. Em vez de tempos fixos, você pode utilizar uma pista com distância fixa e monitorar seu tempo. Sua velocidade será importante em um dia calmo.

O aquecimento deve levar aproximadamente 45 minutos, incluindo 15 minutos de esforço regular e séries de 4 × 2 minutos nas quais seu esforço aumenta gradativamente de regular para um pouco abaixo do limiar funcional (esforço, não frequência cardíaca). A série principal consiste em 45 minutos de esforço contínuo, divididos em três partes. Faça 15 minutos de esforço a cada limiar aeróbio (AeT, final do esforço regular – sigla em inglês), limiar de lactato (LT, topo do esforço mod-difícil – sigla em inglês) e limiar funcional (FT, topo do limiar – sigla em inglês). Uma série de 45 minutos é um teste curto para um atleta de resistência – competições e sessões longas de treinamento permitirão que você saiba mais sobre sua capacidade de separação (você alcança seus testes de referência durante competições ou treinos longos?). Quando sua resistência estiver estabelecida, deverá ser capaz de manter uma margem de erro de no máximo 7% dessas referências durante atividades esportivas.

Outra maneira para abordar o teste é referenciar uma frequência cardíaca alvo. Use a frequência cardíaca correspondente aos limiares aeróbio, de lactato e funcional, respectivamente. Gaste 5 minutos para atingir gradativamente cada frequência cardíaca almejada. Se você não tiver acesso a um medidor de força, use o método de frequência cardíaca-alvo e distância percorrida. A distância é influenciada pela força e direção do vento, mas, mesmo assim, você poderá coletar dados importantes. Esses dados de campo podem ser comparados com séries progressivas de ciclismo que costumam ser realizadas em laboratórios.

Avaliação de ciclismo 3: intervalos longos e progressivos

O objetivo deste treinamento é avaliar o nível de resistência aeróbia durante eventos e o impacto de períodos de maior intensidade. Para realizar esse teste, comece com 10 minutos em um ritmo fácil e prossiga para uma série contínua de 2 horas na qual alternará 40 minutos de esforço regular, com 20 minutos de esforço mod-difícil. Termine com 5 minutos de ciclismo fácil e comece a correr.

Outra opção é começar com 10 minutos em um ritmo fácil e prosseguir para uma série contínua de 2 horas: a primeira hora será composta de 40 minutos de esforço regular e 20 minutos de esforço mod-difícil. Para a segunda hora, comece com 20 minutos de esforço regular e prossiga com 10 minutos de esforço mod-difícil; para os últimos 30 minutos, use blocos de 10 minutos progredindo de regular para mod-difícil e limiar. Insira 20 minutos de esforço regular imediatamente após o bloco do limiar – diminua gradativamente sua frequência cardíaca à medida que pedala um pouco mais rápido do que a cadência normal em prova contrarrelógio.

Avaliação de corrida 1: teste progressivo de corrida

O objetivo deste treinamento é avaliar seu nível aeróbio e desempenho máximo. O teste pode ser máximo ou submáximo. Faça-o em uma pista de corrida: uma volta = 400 metros ou um quarto de milha e a distância total será de 10 a 12 quilômetros (contínuos).

Para realizar o teste, faça um aquecimento de 15 a 20 minutos de corrida ou ciclismo. Corra repetições de 2.000 metros; comece os primeiros 2 quilômetros a 20 batidas por minuto abaixo de sua zona regular e aumente os esforços em 10 batidas por minuto para cada intervalo sucessivo de 2 quilômetros. Monitore seu ritmo mediano e frequência cardíaca máxima e mediana para cada etapa de 1.000 metros e continue até alcançar 2 quilômetros além do limiar funcional da frequência cardíaca.

Note que você pode medir os lactatos no fim de cada etapa de 2 quilômetros se tiver acesso aos testes apropriados. Se você avaliar os lactatos, o de base (antes do início do teste) precisa estar abaixo de 1,5 mmol. Se o lactato estiver elevado, faça um aquecimento fácil por mais 10 minutos e tente novamente. Se ainda estiver acima de 1,5 mmol, você terá de tentar mais tarde para conseguir os valores corretos. Se muitas de suas etapas levarem mais de 10 minutos, diminua a duração do intervalo para 1.600 metros. Se levarem mais de 12 minutos, diminua a duração do intervalo para 1.200 metros.

Avaliação de corrida 2: intervalos longos e progressivos

O objetivo desse treinamento é avaliar a progressão em durações mais longas. Este treino é mais apropriado ao ar livre; escolha um local de fácil acesso. Não se preocupe muito com durações precisas; quando faço esta etapa, uso uma trilha ao redor de um pequeno lago.

Para realizar este teste, faça uma série de 5 × 12 minutos:

- 12 minutos *fácil*;
- 12 minutos *regular*;
- 12 minutos *mod-difícil*;
- 12 minutos *limiar*;

- 12 minutos *regular*;
- termine com passos largos.

Note que você pode estender a duração do último bloco regular para avaliar sua capacidade de separação (explicada na seção *Avaliação de ciclismo 2*). Para um treinamento longo de referência, repita a série principal duas vezes. Use esforço na primeira vez e frequência cardíaca na segunda. Compare o ritmo mediano alcançado com os dois métodos para avaliar a precisão de sua percepção de ritmo.

Este capítulo assume um objetivo de desenvolver o desempenho atlético. Na verdade, compartilhar o que aprendi sobre o assunto é minha missão. Em minha experiência como treinador, porém, descobri que estratégias de treinamento raramente limitam o desempenho.

Muitos atletas são motivados por algo além do desempenho no dia da competição, e o valor do atletismo não vem da linha de chegada. Para construir um plano em longo prazo, treinadores e atletas devem considerar todas as áreas de desenvolvimento pessoal e atlético: desempenho em relação aos outros, saúde e longevidade em longo prazo e habilidades para a vida aprendidas por meio do atletismo.

O valor da competição está em sua capacidade para motivar o atleta, mesmo um de elite, a dar o melhor de si. Aprender a maximizar seu potencial atlético ajudará você a aprender habilidades valiosas para sua vida mesmo após parar de praticar o esporte.

USA Triathlon University

A USA Triathlon University busca unir as funções educacionais da organização em um único órgão. Ela expande essas funções educacionais em novas direções e estabelece seus padrões gerais de qualidade, publica materiais impressos e *online* para apoiar vários programas educacionais, esclarece o público sobre os componentes educacionais da organização, além de colocar um ponto de exclamação em nosso papel de incentivar o estilo de vida de esportes múltiplos. A instituição inclui programação para educação de treinadores, certificação de diretor de competições, desenvolvimento esportivo, pesquisa e desenvolvimento de esportes múltiplos.

O programa de educação de treinadores inclui certificados de treinamento (níveis I a III), certificados para jovens, juniores e para membros da comunidade, seminários *online*, oportunidades de treinamento de elite, simpósios de artes e ciência e centros de treinamento certificados pela USAT. Já o programa de certificação de diretor de competições inclui certificados de direção nível I e II. Já o programa de desenvolvimento esportivo inclui clubes e disciplinas em ascensão, como duatlo, aquatlo e triatlo *off-road*. O programa de pesquisa busca focar todos os elementos da organização. Por fim, o programa de desenvolvimento de esportes múltiplos inclui certificações na área médica e programação para jovens.

O objetivo da USA Triathlon University é englobar todos os assuntos educacionais sobre o esporte, incluindo todos os programas mencionados. A universidade continuará crescendo e oferecendo programas que afetam todas as pessoas envolvidas em um estilo de vida multiesportivo. Por favor, visite o *site* < www.usatriathlon.org > para mais informações.

Referências

Capítulo 1

Bompa, T., and G. Haff. 2009. *Periodization: Theory and methodology of training*. Champaign, IL: Human Kinetics.

USA Triathlon. 2000. *Level I coaching clinic manual*. Colorado Springs, CO: USAT.

Capítulo 2

American College of Sports Medicine. 2009. Nutrition and athletic performance. *Med Sci Sports Exerc* 41(3):709-31.

Bangsbo, J., T. P. Gunnarsson, L.N. Wendell, and M. Thomassen. 2009. Reduced volume and increased training intensity elevate muscle Na + /K + pump {alpha}2-subunit expression as well as short- and long-term work capacity in humans. *J Appl Physiol* 107(6):1771-80.

Benardot, D. 2006. Gender and age: The young athlete. In *Advanced sports nutrition*, 199-204. Champaign, IL: Human Kinetics.

Bernhardt, G. 2008. *Bicycling for women*. Boulder, CO: VeloPress.

Clapp, J. F., III. 2002. *Exercising through your pregnancy*. Omaha: Addicus Books.

Edwards, S. 1992. *Triathlon for kids*. New York: Winning International.

Fournier, M., J. Ricci, A.W. Taylor, R.J. 1982. Skeletal muscle adaptation in adolescent boys: Sprint and endurance training and detraining. *Med Sci Sports Exerc* 14(6):453-6.

Friel, J. 2009. *The triathlete's training bible*. Boulder, CO: VeloPress.

Gandolfo, C. 2004. *The woman triathlete*. Champaign, IL: Human Kinetics.

Habash, D. L. 2006. Child and adolescent athletes. In Sports nutrition: *A practical manual for professionals*, ed. M. Dunford, 229-68. Chicago, IL: American Dietetic Association.

Kowalchik, C. 1999. *The complete book of running for women*. New York: Pocket Books.

LeBlanc, J. 1997. *Straight talk about children and sport: Advice for parents, coaches, and teachers*. New York: Mosaic Press.

Lepers, T., F. Sultana, C. Hausswirth, and J. Brisswalter. 2010. Age-related changes in triathlon performances. *Int J Sports Med* 31(4):251-6.

Marti, B., and H. Howald. 1990. Long-term effects of physical training on aerobic capacity: Controlled study of former elite athletes. *J Appl Physiol* 69(4):1451-9.

Nelson, S. 2007. *Nutrition for young athletes*. 5th ed. Falls Church, VA: Nutrition Dimension.

O'Toole, M., and P. S. Douglas. 1995. Applied physiology of triathlon. *Sports Med* 19(4):251-67.

Petersen, S. R., C. A. Gaul, N. M. Stanton, and C. C. Hanstock. 1999. Skeletal muscle metabolism in short-term, high intensity exercise in prepubertal and pubertal girls. *J Appl Physiol* 87(6):2151-6.

Ratey, J. J., and E. Hagerman. 2008. *Spark: The revolutionary new science of exercise and the brain*. Boston: Little, Brown.

Sharkey, B. J., and S. E. Gaskill. 2006. *Sport physiology for coaches*. Champaign, IL: Human Kinetics.

Shephard, R. J. 1982. *Physical activity and growth*. Chicago: Yearbook Medical.

Taaffe, D. 2006. Sarcopenia: Exercise as a treatment strategy. *Aust Fam Physician* 35(3):130-4.

Trappe, S., D.L. Costill, M.D. Vukovich, J. Jones, and T. Melham. 1996. Aging among elite distance runners: A 22-year longitudinal study. *J Appl Physiol* 80(1):285-90.

Tudor, B. O. 2000. *Total training for young champions*. Champaign, IL: Human Kinetics.

Weinberg, R., and D. Gould. 2007. *Foundations of sport and exercise psychology*. Champaign, IL: Human Kinetics.

Williams, M. 2008. Nutrition for the school aged child athlete. In *The young athlete: The encyclopaedia of sports medicine*, ed. H. Hebestreit and O. Bar-Or, 203-17. Vol. XIII. Malden: Blackwell.

Capítulo 4

Aagaard, P., and J. L. Andersen. 2010. Effects of strength training on endurance capacity in top-level endurance athletes. *Scand J Med Sci Sports* (Suppl 2):S39-47.

Aspenes, S., P.-L. Kjendlie, J. Hoff, and J. Helgerud. 2009. Combined strength and endurance training in competitive swimmers. *J Sports Sci Med* 8:357-65.

Bell, G. J., S. R. Petersen, J. Wessel, K. Bagnall, and H. A. Quinney. 1991. Physiological adaptations to concurrent endurance training and low velocity resistance training. *Int J Sports Med* 12(4):384-90.

Bentley, D. J., G. J. Wilson, A. J. Davie, and S. Zhou. 1998. Correlations between peak power output, muscular strength and cycle time trial performance in triathletes. *J Sports Med Phys Fitness* 38(3):201-7.

Chtara, M., K. Chamari, M. Chaouachi, A. Chaouachi, D. Koubaa, Y. Feki, G. P. Millet, and M. Amri. 2005. Effects of intra-session concurrent endurance and strength training sequence on aerobic performance and capacity. *Brit J Sports Med* 39(8):555-60.

Cronin, J., and G. Sleivert. 2005. Challenges in understanding the influence of maximal power training on improving athletic performance. *Sports Med* (Auckland, NZ) 35(3):213-34.

Durell, D. L., T. J. Pujol, and J. T. Barnes. 2003. A survey of the scientific data and training methods utilized by collegiate strength and conditioning coaches. *J Strength Cond Res* 17(2):368-73.

Ebben, W. P., A. G. Kindler, K. A. Chirdon, N. C. Jenkins, A. J. Polichnowski, and A.V. Ng. 2004. The effect of high-load vs. high-repetition training on endurance performance. *J Strength Cond Res* 18(3):513-7.

Folland, J. P., C. S. Irish, J. C. Roberts, J. E. Tarr, and D. E. Jones. 2002. Fatigue is not a necessary stimulus for strength gains during resistance training. *Brit J Sports Med* 36:370-3.

Girold, S., D. Maurin, B. Dugue, J. C. Chatard, and G. Millet. 2007. Effects of dry-land vs. resisted- and assisted-sprint exercises on swimming sprint performances. *J Strength Cond Res* 21(2):599-605.

Hoff, J., J. Helgerud, and U. Wisloff. 1999. Maximal strength training improves work economy in trained female cross-country skiers. *Med Sci Sports Exerc* 31(6):870-7.

Izquierdo, M., J. Ibanez, J.J. Gonzalez-Badillo, K. Hakkinen, N. A. Ratamess, W. J. Kraemer, D. N. French, J. Eslava, A. Altadill, X. Asiain, and E. M. Gorostiaga. 2006. Differential effects of strength training leading to failure versus not to failure on hormonal responses, strength, and muscle power gains. *J Appl Physiol* 100(5):1647-56.

Jung, A. P. 2003. The impact of resistance training on distance running performance. *Sports Med* (Auckland, NZ) 33(7):539-52.

Kraemer, W. J., and K. Häkkinen. 2010. Strength training in endurance runners. *Int J Sports Med* 31(7):468-76.

Kraemer, W. J., N. Ratamess, A. C. Fry, T. Triplett-McBride, L. P. Koziris, J. A. Bauer, J. M. Lynch, and S. J. Fleck. 2000. Influence of resistance training volume and periodization on physiological and performance adaptations in collegiate women tennis players. *Am J Sports Med* 28(5):626-33.

Kraemer, W. J., and R. U. Newton. 1994. Training for improved vertical jump. Sports Sci Exchange 7(6):1-12.

Li, L. 2004. Neuromuscular control and coordination during cycling. *Res Q Exerc Sport* 75(1):16-22.

Marx, J. O., N. A. Ratamess, B. C. Nindl, L. A. Gotshalk, J. S. Volek, K. Dohi, J. A. Bush, A. L. Gomez, S. A., Mazzetti, S. J. Fleck, K. Hakkinen, R. U. Newton, and W. J. Kraemer. 2001. Low-volume circuit versus high-volume periodized resistance training in women. *Med Sci Sports Exerc* 33(4):635-43.

Mikkola, J., H. Rusko, A. Nummela, T. Pollari, and K. Hakkinen. 2007. Concurrent endurance and explosive type strength training improves neuromuscular and anaerobic characteristics in young distance runners. *Int J Sports Med* 28(7):602-11.

Mikkola, J. S., H. K. Rusko, A.T. Nummela, L. M. Paavolainen, and K. Hakkinen. 2007. Concurrent endurance and explosive type strength training increases activation and fast force production of leg extensor muscles in endurance athletes. *J Strength Cond Res* 21(2):613-20.

Millet, G. P., B. Jaouen, F. Borrani, and R. Candau. 2002. Effects of concurrent endurance and strength training on running economy and $\dot{V}O_2$ kinetics. *Med Sci Sports Exerc* 34(8):1351-9.

Nader, G. A. 2006. Concurrent strength and endurance training: From molecules to man. *Med Sci Sports Exerc* 38(11):1965-70.

Paavolainen, L., K. Hakkinen, I. Hamalainen, A. Nummela, and H. Rusko. 1999. Explosive-strength training improves 5-km running time by improving running economy and muscle power. *J Appl Physiol* 86(5):1527-33.

Paavolainen, L. M., A. T. Nummela, and H. K. Rusko. 1999. Neuromuscular characteristics and muscle power as determinants of 5-km running performance. *Med Sci Sports Exerc* 31(1):124-30.

Paton, C. D., and W. G. Hopkins. 2005. Combining explosive and high-resistance training improves performance in competitive cyclists. *J Strength Cond Res* 19(4):826-30.

Rhea, M. R., S. D. Ball, W. T. Phillips, and L. N. Burkett. 2002. A comparison of linear and daily undulating periodized programs with equated volume and intensity for strength. *J Strength Cond Res* 16(2):250-5.

Spennewyn, K. C. 2008. Strength outcomes in fixed versus free-form resistance equipment. *J Strength Cond Res* 22(1):75-81.

Spurrs, R. W., A. J. Murphy, and M. L. Watsford. 2003. The effect of plyometric training on distance running performance. *Eur J Appl Physiol* 89(1):1-7.

Stone, Michael H., M. E. Stone, W. A. Sands, K. C. Pierce, R. U. Newton, G. G. Haff, and J. Carlock. 2006. Maximum strength and strength training: A relationship to endurance? *Strength Cond J* 28(3)44-53.

Sunde, A., Ø. Støren, M. Bjerkaas, M. H. Larsen, J. Hoff, and J. Helgerud. 2010. Maximal strength training improves cycling economy in competitive cyclists. *J Strength Cond Res* 24(8):2157-65.

Taipale, R. S., J. Mikkola, A. Nummela, V. Vesterinen, B. Capostagno, S. Walker, D. Gitonga, B. R. Rønnestad, E.A. Hansen, and T. Raastad. 2010. Effect of heavy strength training on thigh muscle cross-sectional area, performance determinants, and performance in well-trained cyclists. *Eur J Appl Physiol* 108(5):965-75.

Tanaka, H., and T. Swensen. 1998. Impact of resistance training on endurance performance: A new form of cross-training? *Sports Med* (Auckland, NZ) 25(3):191-200.

Taylor-Mason, A.M. 2005. High-resistance interval training improves 40-km time-trial performance in competitive cyclists. *Sportscience* 9:27-31.

Turner, A. M., M. Owings, and J. A. Schwane. 2003. Improvement in running economy after 6 weeks of plyometric training. *J Strength Cond Res* 17(1):60-67.

Willardson, J. M., L. Norton, and G. Wilson. 2010. Training to failure and beyond in mainstream resistance exercise programs. *Strength Cond J* 32(3):21-29.

Yamamoto, L. M., R. M. Lopez, J. F. Klau, D. J. Casa, W. J. Kraemer, and C. M. Maresh. 2008. The effects of resistance training on endurance distance running performance among highly trained runners: A systematic review. *J Strength Cond Res* 22(6):2036-44.

Capítulo 6

Allen, H., and A. Coggan. 2010. *Training and racing with a power meter*. 2nd ed. Boulder, CO: VeloPress.

Friel, J. 2006. *Your first triathlon*. Boulder, CO: VeloPress.

Friel, J. 2009. *The triathlete's training bible*. Boulder, CO: VeloPress.

Friel, J., and G. Byrn. 2009. *Going long*. Boulder, CO: VeloPress.

Capítulo 8

Allen, H., and A. Coggan. 2010. *Training and racing with a power meter*. 2nd ed. Boulder, CO: VeloPress.

Allen, M. 2010. Working your heart. Available: www.markallenonline.com/maoArticles. aspx?AID = 2.

Björling, C. 2008. Welcome. Available: www.clasbjorling.com/en/index.html.

Borg, G. 1998. *Borg's perceived exertion and pain rating scales*. Champaign, IL: Human Kinetics.

Goss, J. 1994. Hardiness and mood disturbances in swimmers while overtraining. *J Sport Exerc Psychol* 16:135-49.

Kellmann, M. 2002. Underrecovery and overtraining: Different concepts, similar impact? In *Enhancing recovery: Preventing underperformance in athletes*, ed. M. Kellmann, 3-24. Champaign, IL: Human Kinetics.

Kellmann, M. 2010. Preventing overtraining in athletes in high-intensity sports and stress/ recovery monitoring. *Scand J Med Sci Sports* 20(Suppl 2):S95-102.

Kellmann, M., and K.W. Kallus. 2001. *The Recovery-Stress Questionnaire for Athletes: User manual*. Champaign, IL: Human Kinetics.

Kellmann, M., T. Patrick, C. Botterill, and C. Wilson. 2002. The Recovery-Cue and its use in applied settings: Practical suggestions regarding assessment and monitoring of recovery. In *Enhancing recovery: Preventing underperformance in athletes*, ed. M. Kellmann, 301-11. Champaign, IL: Human Kinetics.

Kenttä, G., and P. Hassmén. 1998. Overtraining and recovery. *Sports Med* 26:1-16.

Kenttä, G., and P. Hassmén. 2002. Underrecovery and overtraining: A conceptual model. In *Enhancing recovery: Preventing underperformance in athletes*, ed. M. Kellmann, 57-79. Champaign, IL: Human Kinetics.

Löhr, G., and S. Preiser. 1974. Regression und Recreation: Ein Beitrag zum Problem Streß und Erholung [Regression and recreation: A paper dealing with stress and recovery]. *Zeitschrift für experimentelle und angewandte Psychologie* 21:575-91.

McNair, D., M. Lorr, and L.F. Droppleman. 1971/1992. *Profile of Mood States manual*. San Diego: Educational and Industrial Testing Service.

Peterson, K. 2003. Athlete overtraining and underrecovery: Recognizing the symptoms and strategies for coaches. *Olympic Coach* 18(3):16-17.

Selye, H. 1974. *Stress without distress*. Philadelphia: Lippincott.

Capítulo 9

Armstrong, L. 2000. Performing in extreme environments. Champaign, IL: Human Kinetics.

Austin, K. G., and B. Seebohar. 2010. *Performance nutrition: Applying the science of nutrient timing*. Champaign, IL: Human Kinetics.

Bompa, T., and G. Haff. 2009. *Periodization: Theory and methodology of training.* Champaign, IL: Human Kinetics.

Foster, C. 1998. Monitoring training in athletes with reference to overtraining syndrome. *Med Sci Sports Exerc* 30(7):1164-8.

Gibala, M. J., and S. L. McGee. 2008. Metabolic adaptations to short-term high-intensity interval training: A little pain for a lot of gain? *Exerc Sport Sci Rev* 36(2):58-63.

Kellmann, M., ed. 2002. *Enhancing recovery: Preventing underperformance in athletes.* Champaign, IL: Human Kinetics.

Laursen, P. B. 2010. Training for intense exercise performance: High-intensity or high-volume training? *Scand J Med Sci Sports* 20(Suppl 2):S1-10.

Sleivert, G. G., and D. S. Rowlands. 1996. Physical and physiological factors associated with success in the triathlon. *Sports Med* 22(1):8-18.

Snyder, A. C., A. E. Jeukendrup, M. K. Hesselink, H. Kuipers, and C. Foster. 1993. A physiological/psychological indicator of over-reaching during intensive training. *Int J Sports Med* 14(1):29-32.

Capítulo 10

Al Haddad, H., P. B. Laursen, S. Ahmaidi, and M. Buchheit. 2010. Influence of cold water face immersion on post-exercise parasympathetic reactivation. *Eur J Appl Physiol* 108:599-606.

Ali, A., M. P. Caine, and B. G. Snow. 2007. Graduated compression stockings: Physiological and perceptual responses during and after exercise. *J Sports Sci* 25:413-9.

Almeras, N., S. Lemieux, C. Bouchard, and A. Tremblay. 1997. Fat gain in female swimmers. *Physiol Behav* 61:811-7.

Armstrong, L. E. 2006. Nutritional strategies for football: Counteracting heat, cold, high altitude, and jet lag. *J Sports Sci* 24:723-40.

Armstrong, L. E., and C. M. Maresh. 1991. The induction and decay of heat acclimatisation in trained athletes. *Sports Med* 12:302-12.

Armstrong, L. E., C. M. Maresh, J. W. Castellani, M. F. Bergeron, R. W. Kenefick, K .E. LaGasse, and D. Riebe. 1994. Urinary indices of hydration status. *Int J Sport Nutr* 4:265-79.

Banister, E. W., J. B. Carter, and P. C. Zarkadas. 1999. Training theory and taper: Validation in triathlon athletes. *Eur J Appl Physiol Occup Physiol* 79:182-91.

Bosquet, L., J. Montpetit, D. Arvisais, and I. Mujika. 2007. Effects of tapering on performance: A metaanalysis. *Med Sci Sports Exerc* 39:1358-65.

Bringard, A., R. Denis, N. Belluye, and S. Perrey. 2006. Effects of compression tights on calf muscle oxygenation and venous pooling during quiet resting in supine and standing positions. *J Sports Med Phys Fitness* 46:548-54.

Bringard, A., S. Perrey, N. and Belluye. 2006. Aerobic energy cost and sensation responses during submaximal running exercise: Positive effects of wearing compression tights. *Int J Sports Med* 27:373-8.

Buchheit, M., J. J. Peiffer, C. R. Abbiss, and P. B. Laursen. 2009. Effect of cold water immersion on postexercise parasympathetic reactivation. *Am J Physiol Heart Circ Physiol* 296:H421-7.

Burke, L. M., G. Millet, and M. A. Tarnopolsky. 2007. Nutrition for distance events. *J Sports Sci* 25 (Suppl1):S29-38.

Busso, T., H. Benoit, R. Bonnefoy, L. Feasson, and J. R. Lacour. 2002. Effects of training frequency on the dynamics of performance response to a single training bout. *J Appl Physiol* 92:572-80.

Busso, T., R. Candau, and J. R. Lacour. 1994. Fatigue and fitness modelled from the effects of training on performance. *Eur J Appl Physiol Occup Physiol* 69:50-54.

Butterfield, G .E., J. Gates, S. Fleming, G. A. Brooks, J. R. Sutton, and J. T. Reeves. 1992. Increased energy intake minimizes weight loss in men at high altitude. *J Appl Physiol* 72:1741-8.

Casa, D. J., R .L. Stearns, R. M. Lopez, M. S. Ganio, B. P. McDermott, S. Walker Yeargin, L. M. Yamamoto, S. M. Mazerolle, R.W. Roti, L. E. Armstrong, and C. M. Maresh. 2010. Influence of hydration on physiological function and performance during trail running in the heat. *J Athl Train* 45:147-56.

Cheung, K., P. Hume, and L. Maxwell. 2003. Delayed onset muscle soreness: Treatment strategies and performance factors. *Sports Med* 33:145-64.

Cheuvront, S. N., R. W. Kenefick, S. J. Montain, and M. N. Sawka. 2010. Mechanisms of aerobic performance impairment with heat stress and dehydration. *J Appl Physiol* 109:1989-95.

Coutts, A. J., K. M. Slattery, and L. K. Wallace. 2007. Practical tests for monitoring performance, fatigue and recovery in triathletes. *J Sci Med Sport* 10:372-81.

Farr, T., C. Nottle, K. Nosaka, and P. Sacco. 2002. The effects of therapeutic massage on delayed onset muscle soreness and muscle function following downhill walking. *J Sci Med Sport* 5:297-306.

Fein, L. W., E. M. Haymes, and E. R. Buskirk. 1975. Effects of daily and intermittent exposure on heat acclimation of women. *Int J Biomet* 19:41-52.

Fitz-Clarke, J. R., R. H. Morton, and E. W. Banister. 1991. Optimizing athletic performance by influence curves. *J Appl Physiol* 71:1151-8.

French, D. N., K. G. Thompson, S. W. Garland, C. A. Barnes, M. D. Portas, P. E. Hood, and G. Wilkes. 2008. The effects of contrast bathing and compression therapy on muscular performance. *Med Sci Sports Exerc* 40:1297-1306.

Garet, M., N. Tournaire, F. Roche, R. Laurent, J. R. Lacour, J. C. Barthelemy, and V. Pichot. 2004. Individual interdependence between nocturnal ANS activity and performance in swimmers. *Med Sci Sports Exerc* 36:2112-8.

Halson, S. 2008. Nutrition, sleep and recovery. *Eur J Sport Sci* 8:199-126.

Hickson, R. C., C. Kanakis, Jr., J.R. Davis, A.M. Moore, and S. Rich. 1982. Reduced training duration effects on aerobic power, endurance, and cardiac growth. *J Appl Physiol* 53:225-9.

Hilbert, J. E., G. A. Sforzo, and T. Swensen. 2003. The effects of massage on delayed onset muscle soreness. *Br J Sports Med* 37:72-75.

Hirai, M., H. Iwata, and N. Hayakawa. 2002. Effect of elastic compression stockings in patients with varicose veins and healthy controls measured by strain gauge plethysmography. *Skin Res Technol* 8:236-9.

Ibegbuna, V., K. T. Delis, A. N. Nicolaides, and O. Aina. 2003. Effect of elastic compression stockings on venous hemodynamics during walking. *J Vasc Surg* 37:420-5.

Ingjer, F., and K. Myhre. 1992. Physiological effects of altitude training on elite male cross-country skiers. *J Sports Sci* 10:37-47.

Jakeman, J. R., C. Byrne, and R. G. Eston. 2010. Efficacy of lower limb compression and combined treatment of manual massage and lower limb compression on symptoms of exercise-induced muscle damage in women. *J Strength Cond Res* 24:3157-65.

Kimber, N. E., J. J. Ross, S. L. Mason, and D. B. Speedy. 2002. Energy balance during an Ironman triathlon in male and female triathletes. *Int J Sport Nutr Exerc Metab* 12:47-62.

Kraemer, W. J., J. A. Bush, R. B. Wickham, C. R. Denegar, A. L. Gomez, L. A. Gotshalk, N. D. Duncan, J. S. Volek, M. Putukian, and W. J. Sebastianelli. 2001. Influence of compression therapy on symptoms following soft tissue injury from maximal eccentric exercise. *J Orthop Sports Phys Ther* 31:282-90.

Lind, A. R., and D. E. Bass. 1963. Optimal exposure time for development of heat acclimation. *Fed Proc* 22:704-8.

Mancinelli, C. A., D. S. Davis, L. Aboulhosn, M. Brady, J. Eisenhofer, and S. Foutty. 2006. The effects of massage on delayed onset muscle soreness and physical performance in female collegiate athletes. *Phys Therap* 7:5-13.

Millet, G. P., A. Groslambert, B. Barbier, J. D. Rouillon, and R. B. Candau. 2005. Modelling the relationships between training, anxiety, and fatigue in elite athletes. *Int J Sports Med* 26:492-8.

Millet, G. P., B. Roels, L. Schmitt, X. Woorons, and J. P. Richalet. 2010. Combining hypoxic methods for peak performance. *Sports Med* 40:1-25.

Minors, D. S., and J. M. Waterhouse. 1981. Anchor sleep as a synchronizer of rhythms on abnormal routines. *Int J Chronobiol* 7:165-88.

Moraska, A. 2007. Therapist education impacts the massage effect on postrace muscle recovery. *Med Sci Sports Exerc* 39:34-37.

Mujika, I., A. Chaouachi, and K. Chamari. 2010. Precompetition taper and nutritional strategies: Special reference to training during Ramadan intermittent fast. *Br J Sports Med* 44:495-501.

Mujika, I., A. Goya, S. Padilla, A. Grijalba, E. Gorostiaga, J. Ibanez. 2000. Physiological responses to a 6-d taper in middle-distance runners: Influence of training intensity and volume. *Med Sci Sports Exerc* 32:511-7.

Mujika, I., J. C. Chatard, T. Busso, A. Geyssant, F. Barale, and L. Lacoste. 1996a. Use of swim-training profiles and performances data to enhance training effectiveness. *J Swim Res* 11:23-29.

Mujika, I., and S. Padilla. 2000. Detraining: Loss of training-induced physiological and performance adaptations. Part I: Short term insufficient training stimulus. *Sports Med* 30:79-87.

Mujika, I., and S. Padilla. 2003. Scientific bases for precompetition tapering strategies. *Med Sci Sports Exerc* 35:1182-7.

Mujika, I., S. Padilla, and D. Pyne. 2002. Swimming performance changes during the final 3 weeks of training leading to the Sydney 2000 Olympic Games. *Int J Sports Med* 23:582-7.

Mujika, I., T. Busso, L. Lacoste, F. Barale, A. Geyssant, and J. C. Chatard. 1996b. Modeled responses to training and taper in competitive swimmers. *Med Sci Sports Exerc* 28:251-8.

Pandolf, K. B. 1998. Time course of heat acclimation and its decay. *Int J Sports Med* 19(Suppl 2): S157-60.

Pedlar, C., G. Whyte, S. Emegbo, N. Stanley, I. Hindmarch, and R. Godfrey. 2005. Acute sleep responses in a normobaric hypoxic tent. *Med Sci Sports Exerc* 37:1075-9.

Pichot, V., F. Roche, J. M. Gaspoz, F. Enjolras, A. Antoniadis, P. Minini, F. Costes, T. Busso, J. R. Lacour, and J. C. Barthelemy. 2000. Relation between heart rate variability and training load in middle-distance runners. *Med Sci Sports Exerc* 32:1729-36.

Pitsiladis, Y. P., C. Duignan, and R. J. Maughan. 1996. Effects of alterations in dietary carbohydrate intake on running performance during a 10 km treadmill time trial. *Br J Sports Med* 30:226-31.

Pyne, D. B., I. Mujika, and T. Reilly. 2009. Peaking for optimal performance: Research limitations and future directions. *J Sports Sci* 27:195-202.

Reilly, T., G. Atkinson, W. Gregson, B. Drust, J. Forsyth, B. Edwards, and J. Waterhouse. 2006. Some chronobiological considerations related to physical exercise. *Clin Ter* 157:249-64.

Reilly, T., and J. Waterhouse. 2007. Altered sleep-wake cycles and food intake: The Ramadan model. *Physiol Behav* 90:219-28.

Reilly, T., J. Waterhouse, and B. Edwards. 2005. Jet lag and air travel: Implications for performance. *Clin Sports Med* 24:367-80, xii.

Reilly, T., J. Waterhouse, L.M. Burke, and J.M. Alonso. 2007. Nutrition for travel. *J Sports Sci* 25(Suppl 1): S125-34.

Reilly, T., and P. Maskell. 1989. Effects of altering the sleep-wake cycle in human circadian rhythms and motor performance. Proceedings of the First IOC World Congress on Sport Science, Colorado Springs, CO.

Rusko, H. K., H. O. Tikkanen, and J.E. Peltonen. 2004. Altitude and endurance training. *J Sports Sci* 22:928- 44; discussion 945.

Shepley, B., J. D. MacDougall, N. Cipriano, J. R. Sutton, M. A. Tarnopolsky, and G. Coates. 1992. Physiological effects of tapering in highly trained athletes. *J Appl Physiol* 72:706-11.

Sherman, W. M., D. L. Costill, W. J. Fink, and J. M. Miller. 1981. Effect of exercise-diet manipulation on muscle glycogen and its subsequent utilization during performance. *Int J Sports Med* 2:114-8.

Thomas, L., I. Mujika, and T. Busso. 2008. A model study of optimal training reduction during pre-event taper in elite swimmers. *J Sports Sci* 26:643-52.

Thomas, L., I. Mujika, and T. Busso. 2009. Computer simulations assessing the potential performance benefit of a final increase in training during pre-event taper. *J Strength Cond Res* 23:1729-36.

Thomas, L., and T. Busso. 2005. A theoretical study of taper characteristics to optimize performance. *Med Sci Sports Exerc* 37:1615-21.

Trenell, M. I., K. B. Rooney, C. M. Sue, and C. H. Thompson. 2006. Compression garments and recovery from eccentric exercise: A 31P-MRS study. *J Sport Sci Med* 5:106-14.

Walker, J. L., G. J. Heigenhauser, E. Hultman, and L. L. Spriet. 2000. Dietary carbohydrate, muscle glycogen content, and endurance performance in well-trained women. *J Appl Physiol* 88:2151-8.

Waterhouse, J., A. Nevill, B. Edwards, R. Godfrey, and T. Reilly. 2003. The relationship between assessments of jet lag and some of its symptoms. *Chronobiol Int* 20:1061-73.

Waterhouse, J., G. Atkinson, B. Edwards, and T. Reilly. 2007a. The role of a short post-lunch nap in improving cognitive, motor, and sprint performance in participants with partial sleep deprivation. *J Sports Sci* 25:1557-66.

Waterhouse, J., T. Reilly, G. Atkinson, and B. Edwards. 2007b. Jet lag: Trends and coping strategies. *Lancet* 369:1117-29.

Weber, M. D., F. J. Servedio, and W. R. Woodall. 1994. The effects of three modalities on delayed onset muscle soreness. *J Orthop Sports Phys Ther* 20:236-42.

Weerapong, P., P.A. Hume, and G.S. Kolt. 2005. The mechanisms of massage and effects on performance, muscle recovery and injury prevention. *Sports Med* 35:235-56.

Wendt, D., L. J. van Loon, and W. D. Lichtenbelt. 2007. Thermoregulation during exercise in the heat: Strategies for maintaining health and performance. *Sports Med* 37:669-82.

Wenger, H. A., and G. J. Bell. 1986. The interactions of intensity, frequency and duration of exercise training in altering cardiorespiratory fitness. *Sports Med* 3:346-56.

Wilson, J. M., and G. J. Wilson. 2008. A practical approach to the taper. *Strength Cond J* 30:10-17.

Capítulo 14

Bentley, D. J., G. R. Cox, D. Green, and P. B. Laursen. 2008. Maximising performance in triathlon: Applied physiological and nutritional aspects of elite and non-elite competitions. *J Sci Med Sport* 11(4):407-16.

Bentley, D. J., S. Libicz, A. Jougla, O. Coste, J. Manetta, K. Chamari, and G.P. Millet. 2007. The effects of exercise intensity or drafting during swimming on subsequent cycling performance in triathletes. *J Sci Med Sport* 10(4):234-43.

Chatard, J. C., and B. Wilson. 2003. Drafting distance in swimming. *Med Sci Sports Exerc* 35(7):1176-81.

Chatard, J. C., D. Chollet, and G. Millet. 1998. Performance and drag during drafting swimming in highly trained triathletes. *Med Sci Sports Exerc* 30(8):1276-80.

Delextrat, A., J. Brisswalter, C. Hausswirth, T. Bernard, and J. M. Vallier. 2005. Does prior 1500-m swimming affect cycling energy expenditure in well-trained triathletes? *Can J Appl Physiol* 30(4):392-403.

Delextrat, A., T. Bernard, C. Hausswirth, F. Vercruyssen, and J. Brisswalter. 2003. Effects of swimming with a wet suit on energy expenditure during subsequent cycling. *Can J Appl Physiol* 28(3):356-69.

Delextrat, A., V. Tricot, C. Hausswirth, T. Bernard, F. Vercruyssen, and J. Brisswalter. 2003. Influence of drafting during swimming on ratings of perceived exertion during a swim-to-cycle transition in welltrained triathletes. *Perception and Motor Skills* 96:664-6.

Delextrat, A., V. Tricot, T. Bernard, F. Vercruyssen, C. Hausswirth, and J. Brisswalter. 2003. Drafting during swimming improves efficiency during subsequent cycling. *Med Sci Sports Exerc* 35(9):1612-9.

Delextrat, A., V. Tricot, T. Bernard, F. Vercruyssen, C. Hausswirth, and J. Brisswalter. 2005. Modification of cycling biomechanics during a swim-to-cycle trial. *J Appl Biomech* 21(3):297-308.

Guezennec, C. Y., J. M. Vallier, A. X. Bigard, and A. Durey. 1996. Increase in energy costs of running at the end of a triathlon. *Eur J Appl Physiol* 73:440-5.

Hausswirth, C., A. X. Bigard, and C. Y. Guezennec. 1997. Relationships between running mechanics and energy cost of running at the end of a triathlon and a marathon. *Int J Sports Med* 18(5):330-9.

Hausswirth, C., A. X. Bigard, M. Berthelot, M. Thomaidis, and C. Y. Guezennec. 1996. Variability in energy cost of running at the end of a triathlon and a marathon. *Int J Sports Med* 17(8):572-9.

Hausswirth, C., Y. Le Meur, F. Bieuzen, J. Brisswalter, and T. Bernard. 2010. Pacing strategy during the initial phase of the run in triathlon: Influence on overall performance. *Eur J Appl Physiol* 108(6):1115-23.

Heiden, T., and A. Burnett. 2003. The effect of cycling on muscle activation in the running let of an Olympic distance triathlon. *Sports Biomech* 2:35-49.

Hue, O., A. Valluet, S. Blonc, and C. Hertogh. 2002. Effects of multicycle-run training on triathlete performance. *Res Q Exerc Sport* 73(3):289-95.

Hue, O., D. Le Gallais, A. Boussana, D. Chollet, and C. Prefaut. 1999. Ventilatory responses during experimental cycle-run transition in triathletes. *Med Sci Sports Exerc* 31:1422-8.

Levine, B. D., L. D. Lane, J. C. Buckey, D. B. Friedman, and C. G. Blomqvist. 1991. Left ventricular pressure volume and Frank-Starling relations in endurance athletes: Implications for orthostatic tolerance and exercise performance. *Circulation* 84(3):1016-23.

Millet, G., D. Chollet, and J. C. Chatard. 2000. Effects of drafting behind a two- or a six-beat kick swimmer in elite female triathletes. *Eur J Appl Physiol* 82(5/6):465-71.

Millet, G. P., and D. J. Bentley. 2004. The physiological responses to running after cycling in elite junior and senior triathletes. *Int J Sports Med* 25(3):191-7.

Millet, G. P., G. Y. Millet, M. D. Hofmann, and R. B. Candau. 2000. Alterations in running economy and mechanics after maximal cycling in triathletes: Influence of performance level. *Int J Sports Med* 21(2):127-32.

Peeling, P. D., D. J. Bishop, and G. J. Landers. 2005. Effect of swimming intensity on subsequent cycling and overall triathlon performance. *Br J Sports Med* 39(12):960-64; discussion 964.

Privett, S. E., K. P. George, N. Middleton, G. P. Whyte, and N. T. Cable. 2010. The effect of prolonged endurance exercise upon blood pressure regulation during a postexercise orthostatic challenge. *Br J Sports Med* 44(10):720-4.

Whyte, G., N. Stephens, R. Budgett, S. Sharma, R. E. Shave, and W. J. McKenna. 2004. Exercise induced neurally mediated syncope in an elite rower: A treatment dilemma. *Br J Sports Med* 38(1):84-85.

Winter, E. D., A. M. Jones, R. C. Davison, P. D. Bromley, and T. H. Mercer. 2009. *Sport and Exercise Physiology Testing Guidelines*. New York, NY: Routledge.

Capítulo 16

Silva, A. J., A. Rouboa, A. Moreira, V. M. Reis, F. Alves, J. P. Vilas-Boas, and D. A. Marinho. 2008. Analysis of drafting effects in swimming using computational fluid dynamics. *J Sports Sci and Med.* 7(60-66). www.jssm.org/vol7/n1/9/v7n1-9pdf.pdf.

Capítulo 18

Cosgrove, A. 2005. Metabolic power training for MMA. www.elitefts.com/documents/mma2.htm.

Capítulo 22

Sumner, J. September 2007. Industrial revolution: Three innovators who changed triathlon. *Inside Triathlon.* 22(9): 48-51.

USAT John Martin provided survey material.

Capítulo 23

Kellmann, M., and K. W. Kallus. 2001. *The Recovery-Stress Questionnaire for Athletes: User manual.* Champaign, IL: Human Kinetics.

Capítulo 24

Bompa, T. O. 1999. *Total Training for Young Champions*. Champaign, IL: Human Kinetics.

Chrabot, M. 2011, February. (K. Riecken, Interviewer) Colorado Springs, Colorado.

Haskins, S. 2011, February. (K. Riecken, Interviewer) Colorado Springs, Colorado.

Kemper, H. 2011, February 10. (K. Riecken, Interviewer) Colorado Springs, Colorado.

Luiselli, J. K., and Reed, D. D. (Eds.). 2011. *Behavioral Sport Psychology: Evidence-Based Approaches to Performance Enhancement* (1st Edition ed.). New York, New York: Springer.

McGee, B. 2011. Developing the Run. *USA Triathlon Youth & Junior Coach Certification Course*. Colorado Springs, CO.

USA Triathlon. 2011. *Youth & Junior Coaching Manual*. Colorado Springs, CO: USA Triathlon.

Capítulo 25

Egermann, M., D. Brocai, C. A. Lill, and H. Schmitt. 2003. Analysis of injuries in long-distance triathletes. *Int J Sports Med*. 24(4): p. 271-6.

Farrell, K.C., K.D. Reisinger, and M.D. Tillman. 2003. Force and repetition in cycling: possible implications for iliotibial band friction syndrome. *The Knee*. 10(1): p. 103-109.

Moehrle, M. 2008. Outdoor sports and skin cancer. Clin Dermatol. 26(1): p. 12-5.

O'Toole, M. L., W. D. Hiller, R. A. Smith, and T. D. Sisk. 1989. Overuse injuries in ultraendurance triathletes. *Am J Sports Med*. 17(4): p. 514-8.

PubMed Health. 2011. *Concussion*. 2011 Jan 11, 2011 [cited 2011 September 26th]; Available from: http://www.ncbi.nlm.nih.gov/pubmedhealth/PMH0001802/.

Shaw, T., P. Howat, M. Trainor, and B. Maycock. 2004. Training patterns and sports injuries in triathletes. *J Sci Med Sport*. 7(4): p. 446-50.

Tuite, M.J. 2010. Imaging of triathlon injuries. *Radiol Clin North Am*. 48(6): p. 1125-35.

Villavicencio, A. T., T. D. Hernandez, S. Burneikiene, and J. Thramann. 2007. Neck pain in multisport athletes. *J Neurosurg Spine*. 7(4): p. 408-13.

Vleck, V.E., D. J. Bentley, G. P. Millet, and T. Cochrane. 2010. Triathlon event distance specialization: training and injury effects. *J Strength Cond Res*. 24(1): p. 30-6.

Capítulo 26

Seebohar, B. 2011. *Nutrition periodization for athletes*. 2nd ed. Boulder, CO: Bull.

Capítulo 27

Armstrong, L. E., D. L. Costill, and W. J. Fink. 1985. Influence of diuretic induced dehydration on competitive running performance. *Med Sci Sports Exerc* 17:456-61.

Bergeron, M. F., C. M. Maresh, L. E. Armstrong, J. F. Signorile, J. W. Castellani, R. W. Kenefick, K. E. LaGasse, and D. A. Reibe. 1995. Fluid and electrolyte balance associated with tennis match play in a hot environment. *Int J Sport Nutr* 5:180-93.

Burke, L. 2007. *Practical sports nutrition*. Champaign, IL: Human Kinetics.

Cian, C., N. Koulmann, P.A. Barraud, C. Raphel, C. Jimenez, and B. Melin. 2000. Influence of variation in body hydration on cognitive function: Effect of hyperhydration, heat stress and exercise-induced dehydration. *J Psychophysiol* 14:29-36.

Cox, G. R., E. M. Broad, M. D. Riley, and L. M. Burke. 2002. Body mass changes and voluntary fluid intake of elite level water polo players and swimmers. *J Sci Med Sport* 5:183-93.

Howe, A. S., and B. P. Boden. 2007. Heat related illness in athletes. *Am J Sports Med* 35:1384-95.

Laursen, P. B., R. Suriano, M. J. Quod, H. Lee, C. R. Abbiss, K. Nosaka, D. T. Martin, and D. Bishop. 2006. Core temperature and hydration status during an Ironman triathlon. *Br J Sports Med* 40:320-5.

Maughan, R. J., and R. Murray. 2001. *Sports drinks: Basic science and practical aspects.* Boca Raton, FL: CRC Press.

McArdle, W. D., F. I. Katch, and V. L. Katch. 2009. *Exercise physiology: Energy, nutrition, and human performance.* Philadelphia, PA: Lippincott Williams & Wilkins.

Robinson, T., J. Hawley, G. Palmer, G. Wilson, D. Gray, T. Noakes, and S. Dennis. Water ingestion does not improve 1-h cycling performance in moderate ambient temperatures. *Eur J of App Phys* 71:153-160.

Sawka, M. N., L. M. Burke, E. R. Eichner, R. J. Maughan, S. J. Montain, N. S. Stachenfeld. 2007. Exercise and fluid replacement. *Med Sci Sports Exerc* 39:377-390.

United States Department of Agriculture. 2005/2010. Dietary reference intakes: Recommended intakes for individuals.

Walsh, R. M., T. D. Noakes, J. A. Hawley, and S. C. Dennis. 1994. Impaired high intensity cycling performance time at low levels of dehydration. *Int J Sports Med* 15:392-8.

Sobre a USA Triathlon (USAT)

Fundada em 1982, a USA Triathlon (USAT) é a instituição governamental que rege o triatlo nos Estados Unidos. A organização sanciona mais de 4.000 eventos distintos, de competições amadoras até eventos nacionais famosos. Trabalha para estimular interesse e participação em vários programas, incluindo campos, clínicas, competições e oportunidades educacionais. Os 150.000 membros da USAT são atletas de todas as idades, treinadores, diretores de competições, oficiais, pais e fãs que desejam fortalecer os esportes múltiplos.

Nos níveis mais altos, a USAT é responsável pela seleção e treinamento de equipes para representar os Estados Unidos em competições internacionais, incluindo campeonatos mundiais, Jogos Pan-Americanos e Olimpíadas. A USAT em níveis amadores, estimula a expansão do esporte por meio da aprovação de eventos para todas as idades (da divisão júnior até a sênior), de clubes de triatlo e da certificação para treinadores e diretores de competições.

Sua missão é encorajar, apoiar e aprimorar a experiência de esportes múltiplos nos Estados Unidos e incentivar a saúde e a aptidão física por meio de exercícios, espírito de competividade e busca pela perfeição.

Linda Cleveland MS,[1] **CSCS,**[2] é uma treinadora certificada pela USAT LII e gerente de desenvolvimento de treinamento da organização. Bacharela em Gerenciamento de Aptidão Física, especialista em Promoção da Saúde pela Universidade do Wisconsin – Oshkosh, e mestra em Exercício e Bem-estar pela Universidade Estadual do Arizona, na qual já lecionou como membro-adjunto. Trabalhou na área de bem-estar corporativo para a Motorola em Phoenix e treina triatletas, ciclistas e corredores desde 2004.

Ela atua na USAT desde 2005. Como gerente de desenvolvimento de treinamento, é responsável por vários programas educativos, incluindo clínicas e currículos de treinamento, oportunidades de treinamento de elite, jornais educativos, seminários *online*, clínicas para jovens e a universidade da USAT. Desde que se filiou à USAT, sob sua tutela, o programa educacional de treinamento é um dos programas mais respeitados em qualquer organização governamental. Linda oferece para treinadores promissores a oportunidade para aprender o que é necessário a fim de trabalhar com atletas de elite. Ela também já atuou como treinadora principal em várias competições internacionais, incluindo copas continentais e mundiais.

De triatletas de todas as idades, Linda é mentora e ela também treina para triatlos a fim de manter suas habilidades em forma. Mora nas montanhas do Colorado com o marido, o filho e dois cachorros grandes. Gosta de escalar, acampar, andar de bicicleta, esquiar, pescar e aproveitar o ar livre.

Sobre os colaboradores

Alicia Kendig, MS,[1] RD,[3] CSSD,[4] trabalhou com várias entidades governamentais, como a USOC e a Agência Antidoping dos Estados Unidos, para ensinar atletas sobre nutrição esportiva e suplementos alimentares. Ela é bacharela em Nutrição e mestra em Nutrição de Saúde Pública pela Universidade Case Western Reserve, em Cleveland, Ohio. Quando era nadadora estudantil e treinadora auxiliar, ela utilizou seus conhecimentos esportivos e nutricionais para ajudar várias equipes e atletas de todas as idades, todos os níveis e todas as posições sociais a alcançarem seus objetivos. Atualmente, ela atua como nutróloga para o grupo de esportes de inverno e é coordenadora de laboratório do desempenho de atletas no comitê olímpico dos Estados Unidos. Alicia gosta de nadar, pedalar, correr, escalar e esquiar.

Barb Lindquist é uma das melhores triatletas norte-americanas de todos os tempos. Ela competiu por dez anos nas categorias de elite, foi número um do mundo entre 2003 e 2004, representou os Estados Unidos nas olimpíadas de 2004 (nono lugar) e está no *hall* da fama da USAT. Ela venceu 33 das 134 competições de elite das quais participou, e subiu ao pódio 86 vezes. Barb se aposentou como triatleta em 2005; atualmente, ela treina e recruta atletas universitários para a USAT. Ela vive em Wyoming, com seu marido e treinador, Loren, com o qual enfrenta seu maior desafio: cuidar dos filhos gêmeos.

Bob Seebohar é um especialista certificado em Nutrologia Esportiva, fisiologista do exercício, treinador de força e condicionamento, treinador certificado pela USAT e atleta de resistência competitivo. Seebohar foi o diretor de nutrologia esportiva da Universidade da Flórida e o dieteta esportivo da equipe dos Estados Unidos nas olimpíadas de 2008. Escreveu os livros *Nutrition Periodization for Endurance Athletes: Taking Traditional Sports Nutrition to the Next Level* e *Metabolic Efficiency Training: Teaching the Body to Burn More Fat*.

Christine Palmquist, MS,[1] MBA,[5] é uma treinadora de elite nível III da USAT, treinadora especialista da USAC e treinadora de elite para a TrainingBible Coaching. Chris praticou canoagem por quatro anos na Universidade de Cornell. Depois de trabalhar para a IBM em Chicago, Chris obteve seu diploma em Educação pela Universidade Northwestern e começou sua carreira como professora de Ciência, Matemática e Esporte em colégios de ensino médio. Após o nascimento de seus filhos, Chris expandiu suas responsabilidades e começou a treinar para Joe Friel na TrainingBible Coaching, onde atua como gerente regional, mentora para novos treinadores e treinadora de elite desde a fundação da empresa. Chris também trabalha com a equipe de triatlo Multisport Madness para treinar jovens de 7 a 19 anos nos subúrbios de Chicago. Ela escreve regularmente para as revistas Chicago Amateur Athlete e Chicago Athlete desde 1994. Atualmente, atua como editora para a Chicago Athlete. Também escreve para várias revistas e contribui para muitos manuais e guias sobre educação de treinamento para a USAT.

George Dallam é professor no Departamento de Ciência de Exercício, Promoção de Saúde e Recreação na Universidade do Estado do Colorado em Pueblo. Triatleta desde 1981, o doutor Dallam iniciou o programa de equipes nacionais da USAT em 1996 e já atuou como treinador, fisiologista e consultor para vários triatletas norte-americanos. Os alunos do doutor Dallam incluem campeões nacionais de elite, atletas olímpicos, medalhistas dos jogos pan-americanos, campeões mundiais jovens e o maior triatleta masculino do mundo em 2005-2006, Hunter Kemper. O doutor Dallam esteve envolvido em vários estudos de pesquisa e publicou os resultados examinando vários aspectos do triatlo e modificadores de fatores de risco para a diabetes. Já escreveu vários artigos sobre os princípios de treinamento para o triatlo e é coautor, com Steven Jonas, do livro *Championship Triathlon Training*. Ele é um palestrante popular e escritor especialista em tópicos relacionados ao exercício e já escreveu para publicações como *Runner's World* e *The New York Times*.

Gordon Byrn é marido, pai e triatleta que mora em Boulder, Colorado. É campeão do evento Ultraman Havaí e fundador do Endurance Corner.

Graham Wilson, MS,[1] é um treinador nível III certificado pela USAT, diretor da comissão nacional de treinadores da organização e um oficial de competições certificado. Ele compete e treina há 25 anos e já completou mais de 200 triatlos, incluindo 8 eventos Ironman, e foi membro da equipe britânica de triatlo antes de se mudar para os Estados Unidos. Graham ajuda seus clientes a alcançarem seu potencial atlético. Seu cliente mais velho começou a praticar o triatlo com 72 anos e já ganhou duas medalhas em campeonatos mundiais de distância olímpica.

Ian Murray é treinador de triatlo há mais de 12 anos. Ele é certificado pelas organizações USAT, USAC e ASCA. Ian é o apresentador e escritor da coleção de DVDs Triathlon Training Series e treinador principal do grupo de triatlo de Los Angeles. Ele já atuou como treinador principal para os atletas de elite da USAT na copa mundial ITU de 2010 em Madri, nos campeonatos ITU PATCO de 2010 e nos campeonatos mundiais de duatlo de 2009. Ian foi nomeado treinador de desenvolvimento do ano em 2006.

Iñigo Mujika é ph.D. em exercício de biologia muscular (Universidade de Saint-Etienne, França) e em atividade física e ciência dos esportes (Universidade do País Basco). Ele é um técnico de natação e triatlo nível III. Seus interesses incluem métodos de treinamento e recuperação, redução estratégica de exercícios e efeitos da falta ou do excesso de treinamento. Ele estudou extensivamente os aspectos fisiológicos associados ao desempenho em esportes de resistência, publicou mais de 80 artigos, 2 livros e 13 capítulos e já apresentou mais de 160 palestras em conferências internacionais. Iñigo foi o fisiologista sênior do Instituto Australiano de Esporte, fisiologista e treinador para a equipe de ciclismo Euskaltel Eskaudi e diretor de pesquisa e desenvolvimento da equipe de futebol Athletic Bilbao. Ele é diretor de fisiologia e treinamento na USP Araba Sport Clinic, fisiologista da federação espanhola de natação, um dos editores da publicação do *International Journal of Sports Physiology and Performance* e professor na Universidade do País Basco.

Jackie Dowdeswell nasceu na Grã-Bretanha, onde se formou em Fisiologia e Bioquímica. Ela sempre foi apaixonada por manter a forma e motivar outras pessoas. É uma triatleta que gosta de competir localmente e uma treinadora de triatlo nível 2 pela USAT e pela ASCA, treinadora de ciclismo nível 3, treinadora pessoal pela ACE, consultora de controle de peso e estilo de vida pela ACE e especialista certificada em braçadas. Jackie também tem muitas conquistas esportivas: campeã feminina de geral do triatlo de Pittsford em 2009 e 2010, quarta colocada nos campeonatos nacionais de sprint em 2008 e se classificou para os campeonatos nacionais de distância intermediária em 2008 e para o triatlo Ironman Lake Placid em 2007 e 2010.

Jess Manning é atleta, treinador, fundador, coproprietário e diretor executivo da Bricks MultiSport and Fitness e treinador principal da Team Bricks, o principal time de esportes múltiplos da região do Médio Atlântico, Estados Unidos. Como líder de negócios, Jess inspira outras pessoas a alcançarem seu potencial atlético. Como diretor de competição da USAT, ele oferece muitas competições e eventos de aptidão física nos quais atletas de todos os níveis podem participar. Ele é um treinador nível II pela USAT, treinador pessoal de ciclismo pela AFFA e instrutor de *spinning*. A área de concentração de Jess é o treinamento de esportes múltiplos, seja para atletas de elite, seja para jovens. Suas conquistas atléticas pessoais incluem três vitórias consecutivas nas séries de triatlo Trisports Events Super Ultimate Challenge, terminar a maratona de Boston e o evento New Jersey Genesis Sprint Triathlon, ser reconhecido como o competidor novato de ultradistância mais rápido, terminar o triatlo Ford Eagleman Ironman, vencer o evento Piranha Sports em 2009 e 2010 e terminar o triatlo Florida Ironman.

Joe Friel, MS,[1] treina atletas de resistência desde 1980. Seus clientes ao redor do mundo incluíram campeões nacionais, competidores mundiais e um atleta olímpico. Escreveu 11 livros sobre treinamento para atletas de resistência, incluindo a popular série de *best-sellers Training Bible*. Ele tem mestrado em Ciência do Exercício e foi um dos fundadores e diretores da comissão nacional de treinamento de triatlo dos Estados Unidos.

Joe Umphenour é triatleta profissional desde 1997 e um técnico certificado nível I da USA Triathlon. Seus bons resultados incluem o campeonato de triatlo em Hong Kong pela ITU em 2008 (primeiro colocado), campeonatos asiáticos de aquatlo em 2008 (primeiro colocado), campeonatos nacionais de elite de 2008 (segundo colocado), campeonatos mundiais da ITU em 2001 (décimo primeiro colocado), terminar três vezes o Ironman Havaí (melhor posição: quinquagésimo terceiro em 1994), copas mundiais da ITU em Cornerbrook e Newfoundland em 2004 (segundo colocado) e terminar 12 copas mundiais.

Karl Riecken tem um mestrado em Saúde, Bem-estar e Fisiologia Aplicada pela Universidade da Flórida Central. Ele corria durante seus anos como aluno, mas se apaixonou pelo triatlo antes da graduação. Karl já trabalhou nos departamentos de desempenho esportivo da USAT, conduzindo pesquisas e ajudando a treinar atletas de elite no centro olímpico de Colorado Springs. Ele atuou como treinador assistente para equipes juvenis de triatlo e para os campos de desenvolvimento para atletas de elite da USAT. Karl treina e leciona na Vanguard Triathlon, onde trabalha com atletas e treinadores de todos os níveis e idades. Ele tem certificados de organizações como a associação nacional de força e condicionamento, USAT, USA Track and Field, USA Cycling, USA Weightlifting e o Clube de Corredores da América.

Katie Baker, MS,[1] começou sua carreira como gestora de desenvolvimento esportivo para o comitê olímpico dos Estados Unidos em 2011, atuando como mensageira entre o comitê e várias organizações governamentais, incluindo a USAT. Antes de trabalhar para o comitê, Katie trabalhou para a USAT durante mais de 11 anos, atuando como coordenadora de sócios e coordenadora e gestora de programas de equipes nacionais e gestora de programas nacionais. Durante seu tempo como gestora de equipes nacionais, Katie atuou como líder de equipe em modalidades como duatlo, triatlo a longa distância, olimpíadas de inverno e triatlo olímpico. Ela também foi a gestora da equipe de triatlo que participou das olimpíadas de Pequim, em 2008. Katie é formada em Jornalismo e especialista em Artes pela Universidade de Indiana, além de mestra em Administração Esportiva pela Universidade do Colorado. Dá aulas de natação para alunos de ensino médio e trabalha com um clube de triatlo local. É uma treinadora de nível II certificada pela USAT.

Krista Austin, ph.D.,[6] **CSCS,**[2] é uma fisiologista e nutricionista condecorada que já trabalhou com o comitê olímpico dos Estados Unidos e oferece consultas para o projeto Nike Oregon, atletas de elite e organizações nacionais de triatlo e *tae kwon do*. Suas especializações incluem as áreas de Treinamento de Exercício, Nutrição para o Desempenho, Suplementos Alimentares, Obesidade, Diabetes e Atletas de elite. Ela obteve muito sucesso como nutricionista de desempenho para o Instituto Inglês de Esporte e para a equipe de críquete da Inglaterra.

Austin escreveu o livro *Performance Nutrition: Applying the Science of Nutrient Timing*. Integrante das organizações American College of Sports Medicine e National Strength and Conditioning Association, ela escreve para publicações respeitadas e atua como juíza para muitos jornais científicos. Como editora, Austin contribui para a publicação científica *International Journal of Sports Nutrition and Exercise Metabolism*.

Kristen Dieffenbach, ph.D.,[6] é professora-assistente de educação de treinamento atlético na Universidade de Virgínia e consultora certificada pela Associação de Psicologia Esportiva. Atualmente, ela é a representante de educação de treinamento atlético do comitê esportivo da NASPE e está na direção do National Council for Accreditation of Coaching Education. Ela também atua como conselheira do comitê de educação de ciclismo dos Estados Unidos. Kristen é uma treinadora profissional com uma licença de ciclismo categoria 1 (elite) e especialização de resistência nível II. Ela ensina há mais de 15 anos em níveis estudantis, colegiais, recreativos e de elite.

Kurt Perham é um treinador e atleta de resistência de longa data. Ele começou como ciclista de elite e fez a transição para esportes múltiplos nos anos 1990. Já competiu em eventos de ciclismo nacionais e internacionais. Kurt é treinador há quase 15 anos, e seus atletas incluem campeões e medalhistas mundiais e campeões nacionais de ciclismo. Ele tem as credenciais de treinamento mais importantes da USAT e da USA Cycling e guia atletas pelo mundo todo.

Mathew Wilson é fisiologista cardiovascular que trabalha no hospital de medicina esportiva e ortopédica Aspetar, no Qatar. Ele foi diretor de laboratório no centro de pesquisa de ciência esportiva na Universidade de Wolverhampton, no Reino Unido. Também foi gestor de triagem do Centro de Cardiologia Esportiva do Instituto Médico Olímpico durante cinco anos. Com os professores Sharma e Whyte, ele examinou mais de 10.000 atletas em busca de doenças cardíacas.

Michael Kellmann é o diretor da unidade de psicologia esportiva na Universidade Ruhr de Bochum, na Alemanha. Michael atuou por seis anos no conselho de direção da Associação Alemã de Psicologia Esportiva e está no conselho de direção de publicações como *The Sport Psychologist*, *Zeitschrift für Sportpsychologie* e *Deutsche Zeitschrift für Sportmedizin*. Suas pesquisas recentes incluem prevenção do *overtraining* e aprimoramentos no processo de recuperação, diagnósticos de psicologia e intervenção esportiva, comportamento dos treinadores durante competições e treinos e desempenho e personalidade dos treinadores esportivos. O trabalho de Michael já apareceu em várias publicações. Ele é coautor de *Recovery-Stress Questionnaire for Athletes: User Manual* e editor do livro *Enhancing Recovery: Preventing Underperformance in Athletes*.

Mike Ricci é um treinador de triatlo nível III certificado pela USAT e treina atletas de resistência desde 1989. Ele já treinou atletas de vários esportes, nadadores e ciclistas de todos os níveis de habilidade e nacionalidades. É o treinador principal da equipe D3 Multisport, o time de triatlo da Universidade de Colorado (campeões nacionais de 2010) e treina o clube de triatlo de Boulder desde sua fundação. Mike já treinou centenas de atletas para seus primeiros triatlos e mais de 70 já conquistaram o direito de adotar o nome Ironman. Ele também escreveu o programa de treinamento dos campeonatos mundiais dos Estados Unidos entre 2003 e 2009.

Sage Rountree é uma treinadora certificada nível II pela USAT e autora dos livros *The Athlete's Guide to Yoga*, *The Athlete's Pocket Guide to Yoga* e *The Athlete's Guide to Recovery*. Contribuinte frequente para a revista *Runner's World*, ela é uma das donas da empresa Carrboro Yoga e treina triatletas de sua cidade natal de Chapel Hill, na Carolina do Norte. Ela compete em triatlos de todas as distâncias e participou da equipe norte-americana no campeonato mundial em curta distância, em 2008.

Sara McLarty é a nadadora mais rápida dos triatlos. Ela foi vencedora da competição de natação da National Collegiate Athletic Association por 15 vezes, na Universidade da Flórida, e campeã nacional de triatlo universitário. Após quase não participar das olimpíadas de 2004 na modalidade 400 metros estilo livre, ganhou uma medalha de prata naquele evento e uma de bronze na modalidade 5 quilômetros do campeonato mundial de águas abertas. Atualmente, Sara treina para se classificar para as olimpíadas, escreve a coluna de treinamento de natação para a revista *Thriathlete* e treina triatletas no Centro Nacional de Treinamento em Clermont, na Flórida.

Scott Schnitzspahn é treinador da USAT há mais de uma década e já exerceu várias funções como voluntário ou profissional salariado, incluindo diretor de desempenho esportivo nas temporadas entre 2006 e 2010. Ele era responsável pelo desenvolvimento de triatletas e treinadores de elite e foi líder de equipe nos Jogos Pan-Americanos de 2007 e nas Olimpíadas de 2008. Scott saiu da USAT e entrou no comitê olímpico dos Estados Unidos como diretor de desenvolvimento responsável por esportes de resistência como triatlo e ciclismo.

Sergio Borges é um triatleta de elite que estuda a arte e a ciência do treinamento de triatlo desde 1994. Ele já competiu em centenas de competições de todas as distâncias, incluindo 20 eventos Ironman ao redor do mundo, aproximadamente 50 meio-Ironmans e 7 qualificações para o campeonato mundial Ironman no Havaí. Sergio foi nomeado All-American seis vezes pela USAT. Após dez anos como banqueiro de investimento, ele decidiu aplicar suas habilidades no treinamento de triatlo. É um treinador de triatlo certificado nível III pela USAT e treinador de ciclismo nível II. Ele treinou as equipes júnior e sub-23 dos Estados Unidos no duatlo mundial na Suíça em 2003 e a equipe de triatlo nacional sub-23 em 2004. Também já trabalhou com a USAT em campos nacionais universitários de recrutamento. Ele dá aulas nível I e II em clínicas de treinamento e escreve para três revistas esportivas. Sergio participou do primeiro campo de paratriatlo organizado pela CAF e fundou o programa JCC Triathlon Master e o clube de triatlo Kids XTeam.

Sharone Aharon tem um mestrado em Ciência do Exercício. Ele é um treinador de triatlo nível III e o fundador e treinador principal da Well-Fit Triathlon & Training, uma empresa de treinamento em Chicago. Sharone começou a atuar como treinador em 1988, com foco em atletas de resistência e, nos últimos anos, em atletas de elite.

Steve Tarpinian é o presidente da Total Training, uma empresa de consultoria de aptidão física especializada em natação, ciclismo, corrida e triatlo. Ele foi membro do comitê nacional de treinamento da USAT e é um treinador certificado nível II.

Suzanne M. Atkinson, MD,[7] **FACEP,**[8] é uma médica de emergência que fundou a Steel City Endurance em 2005. Ela treina triatletas, ciclistas e nadadores para eventos de todas as distâncias, de *supersprint* a triatlos Ironman e competições de ciclismo de resistência, incluindo eventos de 24 horas e a competição Leadville 100. Ela fundou duas equipes femininas de ciclismo em Pittsburgh e é especialista em técnicas de nado e braçada e desenvolvimento de habilidades de ciclismo para ciclistas e triatletas. Seu aprendizado constante inclui certificação de triatlo nível II pela USAT, certificado nível II de ciclismo e uma imersão total no ensino profissional. Suzanne foi instrutora na escola Outward Bound School entre 1991 e 1998 antes de começar a estudar Medicina na Universidade de Pittsburgh.

Timothy Carlson já terminou 40 triatlos, incluindo 6 meio-Ironman. Ele escreveu uma série de colunas de entrevistas com especialistas que ofereceram conselhos sobre equipamento e estratégias de treinamento para triatletas novatos. Também já participou de dezenas de competições, terminou 10 maratonas e escreveu sobre sua missão bem-sucedida de se classificar para a maratona de Boston, o que envolveu treinamento de frequência cardíaca sob a tutela do treinador renomado internacionalmente Dick Brown. Ele escreveu um longo artigo para a *Inside Triathlon* sobre os efeitos fisiológicos do treinamento para triatlo.

Yann Le Meur, ph.D.,[6] é um cientista esportivo no departamento de pesquisa do Instituto Nacional de Esporte, Proficiência e Desenvolvimento, em Paris. Ele conquistou um ph.D em fisiologia do exercício pela Universidade de Nice-Sophia Antipolis com sua pesquisa sobre os fatores de desenvolvimento no triatlo de distância olímpica. Seus interesses de pesquisa incluem análise de desempenho, fadiga, *overtraining* e recuperação. O doutor Le Meur já escreveu para várias publicações proeminentes na área de Esportes e Ciência do Exercício. Está envolvido com várias equipes olímpicas francesas, incluindo triatlo, ciclismo, nado sincronizado, pentatlo moderno e ciclismo em equipe.

---

[1] MS: Master of Science.
[2] CSCS: Certified Strength and Conditioning Specialist.
[3] RD: Registered Dietitian.
[4] CSSD: Certified Specialist in Sports Dietetics.
[5] MBA: Master of Business Administration.
[6] Ph.D.: Philosophiae Doctor.
[7] MD: Doctor of Medicine.
[8] FACEP: Fellow of the American College of Emergency Physicians.

SOBRE O LIVRO
Formato: 17 × 24 cm
Mancha: 13 × 20 cm
Papel: Offset 90g
nº páginas: 416
1ª edição: 2017

EQUIPE DE REALIZAÇÃO
Assistência editorial
Liris Tribuzzi

Assessoria editorial
Maria Apparecida F. M. Bussolotti

Edição de texto
Gerson Silva (Supervisão de revisão)
Jonas Pinheiro (Preparação do original e copidesque)
Fernanda Fonseca e Roberta Heringer de Souza Villar (Revisão)

Editoração eletrônica
Évelin Kovaliauskas Custódia e Vanessa Dal (Diagramação)
Neili Dal Rovere (Capa)
©Human Kinetics (Ilustrações)

Fotografia
©Human Kinetics, ©Cynthia Hamilton (p. 53-9) e
©Vaughan Photography (p. 71, 73-4) (Fotos de miolo)
©Diego Moreno Delgado, ©Hans Christiansson, ©allanw | shutterstock (Fotos de capa)

Impressão
Edelbra Gráfica